二手车鉴定与评估

全国汽车类情境·体验·拓展·互动"1+1"理实一体化规划教材

ERSHOUCHE JIANDING YU PINGGU

主　编　刘文霞

副主编　李　超　贺　兵　曲佳佳
　　　　范振山

编　者　凤　兰　李　宁　李明刚
　　　　王　哲　张　文　李晓红
　　　　李有文

哈尔滨工业大学出版社

内 容 简 介

本书在编写过程中遵循以职业能力培养为中心、职业能力形成的逻辑过程为主线、理论与实践融合、注重适用性的原则;以汽车评估国家职业标准为依据,科学确定教材的任务目标和课时计划,合理安排教材的知识结构和能力结构,注重知识的系统性;以基础适度、够用为原则,充分体现我国高等职业技术教育特色;以职业能力的培养为核心,强调理论与实际的联系,注重各种理论分析方法的实用性和可操作性,以求提高学习者解决实际问题的能力。

本书可作为汽车制造与装配专业、汽车运用与维修专业、汽车技术服务与营销专业、汽车电子技术专业、汽车整形技术等汽车类专业的职业教育教材。

图书在版编目(CIP)数据

二手车鉴定与评估/刘文霞主编. —哈尔滨:哈尔滨工业大学出版社,2014.7
ISBN 978-7-5603-4767-7

Ⅰ.①二… Ⅱ.①刘… Ⅲ.①汽车-鉴定-高等职业教育-教材 ②汽车-价格评估-高等职业教育-教材
Ⅳ.①U472.9②F766

中国版本图书馆 CIP 数据核字(2014)第 121516 号

责任编辑	苗金英
出版发行	哈尔滨工业大学出版社
社　　址	哈尔滨市南岗区复华四道街 10 号　邮编 150006
传　　真	0451-86414749
网　　址	http://hitpress.hit.edu.cn
印　　刷	天津市蓟县宏图印务有限公司
开　　本	850mm×1168mm　1/16　印张 18　字数 551 千字
版　　次	2014 年 7 月第 1 版　2014 年 7 月第 1 次印刷
书　　号	ISBN 978-7-5603-4767-7
定　　价	38.00 元

(如因印装质量问题影响阅读,我社负责调换)

前 言

随着我国汽车工业的发展,汽车销售、维修、汽车保险和汽车置换等汽车服务性行业得到了飞速的发展,与此同时,二手车市场已经成为汽车市场的重要组成部分。由于二手车的性价比较高,越来越多的人认同二手车,并且乐于购买二手车。我国的二手车鉴定与评估不再局限于二手车产权交易,已经扩展到二手车的纳税、保险、抵押、典当、司法鉴定等非产权交易。因此,在鉴定和评估二手车时需要一定的理论依据,本书从二手车的鉴定、评估、交易等方面进行了讲解,是从事二手车交易的专业人员的学习资料。

为了适应职业教育人才的培养,本书在编写过程中遵循以职业能力培养为中心、职业能力形成的逻辑过程为主线、理论与实践结合、注重适用性的原则。以汽车评估国家职业标准为依据,科学确定教材的任务目标和课时计划,合理安排教材的知识结构和能力结构,注重知识的系统性;以基础适度、够用为原则,充分体现我国高等职业技术教育特色,以职业能力的培养为核心,强调理论与实际的联系,注重各种理论分析方法的实用性和可操作性,以求提高学习者解决实际问题的能力。

本书可作为汽车制造与装配专业、汽车运用与维修专业、汽车技术服务与营销专业、汽车电子技术专业、汽车整形技术等汽车类专业的职业教育教材。

本书在编写过程中,参考了相关文献资料,在此谨向相关作者表示诚挚的谢意。

由于编者的水平所限,书中疏漏和不当之处在所难免,恳请专家同仁和广大读者提出宝贵意见,以便再修订时进一步完善。

编 者

编审委员会

主　任：徐向阳

副主任：许洪国　陈传灿　陈　科　贝绍轶

委　员：（排名不分先后）

刘　锐	刘振楼	郭建明	卢　明
陈曙红	纪光兰	寿茂峰	徐　昭
高丽洁	王小飞	邵林波	付慧敏
罗　双	郭　玲	庞成立	王爱国
赵　彦	胡雄杰	赵殿明	汲羽丹
辛　莉	刘孟祥	贾喜君	徐立友
张明柱	姚焕新	刘　红	张芳玲
王清娟	廖中文	陈　翔	张　军
李胜琴	任成尧	高洪一	李群峰
黄经元	苗春龙	张思杨	刘文霞
栾庭森			

本书学习导航

任务目标
通过本任务的目标掌握具体的知识点。

任务描述
将任务的起因及需要的结果描述出来,有助于更加顺畅地完成任务。

课时计划
建议课时,供教师参考。

情境导入
通过实际工作情境的描述,引导学生思考,从而引出所需理论和实践内容。

任务实施
"情境导入"中具体问题的解决方法和步骤,包括说明、技术标准与要求、设备器材、作业准备、操作步骤、记录与分析等。

评价体会
从知识点和技能点考查学生对本任务内容的掌握情况,使学生的实践操作能力得到进一步提高。

任务工单
以工作页形式呈现。技能考核设置实训项目,以考评的方式,考核学生对知识的实际运用能力,包括相关资讯、计划与决策、实施、检查与评价等。

目录 CONTENTS

学习任务 1   汽车基础知识 / 1

项目 1.1   国内外汽车产业概况 / 2
项目 1.2   汽车的分类及识别 / 9
项目 1.3   汽车的主要技术参数及性能指标 / 14
项目 1.4   汽车构造及使用知识 / 19

学习任务 2   二手车市场概述 / 31

项目 2.1   二手车市场的现状与发展 / 32
项目 2.2   促进二手车市场健康发展 / 43

学习任务 3   二手车评估基础知识 / 50

项目 3.1   二手车评估基本概念 / 51
项目 3.2   二手车评估基本术语 / 59

学习任务 4   二手车技术状况鉴定 / 69

项目 4.1   静态检查 / 70
项目 4.2   动态检查 / 85
项目 4.3   仪器检查 / 90

学习任务 5   二手车评估基本方法 / 110

项目 5.1   现行市价法 / 111
项目 5.2   收益现值法 / 115
项目 5.3   重置成本法 / 120
项目 5.4   清算价格法 / 124
项目 5.5   撰写二手车评估报告 / 128

学习任务 6   二手车交易实务 / 151

项目 6.1   二手车交易流程 / 152
项目 6.2   二手车收购 / 176
项目 6.3   二手车销售 / 180
项目 6.4   二手车置换和拍卖 / 183

学习任务 7   事故车定损评估 / 196

项目 7.1   事故车辨别和分类 / 197
项目 7.2   事故车碰撞损伤 / 201
项目 7.3   汽车修理工时费用的确定 / 207
项目 7.4   撰写车辆损伤评估报告 / 214

参考文献 / 223

学习任务 1
汽车基础知识

【任务目标】

1. 了解国内外汽车产业概况。
2. 了解汽车的国标分类、用途分类以及汽车的识别代码。
3. 了解汽车主要使用性能、技术参数和性能指标。
4. 了解汽车构造、使用寿命的定义和分类、经济使用寿命及其影响因素。

【任务描述】

要对二手车进行评估,就要对汽车相关的基础知识有所了解。首先要了解汽车产业的现状以及汽车市场,具备一定的市场分析能力;其次要掌握汽车的分类、技术参数、性能指标、汽车构造以及汽车的使用知识,为二手车技术鉴定和价格评估计算奠定理论基础。

【课时计划】

项目	项目内容	参考课时
1.1	国内外汽车产业概况	1
1.2	汽车的分类及识别	1
1.3	汽车的主要技术参数及性能指标	2
1.4	汽车构造及使用知识	4

项目 1.1 国内外汽车产业概况

> **情境导入**
>
> 张先生工作两年,收入较低,工作单位离家较远,所以打算买一辆家用轿车代步,刚拿到驾照不久的他对于汽车一无所知。这天,张先生走进了汽车销售店,不知道该选什么品牌的车,就想随便看看,销售人员热情地接待了他,并为他介绍了国内外汽车产业的概况。

> **理论引导**

1.1.1 汽车的起源和发展简史

苏格兰发明家詹姆斯·瓦特于1769年发明了蒸汽机(图1.1)。1867年德国工程师奥托研制成功世界上第一台往复活塞式四冲程发动机,1885年德国人卡尔·本茨购买了奥托的内燃机的专利,并将内燃机和加速器安装在一辆三轮马车上,获得了世界第一辆汽车(奔驰1号)的发明权,如图1.2所示。几乎同时,德国工程师戈特利布·戴姆勒也成功研制成一辆公认的以内燃机为动力的四轮汽车,如图1.3所示。奔驰velo是最早的量产汽车。1926年,奔驰和戴姆勒公司合并成为戴姆勒-奔驰公司,生产"梅塞德斯-奔驰"牌汽车。1998年,戴姆勒-奔驰公司兼并美国第三大汽车公司,成立戴姆勒-克莱斯勒公司。如图1.4所示是德国戴姆勒-奔驰旗下的顶级豪华车迈巴赫的车牌标志。

图1.1 蒸汽机

图1.2 奔驰1号

图1.3 戴姆勒一号车

图1.4 迈巴赫标志

1903 年福特汽车公司成立,福特汽车公司最先建立流水线汽车装配系统,引发了世界汽车制造业的一次惊天动地的革命,促进了汽车生产的规模化,如图 1.5 所示。

大众汽车公司 1938 年创建于德国的沃尔斯堡,创始人是世界著名的汽车设计大师波尔舍。大众汽车公司是一个在全世界许多国家都有生产厂家的跨国汽车集团,名列世界十大汽车公司之一。公司总部曾迁往柏林,现在仍设在沃尔斯堡。1934 年 1 月 17 日,波尔舍向德国政府提出一份为大众设计生产汽车的建议书,此项建议得到了希特勒政府的批准和支持。波尔舍随后组建了一个由 34 万人入股的大众汽车股份公司,随后第一批"甲壳虫"汽车问世,但仅仅生产了 630 辆就因第二次世界大战而停产。如图 1.6 所示为德国波尔舍博士设计,1939 年生产出的第一批大众"甲壳虫"乘用车。

图 1.5　福特公司汽车装配流水线　　　　　　图 1.6　大众"甲壳虫"汽车

我国汽车工业发展比较晚,直到 1956 年 7 月,我国的第一辆汽车才生产下线,是一辆载重 4 t,最高时速 60 km 的解放牌货车,如图 1.7 所示。改革开放以后,我国汽车工业取得了飞速的发展,涌现出了一批比较优秀的民族品牌,如吉利、奇瑞、比亚迪、长城等。如图 1.8 所示为长城哈弗 H6 轿车。

图 1.7　第一辆"解放"下线　　　　　　图 1.8　长城哈弗 H6 轿车

1997 年,在美国年华州的沙漠试验厂,35 岁的英国飞行员安迪·格林驾驶一辆名为"推进号 SSC"的汽车(图 1.9),以 1 227.73 km/h 的速度正式创造了一项新的汽车行驶世界纪录,这一速度超过了声速 2%,成为第一辆"超音速"汽车。

图 1.9　"推进号 SSC"汽车

超音速汽车的代表还有英国工程师研制出的一辆时速达到 1 609.344 km/h,名为"寻血猎犬"的汽车,如图 1.10 所示。这款超音速汽车搭载新型战斗机发动机,在车辆加速至 803.2 km/h 后,位于车顶的一种混合火箭发动机将继续为车辆加速,直至最终的极速 1 609.344 km/h。"寻血猎犬"的最大功率为 9 929.25 kW,相当于 180 个一级方程式赛车的功率。

图 1.10 "寻血猎犬"超音速汽车

1.1.2 世界四大汽车家族谱系

1. 大众家族

大众汽车是大家比较熟悉的一个家族系列,该公司的德文是 Volkswagen,译为"大众使用的汽车";图形商标取德文 Volkswagen 单词中的两个字母 V 和 W 的叠合,并镶嵌在大圆圈内,使之形似三个"V"字。大众汽车是德国最年轻,同时也是德国最大的汽车生产厂家,使其扬名的产品是"甲壳虫"系列轿车。大众家族中的高端品牌当数宾利——豪华车市场不可或缺的重磅级车型;还有我们非常熟悉的奥迪,其在中国的战略部署可谓精湛;来自捷克的斯柯达也早已为人们所知,意大利的兰博基尼更是跑车的象征。如图 1.11 所示为大众家族谱系。

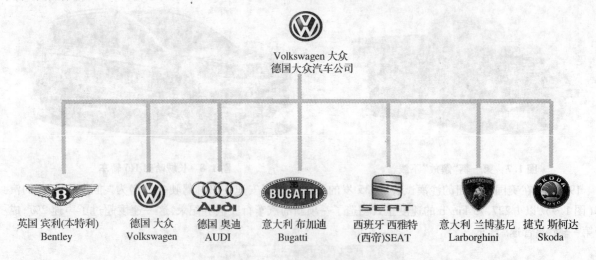

图 1.11 大众家族谱系

2. 通用家族

1902 年,威廉·杜兰特组建了早期的通用汽车公司。后经威廉·杜兰特的几番努力,先后联合兼并了别克、凯迪拉克、雪佛兰、奥兹莫比尔、奥克兰、旁蒂克、休斯和 EDS 电脑等公司,成立了当今规模巨大的美国通用汽车公司,使原来的各个小汽车公司成为该公司的分部,公司下属的分部有 30 余个。别克系列是通用最早进入中国并国产化的车型,至今仍然在中国市场中保持极高的占有率;凯迪拉克是国人追逐豪华尊贵感受的首选车型。悍马作为美国车甚至美国人的象征一点也不为过,庞大的车身已不是霸道可以形容的。当然,通用家族中也不乏"国际友人",日本富士、韩国大宇、德国欧宝以及瑞典的萨伯都为这个品牌做出了巨大的贡献。如图 1.12 所示为通用家族谱系。

图 1.12 通用家族谱系

3. 菲亚特家族

1899 年,阿涅利在意大利西北城市都灵创建了菲亚特公司并采用盾型商标;1906 年,公司开始采用全称四个单词的第一个大写字母"F. I. A. T"作为商标。"FIAT"在英语中具有"法令"及"许可"的含义,因此在客户的心目中,菲亚特轿车具有较高的合法性与可靠性,深受家庭用户的信赖。菲亚特家族垄断着意大利汽车全年总产量的 90%以上,这在世界汽车工业中是相当罕见的。因此,菲亚特被称为意大利汽车工业的"寒暑表"。菲亚特家族包括世界闻名的法拉利和玛莎拉蒂,还有同样知名的阿尔法·罗密欧和兰西亚。紧凑的楔形造型和优雅精巧的外观是菲亚特车系的最大特征,处处彰显出拉丁民族的热情和浪漫。菲亚特轿车也被誉为世界汽车造型的引领者。如图 1.13 所示为菲亚特家族谱系。

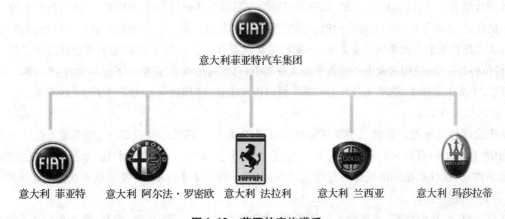

图 1.13 菲亚特家族谱系

4. 福特家族

1903 年,亨利·福特创建福特汽车公司。传言福特生前十分喜爱动物,他经常忙里偷闲访问动物专家。1911 年,商标设计者为了迎合亨利·福特的嗜好,就将英文"Ford"设计成为形似奔跑的白兔形象,以博福特的欢心。1908 年,福特 T 型车的诞生,为"装在汽车轮上的美国"立下了不朽功勋。福特旗下的知名品牌众多,从以赞助 007 系列扬名的英国品牌阿斯顿·马丁到号称"世界最安全车"的瑞典的沃尔沃;英国象征霸气的路虎和代表尊贵绅士品位的捷豹在中国同样占据着很高的人气;而以先进科技著称的日本马自达更是早早进入国人的视野,只是大家很难将它和福特家族联系起来罢了。作为福特的当家明星,林肯不论在美国还是在中国的地位都是其他车型难以撼动的,加长型林肯几乎成为国内婚车的指定用车。如图1.14所示为福特家族谱系。

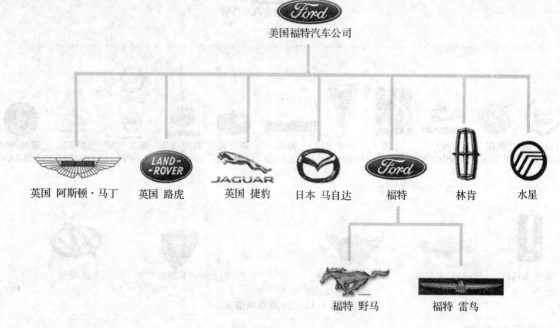

图1.14 福特家族谱系

1.1.3 目前二手车市场主要车型

1. 二手车市场的畅销车型

买二手车不似抽二手烟,二手烟只会伤人,二手车却能"养人"。好的二手车能为车主减轻经济负担,无论从减少油耗、养护维修费等多方考量,都符合消费者经济惠利的需求。

(1)10万元以内的二手车很畅销

市场调查结果显示,从2010年开始,二手车市场的交易量每年保持10%的增长。其中,售价5万～10万元的二手车最畅销,占据了市场的大部分份额。其主要原因是大部分买二手车的消费者受经济状况限制,还有一些消费者认为花费几十万元买辆二手豪车,不如直接买辆新车。价格几万元的二手车正好抓住了消费者的心理,不仅价位容易接受,使用起来也不像新车那么备加小心,尤其是新手,磕碰一下也不会特别心疼。一两年后,技术练好了,手头也宽裕了,这辆几万元的二手车可以再次出让,这种消费方式受到年轻人的喜爱。

(2)省油耐用日系车

日系车比起性能相近的其他二手车性价比相对高些,价格比同类车便宜20%,性能也不会让你失望。在新车市场中,日系车一直是人们争相购买的宠儿,它耗油少、车辆保养维护成本低,车身外形流线感强,内饰做工比较细致,所以日系车的市场保有量很大,比较保值。在二手车方面,日系车也比欧美车和国产车抢手。

(3)灵活方便小型车

道路车流量大、路面狭窄、小区停车位难找等,这些因素让不少司机头疼,但是,因为生活工作的需要,车还是必须要开的。为了解决这些难题,很多朋友在二手车市场中会专门留意那些体型小、驾驶灵活的自动挡小车。短小车型在会车、倒车、停车时都比较容易兼顾,从而减少事故的发生。所以小型车在二手车市场特别受欢迎,市场销量很好。

(4)供不应求准新车

前几年,受经济状况的影响,汽车更新换代速度也相对缓慢,人们觉得买辆车要用很多年,甚至有人认为要用一辈子。随着经济条件的改善,人们更换车的频率也在加快,有些人刚买的新车就不喜欢了,流入了二手车市场,现在二手车市场频频出现一些使用时间不到一年的二手车,而这些车的价格却远低于同款车型的新车净车价。购买时间短、价格比新车低的准新车在二手车市场备受青睐,重点就是这个"新"字。可以省去一部分的维修保养费,花少钱开新车,这样的买卖非常合适,所以二手车市场上的准新车特别受追捧。

2. 保值率较高的二手车

影响二手车保值率的因素很多,包括新车售价、车辆里程数、车辆使用年限、车辆保养状况、实际车况、车辆品牌、市场保有量、销量口碑等。下面介绍几种不同车型的市场保值情况。

(1)2013年上半年轿车市场保值率前五位的轿车

调查结果显示,由于轿车在整体市场中拥有过半的市场比重,前五款车型拥有相对SUV以及MPV销量领先车型更大的保有量,因此,轿车市场便成为二手车市场竞争最为激烈的阵地,二手车货源充足,价格以及销售都相对透明。表1.1为2013年上半年二手轿车市场销量前五位车型:赛欧、朗逸、凯越、宝来和速腾,这五款轿车皆为家用紧凑型中级轿车,价格经济实惠,市场保有量较高,车辆保值率较好,是消费者选购二手轿车的首选。

表1.1 五款保值率较高的二手轿车车型

车型	里程数/km	二手车报价/万元	新车价格/万元	保值率/%
赛欧2010款 三厢1.2 L 手动温馨版	27 813	4.28	4.86	88.06
朗逸 品轩版 手自一体6速1.6 L	30 541	11.48	15.75	72.89
凯越2011款 LX 手动5速1.6 L	31 367	7.78	10.79	72.10
宝来 时尚型 手动5速1.6 L	35 086	8.48	13.15	64.49
速腾2010款 1.4TSI 自动豪华型	29 738	11.48	18.43	62.28

(2)2013年上半年SUV市场保值率前五位的车型

相比于轿车市场,SUV市场没有巨大的市场基数,不过由于近些年SUV车型的异常火爆,选购一辆二手SUV成为不少消费者的选择,这造成二手SUV车型的保值率之争毫不逊色于轿车市场,但由于车型更新换代依旧缓于轿车市场,车型间保有量差距较大等因素,SUV车型在保值率方面呈现两极分化的趋势。表1.2是目前保值率较高的五款SUV车型。

表1.2 五款保值率较高的二手SUV车型

车型	里程数/km	二手车报价/万元	新车价格/万元	保值率/%
CR-V 2012款 2.0 L 两驱都市版	37 337	17.98	20.17	89.14
途观 都会版 手自一体6速1.8 L	37 762	19.98	23.85	83.77
ix35 2010款 2.0 L 自动两驱精英版GLS	41 178	15.98	21.25	75.20
逍客2011款 XV 6速2.0 L	28 878	14.48	20.42	70.91
一汽丰田RAV4 2009款 2.4 L 自动豪华版	33 756	17.48	26.79	65.24

(3)2013年上半年MPV市场保值率前五位的车型

表1.3是目前市场畅销的MPV车型:GL8、马自达8、途安、逸致和奥德赛。MPV市场仅占到狭义乘用车(轿车+SUV+MPV)市场份额的约15%,车型较少,且车型间销量悬殊,例如GL8仅在2013年7月销量即超4万辆,马自达8销量仅为2 000余辆。但是两款车型在二手车市场上保值率并非如同销量上的巨大悬殊。作为市场上仅有的两款家用合资MPV的途安和逸致,前者销量过万,后者销量过千,但二手车保值率不分伯仲。

表1.3 五款保值率较高的二手MPV车型

车型	里程数/km	二手车报价/万元	新车价格/万元	保值率/%
GL8 2011款 3.0L XT 豪华商务旗舰版	38 651	29.98	42.12	71.17
马自达8 2011款 2.3L 尊贵版	26 454	18.48	26.6	69.47
途安 智雅版 自动7速1.4T	37 065	13.98	20.19	69.24
逸致2011款 200V CVT 至尊导航版	28 458	16.48	23.86	69.06
奥德赛2009款 2.4L 豪华版	41 233	17.98	27.87	64.51

1.1.4 汽车在国民经济中的地位和影响

随着世界汽车工业的不断发展壮大,汽车工业在世界经济发展中的地位越来越突出,汽车工业逐渐成为各主要汽车生产国的支柱产业,并对世界经济的发展和社会的进步产生巨大的作用和深远的影响。社会对汽车的需求不断增长,促使汽车工业生产日益繁荣。汽车的生产涉及冶金、机械制造、化工、电子、电力、煤炭、石油、轻工等工业部门;汽车的销售和营运还涉及金融、商业、旅游、服务等第三产业。汽车工业的发展无疑会促进各行各业的繁荣兴旺,带动整个国民经济的发展。美国、德国、日本、法国、英国等国家,汽车工业的产值大约占工业总产值的10%,占机械制造产业的30%,其实力足以支配国家的经济动向。因此,发达国家几乎无一例外地把汽车工业作为国民经济的支柱产业。汽车工业又是经济效益很高的产业,例如世界上最大的通用汽车公司每年纯利润达40亿美元,日本最大的丰田汽车公司每年的利润达20亿美元。汽车工业的发展,也给社会带来了许多就业的机会。在日本,汽车制造、销售、营运等行业的从业人数达552万,占全国就业人数的1/10。美国和德国的比率更高,占1/6。除此之外,汽车工业的发展还促进了运输繁荣和各地区经济文化的交流,有助于偏远落后地区的开发。

汽车又是科学技术发展水平的标志。在现代汽车上采用大量的新材料和新结构,特别是应用现代化的微电子技术进行控制操纵,大大地提高了汽车的性能。开发汽车的过程,需要集中一大批优秀的科技人才,开展上千项研究工作,应用最先进的理论、最精确的计算技术、最现代化的设计方法和最完善的测试手段。制造汽车的过程,应用冶炼、铸造、锻压、机械加工、焊接、装配、涂装等领域许多最新工艺成果,在工厂中采用数以百计的自动化生产线并且应用了科学的生产管理手段。毫无疑问,汽车是一种高科技产品,足以体现一个社会的科学技术水平。汽车工业的发展,将促进科学技术的进步。

1.1.5 汽车技术的发展趋势

随着汽车电子技术的飞速发展,汽车智能化技术正在逐步得到应用。汽车智能化技术使汽车的操纵越来越简单,动力性和经济性越来越高,行驶安全性越来越好,这是未来汽车发展的趋势。目前正逐步应用于汽车的智能控制技术主要有以下几种。

(1)车辆动力学控制

车辆动力学控制系统的作用是保持汽车行驶的稳定性。可实现左右纵向力的差动控制,以直接对汽车提供横摆力矩,抵消汽车的不稳定运动。该系统通过在汽车上安装的各种传感器,检测到汽车的运动姿态,根据需要主动地对某侧车轮进行制动,来改变汽车的运动状态,使汽车达到最佳的行驶状态和操纵性能,增加了车轮的附着性及汽车的操纵性和稳定性。

(2)智能轮胎

汽车智能轮胎的功能是在汽车正常行驶时,当温度过高或轮胎气压太低时,及时向驾驶员发出警报,防止发生事故;或使轮胎在不同行驶条件下保持最佳运行状况,提高安全系数。智能轮胎一般都是通过在外胎内嵌入特殊的带有计算机芯片的传感器而获得智能的。传感器由车内的收发器控制,收发器利用无线电天线将无线电信号发射至传感器芯片,传感器芯片再将承载着温度和压力数据的电子信号发射至车内的收发器,收发器接收到该信号后便可得到温度和压力等数据,若出现异常情况能及时报警。

更为先进的智能轮胎还能感知光滑的冰面,探测出结冰路面后使轮胎自动变软,增大轮胎与路面的附着力;在探测出路面潮湿后,甚至还能自动改变轮胎的花纹,以防打滑。

(3)智能玻璃

智能化汽车玻璃有许多种类,包括防光防雨玻璃、电热融雪玻璃、影像显示玻璃、防碎裂安全玻璃、调光玻璃以及光电遮阳顶篷玻璃等。

(4)智能安全气囊

汽车智能安全气囊是在普通安全气囊的基础上增加某些传感器,并改进安全气囊电子控制单元的程序。增加的乘员质量传感器能感知座位上的乘员是大人还是儿童;红外线传感器能探测出座椅上是人还是物体;超声波传感器能探明乘员的存在和位置等。安全气囊电子控制单元则能根据乘员的身高、体重、所处的位置、是否系安全带、汽车碰撞速度及碰撞程度等,及时调整气囊的膨胀时机、膨胀方向、膨胀速度及膨胀程度,以便安全气囊对乘客提供最合理和最有效的保护。

任务实施

在本项目情境中,作为销售人员的你,可以从以下几方面为张先生简明扼要地介绍汽车产业的概况。

环节	对应项目	具体程序
1	准备工作	通过交流,观察了解到张先生对汽车了解的程度及想要了解的内容
2	介绍汽车发展简史及世界知名汽车谱系	简要介绍每种汽车品牌的发展简史和品牌知名度 简要介绍各种品牌汽车的家族谱系
3	针对客户情况和需求重点介绍几种车型	根据张先生收入不高,并且刚拿到驾照不久的情况,可以建议他选择价格合适且性能较好的二手车,为他介绍选择二手车的优势,并为他推荐几款目前二手车市场热销的车型

项目 1.2 汽车的分类及识别

情境导入

刘先生自己经营一家小规模的公司,目前公司规模小,资金较少,但是为了方便接送客户,刘先生想买一辆经济实惠、性价比较高的汽车,他来到了汽车销售店,销售员小王接待了他,为他介绍了几款不同种类车型供其选择。

理论引导

1.2.1 汽车的分类

随着汽车行业的迅猛发展,汽车在人们生产生活中的应用越来越广泛,既可以用来载送人员和货物,又可以用来牵引或作其他特殊用途。同时,技术的进步也使得汽车的配置、结构都在不断地更新,汽车的种类也越来越多。在汽车行业中,因依据的标准不同,其分类也有所不同,通常有以下几种分类方法。

1. 依据旧国标 GB/T 3730.1—1988,按用途分类

按照1988年颁布的《汽车和半挂车的术语及定义》(GB/T 3730.1—1988),将汽车分为7大类。

(1)载货汽车

载货汽车(图1.15)又称载重汽车、卡车,主要用来运送各种货物或牵引全挂车。载货汽车依公路运行时厂定最大总质量(G_a)划分为微型、轻型、中型、重型4种。载货汽车分级见表1.4。

表1.4 载货汽车分级

类型	微型	轻型	中型	重型
G_a	$G_a \leq 1.8$ t	1.8 t $< G_a \leq 6$ t	6 t $< G_a \leq 14$ t	$G_a > 14$ t

(2)越野汽车

越野汽车(图1.16)是一种为适应野外各种路面状况而特别设计的汽车,主要用于非公路上载运人员和货物或牵引设备,一般为四轮驱动,具有较高的底盘、较好抓地性的轮胎、较高的排气管、较大的马力和粗大结实的保险杠。依越野汽车运行时厂定最大总质量划分为轻型、中型、重型和超重型4种。越野汽车分级见表1.5。

表1.5 越野汽车分级

类型	轻型	中型	重型	超重型
G_a	$G_a \leq 5$ t	$5 < G_a \leq 13$ t	$13 < G_a \leq 24$ t	$G_a > 24$ t

图1.15 载货汽车

图1.16 越野汽车

(3)自卸汽车

自卸汽车(图1.17)指货箱能自动倾翻的载货汽车。自卸汽车有向后倾卸的和左右后三个方向均可倾卸的两种。依公路运行时厂定最大总质量划分为轻型、中型、重型和矿山自卸汽车4种。自卸汽车分级见表1.6。

表1.6 自卸汽车分级

类型	轻型	中型	重型	矿山自卸汽车
G_a	$G_a \leq 5$ t	$5 < G_a \leq 13$ t	$13 < G_a \leq 24$ t	$G_a > 24$ t

(4)牵引车

牵引车(图1.18)指专门或主要用来牵引的车辆,可分为全挂牵引车和半挂牵引车。

图1.17 自卸汽车

图1.18 牵引车

(5)专用汽车

专用汽车(图1.19)指为了承担专门的运输任务或作业,装有专用设备,具备专用功能的车辆,又可细分为厢式汽车、罐式汽车、起重举升车、仓棚式汽车、特种结构式车和专用自卸汽车。

(6)客车

客车(图1.20)指乘坐9人以上,具有长方形车厢,主要用于载运人员及其行李物品的车辆。根据车辆的长度,可将客车分为微型、轻型、中型、大型、特大型5种。其中,中、大型客车又分别分为城市、长途、旅游及团体客车,特大型客车包括铰接式客车和双层客车。客车分级见表1.7。

表1.7 客车分级

类型	微型	轻型	中型	大型	特大型	
					铰接	双层
总长度 L/m	$L\leq3.5$	$3.5<L\leq7.0$	$7.0<L\leq10.0$	$10.0<L\leq12.0$	>12.0	$10.0\sim12.0$

(7)轿车

轿车(图1.21)指乘坐2~8人的小型载客车辆。根据发动机排量大小,可分为微型、普遍级、中级、中高级和高级5种。轿车分级见表1.8。

表1.8 轿车分级

类型	微型	普通级	中级	中高级	高级
发动机排量 V/L	$V\leq1.0$	$1.0<V\leq1.6$	$1.6<V\leq2.5$	$2.5<V\leq4.0$	$V>4.0$

图1.19 专用汽车

图1.20 客车

图1.21 轿车

由于汽车工业的迅速发展,原有的汽车分类已经无法适应工业生产和销售的需要,也非常不利于国内外汽车工业的合作与交流,因此,在2011年,我国又依据国际标准ISO 3883重新制定了更适合汽车工业发展的新国标(GB/T 3730.1—2011),对汽车重新进行了分类。

2.依据新国标GB/T 3730.1—2011,按用途分类

在新国标GB/T 3730.1—2011中,将汽车主要分为乘用车和商用车两类。

(1)乘用车

乘用车是指在其设计和技术特性上主要用于运载乘客及其随身行李和临时物品的汽车,包括驾驶员座位在内最多不超过9个座位。它可细分为普通乘用车、活顶乘用车、高级乘用车、小型乘用车、敞篷乘用车、旅行车、越野乘用车、舱背乘用车、专用乘用车、短头乘用车、多用乘用车11类。

(2)商用车

商用车是指在设计和技术特性上用于运送人员和货物的车辆,并且可以牵引挂车。商用车可细分为客车、货车和半挂牵引车3类。其中,客车又分为小型客车、城市客车、长途客车、旅游客车、铰接客车、无轨电

车、越野客车和专用客车8小类,货车又分为普通货车、多用途货车、越野货车、专用货车、专用作业车、全挂牵引车6小类。

3. 依据公安系统管理标准《机动车辆登记工作规范》分类

为了方便机动车辆的管理、技术检验、核发牌照等,公安机关于2004年6月29日制定了《机动车辆登记工作规范》,将机动车分类如下。

(1) 按大小与用途分类

①大型汽车。指总质量≥4 500 kg,或长度≥6 m,或乘坐人数≥20人(不含驾驶员)的汽车。按其用途又可分为大型客车(含普通客车、铰链式客车和其他客车)、大型货车(含半挂、箱式、自卸、栏板式和其他大型货车)、大型特种车(含消防、救护、警车、工程抢险、其他特种车)、大型专用载货车(含专用罐车、冷藏、邮政、其他专用货车)和大型其他专用车(含起重、牵引、仪器、其他大型专用车)。

②小型汽车。指总质量<4 500 kg,或长度<6 m,或乘坐人数<20人(不含驾驶员)的汽车。按其用途又可分为小型客车(含吉普型、旅行型、轿车、其他小型客车)、小型货车(含栏板式、箱式、自卸、其他小型货车)、小型特种车(含消防、救护、警车、工程抢险、其他特种车)、小型专用载货车(含罐车、冷藏、邮政、其他小型专用货车)和小型其他专用车(含起重、牵引、仪器、其他小型专用车)。

(2) 按营运性质分类

①营运汽车。指个人或单位以获取运输利润为目的而使用的汽车。包括公交客运汽车、公路客运汽车、出租客运汽车、旅游客运汽车、货运汽车和租赁汽车。

②非营运汽车。指个人或单位不以获取运输利润为目的而使用的汽车。

③特种汽车。指用于完成特殊任务且具有专用标志或灯具的汽车。例如警用汽车、消防汽车、救护汽车和工程抢险车等。

4. 依据交通系统公路收费标准分类

汽车按收费公路车辆通行费分为5类,见表1.9。

表1.9 汽车按公路通行费分类

类别		第一类	第二类	第三类	第四类	第五类
车型及规格	客车	≤7座	8~19座	20~39座	≥40座	
	货车	≤2 t	2~5 t(含5 t)	5~10 t(含10 t)	10~15 t(含15 t) 20 ft集装箱车	>15 t 40 ft集装箱车

注:1 ft=0.304 8 m

5. 依据结构特征分类

(1) 按动力装置类型分类

①活塞式发动机汽车。按燃料分包括汽油机汽车、柴油机汽车、气体燃料发动机汽车和液体燃料发动机汽车。按活塞的运动方式分类,包括往复活塞式发动机汽车和螺旋活塞式发动机汽车。

②电动汽车。纯电动汽车,即用蓄电池作为能量源的汽车。混合动力电动汽车,即用蓄电池和发动机作为能量源的汽车。

(2) 按发动机位置和驱动方式分类

①前置前驱动汽车(FF式):发动机前置前轮驱动汽车,传动系统紧凑,传动效率高,燃油经济性好。

②前置后驱动汽车(FR式):发动机前置后轮驱动汽车,多用于载货车、客运汽车和中高档汽车。

③后置后驱动汽车(RR式):发动机后置后轮驱动汽车,主要用于大客车。

④中置后驱动汽车(MR式):发动机中置后轮驱动汽车,为大多数F1赛车所使用。

⑤全轮驱动汽车(4WD式):所有车轮都作为驱动轮的汽车,其牵引力比较大,为大多数越野车所采用。

(3) 按有无车架分类

①有车架汽车:即非承载式车身汽车,指装有独立车架作为承载基础件的汽车,多用于各类货车。

②无车架汽车:即承载式车身汽车,指以车身作为承载基础件的汽车,多用于轿车和大客车。

(4)按行走方式分类

①轮式汽车:用车轮作为行走装置的汽车,此为汽车的最主要行走方式。

②履带式汽车:用履带作为行走装置的汽车,主要用于特种车辆。

③半履带式汽车:用前轮作为转向装置的汽车。

④其他行驶机构汽车:如气垫式汽车、雪橇式汽车等。

1.2.2 汽车识别代号编码的识读

1. 车辆识别代号编码(VIN)的定义

VIN 是英文 Vehicle Identification Number(车辆识别码)的缩写,是国际通行的汽车标识代码,因由 17 位字符组成,所以俗称"十七位码"。它包含了车辆的生产厂家、年代、车型及代码、发动机代码及组装地点等信息。它可以保证每个制造厂在 30 年内生产的每辆汽车识别代号的唯一性,就像身份证号码一样不会发生重号或认错,故又称为"汽车身份证"。正确解读 VIN 码,对于我们正确地识别车型,正确地诊断和维修汽车都是十分重要的。

2. VIN 码的作用

VIN 的每一位代码都代表着汽车某一方面的信息参数,按照其编码顺序,我们可以从中识别出该车的生产国家、制造公司或生产厂家、车辆类型、品牌名称、车型系列、车身形式、发动机型号、车型年款、安全防护装置型号、检验数字、装配工厂名称和出场顺序号码等信息。这为汽车评估、走私拼装车鉴别、车辆管理以及车辆维修配件提供了重要的信息。

此外,汽车的 VIN 码在办理汽车牌照、处理交通事故、保险索赔、查获被盗车辆、侦破刑事案件、汽车营销、车辆进出口贸易及车辆维修检测方面都具有十分重要的作用。

3. VIN 码的安装位置

VIN 码一般均安装在汽车前半部易于看到且不容易磨损和替换的部位,但随着车型年款的不同和汽车生产国家的不同,VIN 码的位置也会有所不同。常见安装位置如下:

①汽车仪表台与风窗玻璃左下角交界处。

②发动机前横梁上。

③左前门边或立柱上。

④驾驶员左腿前方。

⑤前排左侧座椅下部。

⑥风窗玻璃下车身处等。

4. VIN 码的组成

VIN 码由 17 位码共三部分组成。第一部分为制造厂识别代号(WMI),第二部分为车辆说明部分(VDS),第三部分为车辆指示部分(VIS),如图 1.22 所示。

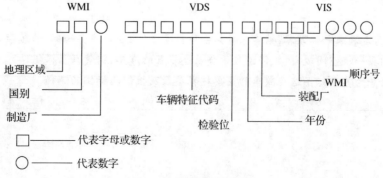

图 1.22　VIN 码的组成

(1)汽车制造厂识别代码(WMI)

WMI 由制造厂以外的组织预先指定。第一个字码是标明一个地理区域的字母数字,如非洲、亚洲、欧洲、大洋洲、北美洲和南美洲。

第二个字码是标明一个特定地区内的一个国家的字母或数字。在美国,汽车工程师协会(SAE)负责分配国家代码。如 1 代表美国、2 代表加拿大、3 代表墨西哥、L 代表中国、V 代表法国、W 代表德国、J 代表日本、S 代表英国、K 代表韩国等。

第三个字码是标明某个特定的制造厂的字母或数字,由各国的授权机构负责分配。当制造厂的年产量少于 500 辆的时候,世界制造厂识别代码的第三个字码就是 9。

(2)车辆说明部分(VDS)

VDS 由制造厂决定,用来提供说明车辆一般特性的资料,VDS 由 6 位码组成,前五位是车辆特征代码,如轿车要标示出其种类、系列、车身类型、发动机类型及约束系统类型;MPV 多用途汽车要标示出其种类、系列、车身类型、发动机类型及车辆额定总重;载货车要标示出其型号或种类、系列、底盘、驾驶室类型、发动机类型、制动系统及车辆额定总重等。第六位是校验码,其目的是检验 VIN 填写是否正确,并能防止假冒产品。它是其他 16 位字码对应数值乘以其所在位置权数的和除以 11 所得的余数,当余数为 0~9 时,余数就是检验数字;当余数为 10 时,使用字母"X"作为检验数字。

(3)车辆指示部分(VIS)

VIS 由 8 位码组成,是制造厂为区别不同车辆而指定的一组字码。一般情况下,VIS 的第一位码表示车型年款,第二位码表示装配厂,后六位码表示厂址及生产序号。

举例:

车架号:LDC913L2240606423

所含信息:中国、神龙汽车、短头乘用车、三箱、1.6 L、手动变速、2004 年生产、原厂装配、生产流水号 606423。

结合本项目情境,分析以下车辆识别代码的含义:

1. 1G1LT53T6PE100001
2. LDC131D2010020808

项目 1.3 汽车的主要技术参数及性能指标

情境导入

一天,福特 4S 店走进来一位顾客,销售人员热情地接待了他,经询问得知,该顾客李先生是一名旅游和钓鱼爱好者,想要购买一辆空间较大、较舒适且适合长途越野的汽车,销售人员根据李先生的需求为其推荐了几款不同的车型,并为其介绍了这几款车的主要技术参数及性能指标供其选择。

> 理论引导

1.3.1 汽车的主要技术参数

汽车的主要技术参数包括外形尺寸参数、质量参数、机动性和通过性参数、转向系数参数等。

1. 外形尺寸参数

汽车的外形尺寸参数如图 1.23 所示。

(1) 车长(L)

汽车前后最外端突出部位的两垂直面之间的距离。

(2) 车宽(B)

汽车两侧固定突出部分(不包括后视镜、侧面标致灯、转向指示灯、挠性挡泥板、折叠式踏板、防滑链)两垂直面之间的距离。

(3) 车高(H)

车辆没有装载且处于可运行状态时,车辆支撑面与车辆最高突出部位相抵靠的水平面之间的距离。

(4) 轴距(L_1)

车辆同一侧相邻两车轮的中心点,并且垂直于车辆纵向对称平面的两垂线之间的距离。

(5) 轮距(A_1,A_2)

同一车轴上两端车轮中心平面之间的距离。

(6) 前悬(S_1)

两前轮中心垂面与抵靠车辆最前端垂面之间的最大距离。

(7) 后悬(S_2)

两后轮中心垂面与抵靠车辆最后端垂面之间的最大距离。

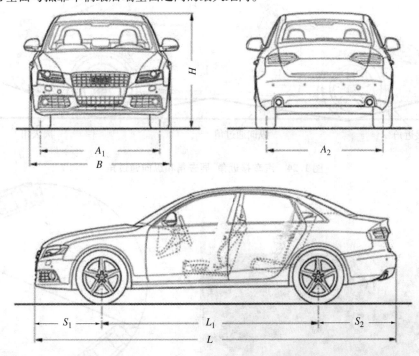

图 1.23 汽车外形尺寸参数

2. 质量参数

(1) 整车干质量

装备有车身、全部电气设备和车辆行驶时所需要的辅助设备完整的质量(不包括燃料和冷却液质量)与选装装置(包括固定的或可拆除的铰接侧板栏、篷杆、防水篷布等)的质量之和。

(2)整车整备质量

整车干质量、冷却液质量、燃料(不少于整个油箱的90%)质量和随车件(备胎、灭火器、标准备件等)质量之和。

(3)最大装载质量

最大载货质量与最大客运质量(包括驾驶员)之和。

(4)最大总质量

整车整备质量和最大装载质量之和。

3. 机动性和通过性参数

(1)接近角

车辆静载时,水平面与切于前轮轮胎外缘的平面之间的最大夹角。

(2)离去角

车辆静载时,水平面与切于后轮轮胎外缘的平面之间的最大夹角。

(3)纵向通过角

车辆静载时,分别切于前后轮胎外缘的两平面相交于车底下较低部位所夹的最小锐角。为车辆可以超越的最大角度。汽车接近角、离去角和纵向通过角如图1.24所示。

(4)最小离地间隙

车辆支撑平面与车辆上中间区域内最低点之间的距离,如图1.25所示。

(5)转弯直径

转向盘转到极限位置时,内外转向轮的中心平面在车辆支承平面上的轨迹圆直径。如图1.26所示。

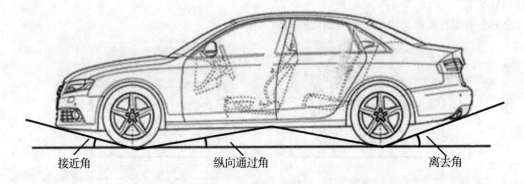

图1.24 汽车接近角、离去角和纵向通过角

图1.25 汽车最小离地间隙图

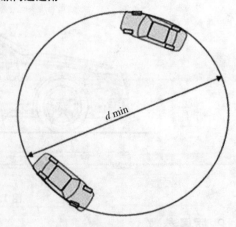

图1.26 汽车最小转弯直径

4. 转向系数参数

(1) 车轮前束

前轴两端车轮轮胎内侧轮廓线的水平直径端点作为等腰梯形的顶点,等腰梯形的前后底边的长度之差。车轮的水平直径与汽车的纵向对称平面的夹角称为前束角,如图1.27所示。

(2) 车轮外倾

在过车轮轴线且垂直于车辆支承平面的平面内,车轮轴线与水平线之间所夹锐角,如图1.28所示。即由车前方看轮胎中心线与垂直线所成的角度,向外为正,向内为负。

(3) 主销后倾

过车轮中心的铅垂线和真实或假想的转向主销轴线在车辆纵向对称平面的投影线所夹锐角为主销后倾角,向前为负,向后为正,如图1.29所示。

(4) 最大转角

转向车轮由直线到转向盘极限位置时,车轮中心平面与车辆纵向对称平面所构成的夹角,分右转最大转角和左转最大转角。

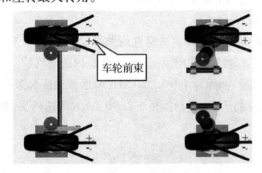

图1.27 车轮前束

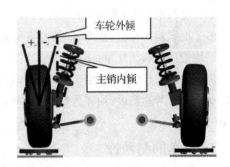

图1.28 车轮外倾

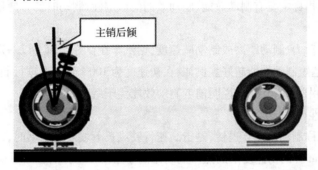

图1.29 主销后倾

1.3.2 汽车的基本性能指标

1. 汽车的动力性

汽车的动力性是用汽车在良好路面上直线行驶时所能达到的平均行驶速度来表示的。汽车动力性主要用3个方面的指标来评定,即最高车速、汽车的加速时间和汽车的爬坡能力。

(1) 最高车速

最高车速是指汽车在平坦良好的路面上行驶时所能达到的最高速度。其数值越大,动力性就越好。

(2) 汽车的加速时间

汽车的加速时间表示汽车的加速能力,也形象地称为反应速度能力,指汽车由某一低速度加速到某一高速度所需要的时间。它对汽车的平均行驶速度有很大的影响,特别是轿车,对加速时间更为重要。常用原地起步加速时间和超车加速时间来表示。

①原地起步加速时间:常用从静止状态加速到 100 km/h 所需要的时间,或者从静止状态加速行驶 400 m 的距离所需要的时间来表示。

②超车加速时间:是指汽车用最高挡或次高挡,由某一预定车速全力加速到另一预定车速所需要的时间。

(3)汽车的爬坡能力

汽车的爬坡能力是指满载时的汽车所能爬上的最大坡度。

2. 燃油经济性

汽车的燃油经济性常用一定工况下汽车行驶百公里的燃油消耗量或一定燃油量能使汽车行驶的里程来衡量。在我国及欧洲,汽车燃油经济性指标的单位为 L/100 km,而在美国,则用 MPG 或 mile/USgal 表示,即每加仑燃油能行驶的公里数。燃油经济性与很多因素有关,如行驶速度,当汽车在接近于低速的中等车速行驶时燃油消耗量最低,高速行驶时随车速增加而迅速增加。另外,汽车的保养与调整也会影响到汽车的油耗量。

加速燃料消耗量:按照一定的规程,加速通过一定距离所消耗的燃料量,表示汽车加速时的燃料经济性。

等速燃料消耗量:等速情况下行驶 100 km 所消耗的燃料的升数。

多工况燃料消耗量:按照加速、匀速和减速等规定的工况通过一定距离所消耗的燃料量。

平均使用燃料消耗量:试验车辆实际使用时,测得的汽车行驶里程和燃油消耗量,计算出的平均数。

例如:吉利金刚标准车型 1.5MT 轿车以 60 km/h 等速行驶,油耗为 4.6 L/100 km;2005 款爱丽舍 X 手动挡以 90 km/h 等速行驶,油耗为 6.8 L/100 km;2013 款新帕萨特 1.8T 自动挡轿车以 90 km/h 等速行驶,油耗为 10 L/100 km。

3. 汽车的制动性

汽车行驶时在短距离内停车且维持行驶方向稳定,以及汽车在长坡时维持一定车速的能力称为汽车的制动性。汽车的制动性能指标主要有制动效能、制动效能的恒定性、制动时的方向稳定性等。

(1)制动效能

制动效能指汽车的制动力、制动距离或制动减速度,用汽车在良好路面上以一定初速度制动到停车的制动距离来评价,制动距离越短制动性能越好。例如,在初速度为 100 km/h 下进行制动时,吉利金刚轿车的制动距离为 43.1 m,吉利自由舰为 46.8 m,说明前者制动效能优于后者。

(2)制动效能的恒定性

制动效能的恒定性又称制动抗热衰退性,是指高速行驶或长下坡连续制动时,汽车能够保持制动性能的程度。例如,轿车在 100 km/h 的初速度下的热车制动距离小于 42 m 为好,在 43~47 m 为良好,大于 48 m 为很差。

(3)制动时的方向稳定性

制动时的方向稳定性是指汽车制动时不发生跑偏、侧滑以及失去转向能力的性能。目前,主流车型均配置 ABS、ESP 等以提高方向稳定性。

4. 汽车的通过性

汽车在满载情况下能以足够高的平均车速通过各种坏路、无路地带和克服各种障碍的能力,又称为汽车的越野性。它一般与汽车的最小离地间隙、接近角、离去角、纵向通过角等参数有关。通过能力强的汽车,可以轻松翻越坡度较大的坡道,可以放心地驶入一定深度的河流,同样可以以较高的车速行驶在崎岖不平的山路上。

5. 汽车的操纵稳定性

汽车的操纵稳定性是指司机在不感到紧张、疲劳的情况下,汽车能按照司机通过转向系统给定的方向行驶,而当遇到外界干扰时,汽车所能抵抗干扰而保持稳定行驶的能力。它包括汽车的操纵性和稳定性两个方面。汽车的操纵性是指驾驶员以最小的修正而能维持汽车按照给定路线行驶的能力,以及按照驾驶员的愿望操纵转向机构以改变汽车方向的能力。汽车的稳定性是指驾驶员通过固定转向盘给定汽车一个行驶方向时,汽车抵御企图改变其行驶方向的外力或外力矩的能力。

汽车操控稳定性通常用汽车的稳定转向特性来评价。转向特性有不足转向、过度转向以及中性转向3种状况。有不足转向特性的汽车,在固定方向盘转角的情况下绕圆周加速行驶时,转弯半径会增大;有过度转向特性的汽车在这种条件下转弯半径则会逐渐减小;有中性转向特性的汽车则转弯半径不变。易操控的汽车应当有适当的不足转向特性,以防止汽车出现突然甩尾现象。

6. 汽车的平顺性

汽车的平顺性是保持汽车在行驶过程中,乘员所处的震动环境具有一定的舒适度的性能,因此又称为乘坐舒适性。这与汽车的底盘参数、车身几何参数、汽车的动力性以及操控性等有密切关系,是现代高速度、高效率汽车的一个重要性能指标。

7. 汽车的可靠性

汽车的可靠性是指整个寿命周期内和规定条件下,完成规定动作的能力,常用的指标有平均首次故障里程(MTBF)、当量故障率、千公里维修时间、千公里维修费用和有效度。

8. 汽车的耐久性

汽车的耐久性是指在规定的使用条件和维修条件下,达到某种技术或经济指标极限时,完成规定动作的能力。一般只有大批量生产的汽车才进行耐久性试验。

任务实施

结合本项目情境,请你为张先生推荐两款适合他的车型,并为其对比介绍推荐车型的各项性能指标。

任务单元	汽车的主要技术参数及性能指标	课时	2
任务目的	1. 了解汽车的主要技术参数 2. 掌握汽车性能指标并比较两辆车的八项性能和技术指标		
操作准备	1. 二手轿车2辆 2. 卷尺1把		
注意事项			
实施过程	学生分两组分别测量两辆二手车尺寸参数,并分析比较其性能		

项目1.4 汽车构造及使用知识

情境导入

一位男士顾客在汽车销售店购买了一辆标配的雪佛兰赛欧汽车作为上下班的代步工具,第一次买车的他对于汽车的结构和使用都不是很了解,为了能让顾客尽快地熟悉新车,销售员小王引导顾客翻开了汽车的使用说明书,并为其介绍汽车构造和使用的相关知识。

> 理论引导

1.4.1 汽车的总体构造

汽车通常由发动机、底盘、车身和电气设备组成,如图1.30所示。

1. 发动机

汽车的动力源是发动机,现代汽车所使用的发动机多为内燃机,内燃机是把燃料燃烧的化学能转变成热能,然后又把热能转变成机械能的机器。发动机一般可分为"两大机构和五大系统",即曲柄连杆机构、配气机构、燃料供给系统、润滑系统、冷却系统、点火系统以及启动系统。

2. 底盘

底盘又分为传动系统、行驶系统、转向系统和制动系统。

(1)传动系统

传动系统是将发动机输出的动力传给驱动车轮的装置。

(2)行驶系统、转向系统和制动系统

行驶系统、转向系统和制动系统是支承全车并保证汽车正常行驶与停车的装置。

3. 车身

车身指的是车辆用来载人装货的部分,也指车辆整体。有的车辆的车身既是驾驶员的工作场所,又是容纳乘客和货物的场所。车身包括车窗、车门、驾驶舱、乘客舱、发动机舱和行李舱等。

4. 电气设备

电气设备包括点火系统、启动系统、控制与信号装置、照明装置以及汽车电源等。

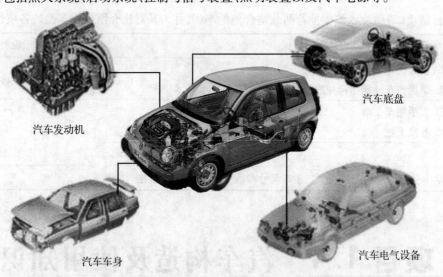

图1.30 汽车总体构造

1.4.2 汽车的使用知识

1. 汽车的使用寿命

汽车的使用寿命是指汽车从投入使用到不宜再继续使用的总运行年限或总行驶里程,又称为汽车使用期限。汽车使用寿命通常分为技术使用寿命、经济使用寿命和合理使用寿命。

(1)技术使用寿命

汽车自投入使用到由于零件磨损和老化而丧失工作能力,即使加以修理也无法继续使用所行驶的年限或里程。技术使用寿命受汽车制造质量、运行条件和保修方式等因素影响,须在实际使用中通过试验测定其有关参数后确定。成批使用的车辆,应积累长期使用数据,经统计、分析、研究后确定某种型号汽车技术使用寿命的定额值。

(2)经济使用寿命

汽车自开始使用,到使用期内变化着的运行总费用为最小值时所行驶的里程或年限。汽车在使用过程中,随着运行时间或行驶里程的增长,它的每千公里(或吨公里)的单位费用将是变化的。在一般情况下,汽车运行总费用中的管理费、轮胎费和养路费等可视作与使用时间的变化无关;燃料费、维修费随着使用时间的增长而累进增加;每年应分摊的汽车购置费将随着使用时间的增长而减少。从这些费用随里程变化中可以发现,当汽车使用里程达到某一值时,其汽车运行总费用为最小。超过这一限值继续使用,运行总费用将会逐步增加。所以在确定汽车经济使用寿命时必须有切合实际的计算模式,同时还要有汽车使用过程中的详尽统计数据,以得出正确的结果。汽车经济使用寿命涉及的因素很多,除汽车制造质量和使用技术外,与经营管理方面的因素也有密切关系。

国外研究资料表明,一辆汽车的制造费用平均约占全部使用期内总费用的15%,而使用和维修费用则占总费用的85%左右。所以,如果汽车在长期使用中,能保持其较低的使用维修费用,那么其经济使用寿命则延长,反之则缩短。

许多国家的汽车使用寿命完全按经济规律确定,除考虑车辆本身的运行费用增长外,还考虑新车型性能的改进和价格下降等因素。

(3)合理使用寿命

合理使用寿命是以经济使用寿命为基础,并根据本国的汽车运输政策、汽车工业技术的发展和燃料的供应情况等因素,综合确定的使用寿命。如技术性能先进的新型车出现,尽管老、旧型车未达到技术和经济的使用寿命,为了获得较高的运输效率和经济效益,也可更新。

2. 汽车的经济使用寿命

汽车的经济使用寿命是汽车经济效益的最佳时机,使用者在更新车辆时,应在国家政策允许的情况下,以经济使用寿命为依据。因此,人们研究汽车的使用寿命应主要研究汽车的经济使用寿命。

(1)汽车的经济使用寿命的指标

汽车经济使用寿命的主要指标有:年限、行驶里程、使用年限和大修次数。

①年限。年限是指汽车从开始投入运行到报废的年数,作为使用寿命的量标。

这种方法除考虑运行时间外,还要考虑车辆停驶期间的自然损耗问题。这种计量方法比较简单,但不能真实地反映汽车的使用强度和使用条件,造成同年限车辆之间差异很大。

②行驶里程。行驶里程是汽车从开始投入运行到报废期间总的累计行驶里程数,作为使用寿命的量标。这种方法反映了汽车的真实使用强度,但不能反映出运行条件和停驶期间的自然损耗。对于专业运输车辆而言,由于其运行条件差异较大,所以年平均行驶里程相差很大。这样,虽然使用年限大致相同,但累计行驶里程相差很大。而且在汽车运输企业中,大多数以行驶里程作为考核车辆各项指标的基数。

③使用年限。把汽车总的行驶里程与年平均行驶里程之比所得年限作为使用年限的量标,即

$$T_{折} = \frac{L_{总}}{L_{年}}$$

式中 $T_{折}$——折算年限,年;

$L_{总}$——总的累计行驶里程,km;

$L_{年}$——年平均行驶里程,km。

年平均行驶里程是用统计方法确定的,与车辆的技术状态、完好率、平均技术速度和道路条件等因素有关。我国城市和市郊运输车辆年平均行驶里程一般为 4×10^4 km 左右,长途货车为 5×10^4 km 左右。对于营运汽车在使用过程中,由于车辆的技术状况、平均技术速度和道路条件等因素的不同,年平均行驶里程的差

异较大,但车辆的年平均使用强度基本相同。因此,按折算年限基本上可以在全国范围内取得统一指标。这对于社会专业运输车辆和社会零散运输车辆也是适用的。但是,对于社会零散运输车辆而言,由于其使用强度相差太大,年平均行驶里程也不相同,且管理、使用和维修水平一般都比较低,所以这些车辆不能按专业运输企业车辆的指标要求,应相对于专业运输企业车辆的使用寿命做适当的修正。

④大修次数。汽车在使用过程中,当动力性和经济性下降到一定程度,已无法用正常的维护和小修方法使其恢复正常技术状况时,就要进行大修。

运输企业除用里程为量标外,也可用大修次数作为量标。汽车报废之前,截止在第几次大修最经济合算,需权衡买新车的费用加上旧车未折完的损失与大修费用加上经营费用的损失。

对全国来说,采用使用年限这个量标比采用行驶里程更为合理些,因为我国地域辽阔,地理、气候、道路条件差异较大,管理水平有高有低。但对于某些省市,即使是相同的使用年限,而车辆总行驶里程有长短不同,车辆技术状况也有差别,为此采用使用年限作为主要考核指标更为确切。鉴于上述情况,交通专业运输车辆,以使用年限和使用里程作为汽车使用寿命的考核指标,而以使用年限为主;社会专业运输车辆和社会零散运输车辆,则以使用年限作为使用寿命的考核指标。

(2)影响汽车经济使用寿命的因素

在确定汽车经济使用寿命时,应从提高经济效益的观点来进行分析,找出影响汽车经济使用寿命的主要因素。因此,有必要从有形磨损和无形磨损两个方面进行分析。

①有形磨损。汽车的有形磨损是指车辆在使用过程中本身的消耗。汽车和其他机械设备一样,经过一段时间使用而产生故障,导致性能下降,这些故障往往可以看到或者测得,如汽车的动力下降、油耗增加、振动加大等。

汽车的有形磨损主要发生在使用过程中,称为第一种磨损,产生的原因主要是机件配合副的机械磨损、基础件的变形、零件的疲劳破坏等。这类有形磨损发展到一定程度,就使维修费用、运行材料费用增高,运输效率降低,若继续使用下去,经济上将不合算。

有形磨损也发生在汽车的闲置过程中,称为第二种磨损,如生锈、车身漆面及橡胶件老化,或因管理不善和缺乏正确的管理制度而引起的其他损失。这类磨损所造成的损失往往是非常惊人的。

第一类有形磨损与使用时间和使用强度成正比,而第二种有形磨损在一定程度上与闲置时间成正比。若按能否修复来分,汽车的有形磨损又可以分为两部分,一部分是通过相应的维修措施可以周期性地消除,如汽车通过各级维护作业及小修可以消除各种因失调或损伤而造成的运行故障,通过大修可以恢复各总成及整车的使用性能;另一部分不能通过同样的方法消除,如一些零件的老化和疲劳。前者为消除性的有形磨损,后者为不能消除性的有形磨损。

车辆的有形磨损发展到完全磨损的期限,受很多因素影响。

一方面,技术进步可以大大推迟有形磨损的期限,这是因为材料的抗磨性、零部件加工精度的提高和粗糙度的降低,以及结构可靠性的改善,可使设备的耐久性得到提高。同时,采用正确的预防维护与计划修理,可以避免零件出现过度磨损。

另一方面,与现代科学技术有关的一系列措施又会加快有形磨损的速度,提早发展到完全磨损的期限。这是因为采用车辆调度的自动化管理系统、机械化装卸设备,都将大大减少车辆的停歇时间,提高行程利用率,因而在提高车辆使用效率的同时,大大增加了车辆的使用强度,促使车辆的有形磨损加快。

汽车的有形磨损主要与运输成本有关。

汽车的运输成本一般包括:

$$C = C_1 + C_2 + C_3 + C_4 + C_5 + C_6 + C_7 + C_8 + C_9$$

式中　C_1——燃料费用;

　　　C_2——维修费用;

C_3——大修费用；

C_4——基本折旧费用；

C_5——轮胎费用；

C_6——驾驶员工资费用；

C_7——管理费用；

C_8——养路费；

C_9——其他费用。

其中 $C_5 \sim C_9$ 是与汽车经济使用寿命无关的因素。当使用寿命确定后，C_4 基本是一个定值。只有 C_1、C_2、C_3 是随行驶里程（或使用年限）的增长，车况的下降而增加。因此，对 C_1、C_2、C_3 与汽车经济寿命有关的因素做进一步分析，就可按最佳经济效益确定其经济使用寿命。

a. 燃料费用 C_1。汽车随着行驶里程的延长，技术状况逐渐变坏，其主要性能指标不断地下降，燃料消耗也不断地增加。

b. 维修费用 C_2。维修费用是指汽车在使用过程中，各级维护费用及日常小修费用的总和。它主要是由维修过程中实际消耗配件费、工时费和消耗的材料费用来确定。车辆行驶里程增加，各级维护作业中的附加小修项目和日常小修作业项目的费用也随之增加。

$$C_2 = a + bL$$

式中　a——维修费用的初始值；

　　　b——维修费用的增长强度（由试验的统计资料来确定）；

　　　L——累计行驶里程。

不同车型和不同的使用条件 b 值不相同，常把维修费用的增长强度 b 作为确定汽车经济使用寿命的主要依据之一。

c. 大修费用 C_3。汽车在使用过程中，当动力性和经济性下降到一定程度，已无法用正常的维护和小修方法使其恢复正常技术状况时，就必须进行大修。行驶里程（年限）的增长，大修费用逐渐增加，且大修间隔里程逐渐缩短。

在计算大修费用时，要把某次的大修费用均摊在此次大修至下次大修的间隔里程段内，即相当于对大修后间隔里程段的投资。

②无形磨损。汽车的无形磨损是指由于技术进步、生产的发展，出现了性能好、生产效率更高的新型车或原车型价格下降等情况，促使在用车辆提前更新。实际上，就是旧车型相对于新车型的贬值。

车辆同其他设备一样，其价值并不取决于最初的生产耗费，而是取决于再生产所用的生产耗费，在技术进步的同时，这种耗费也是不断下降的。因此，无形磨损又分为以下两种形式。

a. 因相同的结构（同车型）车辆再生产价值的降低，而产生现有车辆价值的贬值，称为第一种无形磨损。

b. 不断出现更完善、效率更高的车辆（新车型），而使现有车辆贬值，称为第二种无形磨损。

第一种无形磨损是由于汽车制造厂生产技术的进步、生产工艺改进，成本降低、劳动生产率提高，使生产该车辆的社会必要劳动耗费相应降低，但车辆的结构、动力性能和经济性能没变，从而使车辆发生贬值。这种无形磨损的结果，反映了生产领域中现有车辆的部分贬值。但是车辆本身的技术特性和运输效能并不受到影响，也就是不涉及它的使用价值。因此，车辆遇到第一种无形磨损时，不产生提前更换现用车辆的需要，对车辆的使用寿命没有实质性的影响。

由于技术进步既影响生产部门，也影响修理部门，但是对这两个部门的影响往往前者大于后者，车辆本身价值降低的速度比修理价值降低的速度快。因此，有可能出现修理费用超过合理限度的情况，这样从修理角度分析，有可能使车辆的使用寿命缩短。

第二种无形磨损是指新的车型出现，使原有车型显得落后，如继续使用原车型的车辆，就会降低运输生产的经济效益。第二种无形磨损的主要特征是它引起旧车型的局部或全部使用价值的损失，其结果使旧车型在有形磨损发展到完全磨损之前,就出现用新车型代替现有陈旧车辆的必要性,即产生车辆更换问题。但是这种更换的经济合理性,不取决于出现相同技术用途的新型车辆这一事实,而是取决于现有旧型车辆的贬值程度,以及在生产中继续使用旧型车辆时其经济效益下降的程度。

通过上述对车辆劣化过程的分析可以看出,车辆有形磨损和无形磨损在经济后果上既有相同之处,即两种磨损都同时引起设备原始价值的降低,又有不同之处,即有形磨损严重时,常常在修复之前可使车辆不能正常运行而被迫停驶,而任何形式的无形磨损均不影响车辆的正常运行。

3. 汽车的报废标准

达到国家报废标准或者虽然未达到国家报废标准,但发动机或者底盘严重损坏,经检验不符合国家机动车运行安全技术条件,或者不符合国家机动车污染物排放标准的机动车,称为报废汽车,如图1.31所示。

图1.31 报废汽车

根据国家经济贸易委员会(现为商务部)、国家发展计划委员会、公安部、国家环境保护总局各阶段制定的《机动车强制报废标准规定(征求意见稿)》,我国对汽车使用年限的报废标准如下。

①小、微型出租客运汽车使用8年,中型出租客运汽车使用10年,大型出租客运汽车使用12年。

②租赁载客汽车使用15年。

③小型教练载客汽车使用10年,中型教练载客汽车使用12年,大型教练载客汽车使用15年。

④公交客运汽车使用13年。

⑤其他小、微型营运载客汽车使用10年,大、中型营运载客汽车使用15年。

⑥专用校车使用15年。

⑦大、中型非营运载客汽车(大型轿车除外)使用20年。

⑧三轮汽车、装用单缸发动机的低速货车使用9年,装用多缸发动机的低速货车以及微型载货汽车使用12年,危险品运输载货汽车使用10年,其他载货汽车(包括半挂牵引车和全挂牵引车)使用15年。

⑨有载货功能的专项作业车使用15年,无载货功能的专项作业车使用30年。

⑩全挂车、危险品运输半挂车使用10年,集装箱半挂车使用20年,其他半挂车使用15年。

⑪正三轮摩托车使用12年,其他摩托车使用13年。对小、微型出租客运汽车(纯电动汽车除外)和摩托车,省、自治区、直辖市人民政府有关部门可结合本地实际情况,制定严于上述使用年限的规定,但小、微型出租客运汽车不得低于6年,正三轮摩托车不得低于10年,其他摩托车不得低于11年。

⑫小、微型非营运载客汽车,大型非营运轿车,轮式专用机械车无使用年限限制。

4. 汽车检测

汽车检测是为确定汽车技术状况或工作能力进行的检查,如图1.32所示。汽车在使用过程中,随着使用时间的延长(或行驶里程的增加),其零件逐渐磨损、腐蚀、变形、老化,以及润滑油变质等,致使配合副间隙变大,引起运动松旷、振动、发响和漏气、漏水、漏油等,造成汽车技术性能下降。

其中包括以下两个方面的检测。

(1)安全环保检测

安全环保检测是指对汽车实行定期和不定期安全运行和环境保护方面所进行的检测。其目的是在汽车不解体的情况下建立安全和公害监控体系,确保车辆具有符合要求的外观容貌和良好的安全性能,限制汽车的环境污染程度,使其在安全、高效和低污染工况下运行。

(2)综合性能检测

综合性能检测是指对汽车实行定期和不定期综合性能方面的检测。其目的是在汽车不解体的情况下,对运行车辆确定其工作能力和技术状况,查明故障或隐患部位及原因,对维修车辆实行质量监督,建立质量监控体系,确保车辆具有良好的安全性、可靠性、动力性、经济性、排气净化性和噪声污染性,从而创造更大的经济效益和社会效益。

图1.32　汽车检测

任务实施

结合本项目情境,如果你是小王,请帮助顾客学习使用说明手册并完成下面的任务表。

任务单元	汽车构造及使用知识	课时	4
任务目的	1. 了解汽车构造 2. 了解汽车使用寿命		
操作准备	二手轿车数辆		
实施过程	学生每两人一组自由组合,在车前互相介绍车的构造和汽车使用知识		

评价体会

	评价与考核项目	评价与考核标准	配分	得分
知识点	汽车的各种技术参数和性能指标	理论知识的掌握	10	
	汽车的使用寿命、汽车经济使用寿命的指标和影响因素	理论知识的掌握	10	
技能点	根据汽车的VIN码正确识别车辆信息	分析车辆信息完全正确满分;否则每次扣5分	20	
	比较两辆汽车的技术参数,并根据技术参数介绍车辆的优缺点	比较正确并介绍正确满分;否则每次扣5分	20	
	正确识别车辆构造	识别构造正确满分;否则每处扣5分	10	
情感点	学习态度	遵守纪律、态度端正、努力学习满分;否则得0~1分	10	
	相互协作情况	相互协作、团结一致满分;否则得0~1分	10	
	参与度和结果	积极参与、结果正确满分;否则得0~1分	10	
合　计			100	

任务工单

学习任务1：汽车基础知识	班级			
任务单元：	姓名		学号	
	日期		评分	

一、内容

1. 汽车的主要技术参数包括_____、_____、_____和_____等。
2. 汽车的基本性能指标包括_____、_____、_____、_____、_____和_____等。
3. 汽车动力性主要用_____、_____、_____3个方面的指标来评定。
4. 汽车的制动性能指标主要有_____、_____和_____。
5. 汽车通常由_____、_____、_____和_____组成。
6. 汽车使用寿命通常分为_____、_____和_____。
7. 汽车经济使用寿命的主要指标有_____、_____、_____和_____。
8. 简述车辆VIN码的组成。

二、准备

请根据任务要求，确定所需要的设备器材，并对小组成员进行合理分工，制订计划。

1. 需要的设备器材

2. 小组成员分工

3. 实施计划

三、实施

学生分小组实车测量操作：

1. 记录并识别车辆VIN码的含义。

VIN码：_____

含义：_____

2. 识别车身各组成部分。

3. 记录该车已行驶里程数：_____

4. 该车所属车辆类型：_____

5. 实测该车外形尺寸参数。

车长：_____；车宽：_____；车高：_____；轴距：_____；

轮距：_____；前悬长：_____；后悬长：_____。

6. 比较两辆车的性能指标。

四、小结

（一）选择题

1. 某汽车型号CA1091，其车辆类别代号和主参数的含义为（　　）。
   A. 货车总质量9 t　　B. 货车载质量9 t　　C. 越野车自重9 t　　D. 越野车总质量9 t
2. 发动机四冲程中产生动力的冲程是（　　）冲程。
   A. 做功　　B. 进气　　C. 压缩　　D. 排气

3.体现发动机经济性能指标的是(　　)。
　　A.燃油消耗率 g/(kW·h)　　　　　　B.百公里耗油 L/100 km
　　C.耗油量 kg/h　　　　　　　　　　D.百公里耗油和耗油量
4.在侧滑试验台上测试汽车前轮侧滑量时,如滑动板向外侧滑动,是因为(　　)。
　　A.前轮外倾　　　　　　　　　　　B.前束值过大
　　C.前轮外倾与前束之间的作用　　　　D.前束值过小
5.一辆轿车的 VIN 码是 KNJLT06H8S6163266,其年款代码表示的年份是(　　)。
　　A.1996 年　　　　B.1998 年　　　　C.1995 年　　　　D.1997 年
6.发动机的动力性指标主要是指(　　)。
　　A.调速器　　　　B.发动机排量　　　C.有效功率与有效转矩　　　D.转速
7.QQ 轿车装用 0.8 L 发动机,它属于(　　)。
　　A.中级轿车　　　B.中高级轿车　　　C.微型轿车　　　D.普通级轿车
8.4×2 型汽车的驱动轮数为(　　)。
　　A.6　　　　　　B.2　　　　　　　C.8　　　　　　D.4
9.汽油机装用三元催化器的目的是(　　)。
　　A.降低燃油消耗
　　B.降低一氧化碳(CO)、氮氧化物(NO)、碳氢化合物(CH)的排放
　　C.提高发动机的动力性
　　D.提高燃料的燃烧性
10.车辆上装置 ASR 系统的主要目的是(　　)。
　　A.提高制动稳定性　　　　　　　　B.提高车辆经济性
　　C.提高制动效能　　　　　　　　　D.提高车辆行驶的稳定性
11.下列不属于乘用车范畴的是(　　)。
　　A.旅行车　　　　B.敞篷车　　　　C.越野客车　　　D.救护车
12.某货车的核定最大总质量为 5 t,则该货车属于(　　)。
　　A.轻型货车　　　B.重型货车　　　C.微型货车　　　D.中型货车
13.按我国规定,不需要具有车辆识别代码的车辆有(　　)。
　　A.挂车　　　　　B.汽车　　　　　C.拖拉机　　　　D.摩托车
14.汽车的总质量是指(　　)。
　　A.乘客和驾驶员的质量　　　　　　B.载货质量
　　C.汽车自身质量　　　　　　　　　D.以上三个质量之和
15.汽车的接近角与离去角的数值对汽车的(　　)有影响。
　　A.动力车　　　　B.通过性　　　　C.燃油经济性　　D.操控稳定性
(二)简答题
1.简述轿车的布置形式,并说明其优缺点。
2.简述汽车的主要性能指标。
3.汽车内燃机的功能及总体结构组成是什么?
4.前轮定位参数有哪些?每项定位参数主要作用是什么?
5.简述我国二手车市场的现状。
6.请说一说未来汽车的发展趋势。

拓展与提升

1. 汽车技术的发展趋势

汽车智能速度控制系统的功用是在某些特殊路段或特殊行驶条件下对车速进行强制限制。例如某区域的限速为 80 km/h，我们可以将该速度设定为限速值。当车速未达到 80 km/h 时，汽车智能速度控制系统不起作用。当车速接近 80 km/h 时，电子控制单元启动执行器，限制加速踏板的行程，使汽车不能继续加速。当车速低于 80 km/h 时，电子控制单元解除对执行器的控制，驾驶员又可以自由地踏下加速踏板使汽车加速。智能速度控制系统限速值的设定，可以只设定一个值，也可以根据不同的路况，有多个挡位可供设定。

汽车制造商心目中的未来汽车将是一种能自动驾驶的汽车，它能指导驾驶者避开交通拥挤路段和出事地段，同时提供丰富的网上住处和娱乐，如图 1.33 所示。美国加州国际汽车经济研究所的调查报告指出，下一个汽车销售阶段将从智能化汽车开始。智能化汽车应拥有夜视功能、音控技术、卫星电话系统、可高速踏板、车上网络系统、自动车门、绿色能源等技术。福特汽车公司今年已经开始在几种车型中提供可高速踏板。

如图 1.34 所示就是利用无线电技术充电的小型电动汽车。电能将被转化成特殊的激光束或微波束，通过天线接收，人们不必停车补充能源就可以开车环游世界。

图 1.33 智能化汽车

图 1.34 新能源汽车

2. 国产汽车产品型号编制规则

1988 年国家颁布了《汽车产品型号编制规则》(GB 9417—88)。汽车型号应能表明汽车的厂牌、类型和主要特征参数等。该项国家标准规定，国家汽车型号均应由汉语拼音字母和阿拉伯数字组成。

国产汽车产品型号编制规则一般由 3 部分 8 个字符组成，如图 1.35 所示。第一部分是首部 2 个字符，表示企业名称代号，例如 CA 代表第一汽车制造厂，EQ 代表第二汽车制造厂等等。第二部分是中部 4 个数字，左起首位数字表示车辆类别代号，中间两位数字表示汽车的主要特征参数，最末位是由企业自定的产品序号，见表 1.10。例如解放 CA141 货车的新编号是 CA1091（总质量 9 310 kg），东风 EQ240 越野汽车的新编号是 EQ2080（总质量 7 720 kg）……第三部分是尾部，分为两部分，前部由汉语拼音字母组成，表示专用汽车分类代号，例如 X 表示厢式汽车，G 表示罐式汽车等；后部是企业自定代号，可用汉语拼音字母或阿拉伯数字表示。基本型汽车的编号一般没有尾部，其变型车（例如采用不同的发动机、加长轴距、双排座驾驶室等）为了与基本型区别，常在尾部加 A、B、C 等企业自定代号。

图 1.35 汽车产品型号

表1.10 汽车型号中4位阿拉伯数字代号的含义

首位数字		中间两位数字	最末位数字
载货汽车	1	表示汽车的总质量(t)*数值	企业自定产品序号
越野汽车	2		
自卸汽车	3		
牵引汽车	4		
专用汽车	5		
客车	6	表示汽车的总长度(0.1 m)**数值	
轿车	7	表示发动机的工作容积(0.1 L)数值	
挂车	8	表示汽车的总质量(t)*数值	
半挂车及专用半挂车	9		

※当汽车总质量大于100 t时,允许用3位数字

※※当汽车总长度大于10 m时,计算单位为m。如:CA1092,EQ2080,TJ6481,CA7226L,BJ2020

3.百公里油耗的检测

目前市场上在售的各款轿车,在说明书上都标有理论百公里油耗值,理论油耗的检测是厂方在规定的温度、风向、风速等客观环境中,车辆在平坦路面或在底盘测功机上保持某一速度(一般为60 km/h,90 km/h,120 km/h),然后通过排气分析仪和碳平衡法(分析尾气中碳元素的含量来判断汽油油耗的多少),最终测算出车型的实验室百公里油耗数据,由于多数车辆在90 km/h接近经济车速,因此大多对外公布的理论油耗通常为90 km/h的百公里等速油耗。

然而,那种自说自话的"等速油耗"完全不能当真,但是消费者在实际使用中的油耗往往要比等速油耗高出许多。在等速油耗测试中,去除了实际驾驶过程中大量面临的加速、制动、急速等高耗油状态。同时,任何驾驶者在行驶过程中都不可能一直保持90 km/h的经济时速,风速、温度等行车环境指标也各有差异,所以百公里等速油耗与消费者日常实际油耗水平有时的差异高达50%~60%。而目前向消费者提供综合工况油耗——这一更接近汽车使用中实际油耗的厂家还不多。

近日,中国汽车工业协会和中国汽车技术研究中心首次联合公布了汽车产品节能评价结果,984款在我国生产销售的轿车被纳入评价,并按油耗从低到高逐一排序。从这份权威油耗排名表上可以看到,大多数汽车的真实油耗要比"理论油耗"高出2成以上。对于消费者而言,这张权威榜单将成为他们今后买车的重要指南。

部分汽车产品节能评价结果见表1.11。

表1.11 部分汽车产品节能评价结果

车辆型号	通用名	变速器型号	排量/mL	市区燃料消耗量/(L·100 km^{-1})	市郊燃料消耗量/(L·100 km^{-1})	综合燃料消耗量/(L·100 km^{-1})	可比燃料消耗量因子
SVW7167ASD	朗逸	MT5	1 598	9.80	5.80	7.30	0.22
SVW7167BSD	朗逸	AT6	1 598	11.30	6.00	7.90	0.26
CAF7201NC4	福克斯	MT5	1 999	10.50	6.10	7.70	0.19
CAF7201BC4	福克斯	AT4	1 999	11.90	7.00	8.80	0.25
SGM7183ATA	新凯越	MT5	1 799	12.65	6.85	9.10	0.33
SGM7183MTA	新凯越	AT4	1 799	11.21	7.01	8.30	0.26
FV7166ATG	速腾 SAGITAR	AT6	1 595	10.69	6.02	7.70	0.28
FV7166G	速腾 SAGITAR	MT5	1 595	10.33	5.94	7.60	0.27
SVW7183GJi	帕萨特	AT5	1 781	14.30	7.90	10.30	0.34
SVW7183HJD	帕萨特	MT5	1 781	12.30	7.30	9.10	0.25
FV7160CiFG	捷达 JETTA	MT5	1 595	10.16	5.84	7.50	0.25

续表 1.11

车辆型号	通用名	变速器型号	排量/mL	市区燃料消耗量/L·100 km⁻¹	市郊燃料消耗量/L·100 km⁻¹	综合燃料消耗量/L·100 km⁻¹	可比燃料消耗量因子
FV7162XATG	宝来 BORA	AT6	1 595	10.36	6.57	8.00	0.29
FV7162XE	宝来 BORA	MT5	1 595	10.12	6.18	7.60	0.25
DFL7162AA	轩逸	AT4	1 598	9.90	6.30	7.60	0.22

可比燃料消耗量因子又称为油耗因子,是用于衡量汽车油耗的参数。可比燃料消耗因子数值越低,表明汽车越节油,而数值越大,完全可以说明该车型的节能环保技术相对落后。

另外,一些货车空车情况下的百公里油耗数据见表1.12,可供参考。

表 1.12　部分货车百公里油耗　　　　　　　　　　单位:L/100 km

车型	一汽解放	欧曼(重卡)	欧马可	奥铃	欧霸	东风天龙(重卡)	凯普斯达
百公里油耗	8.5~10	36~40	8.5~13.6	11~11.5	9~11.3	32~35	11.8~16.95

4. SUV 和 MPV 车型的性能特点

SUV 是英文 Sports Utility Vehicles 的缩写,意思是"运动型多功能车"。这里主要是指那些设计前卫、造型新颖的四轮驱动越野车。SUV 诞生于 1984 年。这种汽车不局限于越野,而且广泛用于城市休闲生活等多种用途。实际上,现代概念的越野车与 SUV 已经相当混淆,如雪佛兰"开拓者"、德国奔驰 M 级越野车及价廉物美的韩国圣达菲(SantaFe),颇具越野车粗犷豪放的野性,它们是 SUV 的典型代表。

MPV 是指多用途汽车(Multi-Purpose Vehicles),从源头上讲,MPV 是从旅行轿车逐渐演变而来的,它集旅行车宽大乘员空间、轿车的舒适性和厢式货车的功能于一身,一般为两厢式结构,即多用途车。通俗地说,就是可以坐7~8人的小客车。MPV 的空间要比同排量的轿车相对大些,也存在着尺寸规格之分。MPV 拥有一个完整宽大乘员空间,车厢内可以布置下7~8人的座位,还有一定的行李空间;座椅布置灵活。MPV 是适合各类用户使用的多功能车。像被称为"子弹头"的雪佛兰鲁米娜、上海通用别克 GL、福田蒙派克、风行菱智、金杯阁瑞斯、上海大众途安、广本奥德赛、东风悦达起亚的嘉华、海马的普力马、威麟 V5、东风日产的帅客等都算是 MPV 车。

5. 报废车都去哪儿了

随着我国汽车产业的逐渐发展,人们对汽车的需求越来越大,由此带来的汽车回收利用领域面临的问题日益突出,主要是报废车的处理问题。数据显示,我国 2011 年民用汽车保有量已突破 1 亿辆,汽车报废量超过 400 万辆,预计 2020 年报废量将超过 1 400 万辆。

车子报废了如何处理好? 这个问题困扰不少报废车车主。车子正规的报废流程是通过到当地的车管所办理好相关的报废手续。而不少车由于受到利益的影响,往往会将报废车卖给车贩子。另外,报废厂不按规定交售报废车辆,非法回收拆解倒卖报废汽车的现象依然存在。据不完全统计,由于法定报废回收标准过低,我国每年近八成报废汽车流入了黑市,这不仅对正规的回收拆解企业造成了冲击,扰乱了回收拆解的正常秩序,更给道路交通安全、环境保护和资源利用带来了严重隐患。

随着汽车报废数量的增长,由此带来的环境资源问题日益严峻。在汽车报废后,如果不能及时拆解和回收,汽车产品中的有害物质,如铅、汞、镉、六价铬、多溴联苯和多溴二苯醚等,将对生态环境和人体健康造成严重危害;而报废汽车在回收拆解、材料分离和再利用等环节,由于缺少相关的规范监管和引导,也使得报废汽车有可能造成二次污染。

对于报废汽车带来的危害,我国并非没有关注,只是相关政策早已不适应快速发展的形势。2001 年国务院颁布了报废汽车回收利用办法;2006 年,国家发改委等部门联合颁布了《汽车产品回收利用技术政策》。目前国家相关主管部门在大力推动修订后的《报废机动车回收拆解管理条例》尽快出台,强化汽车制造商的责任,鼓励汽车制造商加强与回收拆解企业的合作和交流,同时要抓紧出台机动车强制报废标准,进一步明确报废条件,严格车辆年检和转移登记制度,从源头上防止报废汽车流向社会。

学习任务 2
二手车市场概述

【任务目标】
1. 了解二手车及二手车交易市场的概念。
2. 了解国内外二手车市场的交易现状。
3. 了解国内外二手车市场的主要流通机制。
4. 了解我国二手车市场存在的问题及解决方法。

【任务描述】
对二手车进行鉴定评估之前,要对二手车交易市场的现状有所了解。首先,要了解二手车交易市场所要具备的相关鉴定评估的条件以及二手车交易市场的主要流通体制;其次,要掌握我国二手车市场存在的主要问题,具备一定的分析、解决问题的能力,为二手车技术状况鉴定及评估奠定基础。

【课时计划】

项目	项目内容	参考课时
2.1	二手车市场的现状与发展	2
2.2	促进二手车市场健康发展	2

项目2.1 二手车市场的现状与发展

> **情境导入**
>
> 李先生在某年购买了一辆帕萨特2.0的轿车,由于个人的需求和生意往来的需求,需要更换车辆,李先生经人介绍认识了二手车评估机构的小王,希望小王给自己讲解更多关于目前二手车市场的情况,以便对车辆做出合理的鉴定评估。

> **理论引导**

要对二手车进行鉴定评估,就要对二手车交易市场的发展现状有所了解,在了解发展趋势的基础上,对国内外不同地区二手车的流通体制要铭记于心,这样才能对车辆做出符合实际情况的鉴定和评估。

2.1.1 二手车与二手车交易市场

1. 二手车的定义

二手车,英文译为"second hand vehicle",意为"第二手的汽车",国内也称为"旧机动车",在日本叫"中古车"。在美国,经营者为了更顺利地卖出二手车,改变消费者对二手车质量差的看法,给二手车定义为"曾经被拥有过的车",而不再使用"二手车"。

在我国,二手车的定义是在公安交通管理机关登记注册,在达到国家规定的报废标准之前或在经济使用寿命期内服役,并仍可继续使用的机动车辆。根据商务部、公安部、国家工商行政管理总局、国家税务总局于2005年8月颁布的《二手车流通管理办法》,二手车是指从办理完注册登记手续到达国家强制报废标准之前进行交易并转移所有权的汽车(包括三轮汽车、低速载货汽车即原农用运输车、挂车和摩托车),这里所指的二手车首次以正式文件的形式将二手车等同于"旧机动车"。

2. 二手车交易市场

二手车交易市场是指依法设立、为买卖双方提供二手车集中交易和相关服务的场所。二手车市场的功能有:二手车鉴定评估、收购、销售、寄售、代购、代销、租赁、置换、拍卖、检测维修、配件供应、美容装饰、售后服务,以及为客户提供过户、转籍、上牌、保险等服务。此外,二手车市场还应严格按国家有关法律法规审查二手车交易的合法性,坚决杜绝盗抢车、走私车、非法配装车和证照与缴费凭证不全的车辆上市交易。

二手车交易市场经营者应当具有企业法人条件,并依法到工商行政管理部门办理登记手续,如图2.1所示。此外还应当为二手车经营主体提供固定场所和设施,并为客户提供办理二手车鉴定评估、转移登记、保险、纳税等手续的条件。

二手车交易市场经营者应具有必要的配套服务设施和场地,设立车辆展示交易区、交易手续办理区及客户休息区,做到标识明显,环境整洁卫生,如图2.2所示。交易手续办理区应设立接待窗口,明示各窗口业务受理范围。二手车交易市场经营者在交易市场内应设立醒目的公告牌,明示交易服务程序、收费项目及标准、客户查询和监督电话号码等内容。二手车交易市场经营者应制定市场管理规则,对场内的交易活动负有监督、规范和管理责任,保证良好的市场环境和交易秩序。由于管理不当给消费者造成损失的,应承担相应责任。二手车交易市场经营者在履行其服务、管理职能的同时,可依法收取交易服务和物业等费用。二手车交易市场经营者应建立严格的内部管理制度,牢固树立为客户服务、为驻场企业服务的意识,加强对所属人员的管理,提高人员素质。二手车交易市场服务、管理人员须经培训合格后方能上岗。

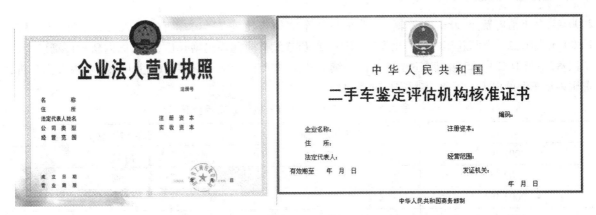

图 2.1 二手车经营者具备的条件

图 2.2 二手车交易市场

此外,进行二手车直接交易和通过二手车经纪机构进行二手车交易的,应当由二手车交易市场经营者按规定向买方开具税务机关监制的统一发票。

2.1.2 国内外二手车交易市场现状

1. 国内二手车交易市场现状

(1)国内二手车市场概况

我国二手车交易始于 20 世纪 80 年代中期,回顾我国二手车市场发展历程,1998 年是二手车市场成型的分水岭。1998 年前,车辆拥有者和使用者基本上是政府机关和企业,汽车保有量不大,市场上可以选择的车型少,车价高,而大多数单位有一定的维修保养能力。在这段时间里,基本上一辆车是开到报废为止。1998 年后,私家车逐渐成为汽车消费的主体,汽车开始进入家庭并快速增长,汽车市场保有量提高。而家庭消费的特点千差万别,尤其是一些人在经济能力发生变化以后可能就会考虑更换车辆,二手车市场就应需求而生。

从二手车市场规模来看,我国二手车市场正处于迅猛发展阶段:我国 2000 年二手车交易量为 251 738 辆,其中载货车 52 214 辆、客车 54 232 辆、小轿车 96 179 辆、其他车型 49 113 辆。表 2.1 为近十年来二手车交易量及交易额统计。而到了 2010 年,据中国汽车流通协会统计,全国二手车累计交易 385.19 万辆,同比增长 15.37%。从二手车主要细分市场上看,全年共交易二手小轿车 209.82 万辆,同比增长 22.10%;客车 62.34 万辆,同比增长 9.80%;载货车 59.61 万辆,同比增长 4.17%;越野车 7.12 万辆,同比增长 10.86%;摩托车 11.57 万辆;其他车型共交易 9.92 万辆。短短十年时间我国二手车市场交易量增长了 14 倍。从二手车与新车的销售比例来看,二手车相对于新车的销售量不断增长,符合国外发达国家二手车市场的发展规律。

2000年,全年销售新车206.82万辆,二手车与新车的销售比为12:100,而到了2010年,全年销售新车1 800.6万辆,二手车与新车的销售比为21:100。经历连续多年超高速增长后,目前国内新车市场已经出现了回落趋势,但二手车市场却在过去十年间持续上升,有些年份的增长率甚至超过90%。业内人士分析,随着国内换车潮的出现,二手车市场有望继续向好。

表2.1 近十年全国二手车交易量及交易金额

年份	交易量/万辆	交易金额/亿元
2001年	37	132
2002年	71	252
2003年	88	310
2004年	134	423
2005年	145	445
2006年	191	684
2007年	225	1 089
2008年	274	1 183
2009年	334	1 488
2010年	390	1 755

从目前国内二手车交易特点来看,车龄在2～5年的二手车最受欢迎,成交量也占到一半以上;当车龄超过5年时,随着车龄增加,成交量越来越低。

从国内不同排量车型的二手车价格分析,2011年,车龄在3～5年的车型中,最为常见的1.0～1.6 L、1.6～2.0 L和2.0～2.5 L排量的二手车交易均价分别为5.05万元、14万元和18.7万元。

"二手车市场发展还有更大的想象空间,一旦形成一定积蓄的话,二手车的活跃度应该会超过新车,成为我国汽车市场中的一个原动力。"中国汽车流通协会副秘书长沈荣预测,在各项利好政策的支持下,2012年中国二手车市场的增速将继续超过新车,达到20%左右,而交易总量有望突破500万辆,如图2.3所示为2013年全国二手车月度交易量。

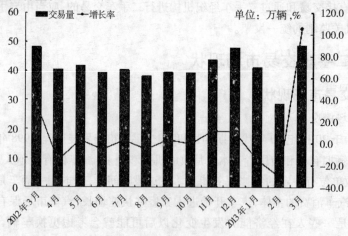

图2.3 2013年全国二手车月度交易量

2011年对新车市场来说是一个政策退出的年份,但二手车市场却意外得到了政策的惠顾,二手车市场的崛起体现出我国汽车市场正在步入成熟阶段。2012年,除了一系列老旧车辆淘汰更新刺激政策外,2011年年底国家税务总局发布的新的《车辆购置税征收管理办法》,更是给二手车市场注入了强劲的发展动力。车辆购置税过户、转籍、变更业务的取消,为2012年中国二手车市场进一步发展打开了一个想象的空间。

此外,为了进一步推动二手车市场,商务部在2011年12月22日发布的《关于促进汽车流通业"十二五"发展的指导意见》中提出,2015年中国二手车交易量超过1 000万辆,年均增长率达到15%。同时,鼓励发展品牌二手车经营,支持汽车供应商拓展品牌二手车业务,完善二手车流通网络。

(2)国内二手车的主要流通体制

①以二手车经销企业为经营主体的二手车流通模式。不用依从整车厂商,经销商集团自营的二手车经销企业可以随意收购和销售各个整车厂商品牌的产品,为消费者提供更多的选择,同时二手车经销企业也越来越注重品牌化和连锁化,降低了成本,扩大了规模,建立起了企业信誉,但是售后服务无法与厂家授权的可以以旧换新的品牌经销商相竞争。另外,根据二手车交易增值税税收管理政策,二手车经销企业除了缴纳营业税外,必须缴纳车辆成交价2%的增值税。在以二手车经销企业为经营主体的二手车销售模式下,经营公司涉及二手车收购、二手车评估、二手车销售、二手车售后服务等整个二手车业务链。

②以二手车经纪机构为经营主体的二手车流通模式。二手车经纪机构只能以收取佣金为目的,为促成他人交易二手车而从事居间、行纪或者代理等经营活动,不得以任何方式从事二手车的收购、销售活动。由于二手车经纪机构的这个定义,其入门门槛较低,资金规模、维修设备、服务意识、流程规范等方面必然不能和经销企业相比,无法为客户提供二手车鉴定、二手车收购、二手车维修、二手车销售、二手车售后等一站式服务。从长远角度看,二手车经纪公司应该专注于自身的主营业务——中介,为买车消费者和卖车消费者提供便利。

二手车经纪机构一般利用手中的人脉资源,或者是从企事业单位获得大量二手车车源,或者以广告、朋友介绍等方式从消费者个人获得车源,甚至也有直接从品牌经销商那里以较小的成本获得汽车置换业务遗留下的二手车。

虽然二手车经纪公司不会成为市场的主流,但在现阶段,由于二手车市场还有很多不规范的地方,经销企业也没有体现出应有的优势,政策法规还不完善,比如根据二手车交易增值税税收管理政策,二手车经纪公司和二手车个人直接交易一样无须缴纳增值税,大大降低了二手车经纪公司的成本,消费者选择二手车经纪公司的大有人在。

③以授权品牌经销商为经营主体的二手车流通模式。自从2003年上海通用推出"诚新二手车"以来,国内各整车厂纷纷授权旗下经销商开展二手车置换业务,如上海大众"特选二手车"、宝马的"尊选二手车"、一汽奥迪的"奥迪AAA"、广州本田的"喜悦二手车"及东风标致的"诚狮二手车"等。

整车厂开展二手车置换业务,现阶段是为了推进新车的销售,因为中国汽车市场发展到现今,有一大批消费者开始考虑购买第二辆车,而旧车的处理就成为一个问题,整车厂推出这项业务,就可以为这批消费者省去麻烦,促使他们更早、更坚定地去购置新车,并且仍选择该品牌下的新车。显然,二手车置换对于新车销售及二手车市场的发展有很大的促进作用。

但是,由于我国的汽车市场还处于发展阶段,千人汽车保有量还很低,导致整车厂授权开展二手车业务的品牌经销商收购来的二手车数量较少,难以形成规模,而为了这些车辆还需要专门派人负责维修、销售等,人力、物力成本高,得不偿失。因此,这些品牌经销商本身又在工商行政管理局注册成为二手车经销企业的很少,多数都是选择与二手车经纪机构、二手车经销企业或拍卖企业合作,转手处理掉这部分旧车。这样,对于新车市场来说,确实有一定的促进作用。但是,对于那些相信整车厂、品牌经销商的信誉及后续售后保障工作而想去品牌经销商处购买二手车的消费者来说,可选择的余地就非常小。

④以二手车拍卖企业为经营主体的二手车流通模式。二手车拍卖企业以公开竞价的形式将二手车转让给最高应价者的经营活动称为二手车拍卖。不同于国外比如日本的拍卖企业,与之相关的都是相应的会员(包括新车商、二手车商及专业的二手车收购商),没有会员资格的不可以在拍卖会上进行车辆的交易。在中国,二手车拍卖企业的货源来源于企事业单位公务车、法院及海关罚没车辆、品牌经销商置换业务下的旧车,个人直接委托拍卖企业拍卖的少,而参加拍卖会的多数为想购买二手车的普通消费者,他们对于这些公务车或者厂商认证的置换车的品质有一定的信心。

二手车拍卖企业的利润来源于收取佣金,不像二手车经销企业,完全靠赚取差价,一方面以某些车辆的瑕疵为由打压价格,另一方面隐瞒车辆的真实情况,甚至想方设法掩盖车辆的问题,抬高价格。拍卖企业以专业能力尽量还原车辆真实情况,告知买家尽可能多的车辆信息,买家可以放心地购车。

(3)国内二手车市场存在的问题

我国二手车市场发展还远未完善,从发展的角度来看,还有很长的一段路要走。从未来的角度来看,如何顺应我国二手车市场的发展趋势并引导其健康发展显得尤其重要。当前我国二手车市场存在的问题,有历史遗留下来的,也有在新时期出现的特有问题,这些问题的存在,影响着当今我国二手车市场。更严重的是会制约我国二手车市场的长远、健康发展。为此,需要对当前我国二手车市场面临的问题有足够的重视,并以清醒、系统的眼光来看待这些问题。

二手车市场的快速发展,使原有政策制定时的环境有了极大的改变,原有的管理办法与市场的现状存在一定的脱节。另外,随着二手车市场的发展而出现的新生事物,如互联网二手车销售等,对法律法规又有了新的需求。还有,二手车市场自身的发展,使得原有的矛盾进一步凸显出来,如二手车市场信息不对称、税收政策不配套等,如图2.4所示。

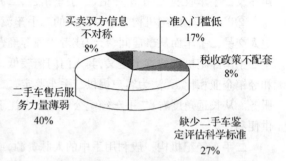

图2.4　中国二手车市场存在的问题

通过分析,将当前我国二手车市场面临的问题主要归纳为以下几个方面。

①没有统一收费标准,税费征收不合理,税费征收困难。《二手车流通管理办法》未规定二手车交易行为的税收标准,而沿用以前的有关标准,即:面向二手车经营公司征收的减半后的增值税,即2%的增值税,对拍卖企业征收4%的增值税,而作为个人交易在二手车交易市场开票则不需要交税。只是规定了直接交易必须在二手车交易市场进行,因此,税费不公平的问题仍然没有得到解决。如何甄别哪些是个人交易,哪些是带有盈利性质的经营行为,这个问题在现实中很难判断。举个例子:明明是经营公司的经营行为,但经营公司可以将卖主的车辆直接过户到买主名下,这样,在客观上无法鉴定这是否为直接交易。另外,虽然在《二手车流通管理办法》中有明文规定,二手车经纪公司只能从事经纪行为,不能从事买、卖二手车的业务(除非受客户的委托),但作为对原有市场传统的延续,目前在二手车交易市场的经纪公司没有不从事盈利性质的二手车买卖活动的。这些经纪公司通过二手车交易市场开票,这就造成了税收漏洞。于是,二手车经纪公司、二手车经营公司在进行二手车交易时,自己不开销售发票或者经纪发票,而到二手车交易市场开票。于是,二手车交易市场又多了一项功能"开票功能"。既然有了服务,那当然是需要服务费的。这样造成的后果是,二手车交易市场利用《二手车流通管理办法》的漏洞,又赚取了一项"垄断"寻租费。二手车经营公司(包括国内新车制造商的4S店)要想从事二手车交易,必须向二手车市场交纳"开票"费,否则,就会在二手车销售价格方面处于劣势。鼓励消费者之间的车辆流通,只针对二手车经营行为收取税费的出发点是不错的,但是由于《二手车流通管理办法》未给出可操作性的办法,导致大部分二手车交易都"合理"避税了。国家在税费收取上存在着有税收不上来的困境。二手车经营公司为了合理避税,只能到市场上去开票,增加了时间成本。

②二手车市场信息不对称,诚信缺失。我国二手车市场的潜力虽然非常巨大,但由于发展时间较短,很多不规范因素制约着二手车市场的发展,其中诚信成为制约市场发展的最大因素。目前二手车市场仍然是个信息不对称的市场,消费者与中间商之间存在着巨大的信息不对称问题。中间商压价收车、高价卖车,隐瞒车辆实际情况的案例频频发生,让许多消费者对二手车颇有戒心,使许多潜在的二手车需求难以转化为现实的市场需求。

中国汽车流通协会的一份资料显示,诚信问题仍是困扰行业健康发展的重要因素,诚信问题主要体现在以下3个方面。

a.车辆的真实状况。虽然现在二手车市场开始出现品牌化经营的趋势,但在二手车交易市场内以及一些场外的经济实力较弱的二手车经纪公司和经营公司,在销售车辆时,仍然会故意隐瞒车辆的真实状况,以次充好。在技术方面隐瞒的包括车辆事故、真实里程、车辆质量等等,而在外表上却粉饰得非常漂亮。由于车辆本身技术上的复杂性,消费者上当后,即使打官司,也往往说不清、道不明。在手续方面,往往存在车辆违章罚款、欠费等陷阱。消费者在购买后,到办理过户时,往往还要交上一大笔费用。

b.价格谈判的信誉。目前二手车市场上,一些不法公司或者个人,在二手车交易谈判时,虚报价格,在实际成交时"宰客",如果用户不满意,有的还采取威胁、故意损坏车辆的行为。例如:在收购车辆时,往往采取提高报价的手段,一旦卖车用户将车辆开到商定的地方进行检测时,就开始不断地砍价,更有甚者,在检测时还不忘故意损坏车辆,如破坏漆面、内饰等。消费者如果不同意"最终报价"的话,则又采取威胁的方式。有的消费者就在这样的情况下稀里糊涂地将车卖了。

　　c.人员素质差。目前二手车交易市场的二手车"黄牛",较以前已经减少了许多,但是仍然有部分存在。无论是在北京、上海、广东等发达地区,还是在东北、中西部等较落后地区,只要一走进二手车交易市场,都能碰到截车吆喝的人,这些就是"黄牛"。如果从这些人手里购车,上当之后再找基本上是毫无用处的。

　　③二手车售后服务保障缺失。如果说规范合理的二手车鉴定评估可以剔除有致命缺陷的车辆并给消费者一个合理的价格的话,那么一定期限的售后服务保障就是给二手车消费者吃了一颗定心丸,使消费者放心地购买二手车。

　　《二手车交易规范》规定二手车经销企业向最终用户销售使用年限在3年以内或行驶里程在6万km以内的车辆(以先到者为准,营运车除外),应向用户提供不少于3个月或5 000 km(以先到者为准)的质量保证。质量保证范围为发动机系统、转向系统、传动系统、制动系统、悬挂系统等。但是,实际交易过程中,二手车使用年限能在3年以内或者行驶6万km以内的比例很小,大多数情况下,消费者得不到任何二手车的售后保障。另外,由于车辆技术的复杂性,即使经销企业提供了售后担保,出了问题后,经销企业为了自身的利益,也通常会在具体条款上和消费者产生不一致的理解。

　　售后服务保障缺失的产生,主要有以下4个方面的原因。

　　a.二手车经营者缺乏诚信。二手车经营者为了牟取不正当利益,对消费者隐瞒真实车况,提供虚假信息。

　　b.二手车改装。有的二手车原车主在使用过程中进行了改装,但在出售时又恢复了原厂配置。这类问题往往会对车辆造成"暗伤",并且即使在新车质保期内,生产厂商也不会给予索赔。不是非常专业的二手车经营者有时也无法检测出是否经过了改装。

　　c.跨区域售后服务问题。即使二手车经营者提供了质量担保,也往往因为购车用户在外地,距离二手车经营者路途遥远而无法实现索赔。

　　d.车辆技术复杂性。二手车经营者在提供质量担保时往往容易造成消费者与卖车方在具体条款上理解的不一致。《汽车贸易政策》规定了二手车经营企业应当向消费者提供售后质量保证以及售后服务。但目前二手车市场还有数量众多的二手车经纪公司,这些公司按《二手车流通管理办法》的规定应该只从事经纪业务,但大多都有二手车买入卖出的交易行为。消费者从这些公司购车,无法得到应有的享受售后质量保证以及售后服务的权利。即使是经营公司,如果实力不足的话,也很难提供相应的售后服务。

　　④二手车金融服务问题。二手车金融服务的核心就是以二手车为质押的融资,目前在国内还没有金融机构为二手车经营者或者二手车消费者提供融资服务。究其原因,一方面是由于二手车车况的复杂,需要较深的汽车检测方面的专业知识。在国内还没有哪家金融机构在这方面储备了专业人才,如果用外部资源,国内还没有具有全国公信力的车辆检测机构。另外,即使有了上述条件,还有二手车现行价格及未来价格预测的数据需要解决。由于影响二手车价格变动的因素很多,如供求关系、新车价格、季节性因素、时间因素等等,造成二手车价格的预测非常困难。就算是现行的市场价格,也由于车况的不透明,很难根据一辆车的交易价格去推算另一辆的价格。只有在具备车况检测数据和价格数据的前提下,金融机构才可能依靠自己的二手车专业人员负责将此两项数据整合到一起从而确定最终的贷款金额,金融产品设计部门还要根据未来价格数据确定贷款用户的还贷风险,从而确定最终的贷款利率。另一方面,长期以来,国内二手车经营者的诚信度一直受市场诟病,在未建立二手车经营者的信用记录的情况下,对二手车经营者的融资显得风险较大。

　　⑤二手车保险服务问题。二手车保险服务问题主要就是二手车质量担保的问题。保险公司开展二手车质量担保在我国刚刚起步,由于投保车辆基数小,目前的二手车质量担保服务开展的规模很小,成本较高。另外,由于此项业务对于国内保险公司来说还是新业务,保险公司之前虽然有商业车险的理赔数据,但并没

有建立系统的车辆维修费用数据库。因此,对于保险公司来说,在前期业务的开展中不得不持谨慎态度,造成现有的二手车质保费用高昂。由于市场诚信的问题,保险公司在开展二手车质量担保方面,不敢轻易和二手车交易市场内的经济公司以及一般的经营公司合作,一般只考虑和汽车生产厂商合作在4S店系统开展。

⑥行业准入门槛低、竞争加剧。几年前二手车行业可谓是暴利行业,一辆二手车一进一出,少说也要赚四五千元,多的可以赚几万元。二手车行业就像一个诱人的蛋糕,不少经销商都想分上一块儿,加之二手车准入门槛低,一时间二手车市场泛滥,从业人数激增。由于二手车经销商过度增加,形成僧多粥少的局面,导致市场竞争加剧,各地经销商之间开始出现恶性竞争。恶性竞争不但使商家获利减少,也导致承担市场风险加大,这些都将阻碍国内二手车行业的健康发展。

⑦面向全国范围的二手车流通体系的建立问题。全国性的二手车流通体系的建立,对我国二手车市场发展的影响意义深远,可以说,在今后相当长的一段时间,将会成为制约我国二手车市场发展的重要限制条件。

如果没有全国性的二手车流通体系,将会导致国内二手车需求无法得到有效满足。如在温州,自从风行过广州本田雅阁后,短短几年时间,温州人开始热衷于德系的车辆,在温州的雅阁二手车价格低廉但销量很少,而在广东,消费者对于雅阁二手车却比较认可,从而导致广东的雅阁二手车价格较高;使跨区域二手车流通成本居高不下,异地的二手车经营者在采购时必须到现场验车方能放心付款,再加上转籍手续办理时间较长,异地购车除了需要付来回车费外,还需要支付食宿费用,这将直接导致二手车流通成本的上升。

由于二手车流通的不顺畅,必然会反映到二手车的销售价格上来,对于希望卖掉手中车辆的消费者来说,由于二手车经营者收购价格低而蒙受损失,有的甚至因此而延长手中车辆的使用时间。前文提到的我国各区域之间二手车交易的发展不平衡,为二手车区域间流通提供了广阔的市场前景,但由于二手车技术标准的不统一,造成各区域二手车经营者之间在二手车车况方面没有"共同语言",异地用户在购买二手车时,不得不到现场验车。在办理转籍手续时,往往需要等7天左右,多的则可能半月的时间,这就增加了二手车经营的风险。另外,我国各地二手车税费标准不一,这对于税费高的地区尤为不利,因为高税费阻碍了当地二手车市场的发展。当地二手车在转籍交易时,往往存在价格方面的劣势。有的地方政府沿用过去的管理思路,对二手车经营设置进入屏障,限制二手车经营者的数量,这不利于二手车市场的自由竞争。以上种种因素阻碍了二手车在全国范围内流通。

⑧鉴定评估缺乏标准与规范。消费者在经销商处购买二手车,没有车辆鉴定评估报告,甚至连交易合同和委托书都没有。目前,大部分评估机构仍然用过去落后的评估手段,国内二手车评估现状非常混乱,没有一套完整的、系统的评估方法和手段,评估过于注重对价格的估算,评估师更多时候是凭借个人的经验,而不是一套客观的流程对车辆进行估价。建立完善的行业评估标准和准入制度是解决混乱局面的根本。

专家分析:改进鉴定评估手段和方法,在开展鉴定评估过程中强化对车辆质量状况的评估,淡化估值行为是二手车鉴定评估机构寻求发展的当务之急。实行评估机构准入机制和归口管理,由国家主管部门制定统一的鉴定评估标准、流程,引入第三方鉴定评估,实行评估收入与评估价格脱钩。近期出台的《二手车鉴定评估规范》中对评估车辆的检测有100多项,达到或接近目前一些品牌二手车的要求,并提供了标准评估单。严格的车辆检测让价格的评估更加合理,消费者对车辆的性能则有一个更加清楚的认识,而强化市场秩序也会让二手车市场更加有序、透明。

⑨消费观念制约行业发展。二手车市场在国内发展的时间较短,人们对二手车的接受程度有限,制约了二手车行业的发展。在消费二手车的群体中,消费普通车型的大部分是新手,购车大多为了代步或过渡使用;而购买豪华二手车的群体则多为从商人士,购买豪华二手车多是为了体面。

人们对二手车接受程度低,一方面是由于对二手车认识不足,不知道如何判断车况好坏,二是国内二手车信息不对称,诚信缺失,令人们对购买二手车产生恐惧心理,怕商家隐瞒二手车实际情况,不知道二手车到底发生过几次事故,上过几次保险。

2. 国外二手车交易市场现状

虽然中国已经是全球第一大汽车市场,但我们的汽车保有量仍处于较低的水平。预计到2015年,我国每1 000户居民的乘用车保有量将达到165辆,中国汽车市场将初步成熟。在成熟、开放的汽车市场,二手车交易与新车销售比例一般都大于1∶1。美国市场为2.67∶1、英国市场为3∶1、日本市场为1.42∶1。与之相比,中国二手车与新车销售的比例仅为0.3∶1,这一明显差距反映出中国还是一个发展中的市场,同时也表明中国二手车市场拥有巨大的发展潜力与空间,尽管不同国家的特点和政策都不相同,但发展规律是基本相同的。

(1)美国二手车市场概况

过去十年,美国新车的年平均销量为1 600万辆,而二手车的年销量却高达4 000万辆,基本上是新车的2~3倍,如图2.5所示。二手车的热销除了与美国大众对二手车有着异乎寻常的热情有很大关系以外,一个主要原因是美国二手车市场经过数十年的发展已经相当成熟,形成了一套行之有效的市场规则,从价格、质量、服务等多个汽车消费的关键领域给消费者提供了保证和信心。

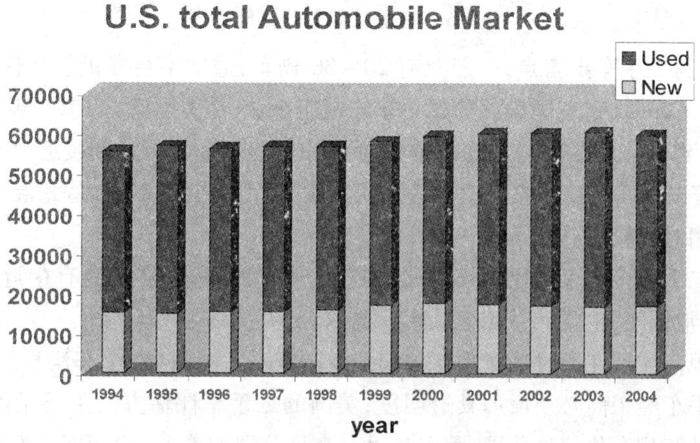

图2.5 美国二手车市场概况

①美国二手车市场的主要特点。美国的二手车市场总体上是一个具有很强自我规范能力的主体,政府在市场运作、车辆流通等环节的参与和干预力度都非常有限。在政策层面,美国联邦贸易委员会实行的《二手车法规》(Used Car Rule)是针对国内二手车流通管理的一部最重要的规定,主要内容包括以下两方面。

a. 执照申领。《二手车法规》规定,在一个年度(12个月)之内出售5辆二手车以上的经销商必须申领二手车销售执照,执照的发放由各个州自行管理。

b. 《买车指南》(Buyers Guide)。《二手车法规》提供了统一格式的《买车指南》,规定二手车经销商在出售二手车的同时,必须填写完整的《买车指南》,并张贴在车内的明显位置,以供买方参考。《买车指南》的主要内容包括车辆的基本信息、质量状况、维修历史、厂家或经销商的质保承诺等重要信息,并且成为购车合同的一个重要组成部分,从而在法律上确保经销商提供的二手车信息的准确性,同时将消费者关心的保修承诺合同化,保证了消费者的权益。

②美国二手车流通途径。美国二手车市场格局是以经销商为主,二手车连锁店为辅。美国二手车销售主要由独立经销商、二手车连锁店和私人交易渠道构成,如图2.6所示。各渠道销量占比分别为60%、25%和15%。经销商在二手车市场中占的比重最大。二手车利润率高于新车并且相对稳定,在经济波动时受到影响较小。在2008年经济危机中,二手车销量缩减速度小于新车销量,更具有防御性。

a. 二手车汽车经销商。多数的汽车经销商同时经营新车和二手车业务,由于这些经销商的信誉比较好,规模也够大,对本品牌车辆的车型、性能更熟悉,有零部件储备和维修售后的优势,虽然这类二手车的价格略高于其他形式销售的二手车,但由于经销商的专业经营和高诚信度,消费者对此表示普遍接受并认可,有不少二手车客户愿意到这里买个放心。

b. 二手车连锁店。规模比较大的二手车连锁店也是二手车销售的一个重要途径,此类连锁店通常对出售的二手车做一些外部整修,对部分二手车提供一定时间的保修服务,出售的价格比汽车经销商稍低。此

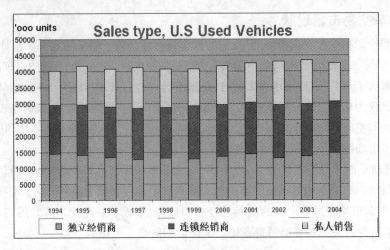

图 2.6　美国二手车的销售渠道

外,还有一些规模很小的二手车出售点,一般只有 20～30 辆车,通常不会提供任何保修服务,消费对象多为附近收入较低的群体。Carmax 是美国最大的二手车连锁店企业,在美国已有 103 个店面,年销售二手车数量约 40 万辆。在已经开设了店面的地区,Carmax 的二手车市场份额通常可达到接近 10% 的水平。

c. 私人。私人出售二手车多以在报纸上刊登广告为主,但由于良莠不齐、鱼龙混杂,又缺乏相应的保障,私人二手车的流通量相对比较小。

d. 拍卖。拍卖的二手车多为车龄比较长、车况相对比较差的旧车,甚至还有接近报废的车辆,一般不提供任何保障,但价格非常低廉,主要针对社会低收入群体。

③二手车的质量规范体现在通过法律来保护消费者的权益。美国《二手车法规》中规定的《买车指南》,就是政府强制规定二手车经销商必须增加其透明度,美国的二手车评估方法主要是由行业协会和大公司等权威机构定期发放各种车型车价信息范围,著名二手车交易公司如美国可以用它 3 000 多万的交易数据定期更新价格指数。同时全美也形成了几家权威的认证机构,遍布全国的网店可以根据顾客需求来提供评估检测报告。Carmax 也可以对经销商车辆进行检测,评估并代客人修理。如果客户买后发现有重大差异,可以提起诉讼,来解决在二手车交易过程中二手车买卖双方信息不对称的问题。

④二手车质量。质量和品质在汽车消费领域居于至关重要的地位,不仅对新车如此,对二手车则更突显出其重要性。上述《二手车法规》中规定的《买车指南》,便是为了保护消费者的合法权益。另外,在实际流通过程中,美国的二手车市场也形成了以下两条非常有效的做法,对于保证二手车质量起到了非常重要的作用。

a. 推广认证制度。从 20 世纪 80 年代开始,美国开始出现"认证(Certified)"二手车,起初是由一些规模较大的经销商对自己出售的二手车进行认证,目前这项制度已经推广到几乎所有品牌的汽车生产商。

所谓二手车质量的认证制度,就是由汽车生产商或者大型经销商对二手车进行全方位的质量检测,以确保汽车的品质达到一定的出售标准,同时,经过认证的二手车还可以在一定时期内享受与新车同样的售后保障。

尽管认证二手车要比没经过认证的二手车平均售价高出 1 000～1 500 美元,但由于认证二手车的质量得到了保证,并可享受保修服务,消费者对二手车质量存在的顾虑便得以解决,极大地激发了消费者购买认证二手车的热情。

b. 建立历史档案。美国有专业而且独立的汽车评估公司,利用车辆识别代码(VIN)的唯一性,为每辆车建立档案,撰写"车辆历史报告"。报告的内容包括:所有权及变更、里程数、尾气排放检验结果、使用、维修、抵押、事故等众多重要信息。这些信息来源于生产商、车辆使用者、管理检验部门、消防与警察部门以及租赁拍卖公司等多个途径,一方面确保了车辆历史报告的全面性,另一方面保证了信息的准确性和公正性。

消费者在购买二手车的时候,可以通过支付少许费用获得此类报告,从而对二手车的使用历史及质量情况做到心中有数,避免了由于信息不全而造成的购车盲目性。

⑤二手车价格。除了质量以外,价格则是消费者最为关注的另一个重要因素。二手车价格的高低直接关系到消费者的切身利益,同时无法获取一个客观和公正的二手车估价,则成为消费者止步于二手车门前的一道拦路虎。

在美国,二手车价格不是由原车价格通过折旧来确定,而是取决于二手车的市场残值,即该车目前在市场上还能卖多少钱。美国没有专门的二手车鉴定估价师,消费者通常参考汽车经销商和二手车连锁店发行的二手车价格参考书。其中,美国汽车经销商协会(NADA)从1933年开始发行的《二手车价格指南》是较为权威的一种。该指南按东南西北把美国分为九个区,各地有不同的版本,每月发行一本。

指南中的价格分为:置换价格(Trade-in)和零售价格(Retail Price)两大类别。置换价格是消费者在车行进行以旧换新时二手车的折价,通常也是经销商回收二手车的批发价,相对较低;零售价格则是车行单独出售的二手车价格,一般比置换价格高20%左右。

(2)日本二手车市场的发展概况

日本二手车市场最大的特点是已形成一张分布均匀且遍布全国的交易网。日本是一个成熟的二手车市场,交易过程充满了诚信。在日本,经过检测的二手车上已经详细注明车况,不会存在水分,篡改车辆信息的事情很少发生,一旦发生就会公示,并会遭到十分严厉的处罚。这种用制度来约束二手车交易行为是管理中的重要手段。多年的充分竞争和淘汰制度造就了日本二手车十分诚信的市场。

日本的二手车没有统一的认证标准,最主要的是几家较大的二手车公司的第三方认证标准,如Gulliver公司的"监价标准"、AUCNET公司的"AIS"等。如日产、丰田、本田等汽车公司都认可并使用"AIS"。虽然各个公司的认证标准自成一家,但经过充分的市场竞争和长期的发展,都得到了社会的认同和信赖。一般在经销店里受过专门训练的评估人员在收车后,将二手车情况如实记录,传输给其加盟的二手车公司,很快就能够得到一个检测证明和根据目前市场状况对该车的基本估价。如果这个价格得到卖车人的认可,该经销商就可以出售这辆车了。无论怎样流通交易,经销店里的二手车都要经过检测,被贴上认证标签。

拍卖会是日本二手车流通的一个重要的方式,目前在日本拍卖场大概有150家之多,并且以会员制的形式组成。在日本,虽然不同地区的认证,评估价标准不同,但同一辆车的交易价非常相近。售出的车辆根据车型和车况,在规定时间和里程数内会有保修。东京CAA二手车公司的现场拍卖大厅有500个终端,每个终端可以有两个人同时参加拍卖。二手车以基本价起拍,由于经销商比较专业,二手车一般不会被拍出"天价",因而单车交易速度特别快,通常20 s内就会结束,每天有上千辆的交易量。但如果价格没有达到卖主的期望,控制中心的工作人员就会将该车流拍。远程拍卖在家里或经销店就可以参加。同样,未加盟二手车公司的经销商是不能得到终端设备、参加拍卖的。在举行拍卖的特定时间里,只要看好了,北海道的经销商也能得到东京的二手车。这就是远程拍卖的好处——资源共享。无论远程还是现场,拍卖结束后,车辆的交付在两个经销商之间进行即可,负责组织拍卖的二手车公司只是一个流通的渠道,最后将成交车辆的信息发送给买车的经销商,B to B 交易就完成了。

除了拍卖,很多汽车企业也建立了自己的汽车生活店,也可以经营二手车市场,为二手车市场的壮大和增加竞争打下基础,也让消费者能够买到更如意的二手车。如图2.7所示为日本二手车的主要流通模式。

比如,日产建设了兼备新车和二手车销售以及零部件采购中心的综合汽车店。

Carrest,就是这样的二手车和新车的汽车生活店。由 car 和 rest 组成,表示车及休息的意思,就是说顾客可以在充满创意的环境里享受汽车生活。位于东京城以东的 Carrest,室内外总面积超过 60 000 m²,超过 50 台新车、1 000 台二手车以及约 40 000 件汽车精品供顾客挑选。另外,一条长达 700 m 的跑道供顾客试乘各款新车及二手车。除了以上所提到的项目,Carrest 还有购物中心、儿童游戏区及舒适的咖啡茶座,一家老少咸宜。维修车间拥有38个维修位置,同时提供最方便的自助洗车服务,最后,专业的评估区域可以让你以满意的价格购入心仪的车辆等。这种多元化的汽车公园,相信不久也会在国内出现,周末闲着没事到这种全面的汽车公园,忙里闲逛,说不定可以选中一辆价廉物美的中意二手车。其实,Carrest 这样的二手车或者汽车用品超市,值得国内汽车业进行尝试。日本汽车市场经过多年的发展,激烈的竞争使市场非常成熟、规范、可信,二手车的交易简单、透明,是一个完全开放的市场行为。

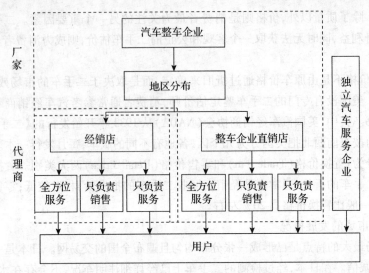

图2.7 日本二手车的流通模式

(3)其他发达国家的二手车市场概况

其他的发达国家二手车市场基本特点都相同,在数量上超过了新车,并且利润超过了新车。其主要有以下特点。

①管理体制十分健全,二手车的保值率对新车的销售影响很大,二手车保值率无论是新车还是二手车销售,稳定市场价格都有着十分积极的意义。

②交易量都很大。形成了规模效应,平均高出新车的交易量一倍以上。

③价格一般较低。虽然购买二手车需要一定的维修和保养费用,但就算加上这部分成本,也比新车价格低很多。汽车报废周期平均为8~12年,而汽车更新周期平均为4年,可见二手车市场有相当的空间。发达国家成熟二手车市场实行规范化的售后服务标准。在税收、价格评估等方面,北美、欧洲等绝大部分国家和地区在二手车交易中是按照购进销售之间的差价征税,英国按照差价毛率征收增值税。各国通过制定法规和行业协会管理以及品牌汽车企业来确定经营者的资质,规范其交易行为。他们通过统一的服务标准,使购买二手车的消费者,在一定时期内享受与新车销售相同的售后待遇。在国外,根据二手车的评估结果,车辆可以拥有符合车况的相应保修期。一般二手车的评估是由第三方评估机构和评估公司来实现。在瑞士,凡是购买二手车的车主都可以得到一张保修单,享受2年的保修期,这种承诺不仅在瑞士有保证,而且在全欧洲都有保证,如果2年之内车主将车转卖,保修期还可以随车主的更换转移给另一个车主。这样的做法,不仅解决了购买二手车的后顾之忧,也促进了二手车的销售。

一般发达国家成熟二手车市场均形成了一套比较完善的收购和销售体制。各国政府也制订了有关二手车贸易的相关法规,以保护消费者的权益。在瑞士,新车5年之内免检,5年之后,每3年检查一次。在意大利,新车行驶4年之后,每2年检查一次。一般情况下,车辆行驶8年就会自行处理。如果超过10年直接由指定的拆解企业进行回收。这两个国家建立了科学、完善、权威的二手车评估体系。在瑞士有一个科学的二手车评估系统,这个系统是由二手车协会来制定,任何二手车的估价必须遵循这套科学的评估系统来确定。二手车销售价格的制定,首先要经过技术检测部门的技术人员进行测定,列出测试清单,然后做出此车的估价,销售商根据二手车的估价和原销售价格,最终确定二手车实际销售价格。

任务实施

结合本项目情境,作为一名专业二手车鉴定评估人员,可以按照下列步骤给顾客进行讲解。

环节	对应项目	具体程序
1	准备工作	1. 通过交流了解明确李先生的交易需求 2. 在交谈过程中了解李先生对二手车市场的了解程度及想要知道的内容
2	介绍二手车市场的现状	举例介绍目前国内外二手车市场的发展现状、趋势及目前我国二手车市场存在的主要问题
3	介绍国内外二手车市场的流通体制	通过现有资料介绍我国及国外二手车市场的主要流通体制
4	介绍目前畅销的二手车车型	根据李先生车辆的实际状况和目前此类车辆在市场上的交易情况,给顾客提出初步的评估计划和评估意见
5	留下客户信息	填写客户个人信息和车辆信息 及时与客户进行沟通,明确交易目的和要求

项目2.2 促进二手车市场健康发展

情境导入

客户王先生欲购买一辆二手汽车作为代步工具,但目前二手车市场上出现的隐瞒车辆信息、售后无保障等问题令王先生犹豫不决,作为二手车鉴定评估机构该怎么进行解释?

理论引导

作为专业的二手车鉴定评估机构,在了解客户购车特别是二手车需求的前提下,为了保证客户购得车辆的质量和售后服务等,需要对我国对促进二手车交易市场的健康发展出台了哪些相应的管理措施和规范有所了解。

2.2.1 促进二手车交易市场发展的对策及建议

二手车因其低廉的价格颇受部分消费者的喜爱,然而,一直以来,二手车交易存在的各种陷阱一直制约着我国二手车的发展,研究发达国家的二手车交易市场以及我国北京、上海、广州等地的二手车市场会发现,健全的法规和体系在二手车交易市场相对比较成熟。结合二手车市场的实际情况,参考以下对策建议,对我国二手车交易中心的发展有至关重要的作用。

1. 加快二手车市场交易过程中诚信机制的建立

首先,由国家相关部门牵头、二手车销售商、汽车制造厂商、各品牌4S店、各地的汽车修理店广泛参与,共同构建起功能完善的汽车信息数据库系统,方便买卖双方进行车辆信息的查询。通过信息透明化建设,消除二手车交易过程中的信息不对称和价格欺骗现象,促进二手车市场交易环境的健康发展。其次,完善二手车售后服务体系,使二手车售后服务体系与二手车销售体系同步发展,树立二手车消费者的购买信心。再次,建立相对独立的诚信监督机构,消除有些执法部门在二手车市场中既当运动员又当裁判员的现象。二手车诚信监督机构通过对二手车经营主体的严格监管和对二手车市场交易行为的规范,促进二手车市场诚信机制的建立。

2.完善二手车市场交易体制,规范二手车市场交易行为

国家相关部门应结合我国二手车市场的发展现状,针对二手车交易过程中存在的问题及时出台相关法规,以使二手车交易操作做到有法可依,二手车市场的交易行为逐步得以规范;同时,统一我国二手车交易的税收标准,简化二手车交易过程中的相关手续,促进我国二手车的跨区域流通。

3.完善二手车鉴定评估体系

目前,在多数二手车消费者对汽车并不十分了解的情况下,二手车交易市场应该建立科学规范的鉴定评估体系。由国家主管部门制定统一的鉴定评估标准、流程,引入第三方鉴定评估机构,做到二手车的鉴定评估和销售相互独立,保证评估过程公开透明,使评估结果真实可信。同时,由于二手车市场和汽车技术发展十分迅速,评估方法及评估标准应适时更新,这就需要建立二手车鉴定评估师的再培训制度,取消职业资格终身制,使二手车鉴定评估师不断接受再教育,以适应市场发展的需要。

长期以来,在我国二手车鉴定评估方面没有可以依据的评估标准与规范,在鉴定评估过程中,很少使用检测设备,主要靠评估人员的肉眼观察,随意性很大,加上评估师水平不等,良莠不齐,很难保证评估结果的公正。2005年的《二手车流通管理办法》、2006年的《二手车交易规范》等,都没有从根本上解决对旧车的质量技术鉴定和残值评估的问题,更多的重心还是放在了行业管理上。

作为我国调控与规范二手车市场发展的《二手车鉴定评估规范》与《二手车流通企业经营管理技术条件》即将出台。据悉,规范根据车况把评估车辆依次分为10级,对评估车辆的检测达到100多项,并提供了标准评估单。要求通过专业人员,借助检测设备与工具,统一的评估标准和流程,对二手车进行量化的技术检测,并由二手车经营企业或第三方鉴定评估机构向消费者告知二手车技术状况鉴定结果。该规范规定流通企业首先要对车辆的大致技术状况进行公布,对车辆外观、发动机、底盘、内饰等进行检测;其次要审核二手车原先保险、维修等原始凭证的真实性和完整性,最后才来考察新车市场平均价格。

4.创新交易模式,发展相关配套业务

在我国二手车市场快速发展的过程中,传统的二手车交易模式已经成为二手车交易市场发展的瓶颈,因此亟待创新交易模式。只有不断创新交易模式,才能适应不断发展的市场需求。与此同时,应通过二手车市场的发展带动汽车保险、信贷、租赁、拍卖、评估、置换、美容、维修、零配件供应等一系列相关汽车服务业的发展,形成更完善的汽车后产业链,确保汽车市场能够健康平稳地发展。

对比国内外二手车市场的现状和特点,中国二手车市场在市场体制、交易环境、交易模式上与国外成熟的二手车市场存在着明显的差距。针对中国二手车市场存在的问题,借鉴国外二手车市场成熟的经验,通过创新,发展一套具有中国特色并切实可行的经营模式,中国二手车市场一定会健康繁荣发展。

5.拓宽流通渠道,建立完善的二手车流通体系

允许符合条件的企业开展二手车经营活动,引入多元化经营主体,以便为我国二手车流通行业乃至整个汽车市场注入新的活力。因此,建议国家有关部门尽快出台相关政策,将有实力和有从事二手车愿望的企业吸纳进二手车流通行业,培育和发展多元化经营主体,建立方便用户的集中交易和分散经营相互并存、有机联系的二手车流通体系。

6.统筹规划,合理布局

在二手车流通管理中不能只简单地说放开与否,应由国务院商品流通行政管理部门根据总体行业规划统一布局;各地方政府在核准设立二手车交易市场及其他形式的二手车经营企业时,应对本区域的经济发展、人均可支配收入、汽车保有量、现有二手车经营企业数量与布局以及二手车交易量等项经济指标综合考虑。且为防止无序竞争的现象,同一城市不宜设多家交易市场。

7.循序渐进,逐步放开

全国二手车行业组织应积极配合国务院商品流通行政管理部门,在对国内二手车市场充分调查研究的基础上制定二手车交易市场、二手车经营公司、品牌汽车供应商以及品牌经销商的市场准入资质条件。在二手车市场改革中,应坚持先试点后逐步放开的原则,既要考虑市场发展和人民生活需要,又要防止非法车辆通过放开的渠道流入市场,同时还应考虑放开后整个行业的发展问题。

8. 加强法制化、标准化建设，促进市场规范化运营

加快行业法制化、标准化体系的建设步伐，行政管理部门尽快出台《二手车流通管理条例》并选择重点区域进行试点，分步骤推广，再由全国二手车流通行业组织尽快制定出二手车交易规则、标准化交易流程、售后服务规范，以便各二手车经营企业在统一的标准下开展经营活动。经过一年左右时间的努力，基本实现"五统一"目标，即：合同文本统一、交易税率统一、交易发票统一、交易凭证统一和售后服务标准统一。

除此之外，还要采取简化交易手续，强化售后服务；建立信息网络体系；建立科学规范的鉴定评估体系；加强行业组织体系建设，提高行业管理水平等措施，这样才能建立一个完善的市场化二手车流通体系，保证二手车市场保持良好、健康的发展方向，不断完善，不断进步。

随着我国汽车行业的高速发展，二手车市场的交易量和规模也日益壮大，其巨大的发展潜力也逐渐突现出来，对二手车市场的关注也逐步加强。二手车的发展意义更是愈显重要，它影响着整个汽车产业和社会生活的诸多方面。

我国二手车市场相对于国外来说，起步晚，存在许多不完善和不规范的地方，但是近年来市场的发展相当迅速。在市场的快速发展中，国外市场的发展经验将成为我国二手车市场发展的指明灯，借鉴国外经验，结合我国市场现状，发展符合中国特色的市场体系，成为我国二手车发展的一条有效而快速的途径。

任务实施

根据本项目情境中的问题，要想使客户放心地购买二手车，可以按以下步骤进行有关问题的解释。

环节	对应项目	具体程序
1	准备工作	通过与王先生的交谈询问了解其购车的用途和要求
2	分析客户的心理	在交流过程中详细了解客户所担心的种种问题，以及最终购车的心理预期
3	介绍国家的相关法律法规	向客户详细介绍目前我国对二手车交易市场的出台的有关法律法规，并拿出相关资料供客户参考使用
4	介绍客户所购车辆的现状	对客户预期购车的类型及相应的国家政策进行详细介绍，以消除客户的心理顾虑

评价体会

	评价与考核项目	评价与考核标准	配分	得分
知识点	二手车及二手车交易市场的定义	理论知识的掌握	10	
	二手车交易市场具备的条件及功能	明确二手车市场的功能及建立的条件；否则每项扣5分	10	
技能点	我国二手车市场存在的问题	明确有哪些主要问题；否则每项扣2分	20	
	国内二手车市场的流通体制	明确各种流通体制及区别；否则每项扣5分	20	
	促进二手车市场健康发展的措施	通过查阅资料了解对策及建议；否则每项扣1分	10	
情感点	学习态度	遵守纪律、态度端正、努力学习满分；否则得0~1分	10	
	相互协作情况	相互协作、团结一致满分；否则得0~1分	10	
	参与度和结果	积极参与、结果符合要求满分；否则得0~1分	10	
	合　计		100	

任务工单

学习任务 2：二手车市场概述 项目单元 1：存在的问题及流通体制	班级		
	姓名		学号
	日期		评分

一、内容

对欲出售车辆的顾客讲解相关内容，并对其售车需求进行初步分析。

二、准备

说明：每位学生应在工作任务实施前独立完成准备工作。

1. 在中国，二手车被定义为在_____登记注册，在达到_____或在经济使用寿命期内服役，并仍可继续使用的机动车辆，等同于_____。

2. 二手车交易市场是指_____，为买卖双方提供_____场所。

3. 二手车交易市场的功能主要包括_____、_____、销售、寄售、代购、代销、租赁、_____、_____、检测维修、配件供应、美容装饰、售后服务以及为客户提供过户、转籍、上牌、保险等服务。

三、实施

1. 介绍二手车市场的现状及发展趋势。
2. 介绍国内外二手车市场主要流通体制。
3. 对客户介绍所出售车辆及类似车辆的交易现状。
4. 填写顾客信息收集表：

信　息	细　则	
顾客个人情况	车辆户主：	
	性别/年龄：	
	出售目的：	
	预期售价：	
车辆基本信息	厂牌型号：	
	生产厂家：	
	购车日期：	
	车辆种类：	
	发动机号：	
	使用性质：	
	表显里程：	

四、小结

1. 举例说明目前我国二手车交易市场存在的主要问题。

2. 列举一两个国家说明二手车交易市场的主要流通体制。

3. 查阅相关资料说明目前我国对二手车交易市场使用的法律法规。

任务工单

学习任务2：二手车市场概述	班级			
项目单元2：促进二手车市场健康发展的对策及建议	姓名		学号	
	日期		评分	

一、内容

了解顾客购车的用途和预期心理需求。

二、准备

说明：每位学生应在工作任务实施前独立完成准备工作。

1. 二手车的法律法规主要有2005年出台的_____和2006年出台的_____。
2. 作为我国调控与规范二手车市场发展的_____与_____即将出台。
3. 根据规范车况把评估车辆依次分为_____，对评估车辆的检测达到_____，并提供了标准_____。

三、实施

1. 分析客户购车的心理需求和预期目的。
2. 向客户介绍目前针对我国二手车交易市场出现的问题所出台的相应法律规范。
3. 对客户欲购车辆的市场交易现状进行分析，并对该类车型相应的政策法规进行解读。

四、小结

1. 促进我国二手车交易市场健康发展的对策和建议有哪些？

2. 查阅有关资料，列举一两个车型解读我国相关的二手车交易市场的法律和法规。

拓展与提升

二手车鉴定评估师职业介绍

目前具有国家承认资格的二手车鉴定人员有两类,一类是由国家发改委设立的旧机动车价格评估鉴定人员,分为高级和中级两个级别。另一类,则是最常见的由商务部设立的旧机动车鉴定评估师,中国汽车流通协会是这类职业资格的注册管理机构,全国大概只有8 000人左右具有二手车鉴定评估资质,其中高级评估师不到1 000人。

报考二手车鉴定评估师须具备的条件:

高中以上文化程度,具备下列条件者可以报名参加二手车评估师职业资格鉴定培训班:

二手车鉴定评估师职业等级分为中级二手车鉴定评估师(国家职业资格四级)和高级二手车鉴定评估师(国家职业资格三级)两个等级,如图2.8所示。

中级二手车评估师报考条件:最低要求高中或中专以上学历,2年以上汽车行业从业经验,持有C1以上驾驶证驾车2年以上,资信良好,无犯罪记录。

高级二手车评估师报考条件:6年以上汽车行业从业经验,考取中级二手车鉴定评估师满2年后可报考高级。

图2.8 二手车鉴定评估师职业等级证书

二手车鉴定评估师的评估内容:

①运用目测、路试及借助相关仪器设备对二手车的技术状况进行综合检验和检测,结合车辆相关文件资料对二手车的技术状况进行鉴定。

②根据评估的目的,选择适用的评估标准和方法进行二手车价格评估。

二手车评估师不仅要掌握过硬的业务,还要掌握相当一部分知识技能。按照现有的二手车职业等级,四级(中级)、三级(高级)、二级(技师级)的职业水平分别有下列不同的要求。

四级:

①能通过简单的仪器和目测手段了解车况并定价。

②掌握汽车商品知识,如汽车分类、车辆识别代号编码、主要技术参数和性能指标、汽车构造、运用电子商务收集各类汽车信息等。

③能检测汽车技术状况,如直观或仪器检查2.0及以下乘用车技术状况。

④能评定汽车技术状况,如掌握2.0及以下乘用车主要部件和整车技术状况。

⑤能评定与估算汽车价格。

三级:相比于四级,有更强的分析评估能力。

①掌握目前汽车新技术,能操作、调用 MITCHELL(米切尔)软件。
②能洽谈业务,做好前期准备和现场手续检查。
③能直观和仪器检测各类汽车技术状况。
④掌握汽车主要部件和整车技术状况,最后估算价格。
⑤掌握汽车相关英语。

二级:
①拥有名车、特殊车的评估技术及大批量汽车的快速评估能力。
②熟悉未来汽车技术发展。
③能操作、调用 MITCHELL 软件。
④掌握汽车常见故障对汽车技术状况的影响。
⑤能确认二手车收购估价和销售价格,能对特殊车辆价格进行评定与估算。
⑥掌握汽车相关英语。
⑦承担现场教案准备、试讲培训及部门组织管理等职能。

什么地方需要评估师?
①二手车评估事务所。
②二手车交易市场。
③汽车经纪公司。
④整车销售公司。
⑤汽车维修公司。
⑥律师事务所。
⑦财产保险公司。
⑧会计师事务所。
⑨资产评估事务所。

随着汽车和社会经济活动联系的紧密和功能的拓展,车辆鉴定评估行为也逐步渗透到社会的各个领域,成为资产评估的重要组成部分。

①在流通领域,二手车在不同消费能力群体中相互转手,需要鉴定评估,有关企业开展收购、代购、代销、租赁、置换、回收(拆解)等旧车经营业务需要鉴定评估。

②在金融系统,银行、信托商店及保险公司开展抵押贷款、典当、保险理赔业务时,需要对相关车辆进行鉴定评估。

③有关单位通过拍卖形式处理罚没车辆、抵押车辆、企业清算等车辆时,需要对车辆进行评估以获得拍卖底价。

④司法部门在处理相关案件时,也需要以涉案车辆鉴定结果作为裁定依据。

⑤企业或个人在公司注册、合资、合作、联营及合并、兼并、重组过程中也会涉及二手车鉴定评估业务。

除此以外,二手车鉴定评估的一个重要任务就是要鉴定、识别走私、盗抢、报废、拼装等非法车辆通过二手车市场重新流入社会。

针对那些学习了多年汽车相关知识的具有中等专业水平以上的大中专毕业生,二手车鉴定评估师更是一种最佳的职业选择。

学习任务 3
二手车评估基础知识

【任务目标】

1. 了解二手车评估的定义及基本术语。
2. 掌握二手车评估的要素、特点及作用。
3. 掌握二手车评估的依据、原则及工作流程。
4. 理解二手车评估成新率的计算方法,并熟练计算。

【任务描述】

1. 能够根据具体评估任务,选择合适的评估方法。
2. 能够根据具体评估的条件,选择合适的方法计算二手车的成新率。

【课时计划】

项目	项目内容	参考课时
3.1	二手车评估基本概念	4
3.2	二手车评估基本术语	4

项目 3.1　二手车评估基本概念

情境导入

张先生有一辆二手捷达想处理,但是他对二手车评估一点也不了解,他应该知道哪些知识?

理论引导

3.1.1　二手车鉴定评估的定义和作用

1. 二手车鉴定评估的定义

二手车鉴定评估,是指依法设立的具有执业资质的二手车鉴定评估机构和二手车鉴定评估人员,受国家机关和各类市场主体的委托,按照特定的目的,遵循法定或公允的标准和程序,运用科学的方法,对经济和社会活动中涉及的二手车进行技术鉴定,并根据鉴定结果对二手车在鉴定评估基准日的价值进行评定估算的过程。

怎样正确认识二手车鉴定评估?最核心的是把握以下两点:第一,二手车鉴定评估既是科学也是艺术与经验的结合。即正确的二手车技术状况鉴定,二手车价格的估计、推测与判断,必须依赖于一套科学严谨的二手车鉴定评估理论和方法,但又不能完全拘泥于有关的理论和方法,还必须依赖于评估人员的经验,因为二手车价格形成的因素复杂、多变,不是任何人用数学公式能够计算出来的。

第二,二手车鉴定评估不是对评估对象的主观判断,而是把二手车客观实在的价值通过评估活动正确地反映出来。即二手车鉴定评估是基于对二手车客观实在的价值认识以后,运用科学的评估理论、方法和长期积累的评估经验将其表达出来,而不是把某一个主观想象的数据强加给评估对象,尽管评估表现为一种主观活动,甚至带有一些主观色彩。

做好二手车鉴定评估工作,不仅有利于引导企业正确做出价格决策,有利于保障司法诉讼和行政执法等活动的顺利进行,有利于维护法人和公民合法利益,而且对维护正常的社会经济秩序,促进经济发展具有重要意义。因此,深入认真研究、探讨二手车鉴定评估问题,建立一套完整、科学、适用的二手车鉴定评估方法,以保证其鉴定评估结论客观、公正、合理,就显得更为重要。

2. 二手车鉴定估价的作用

二手车鉴定估价过程不仅仅是原有价值重置和现实价值形成的过程,其背后还隐含着很多深层次的重要作用。

①二手车进入市场再流通,属固定资产转移和处置范畴,按国家有关规定应缴纳一定的税费。目前各地对这一块税费的征管,基本是以交易额为计征依据,实行比率税(费)率,采用从价计征的办法,而这里的计征依据实质上就是评估价格。因此,二手车鉴定估价的准确与否直接关系到国家税收和财政收入的多少及其公正合理性。

②我国是发展中国家,很多车辆为国家和集体所有,这是车辆管理方面有别于其他发达国家的明显之处。因此,对二手车的鉴定估价很大程度上就是对国有资产的评估,评估结果直接关系到国有资产是否流失的问题。

③二手车属于特殊商品。二手车流通涉及车辆管理、交通管理、环保管理、资产管理等各方面,属特殊商品流通。目前我国对进入二级市场再流通的二手车有严格的规定,鉴定估价环节恰是防止非法交易发生的重要手段。

④二手车鉴定估价还关系到金融系统有关业务的健康有序开展,司法仲裁公平、公正进行及企业依法破立、重组等诸多经济和社会问题。特别是在目前二手车市场已逐步成为我国汽车市场不可分割的重要组成部分的情况下,我们应该把科学准确地对二手车进行鉴定估价提高到促进汽车工业进步,有效扩大需求,乃至保障国民经济稳定发展和社会安定的高度来认识和把握。

3.1.2 二手车评估的要素

由二手车鉴定评估定义可知,在二手车鉴定评估过程中,涉及了8个基本要素,即鉴定评估主体、鉴定评估客体、鉴定评估依据、鉴定评估目的、鉴定评估原则、鉴定评估程序、鉴定评估评估值和鉴定评估方法。

(1) 鉴定评估主体

鉴定评估主体是指从事二手车鉴定评估的机构和人员,它是二手车鉴定评估工作中的主导者。在二手车鉴定评估业务中,对二手车鉴定评估的主体资格有严格的限制条件。如鉴定评估人员必须取得国家劳动和社会保障部颁布的二手车鉴定评估师等级证书,才能获得相应的职业资格。

(2) 鉴定评估客体

鉴定评估客体是指评估的车辆,是鉴定评估的具体对象。被评估车辆可以按照不同标准为汽车、摩托车、农用运输车、拖拉机和挂车等几类;按照车辆的使用用途,可以将机动车分为营运车辆、非营运车辆和特种车辆,其中营运车辆又可以分为公路客运、公交客运、出租客运、旅游客运、货运和租赁几种类型。特种车辆又可以分为警用、消防、救护和工程抢险等若干种车型。合理科学地对机动车进行分类,有利于在评估过程中进行信息资料的搜集和应用。如同一种车型,由于其使用用途不同,车辆在用状态所需要的税费可能就会有较大的差别,其重置成本的构成也往往差异较大。

(3) 鉴定评估依据

鉴定评估依据是指二手车鉴定评估工作所遵循的法律、法规、经济行为文件、合同协议以及收费标准和其他参考依据。

(4) 鉴定评估目的

鉴定评估目的是指车辆鉴定评估所要服务的经济行为,车辆鉴定评估的目的往往影响着车辆评估方法的选择。

(5) 鉴定评估原则

鉴定评估原则是指车辆鉴定评估的行为规范,是调节车辆评估当事各方关系、处理鉴定评估业务的行为准则。

(6) 鉴定评估程序

鉴定评估程序是指二手车鉴定评估工作从开始到最后结束的工作程序。

(7) 鉴定评估评估值

鉴定评估评估值是指对车辆评估评估值的质的规定,它对评估方法的选择具有约束性。如要评估车辆的现行市价,则宜选择现行市价法进行评估,如要评估车辆的重置成本,则要使用重置成本法。

(8) 鉴定评估方法

鉴定评估方法是指二手车鉴定评估所运用的特定技术,它是实现二手车鉴定评估评估值的手段和途径。目前就四种评估方法的可操作性而言,常采用重置成本法对车辆的价值进行评定和估算。

以上8种要素构成了二手车鉴定评估活动的有机整体。它们之间相互依托,是保证二手车鉴定评估工作正常进行和评估值科学性的重要因素。

3.1.3 二手车评估的特点

二手车作为一类资产,既是生产资料,也是消费资料。作为生产资料是用于生产或经营的车辆,其特征是有明显的价值转移,对产权所有者产生收益,如营运载货车、客车、工厂用于生产使用的叉车,工程上用于生产使用的挖掘机等。作为家庭的消费资料是一般家庭中仅次于房产的第二大财产,用于为生活和生产服务,以交通代步为主的车辆,其特征是没有明显的价值转移,对所有者不产生经济收益,车辆价值随使用年限及使用里程数的增加而消费掉。二手车自身有着这样几个特点：单位价值大、使用时间长；和房地产一样，有权属登记，其使用管理严格，税费附加值较高；其使用强度、使用条件、维护保养水平差异较大，并有较高的技术含量。

二手车自身的特点决定了二手车鉴定评估的特点。

1. 二手车鉴定评估以技术鉴定为基础

由于机动车本身具有较强的工程技术特点，其技术含量较高。机动车在长期的使用中，由于机件的摩擦和自然力的作用，它处于不断磨损的过程中。随着使用里程和使用年数的增加，车辆实体的有形损耗和无形损耗加剧；其损耗程度的大小，因使用强度、使用条件、维修保养等不同差异很大。因此，评定车辆实物及其价值状况，往往需要通过技术检测等技术手段来鉴定其损耗程度。

2. 二手车鉴定评估都以单台为评估对象

由于二手车单位价值相差比较大、规格型号多、车辆结构差异很大，为了保证评估质量，对于单位价值大的车辆，一般都是分整车、分部件逐台、逐件地进行鉴定评估，为了简化鉴定评估工作程序，节省时间，对于以产权转让为目的，单位价值小的车辆，也不排除采取"提篮作价"的评估方式。

3. 二手车鉴定评估要考虑其手续构成的价值

由于国家对车辆实行"户籍"管理，使用税费附加值高。因此，对二手车进行鉴定评估时，除了估算其实体价值以外，还要考虑由"户籍"管理手续和各种使用税费构成的价值。

3.1.4 二手车评估的依据

二手车鉴定评估的依据是指评估工作所遵循和法律、法规、经济行为文件以及其他参考资料，一般包括行为依据、法律依据、产权依据和取价依据4部分。

1. 行为依据

行为依据是指实施二手车鉴定评估的依据，一般包括经济行为成立的有关决议文件以及评估当事方的评估业务委托书。

2. 法律依据

法律依据是指二手车鉴定评估所遵循的法律法规，主要包括以下内容。

①《国家资产评估管理办法》。
②《国有资产评估管理办法实施细则》。
③《汽车报废标准》。
④《中华人民共和国机动车登记规定》。
⑤《汽车报废管理办法》。
⑥《汽车产业发展政策》。
⑦《二手车流通管理办法》。
⑧《机动车运行安全技术条件》。
⑨其他方面的政策法规。

3. 产权依据

产权依据是指表明机动车权属证明的文件，主要包括机动车来历凭证及《机动车登记证书》《机动车行驶证》《出租车营运证》《道路营运证》等。

4. 取价依据

取价依据是指实施二手车鉴定评估的机构或人员，在评估工作中直接或间接取得或使用对二手车鉴定评估有借鉴或佐证作用的资料，主要包括价格资料和技术资料。

（1）价格资料

价格资料包括最新二手车辆整车销售价格、易损零部件价格、车辆精品装备价格、维修工时定额和维修价格资料以及国家税费征收标准、车辆价格指数变化、各品牌车型残值率等资料。

（2）技术资料

技术资料包括机动车的技术参数，新产品、新技术、新结构的变化；车辆故障的表面现象与差别；车辆维修工艺及国家有关技术标准等资料。

3.1.5 二手车评估的原则

二手车鉴定评估的基本原则是对二手车鉴定评估行为的规范。正确理解和把握二手车鉴定评估的原则，对于选择科学、合理的二手车鉴定评估方法，提高评估效率和质量具有十分重要的意义。

二手车鉴定评估的原则分为工作原则和经济原则两大类。

1. 工作原则

二手车鉴定评估的工作原则是评估机构与工作人员在评估工作中应遵循的基本原则，包括合法性原则、独立性原则、客观性原则、科学性原则、公平性原则、规范性原则、专业化原则和评估时点原则等。

（1）合法性原则

二手车鉴定评估行为必须符合国家法律、法规，必须遵循国家对机动车户籍管理、报废标准、税费征收等政策要求，这是开展二手车鉴定评估的前提。

（2）独立性原则

独立性原则一是要求二手车鉴定评估机构和工作人员应该依据国家的法规和规章制度及可靠的资料数据，对被评估的二手车价格独立地作出评估结论，不受外界干扰和委托者的意图影响，保持独立公正；二是评估行为对于接受委托当事人应具有非利害和非利益关系。评估机构必须是独立的评估中介机构，评估人员必须与评估对象的利益涉及者没有任何利益关系。评估人员决不能既从事交易服务经营，又从事交易评估。

（3）客观性原则

客观性原则要求鉴定或评估结果应以充分的事实为依据，在鉴定评估过程中的预测推理和逻辑判断等只能建立在市场和现实的基础资料以及现实的技术状态上。

（4）科学性原则

科学性原则是指二手车鉴定评估机构和人员应运用科学的方法、程序、技术标准和工作方案开展活动。即根据评估的基准日、特定目的，选择适用的方法和标准，遵循规定的程序实施操作。

（5）公平性原则

公平、公正、公开是二手车鉴定评估机构和工作人员应遵守的最基本的道德规范，要求鉴定评估人员的思想作风态度应当公正无私，评估结果应该是公道、合理的，而绝不能偏向任何一方。

（6）规范性原则

规范性原则是要求鉴定评估机构建立完整、完善的管理制度，严谨的鉴定作业流程。管理上要建立回避制度、复审制度、监督制度；作业流程制度要科学、严谨。

（7）专业化原则

专业化原则要求二手车鉴定评估工作尽量由专业的鉴定评估机构来承担，同时还要求二手车鉴定评估行业内部存在专业技术竞争，以便为委托方提供广阔的选择余地，并要求鉴定评估人员接受国家专门的职业培训，职业技能鉴定合格后由国家统一颁发执业证书，持证上岗。

（8）评估时点原则

评估时点，又称评估基准日、评估期日、评估时日，是一个具体日期，通常用年、月、日表示，评估额是在该日期的价格。二手车市场是不断变化的，二手车价格具有很强的时间性，它是某一时点的价格。在不同时点，同一辆二手车往往会有不同的价格。

评估时点原则是要说明，评估实际上只是求取某一时点上的价格，所以在评估一辆二手车的价格时，必须假定市场情况停止在评估时点上,同时评估对象即二手车的状况通常也是以其在该时点时的状况为准。"评估时点"并非总是与"评估作业日期"(进行评估的日期)相一致的。一般将评估人员进行实车勘察的日期定为评估时点,或因特殊需要将其他日期指定为评估时点。确立评估时点原则的意义在于:评估时点是责任交代的界限和评估二手车时值的界限。

2. 经济原则

二手车鉴定评估的经济原则是指在二手车鉴定评估过程中,进行具体技术处理的原则。它是在总结二手车鉴定评估经验及市场能够接受的评估准则的基础上形成的,主要包括预期收益原则、替代原则和最佳效用原则。

(1) 预期收益原则

预期收益原则是指在对营运性车辆评估时,车辆的价值可以不按照其过去形成的成本或购置价格决定,但必须充分考虑它在未来可能为投资者带来的经济效益。车辆的市场价格,主要取决于其未来的有用性或获利能力。未来效用越大,评估值越高。

预期收益原则要求在进行评估时,必须合理预测车辆的未来获利能力及取得获利能力的有效期限。

(2) 替代原则

替代原则是商品交换的普遍规律,即价格最低的同质商品对其他同质商品具有替代性。据此原理,二手车鉴定评估的替代原则是指在评估中,面对几个相同或相似车辆的不同价格时,应取较低者为评估值,或者说评估值不应高于替代物的价格。这一原则要求评估人员从购买者角度进行二手车鉴定评估,因为评估值应是车辆潜在购买者愿意支付的价格。

(3) 最佳效用原则

最佳效用原则是指若一辆二手车同时具有多种用途,在公开市场条件下进行评估时,应按照其最佳用途来评估车辆价值。这样既可保证车辆出售方的利益,又有利于车辆的合理使用。

3.1.6 二手车评估的流程

二手车鉴定评估作为一个重要的专业领域,情况复杂,作业量大。在进行二手车鉴定评估时,应分步骤、分阶段地实施相应的工作。从专业评估角度而言,二手车鉴定评估大致要经历以下几个阶段。

1. 接待客户,明确评估业务基本事项

接待客户具体应该了解的内容包括:

① 客户基本情况。包括车辆权属和权属性质。

② 客户要求。客户要求的评估目的、期望使用者和完成评估的时间。

③ 车辆使用性质。了解车辆是生产营运车辆还是生活消费车辆。

④ 车辆基本情况。包括车辆类别、名称、型号、生产厂家、初次登记日期、行驶里程数、所有权变动或流通次数、落籍地、技术状态等。

2. 验明车辆合法性

验明车辆合法性主要应该核查:

① 来历和处置的合法性。查看机动车登记证或产权证明。

② 使用和行驶的合法性。检查手续是否齐全、真实、有效;是否年检;检查机动车行驶证登记的事项与行驶牌照和实物是否相符。

3. 签署"二手车鉴定评估业务委托书"

"二手车鉴定评估业务委托书"是鉴定评估机构与委托方对各自权力、责任和义务的约定,是一种经济合同性质的契约。

① 二手车鉴定评估委托书应写明:委托方和评估机构的名称、住所、工商登记注册号、上级单位、鉴定评估资格类型及证书编号;评估目的、评估范围、被评估车辆的类型和数量、评估工作起止时间、评估机构的其

他具体工作任务;委托方须做好的基础工作和配合工作;评估收费方式和金额;评估业务委托方和评估机构各自的责任、权力、义务以及违约责任等其他具体内容。

②二手车鉴定评估委托书必须符合国家法律法规和二手车鉴定评估行业管理规定,并做到内容全面、具体,含义清晰准确。

③涉及国有资产占有单位的二手车鉴定评估项目,应由委托方按规定办妥有关手续后再进行评估业务委托。

4. 拟订评估计划

二手车鉴定评估机构要根据评估项目的规模大小、复杂程序、评估目的做出评估计划。

①二手车鉴定评估人员执行评估业务时,应该按照鉴定评估机构规定编制评估计划,以便对工作做出合理安排和保证在预计时间内完成评估项目。

②二手车鉴定评估人员应当重点考虑以下因素:

a. 被评估车辆和评估目的;

b. 评估风险、评估业务的规模和复杂程度;

c. 相关法律、法规及宏观经济近期发展变化对评估对象的影响;

d. 被评估车辆的结构、类别、数量、分布;

e. 与评估有关资料的齐备情况及变现的难易程度;

f. 评估小组成员的业务能力、评估经验及其优化组合;

g. 对专家及其他评估人员的合理使用。

5. 二手车的技术鉴定

(1) 技术鉴定要达到的基本目的

①为车辆的价值估算提供科学的评估证据。

②为期望使用者提供车辆技术状况的质量公证。

③为车辆发生的经济行为提供法律依据。

(2) 技术鉴定要达到的基本事项

①识别伪造、拼装、组装、盗抢、走私车辆。

②鉴别手续牌证的真伪。

③鉴别由事故造成的严重损伤。

④鉴别由自然灾害(水淹、火烧)造成的严重损伤。

⑤鉴别车辆内部和外部技术状况。

(3) 技术鉴定应检查的部位和检查的项目

①静态检查。

②动态检查。

③仪器检查。

6. 市场调查与资料搜集

进行市场调查与资料搜集的目的是确定被评估车辆的现行市场价格。进行市场询价时,应重点做好如下工作。

①确定被评估车辆基本情况(车辆类型、厂牌型号、生产厂家、主要技术参数等)。

②确定询价参照对象及询价单位(询价单位名称、询价单位地址、询价方式、联系电话或传真号码、询价单位接待人员姓名等),并将询价参照对象情况与被评估车辆基本情况进行比较,在两者相一致的情况下,询到的市场价格才是可比的、可行的。

③确定询价结果。市场调查和询价资料经过整理,就可以编制成"车辆询价表","车辆询价表"是二手车鉴定评估主要的工作底稿之一。

7. 价值评定估算

（1）确定估算方法

①二手车鉴定评估人员应熟知、理解并正确运用市价法、收益法、成本法、清算价格法以及这些评估方法的综合运用。

②对同一被评估车辆宜选用两种以上的评估方法进行评估。

③有条件选用市价法进行评估的，应以市价法为主要的评估方法。

④营运车辆的评估在评估资料可查并齐全的情况下，可选用收益法为其中的一种评估方法。

⑤二手车鉴定评估一般适宜采用市价法和成本法进行评估。

（2）评价评估结果

①对不同评估方法估算出的结果，应进行比较分析。当这些结果差异较大时，应寻找并排除出现的原因。

②对不同评估方法估算出的结果应做下列检查：

a. 计算过程是否有误。

b. 基础数据是否准确。

c. 参数选择是否合理。

d. 是否符合评估原则。

e. 公式选用是否恰当。

f. 选用的评估方法是否适宜评估对象和评估目的。

③在确认所选用的评估方法估算出的结果无误之后，应根据具体情况计算求出一个综合结果。

④在计算求出一个综合结果的基础上，应考虑一些不可量化的价格影响因素，对结果进行适当的调整，或取用，或认定该结果作为最终的评估结果。

⑤当有调整时，应在评估报告中明确阐述理由。

8. 编写和提交二手车鉴定评估报告

（1）编写二手车鉴定评估报告

编写二手车鉴定评估报告书有如下两个步骤：

第一步，在完成二手车鉴定评估数据的分析和讨论的基础上，对有关部分的数据进行调整。由具体参加评估的二手车鉴定评估人员草拟出二手车鉴定评估报告书。

第二步，就鉴定评估的基本情况和评估报告书初稿的初步结论与委托方交换意见，听取委托方的反馈意见后，在坚持独立、客观、公正的前提下，认真分析委托方提出的问题和建议，考虑是否应该修改评估报告书，对报告书中存在的疏忽、遗漏和错误之处进行修正，待修改完毕即可撰写出正式的二手车鉴定评估报告书。

（2）提交二手车鉴定评估报告

二手车鉴定评估机构撰写出正式的鉴定评估报告书以后，经过审核无误，按以下程序进行签名盖章：先由负责该项目的二手车鉴定评估人员签章，再送复核人审核签章，最后送评估机构负责人审定签章并加盖机构公章。

二手车鉴定评估报告书签发盖章后即可连同作业表等送交委托方。

3.1.7 二手车评估的目的

二手车鉴定评估的目的是正确反映二手车的价值及变动，为将要发生的经济行为提供公平的价格尺度，它回答的是为什么要对二手车进行鉴定评估的问题。同时，它告诉二手车鉴定评估机构市场在哪里，到哪里去寻找评估业务。在二手车鉴定评估市场，二手车鉴定评估的主要目的可分为两大类：一类为变动二手车产权，另一类为不变动二手车产权。

1. 变动二手车产权

变动二手车产权是指车辆所有权发生转移的经济行为，它包括二手车的交易、置换、转让、并购、拍卖、投资、抵债、捐赠等。

(1) 车辆交易转让

二手车在交易市场上进行买卖时，买卖双方对二手车交易价格的期望是不同的，甚至相差甚远。因此需要鉴定评估人员对被交易的二手车进行鉴定评估，评估的价格作为买卖双方成交的参考底价。

(2) 车辆置换

置换的概念源于海外，它强调的是旧物品（或次等的、较差的）与新物品（较好的）进行交换，并由置换方给予差额补贴。置换业务有两种情况，一种是以旧换新业务，另一种是以旧换旧业务。两种情况都会涉及对置换车辆的鉴定评估。二手车鉴定评估的质量，直接关系到置换双方的利益。车辆的置换业务，尤其是以旧换新业务，在我国的二手车市场是一个崭新的业务，有着广阔的市场前景。

(3) 车辆拍卖

拍卖是指以公开竞价的形式，将特定物品或者财产权利转让给最高应价者的买卖方式。对于公务车、执法机关罚没车辆、抵押车辆、企业清算车辆、海关获得的抵税车辆和私家车等，都需要对车辆进行鉴定评估，为拍卖车辆活动提供拍卖底价。

(4) 其他

其他经济行为，如企业发生联营、兼并、出售、股份经营或破产清算，也需要对企业所拥有的二手车进行鉴定评估，以充分保证企业的资产权益。

2. 不变动二手车产权

不变动二手车产权是指车辆所有权未发生转移的经济行为，它包括二手车的纳税、保险、抵押、典当、事故车损、司法鉴定（海关罚没、盗抢、财产纠纷）等。

(1) 车辆保险

在对车辆进行投保时，所缴纳的保险费高低直接与车辆成本的价值大小有关。同样，当被保险车辆发生保险事故，保险公司需要对事故进行理赔。为了保障双方的利益，需要对保险理赔车辆进行公平的鉴定评估。除对碰撞车进行车损评估外，还应对火烧车和浸水车进行鉴定评估。

(2) 抵押贷款

银行为了确保放贷安全，要求贷款人以机动车作为贷款抵押，此时就需要对二手车进行鉴定评估。而这种贷款安全性的高低在一定程度上取决于对抵押车辆评估的准确性。一般情况下，其估值要比市价略低。

(3) 担保

担保是指车辆所有单位或所有人，以其拥有的二手车为其他单位或个人的经济行为提供担保，并承担连带责任的行为。

(4) 典当

当典当双方对当物车辆的价值的看法有较大的悬殊时，为了保障典当业务的正常进行，可以委托二手车鉴定评估人员对当物车辆的价值进行评估，典当行以此可以作为放款的依据。当当物车辆发生绝当时，对绝当车辆的处理，同样也需要委托二手车鉴定评估人员为其提供鉴定评估服务。

(5) 纳税评估

纳税评估是指政府为纳税赋税，委托评估人员对机动车辆进行评估，并以其估值作为机动车纳税基础。具体纳税价格如何视纳税政策而定。

(6) 司法鉴定

司法鉴定按性质的不同可分为刑事案件和民事案件。

①刑事案件一般是指盗抢车辆、走私车辆、受贿车辆等。其委托方一般是指国家司法机关和行政机关，其委托目的是为取证需要。

②民事案件是指法院执行阶段的各种车辆，其委托方一般是人民法院，委托目的是案件执行需要进行抵债变现。

上述两种情况都要求鉴定评估人员对车辆进行评估，以辅助司法机关把握事实的真相，确保司法公正，因此要求极高。

在接受车辆评估委托时,明确车辆的评估目的,十分重要。对车辆的鉴定评估是一种市场价格的评估,所以对客户提出不同的委托目的,有不同的评估方法。对于同一辆车,由于不同的评估目的,其评估出来的结果可能会有所不同。

任务实施

根据本项目情境导入中的问题,张先生需要了解下表中的知识。

环节	对应项目	具体程序
1	相关知识	向客户简要介绍什么是二手车鉴定评估 简要介绍二手车鉴定评估的基本要素有哪些 简要介绍二手车鉴定评估的依据是什么
2	二手车评估的基本流程	简要介绍二手车评估过程中需要经历的阶段: 1. 接待客户,明确评估业务基本事项 2. 验明车辆合法性 3. 签署"二手车鉴定评估业务委托书" 4. 拟订评估计划 5. 二手车的技术鉴定 6. 市场调查与资料搜集 7. 价值评定估算 8. 编写和提交二手车鉴定评估报告

项目3.2 二手车评估基本术语

情境导入

张先生在了解完二手车评估的一些基本概念之后,现在想对他这辆二手捷达进行一下评估,简单估算一下这辆车还有多少价值。

理论引导

3.2.1 评估基本术语

固定资产原值是"固定资产原始价值"的简称,亦称"固定资产原始成本""原始购置成本"或"历史成本"。固定资产原值反映企业在固定资产方面的投资和企业的生产规模、装备水平等。它还是进行固定资产核算、计算折旧的依据。购置各种固定资产,支出的价款发生的一切附带费用,都可确认为固定资产的成本。所谓一切附带费用,指购价以外的运费、装卸费、安装费、保险费、包装费、调试费、按规定支付的税费以及为使固定资产达到预定可使用状态前所发生的可直接归属于该资产的其他支出,如场地整理费、运输费、安装费和专业人员服务费等。

现值,指资金折算至基准年的数值,也称折现值、在用价值,是指对未来现金流量以恰当的折现率进行折现后的价值。它是指资产按照预计从其持续使用和最终处置中所产生的未来净现金流入量折现的金额,负债按照预计期限内需要偿还的未来净现金流出量折现的金额。

汽车残值是指在规定的汽车的合理使用年限之内,所剩余的使用价值,被称为广义的汽车残值。在国外,消费者换车的频率很高,他们往往把残值看作购车的第一考虑要素。现在,我国的私家车也越来越多了,所以,我们应该向国外的消费者学习,在购车前以汽车残值为首要的评估条件,这样才能避免较大的经济损失。影响汽车残值的因素很多,包括使用时间、行驶里程、驾驶习惯、保养水平以及车辆是否发生过重大事故等,但决定残值的比较决定性的因素有两个:一是技术质量是否成熟,二是市场的认可程度,即品牌。

车辆实体性贬值也叫有形损耗,是指车辆发生交通事故受损,经修复后使用性能虽已恢复,但车辆的使用寿命、安全性能、操控性能等很难恢复到以前状态,实际价值必然降低而形成的损失,即因事故导致车辆价值降低而形成的损失。

车辆功能性贬值是指由于科学技术和生产力的发展导致的车辆贬值,它是一种无形损耗。这类贬值可能是由于技术进步引起劳动生产率的提高,生产成本降低而造成重新购置一辆全新状态的被评估车辆所需的成本降低而引起的车辆价值的贬值。对于营运车辆,也可能由于技术进步,出现了新的、性能更优的车辆,致使原有车辆的功能、生产率、收益能力相对新车型已经落后而引起其价值贬值。它具体表现为原有车辆在完成相同工作任务的前提下,在燃料、人力、配件材料等方面的消耗增加,形成了一部分超额运营成本。

经济性贬值是指由于宏观经济政策、市场需求、通货膨胀、环境保护等外部环境因素的变化所造成的车辆贬值。它是一种无形损耗。这些外界因素对车辆价值的影响不仅是客观存在的,而且对车辆价值影响还相当大,在二手车的评估中不可忽视。

二手车评估值是指运用科学的方法,对经济和社会活动中涉及的二手车进行技术鉴定,并根据鉴定结果对二手车在鉴定评估基准日进行评定估算的价值。

二手车成新率是反映二手车新旧程度的指标。二手车成新率是表示二手车的功能或使用价值占全新汽车的功能或使用价值的比率,也可以理解为二手车的现时状态与汽车全新状态的比率。二手车的现时状态一般指现时的新旧程度。它与汽车全新状态之后的车辆变旧程度(实体性贬值,即历年贬值额之和)之间的关系为

$$成新率 = 1 - 实体性贬值率$$

折现率是指将未来有限期预期收益折算成现值的比率。本金化率和资本化率或还原利率则通常是指将未来无限期预期收益折算成现值的比率。确定折现率,首先应该明确折现的内涵。折现作为一个时间优先的概念,认为将来的收益或利益低于现在的同样收益或利益,且随着收益时间向将来推迟的程度而有系统地降低价值。同时,折现作为一个算术过程,是把一个特定比率应用于一个预期的将来收益流,从而得出当前的价值。

3.2.2 二手车成新率的计算

在二手车鉴定估价的实践中,重置成本法是二手车价值评估的常选办法,要想较为准确地评估车辆的价值,成新率的确定是关键。成新率作为重置成本的一项重要的指标,如何科学、准确地确定该项指标,是二手车评估中的重点和难点。因为成新率的确定不仅需要根据一定的客观资料和检测手段,而且在很大程度上依靠评估人员的学识和评估经验来进行判断,成新率的估算方法应根据二手车的新旧程度、技术状况价值高低等情况进行选择估算方法。常用的成新率的估算方法有 5 种,分别是使用年限法、行驶里程法、整车观测法、部件鉴定法和综合分析法。

1. 使用年限法估算成新率

使用年限法估算成新率可以分为等速折旧法和加速折旧法两种类型。其中,我国现行财会制度规定允许使用的加速折旧法主要有两种:年数求和法和双倍余额递减法。

(1)等速折旧法确定成新率的计算公式

等速折旧法也称为年限平均折旧法,指二手车的转移价值平均摊配于其使用年限中。其计算公式为

$$\gamma = \left(1 - \frac{T_1}{T}\right) \times 100\%$$

式中 γ——二手车成新率;
T_1——汽车已使用年限(或月份);
T——汽车规定使用年限(或月份)。

汽车规定使用年限 T,是有国家有关部委制定的法定年限(2000年12月18日国经贸经[2000]1202号文《关于调整汽车报废标准若干规定的通知》中规定的使用年限:营运汽车使用年限8年;非运营性9座以下的载客汽车使用年限15年;轻型载货汽车及旅游载客汽车和9座以上的非运营性载客汽车使用10年)。

已使用年限 T_1 一般是指汽车从登记日期开始到评估基准日所经历的时间。

很显然,等速折旧法无法反映汽车的使用强度(行驶里程、汽车技术状况等),故一般仅用于价值不高的二手车价格的评估。

(2)年数求和法确定成新率的计算公式

年份数求和法是指每年的汽车折旧额(实体性贬值)可用车辆现值减去残值的差额乘一个逐年变化的递减系数来确定的一种方法。

递减系数的分母是一个年数等差数列的求和,为车辆使用年限历年数字的累计之和(定值),即 $T(T+1)$;分子是一个递减的等差数列,其大小等于到当年时止还余有的使用年数(变数),即 $(T+1-n)$。

用年份数求和确定成新率的计算公式为

$$\gamma = \left[1 - \frac{2\sum_{n=1}^{T_1}(T+1-n)}{T(T+1)}\right] \times 100\%$$

式中 γ——二手车成新率;
N——汽车在使用期限内某一确定年度;
T_1——汽车已使用年限;
T——汽车规定使用年限。

可以看出,在汽车使用早期成新率下降较快,基本上与汽车的实际使用状况相适应。但它也照样无法反映汽车的使用强度(行驶里程、汽车技术状况等)。

(3)双倍余额递减法确定成新率的计算公式

双倍余额递减法是在不考虑汽车残值的情况下,用直线法折旧率的两倍作为汽车的折旧率乘以逐年递减的汽车年初净值,得出各年应提折旧额的方法。

直线法折旧率是规定使用年限(总折旧年限)的倒数,即1/汽车规定使用年限,它反映了汽车在整个使用期内具有相同的折旧比率。直线法折旧率的两倍,即 2×1/汽车规定使用年限,充分体现了在汽车使用早期车辆贬值较多的趋势。

余额递减是指任何年的折旧额用现有车辆重置成本乘以在车辆整个寿命期内恒定的折旧率,接着用车辆重置成本减去该年折旧额作新的重置成本,下一年重复这一做法,直到折旧总额分摊完毕。

用双倍余额递减法计算成新率的公式为

$$\gamma = \left[1 - \frac{2\sum_{n=1}^{T_1}\left(1-\frac{2}{T}\right)^{n-1}}{T}\right] \times 100\%$$

式中 γ——二手车成新率;
N——汽车在使用期限内某一确定年度;
T_1——汽车已使用年限;
T——汽车规定使用年限。

为使车辆累计折旧额在规定年限内分摊完毕,在汽车使用的最后两年中,折旧计算方法改为平均(等速)年限法。即在汽车规定使用年限的最后两年,将汽车的账面余额减去残值后的金额除以2作为最后两年的平均折旧,这是双倍余额法的补充变通处理。

(4)不同使用年限法估算成新率速查图表

为了便于在二手车鉴定评估中应用不同的使用年限法估算成新率,根据以上数学模型,现将以上3种方法针对常见的3种规定使用年限给出成新率速查表,见表3.1。

表3.1 不同使用年限车辆成新率表　　　　　　　　单位:%

已使用年限(年末)	规定使用年限15年			规定使用年限10年			规定使用年限8年		
	等速折旧法	加速折旧法		等速折旧法	加速折旧法		等速折旧法	加速折旧法	
		年数求和法	双倍余额递减法		年数求和法	双倍余额递减法		年数求和法	双倍余额递减法
1	93.33	87.5	86.67	90	81.82	80	87.5	77.78	75
2	86.67	75.83	75.11	80	65.46	64	75	58.34	56.25
3	80	65	65.1	70	50.91	51.2	62.5	41.67	42.19
4	73.33	55	56.42	60	38.18	40.96	50	27.78	31.64
5	66.67	45.83	49.9	50	27.27	32.77	37.5	16.67	23.73
6	60	37.5	44.25	40	18.18	26.21	25	8.34	17.8
7	53.33	30	39.35	30	10.91	20.97	12.5	2.78	8.9
8	46.67	23.33	35.11	20	5.46	16.78			
9	40	17.5	31.43	10	1.82	8.39			
10	33.33	12.5	28.24						
11	26.67	8.33	25.48						
12	20	5	23.09						
13	13.33	2.5	21.01						
14	6.67	0.83	10.51						

说明:双倍余额递减法中,在最后两年均采用50%的年折旧率进行等速折旧,以保证车辆累计折旧额在规定年限内分摊完毕

2.行驶里程法估算成新率

汽车行驶里程的长短,可以较为准确地反映汽车的使用情况,间接地指出了二手车的成新率的高低。

行驶里程法估算成新率计算公式为

$$\gamma = \left(1 - \frac{S_1}{S}\right) \times 100\%$$

式中　γ——二手车成新率;
　　　S_1——汽车已行驶里程,km;
　　　S——汽车规定行驶里程,km。

在实际二手车实际评估过程中,因各种因素导致汽车已行驶里程不准(更改减少行驶公里数),使里程表的记录值与实际的二手车的物理损耗不相符。同时,新的国家汽车报废标准中,已不再执行按规定行驶里程数作为汽车的报废标准。因此,行驶里程法估算成新率仅可以作为其他计算方法的参考值。

3.整车观测法估算成新率

整车观测法是评估人员凭职业经验靠感觉(视觉、听觉、触觉),对鉴定车辆成新率做出主观判断的一种方法,需要从业人员长时间的经验积累,其主观判断的成分较多。

仅对家用轿车而言,可以参照表3.2对成新率做基本判断。

表3.2 私用轿车整车成新率参考表

车况	汽车技术状况描述	成新率/%
很新	登记后≤1年,行使里数≤20 000km,没有缺陷,没有修理和买卖的经历	90~95
很好	登记后≤3年,行使里数≤60 000km,漆面、车身和内部仅有小瑕疵,没有机械问题	75~85
良好	登记后≤5年,行使里数≤10万km,易损件已更换,在用状态良好	55~65
一般	行使里数≤16万km,需要进行某些修理或换一些易损部件,动力性下降,油耗增加	35~50
尚可使用	处于运行状态的旧车,需要较多的维修换件,可靠性很差,使用成本增加	15~30
待报废处理	基本到达或到达使用年限,通过车辆检测检查,能使用,但动力性、油耗、可靠性下降,排放污染和噪声污染达到极限	5~10

4. 部件鉴定法估算成新率

部件鉴定法是按二手车组成部分对整车的重要性和价值量的大小来加权评分,最后取得成新率的一种方法,适用于价位较高的高级轿车的评估。

采用部件鉴定法确定成新率的计算公式为

$$\gamma = \sum_{i=1}^{n} \gamma_i \times \alpha_i \times 100\%$$

式中 γ——二手车成新率;

γ_i——汽车某一总成部件成新率;

α_i——汽车某一总成部件相应权重;

N——汽车主要总成件数。

国内常见传统汽车(较少电子设备)各主要部件成新率的权重数见表3.3,普通轿车主要部件成新率的权重数见表3.4。

表3.3 汽车各总成成新率权重参考表

序号	汽车重要总成部件	权重值 α/%		
		轿车	大客车	货车
1	发动机及离合器总成	25	28	25
2	变速器及传动轴总成	12	10	15
3	前桥、转向器及前悬架	9	10	15
4	后桥及后悬架总成	9	10	15
5	制动装置	6	5	5
6	车架装置	0	5	6
7	车身装置	28	22	9
8	电器及仪表装置	7	6	5
9	轮胎	4	4	5

表3.4 普通轿车总成部件成新率权重参考表

系统名称	权重/%	系统零部件组成及权重/%
车身工程	21.2	车身16.7;乘员保护2.7;车身玻璃1.8
内饰	10.8	车窗保护膜1.5;座椅3.5;仪表5.8
动力总成	29.3	发动机及离合器总成16.2;燃料系统2.7;车身系统1.8;变速器总成8.6
底盘	18.5	车桥、驱动轴5.9;轮毂轮胎2.7;悬挂3.6;转向3.4;制动2.9
电子设备	14.5	电子与电器12.2;音响2.3
空调暖风	5.7	空调制冷3.5;暖风2.2

由于汽车种类繁多,汽车上所使用的先进技术日新月异。因此,在采用部件分析法对新型车辆评估时,各组成部分权重难以掌握,其车辆各组成部分权重也是不同的,因此它费时费力。但评估值更接近客观实际,可信度高。它既考虑了二手车实体性损耗,同时也考虑了二手车维修换件会增大车辆的价值。

5. 综合分析法估算成新率

综合分析法是以使用年限法为基础,综合考虑二手车的实际技术状况、维护保养情况、原车制造质量、二手车用途及使用条件等多种因素对二手车价值的影响,以调整系数形式确定成新率的一种方法。它是目前二手车鉴定评估中,确定成新率最常用的方法之一。

采用综合分析法确定成新率的计算公式为

$$\gamma = \gamma_0 \times \sum_{i=1}^{n} \alpha_i \times \beta_i \times 100\%$$

式中　γ——综合分析法确定的成新率;
　　　γ_0——使用年限法的二手车成新率(表3.1);
　　　α_i——各分支调整系数对应权重(表3.5);
　　　β_i——汽车分支调整系数(表3.5)。

表3.5　二手车成新率的调整系数参考表

序号	影响因素	影响因素分级	分支调整系数 β_i	权重 α_i/%
1	车辆总体技术状况	好	0.9~1.0	30
		较好	0.7~0.8	
		一般	0.5~0.6	
		较差	0.4	
		差	0.3	
2	车辆维护保养及外观	好	1.0	25
		较好	0.8~0.9	
		一般	0.7	
		较差	0.6	
3	车辆制造质量与国别	进口	1	20
		国产名牌	0.9	
		国产非名牌	0.8	
4	车辆工作性质(用途)	私用	1.0	15
		公务、商务	0.8~0.9	
		营运	0.5~0.6	
5	车辆使用条件(行驶路况)	较好	1.0	10
		一般	0.8~0.9	
		较差	0.5~0.6	

显然,采用综合分析法估算成新率的过程复杂、费时、费力,但它充分考虑了影响车辆价值的各种因素,评估值准确度较高,适用于中等价值的二手车辆。

目前,众多的新车生产厂家为促进新车销售,纷纷开展二手车置换业务,例如一汽-大众奥迪公司、上海通用公司等为置换业务的需要也制定了相关的综合调整系数表格,供各品牌公司在评估车辆时使用。

3.2.3 案例分析

用使用年限法计算二手车成新率:

(1)车辆基本信息

车型:东风日产劲悦 08 款 1.6JS AT 豪华型,私家车;购车时间:2008 年 5 月;行驶里程数:2.3 万 km;初次登记日期:2008 年 5 月;评估基准日:2009 年 5 月。

(2)车辆基本配置

HR16DE 全铝合金发动机、5 速自动变速箱、电动门窗、电动天窗、智能钥匙、真皮座椅、CD、ABS、EBD、中控门锁、倒车雷达、双安全气囊、自动恒温空调、中控门锁。

(3)车辆检查

①外观目测。整体外观非常好,前保险杠右前角有一处较为明显的划痕。全车没有过碰撞,后备箱也没有过追尾,轮胎磨损正常。底盘无剐蹭。

②内饰检测。内饰保养得不错,电子部件运作正常,功能良好,没有发现有改动过的痕迹。

③发动机舱检查。发动机舱干净整洁,无漏油、漏水,电器线路整齐,没有改动过的痕迹。各接口没有松动。

④道路路测。在急速情况下,安静与平顺性都控制得较好,没有抖动,噪声极小;在加速过程中,该车加速有力;悬挂较硬,路感明显,能过滤路面的不平,但在颠簸路面时减震的跳动稍大;方向盘转向较轻;制动性能适中。

(4)成新率计算

①由于该车的使用强度符合我国私家车年平均行驶里程统计标准,故可采用使用年限法计算其成新率。

②按我国现行的汽车报废标准,该车报废年限为 15 年(180 个月)。

③该初次登记日为 2008 年 5 月,评估基准日为 2009 年 5 月,已使用 12 个月。

④根据公式

$$\gamma = \left(1 - \frac{S_1}{S}\right) \times 100\%$$

该车的成新率为:$\gamma = \left(1 - \frac{12}{180}\right) \times 100\% = 93.33\%$

任务实施

根据本项目情境导入中的问题,张先生如对二手捷达进行评估,需要了解下表中的知识。

环节	对应项目	具体程序
1	基础知识	通过简单介绍,让张先生了解二手车评估中的基本术语
2	成新率的确定	通过了解张先生车辆的基本情况,来对张先生的车辆的成新率进行基本确定

评价体会

	评价与考核项目	评价与考核标准	配分	得分
知识点	二手车评估的定义、目的、评估基本流程及二手车评估基本要素	理论知识的掌握	15	
技能点	车辆原值、现值、残值、二手车评估值、二手车成新率的基本概念	二手车评估的基本术语的掌握	20	
	二手车成新率的计算	二手车成新率的计算方法的掌握	20	
情感点	学习态度	遵守纪律、态度端正、努力学习满分；否则得 0~1 分	15	
	相互协作情况	相互协作、团结一致满分；否则得 0~1 分	15	
	参与度和结果	积极参与、结果正确满分；否则得 0~1 分	15	
合　计			100	

任务工单

学习任务 3：二手车评估基础知识	班级			
	姓名		学号	
任务单元：	日期		评分	

一、内容

对现有一辆车进行成新率计算。

二、准备

请根据任务要求，了解车辆基本信息，并对小组成员进行合理分工，制订计划。

1. 车辆基本信息

2. 小组成员分工

3. 实施计划

任务工单

三、实施

学生分小组对实车进行成新率计算。

1. 车辆基本信息

2. 车辆基本配置

3. 车辆检查情况

4. 选择成新率计算方法

5. 计算成新率

四、小结

1. 二手车鉴定评估的作用是什么？
2. 二手车鉴定评估的主要特点有哪些？
3. 二手车鉴定评估的原则是什么？
4. 二手车鉴定评估的目的是什么？

拓展与提升

二手车鉴定评估的主体和客体

1. 二手车鉴定评估的主体

二手车鉴定评估的主体是指二手车鉴定评估业务的承担者即二手车鉴定评估机构及专业评估人员。由于二手车鉴定评估直接涉及当事人双方的权益，是一项政策性、专业性都很强的工作，因此无论是对专业评估机构，还是对专业评估人员都有较高的要求。

1.1 二手车鉴定评估人员

由于汽车是技术含量极高的商品，二手车交易又属于特殊商品的流通，与其他资产评估师相比，二手车鉴定评估师必定要具备以下条件。

（1）知识面广

二手车鉴定评估理论和方法以资产评估学为基础，涉及经济管理、市场营销、金融、价格、财会及机械原理、汽车构造等多方面知识。

(2)有较高的政治、政策敏感度

汽车价格极易受到国家政策影响而发生变动,因此既要熟知《国有资产评估管理办法》《汽车报废标准》《二手车流通管理办法》等政策法规,还要及时掌握因国家相关政策的变动对车辆价格造成的改变。

(3)掌握必要的驾驶技术和实际技能

房地产评估师不要求一定会建房子,但二手车评估师却一定要会开汽车,而且能够使用检测仪器和设备,能通过目测、耳听、手摸等手段了解二手车外观、总成的基本状况,能够通过上路测试判断出发动机、传动系、转向系、制动系等主要机构的工作性能。

(4)能够及时更新基准价

由于汽车产品更新换代快,技术创新日新月异,加之市场经济条件下市场价格难以预测,这就要求二手车鉴定评估人员能迅速收集相关信息,及时对基准价做出有效的调整。

除了保证二手车鉴定评估质量以外,二手车鉴定评估的从业人员还需经过严格的考试或考核,取得国家劳动和社会保障部颁发的《二手车鉴定评估师》或《二手车高级鉴定评估师》证书。

1.2 二手车鉴定评估机构

按照我国政府1991年11月颁布的《国有资产评估管理办法》第九条规定,资产评估公司、会计师事务所、审计事务所、财务咨询公司,必须获有省级以上国有资产评估资格书,才能从事有关资产评估业务。对其他所有制的资产评估,也要对照《国有资产评估管理办法》的规定执行。

根据《二手车流通管理办法》规定,二手车鉴定评估机构应当具备下列条件:

①是独立的中介机构。

②有固定的经营场所和从事经营活动的必要设施。

③有3名以上从事二手车鉴定评估业务的专业人员(包括《二手车流通管理办法》实施之前取得国家职业资格证书的二手车鉴定评估师)。

④有规范的规章制度。

2. 二手车鉴定评估的客体

二手车鉴定评估的客体是指被评估的车辆。二手车鉴定评估的一个主要目的就是在二手车的交易过程中准确地确定二手车价格,并以此作为买卖成交的参考底价。根据《二手车流通管理办法》的规定,以下9种车辆不允许进行交易。

①已报废或达到国家汽车报废标准的车辆。

②在抵押期间或未经海关批准的海关监管的车辆。

③在人民法院、人民检察院、行政执法部门依法查封、扣押期间的车辆。

④通过盗窃、抢劫、抢夺、诈骗等违法手段获得的车辆。

⑤发动机号码、车辆识别代号(VIN)与登记号码不相符,或有凿改迹象的车辆。

⑥走私、非法拼(组)装的车辆。

⑦没有办理必备证件、税费、保险和无有效机动车安全技术检验合格标志的车辆,或手续不齐全的车辆。

⑧在本行政辖区以外的公安机关交通管理部门注册登记的车辆。

⑨国家法律、行政法规禁止经营的车辆。

此外,车辆上市交易前,必须先到公安交通管理机关申请临时检验,经检验合格,在其行驶证上签注检验合格记录后,方可进行交易。检验被交易车辆的车架号码和发动机号码的符号、数字及各种外文字母的全部拓印,发现不一致或改动、凿痕、锉痕、重新打刻等人为改变或毁坏的,对车辆一律扣留审查。

学习任务 4
二手车技术状况鉴定

【任务目标】

1. 掌握汽车技术状况静态检查的内容、程序和方法;
2. 掌握汽车技术状况动态检查的内容、程序和方法;
3. 掌握汽车技术状况仪器检查的内容、程序和方法;
4. 熟悉汽车检测仪器设备的使用方法;
5. 能鉴别走私、拼装和盗抢车辆;
6. 熟练应用三种汽车技术状况检查方法。

【任务描述】

二手车技术状况的鉴定是二手车鉴定评估工作的基础与关键。其鉴定方法主要有静态检查、动态检查和仪器检查3种。其中,静态检查和动态检查是依据评估人员的技能和经验对评估车辆进行直观、定性的判断,即初步判断评估车辆的运行情况是否正常,车辆各部分有无故障及故障的可能原因、车辆各总成及部件的新旧程度等。而仪器检查是对评估车辆的各项技术性能及各总成部件技术状况进行定量、客观的评价,是进行二手车技术等级划分的依据,在实际工作中往往是评估目的和实际情况而定。本项目主要讨论这3种鉴定方法。

【课时计划】

项目	项目内容	参考课时
4.1	静态检查	4
4.2	动态检查	4
4.3	仪器检查	4

项目 4.1　静态检查

情境导入

张先生看中一辆二手车,并请二手车评估师对该辆车做了识伪检查鉴定。

理论引导

作为二手车评估师,必须掌握二手车的静态检查鉴定相关内容及方法,并能准确鉴别走私、拼装、盗抢事故车辆,做出合理的鉴定评估报告。

4.1.1　静态检查所的工具和用品

为了在进行旧车检查时能够得心应手,在检查之前,应该先准备以下工具和用品。

①一个笔记本和一支钢笔或铅笔。用来记录看到、听到和闻到的异常情况,以及需要让机械师进一步检测和考虑的事情。

②一个手电筒。用来照亮发动机舱和汽车下面又暗又脏的地方。

③一些棉丝头巾或纸巾。用于擦手或擦干净将要检查的零件。

④一块大的旧毛毯或帆布。用于仰面检查汽车下面是否有漏油、磨损或损坏的零件等。

⑤一截 300～400 mm 的清洁橡胶管或塑料管。可以当作"听诊器",用来倾听发动机或其他不可见的地方是否有不正常的噪声。

⑥一个卷尺或小金属直尺。用于测量车辆和车轮罩之间的距离。

⑦一盒盒式录音带和一个光盘。用来测试磁带收放机和 CD 唱机。

⑧一个小型工具箱,里面应该装有:成套套筒棘轮扳手、一个火花塞筒扳手、各种旋具、一把尖嘴钳子和一个轮胎撬棒。

⑨一个小磁铁。用于检查塑料车身泥子的车身镶板。

⑩一只万用表。用来进行辅助电器测试。

4.1.2　静态检查的主要内容

二手车静态检查是指在静态情况下,根据评估人员的经验和技能,辅之以简单的量具,对旧车的技术状况进行静态直观检查。

静态检查的目的是快速、全面地了解旧车的大概技术情况。通过全面检查,发现一些较大的缺陷,如严重碰撞、车身或车架锈蚀或有结构性损坏、发动机或传动系列严重磨损、车厢内部设施不良、损坏维修费用较大等,为价值评估提供依据。

二手车静态检查主要包括识伪检查和外观检查两大部分。其中,识伪检查主要包括鉴别走私车辆、拼装车辆和盗抢车辆等工作,外观检查包括鉴别事故车辆、检查发动机机舱、检查车舱、检查行李箱和检查彻底等内容,具体见表4.1。

表4.1 二手车静态检查

```
           ┌ 识伪检查 ┌ 鉴别走私车辆
           │         ├ 鉴别拼装车辆
           │         └ 鉴别盗抢车辆
静态检查 ──┤
           │         ┌ 检查车身外观：包括漆面、车身间隙、车身尺寸等
           │         ├ 检查发动机舱：包括机体外观、冷却系、润滑系、点火系、供油系、进气系统等
           └ 技术状况检查 ┤ 检查室内：包括驾驶操作机构、开关、仪表、报警灯、内饰件、座椅、电器部件等
                     ├ 检查行李箱：行李箱锁、气压减震器、防水密封条、备用轮胎、随车用具、门控开关等
                     └ 检查车身底部：包括漏油、排气系统、转向机构、悬架、转动轴等
```

4.1.3 鉴别走私和拼装车辆

在二手车交易市场不可避免地会出现一些走私车辆、拼装车辆、盗抢车辆以及事故车辆，如何界定这部分车辆，是一项十分重要而又艰难的工作。它必须凭借技术人员所掌握的专业知识和丰富的经验，结合有关部门的信息材料，对评估车辆进行全面细致的鉴别，将这部分车辆与其他正常车辆区分开，从而促使二手车交易规范、有序地进行。

走私车辆是指没有通过国家正常进口渠道进口的车辆。拼装车辆是指一些不法厂商和不法分子为了牟取暴利，非法组织生产、拼装的无产品合格证的假冒、低劣汽车。这些汽车有些是境外整车切割，境内焊接拼装的车辆；有些是进口汽车散件国内拼装的国外品牌汽车；有些是国内零件拼装的国内品牌汽车；有些是二手车拼装的车辆，即两台或者两台以上的二手车拼装成一台汽车；也有的是国产或进口零配件拼装的杂牌车。

在二手车交易鉴定评估中，对于走私车辆、拼装车辆，首先要确定这些车辆的合法性。其中，一种情况是车辆技术状况较好，符合国家有关机动车行驶标准和要求，已经被国家有关执法部门处理，通过拍卖等方式，在公安车管部门注册登记上牌，并取得合法地位的车辆。这些二手车在评估价格上要低于正常状态的车辆。另一种情况是无牌、无证的非法车辆。对走私车辆、拼装车辆的鉴别方法如下。

①运用公安车管部门的车辆档案资料，查找车辆来源信息，确定车辆的合法及来源情况。这是一种最直接有效的判别方法。

②检查二手车的汽车产品合格证、维护保养手册。对进口车必须检查验进口产品检验证明书和商验标志。

③检查二手车外观。查看车身是否有重新喷过油漆的痕迹，特别是顶部下沿部位。车身的曲线是否流畅，尤其是小曲线部位，根据目前技术条件，没有专门的设备不可能处理得十分完美，留下再加工的痕迹特别明显。检查门柱和车架部分是否有焊接的痕迹，很多走私车辆是在境外把车身切割后，运入国内再进行焊接拼凑起来的。要看车门、发动机盖、行李箱与车身的结合缝隙是否整齐、均衡。

④查看二手车内饰。检查内装饰材料是否平衡，内装饰压条边沿部分是否有明显的被其他工具碾压后留下的痕迹，车顶装饰材料上或多或少都会留下被弄脏后的痕迹。

⑤打开发动机盖，检查发动机和其他零部件是否有拆卸后重新安装的痕迹，是否有旧的零部件或缺少零部件。查看电线、管路布置是否有条理，安装是否平整。核对发动机号码和车辆识别代码(车架号码)字体和部位。

4.1.4 鉴别盗抢车辆

盗抢车辆一般是指公安车管部门已登记上牌的，在使用期内丢失的或被不法分子盗窃的，并在公安部门已报案的车辆。由于这类车辆被盗窃方式多种多样，它们被盗窃后所遗留下来的痕迹会不同。如撬开门锁、砸车窗玻璃和撬转向盘锁等，一般都会留下痕迹。同时，这些被盗赃车大部分经过一定修饰后，再将脏车卖出。这些车辆很可能会流入二手车交易市场。这类车辆的鉴别方法一般如下。

①根据公安车辆管理部门的档案资料，及时掌握车辆状况情况，防止盗抢车辆进入市场交易。这些车辆

从车辆主人报案起到追寻找到为止这段时期内,公安车管部门将这部分车辆档案材料锁定,不允许进行车辆过户、转籍等一切交易活动。

②根据盗窃的一般手段,主要检查汽车门锁是否更新过,锁芯有无被更换过的痕迹,门窗玻璃是否为原配正品,窗框四周的防水胶是否有插入玻璃升降器开门的痕迹,转向盘锁或点火开关是否有破坏或更换的痕迹。

③不法分子急于对有些盗抢车辆销赃,他们会对车辆或有关证件进行篡改和伪造,使被盗赃车面目全非。检查重点是核对发动机号码和车辆识别代码,看钢印周围是否变形或有褶皱现象,钢印正反面是否有焊接的痕迹。

④查看车辆外观是否全身重新喷过油漆,或者改变原车辆颜色。

打开发动机盖查看线或管布置是否有条理,发动机和其他零部件是否正常、有无杂音,空调是否制冷、有无暖风,发动机及其他相关部件有无漏油现象。

内装饰材料是否平整,表面是否干净。尤其是对压条边沿部分进行特别仔细的检查,经过再装配过的车辆内装饰压条边沿部分会有明显手指印或其他工具碾压过后留下的痕迹。车顶装饰材料或多或少要留下弄脏过的印记。

4.1.5 鉴别事故车辆

机动车发生事故无疑会极大地损害车辆的技术性能,但由于车辆在交易以前往往会进行整修、修复,因此正确判别车辆是否发生过事故对于准确判断车辆技术状况、合理评定车辆交易价格具有重要意义。车辆事故状况判断一般从以下几个方面进行。

1. 检查车辆的周正情况

在汽车制造厂,汽车车身及各部件的装配位置是由生产线上经过严格调试的装配夹具保证的,装配出的车辆各部分对称、周正,而维修企业对车身的修复则是靠维修人员目测和手工操作,装配难以保证精确。因此,检查车身是否发生过碰撞,可站在车的前部观察车身各部的周正、对称状况,特别注意观察车身各接缝,如出现不直、缝隙大小不一、线条弯曲和装饰条有脱落或新旧不一现象,说明该车可能出现过事故或修理过。检查车辆的周正情况,有以下两种方法。

①从汽车的前面走出 5 m 或 6 m,蹲下沿着轮胎和汽车的外表面向下看汽车的两侧。在两侧,前、后车轮应该排成一线。然后,走到汽车后面进行同样观察,前轮和后轮应该仍然成一条直线。如果不是这样,则车架或整体车身弯曲,如图 4.1 所示。如果左侧前、后轮和右侧前、后轮互相成一条直线,但一侧车轮比另一侧车轮更突出车身,则表明汽车曾碰撞过。

图 4.1　检测汽车两侧的前、后轮是否在同一直线上

②蹲在前车轮附近,检查车轮后面的空间,即车轮后面与车轮罩后缘之间的距离,用金属直尺测量这段距离。再转到另一前轮,测量车轮后面和车轮罩后缘之间的距离,该距离应该和另一前轮大致相同。在后轮测量同一间隙,如果发现左前轮或左后轮和它们的轮罩之间距离与右前或右后轮的相应距离大大不同,则车架或整体车身弯曲,如图4.2所示。

图4.2 测量每个车轮后面与车轮罩后缘之间的距离

2.检查油漆脱落情况

查看排气管、镶条、窗户四周和轮胎等处是否有多余油漆。如果有,说明该车已做过油漆或翻新。用一块磁铁(最好选用冰箱柔性磁铁,不会损伤汽车漆面,且磁性足以承担磁性工作)在车身周围移动,如遇到磁力突然减少的地方,说明该局部补了灰,喷了油漆。当用手敲击车身时,如敲击声发脆,说明车身没有补灰喷漆;如敲击声沉闷,则说明车身曾补过灰喷过漆。

如果发现了新漆的迹象,查找车身制造不良或金属抛光的痕迹。沿车身看,并查找是否有像波状或非线性翼子板或后顶盖侧板那样的不规则板材。如果发现车身制造或面板、车门、发动机罩、行李箱盖等配合不好,汽车可能曾遭受过碰撞,以至于这些板面对准很困难。换句话说,车驾可能已经弯曲。

3.检查底盘线束及其连接情况

在正常情况下,未发生事故的车辆,其连接部件应配合良好,车身没有多余焊缝,线束、仪表部件等应安装整齐、新旧程度接近。因此,在检查底盘时,应认真观察车底是否漏水、漏油、漏气,锈蚀程度与车体上部检查的是否相符,是否有焊接痕迹,车辆转向节臂、转向横直拉杆及球头销处有无裂纹和损伤,球头销是否松旷,连接是否牢固可靠,车辆车架是否有弯、扭、裂、断、锈蚀等损伤,螺栓、铆钉是否齐全、紧固,车辆前后是否有变形、裂纹。固定在车身上的线束是否整齐,新旧程度是否一致,这些都可以作为判断车辆是否发生过事故的线索。

4.1.6 检查发动机舱

1.检查发动机舱清洁情况

打开发动机罩,观察发动机表面是否清洁,是否有油污,是否锈蚀,是否有零部件损坏或遗失,导线、电缆、真空管是否松动。

如果发动机上堆满灰尘,说明该车的日常维护不够;如果发动机表面特别干净,也可能是车主在此前对发动机进行了特别的清洗,不能由此断定车辆状况一定很好。

对于车主而言,为了使汽车能更快售出,而且卖个好价钱,所以有的车主将发动机舱进行了专业蒸汽清洁,但这并不意味着车主想隐瞒什么。

2. 检查发动机铭牌和排放信息标牌

(1) 检查发动机铭牌

检查发动机铭牌查看发动机上有无发动机铭牌，如果有，检查上面是否有发动机型号、出厂编号、主要性能指标等，这可以判别发动机是不是正品。

(2) 查看排放信息标牌

查看排放信息标牌排放信息标牌应该在发动机罩下的适当位置或风扇罩上。这在以后的发动机诊断或调整时需要。

3. 检查发动机冷却系

发动机冷却系对发动机有很大影响，应仔细检查发动机冷却系相关零部件，主要检查冷却液、散热器、水管、风扇传动带及冷却风扇等。

(1) 检查冷却液

看一下储液罐里的冷却液。冷却液应清洁，且冷却液面在"满"标记附近。冷却液颜色应该是浅绿色的（但有些冷却也是红色的），并有点甜味。如果冷却液看上去更像水而不像冷却液，则可能某处有泄漏情况，而车主只是一次又一次地加水而造成的（当然，这意味着冷却液的沸点更低，冷却系会沸腾溢出更多的冷却液）。冷却液的味道闻起来不应该有汽油或机油味，如果有，则发动机气缸垫可能已烧坏。如果冷却液中有悬浮的残渣或储液罐底部有发黑的物质，说明发动机可能严重受损。

(2) 检查散热器

仔细全面地检查散热器水室和散热器芯子，查看是不是有褪色或潮湿区域。芯子上的所有散热片应该是同颜色的。当看到芯子区域呈现浅绿色（腐蚀产生的硫酸铜），这说明在此区域有针孔泄漏。修理或更换散热器费用较高。另外，要特别查看水室底部，如果全湿了，设法查找出冷却液泄漏处。当发动机充分冷却后，拆下散热器盖，观察散热器盖上的腐蚀和橡胶密封垫片的情况，散热器盖上应该没有锈迹。将手指尽可能伸进散热器颈部检查是否有锈斑或像淤泥那样的沉积物，有锈斑说明没有定期更换冷却液；如果水垢严重，说明发动机体内亦有水垢，发动机会经常出现"开锅"现象，即发动机温度过高。

(3) 检查水管

用水挤压散热器和暖风器软管，看是否有裂纹或发脆现象。仔细检查软管上的卡紧的两端部，是否有鼓起部分和裂口，是否有锈蚀迹象（特别是链接水泵、恒温器壳或进气歧管的软管处）。新式的暖风器和散热器软管比过去好。在老式汽车上用过的软管通常是汽车行驶 80 000 km 后要进行更换，而在新式汽车上的软管，通常可以行驶 160 000 km 以上。好的软管为将来的冷却问题提供了安全保障，但是费用也较高。

(4) 检查散热器风扇传动带

大部分汽车散热器风扇是通过传动带来传动的，但有些轿车则采用电动机来驱动，即电子风扇。对于传动带传动的冷却风扇，应检查散热器风扇传动带的磨损情况。

使用一个手电筒，仔细检查传动带的外部，查看是否有裂纹或传动带层片脱落。应该检查传动带与带轮接触的工作区是否磨亮，如果磨亮，则说明传动带已经打滑。传动带磨损、抛光或打滑可能引起尖啸声，甚至产生过热现象。

(5) 检查冷却风扇

检查冷却风扇叶片是否变形或损坏，若变形或损坏其排风量相应减少，会影响发动机冷却效果，使发动机温度升高，则需要更换冷却风扇。

4. 检查发动机润滑系

发动机润滑系是对发动机各个运动部件进行润滑，使其发挥出最大的性能。若发动机润滑系不良，将严重影响发动机的使用寿命，应仔细检查机油质量、机油泄漏、机油滤清器等项目。

(1) 检查机油

第一步：找出机油口盖。

对直列四缸、五缸或六缸发动机，其机油口盖在气门室盖上。对于纵向安装的 V6 或 V8 发动机，机油口盖在其中一个气门室盖上。若果发动机横向安装,加油口盖一定在前面的气门室盖上。一些老式的加油口盖上有一根通向空气滤清器壳体的曲轴箱强制通风过滤器软管;新式车加油口盖上没有软管但有清晰的标记。在拧开加油口盖之前,一定要保证开口周围区域干净以防止灰尘进入而污染发动机。

第二步:打开机油口盖。

拧下加油口盖,将它反过来观察。这时可以看到机油的牌号。一般卖主将二手车开到车市之前常常已经更换机油。在加油口盖的底部可以看到旧油,甚至脏油痕迹,这是正常的。不正常的是加油口盖底面有一层具有黏稠度的浅棕色巧克力乳状物,还可能是油与油污混合的小液滴。这种情况表明冷却液通过损坏的衬垫或者气缸盖、气缸体裂纹进入机油中。不管是哪种情况,汽车不进行大修已不能开得很远或者根本不能开。被冷却液污染的机油在短时间内会对发动机零部件造成许多危害。这种修理通常花费很高,如果情况很严重或者对此不引起注意,可能造成发动机的全面大修。

第三步:检查机油质量。

取一片洁净的白纸,在纸上滴下一滴机油。如果在用的机油中间黑点里有较多的硬沥青及炭粒等,表明机油滤清器的滤清作用不良,但并不说明机油已变质;如果黑点较大,且机油是黑褐色、均匀无颗粒,黑点与周围的黄色油迹界限清晰,有明显的分界线,则说明其中洁净分散剂已经失效,表明机油已经变质。

机油变质的原因有很多,如机油使用时间过长,一般行驶 5 000 km 应更换机油;或发动机气缸磨损严重,使燃烧废气进入油底壳,造成机油污染。

也可将机油滴在手上,观察机油的颜色和黏度。先观察其透明度,色泽通透略带杂质说明还可以继续使用,若色泽发黑,闻起来带有酸味,说明需要更换机油,因为机油已经变质,不能起到保护作用。然后,检查其黏稠度,沾一点机油在手上,用两根手指检查机油是否还具有黏性,如果在手指中没有一点黏性,像水一样,说明机油已达到使用极限需要更换,以确保发动机的正常运作。

特别需要注意的是:不能用发动机机油来认定保养程度。车主可能在汽车出售前更换了机油和滤清器,这时机油标尺上显示的几乎就是新的、清洁的机油。

第四步:检查机油气味。

拔下机油尺,闻闻机油尺上的机油有无异味,来判断是新机油还是旧机油。如有汽油味,则说明机油中混入了汽油。发动机在此条件下长时间运转使其在寿命期到达之前就已经磨损,因为未稀释的燃油会冲刷掉气缸壁上的机油膜。当拿出量油尺时,仔细检查。如果机油尺上有水珠,说明机油混入了水分。做近距离的检查,查看是否有污垢或金属粒,若有污垢或金属粒说明应该更换机油。检查量油尺自身的颜色,如果发动机曾严重过热,机油尺会变色。

第五步:检查机油液位。

启动发动机之前或停机 30 min 以后,打开发动机舱盖,抽出机油尺,将机油尺用抹布,擦净油迹后,插入机油尺导孔,拔出查看。油位在上下刻线之间,即为合适。若机油液位过低,则观察汽车底下的地面,看是否有机油泄漏的现象。

(2)检查机油滤清器

用棘轮扳手拆下机油滤清器,观察机油滤清器有无裂纹,密封圈是否完好。

(3)检查 PCV 阀

PCV 阀用于控制发动机曲轴箱通风,如其工作不良,对发动机润滑有严重影响。

从气门室盖拔出 PCV 阀,并晃动,它应发出"咔嗒"声。若 PCV 阀充满油污并不能自由地发出"咔嗒"声,则说明由于发动机机油和滤清器没有经常更换,导致 PCV 阀损坏,此时需要更换新的 PCV 阀。

(4)检查机油泄漏

机油泄漏是一种常见现象。机油泄漏的地方主要有:

①气门室盖。气门室盖处机油泄漏在行驶里程超过 80 000 km 的汽车上很普遍大多数情况下修理不太难,也不太贵(靠安装新气门室盖垫片来解决)。采用燃油喷射系统的汽车需更换气门室垫片,则需要相当多的工作。

②气缸垫。

③油底壳垫。有的汽车更换油底壳垫的工时费很高。

④曲轴前、后油封。更换曲轴前、后油封的工时费用很高,应加以注意。

⑤油底壳放油螺塞。放油螺塞松动或密封垫损。

⑥机油滤清器。

⑦机油散热器的机油管。

⑧机油散热器。

⑨机油压力感应塞。

5. 检查点火系

点火系工作性能的好坏直接影响发动机的动力性和经济性,对点火系的外观检查主要事检查蓄电池、点火线圈、高压线、分电器和火花塞等零件的外观性能。

(1) 检查蓄电池

通过检查标牌,看蓄电池是不是原装的。通常标牌固定在蓄电池上部,标牌上有首次售出日期,以编号打点的形式冲出。前面部分表示年,后面部分表示卖出的月份。将卖出的日期与电池寿命进行比较,可算出蓄电池剩余寿命。如果蓄电池的有效寿命快接近极限,则需要考虑更换蓄电池所需成本。

检查蓄电池的表面情况。检查蓄电池表面是否清洁亦可以看出车主对汽车的保养情况。蓄电池盖上有电解液、尘土等异物或蓄电池端子、接线柱处有严重铜锈或堆满腐蚀物,可能会造成正、负极柱之间短路,使蓄电池自行放电或电解液消耗过快及蓄电池充不进电等情况。

检查蓄电池压紧装置和蓄电池安装位置。蓄电池压紧装置是否完整,是否为原来部件。蓄电池必须牢固地安装在汽车上,以防止蓄电池、发动机舱和附近线路、软管等损坏。如果原来的压紧装置遗失,必须安装一个汽车零件市场的"万能"压紧装置。钢索和软绳不足以防止震动对蓄电池的损害且不足以防止酸液泄漏。

(2) 检查高压线

查看点火线圈与分电器之间的高压线,高压线应该清洁、布线整齐、无切割口、无擦伤部位、无裂纹或无排气烧焦处,否则会造成高压线漏电,需要更换高压线。注意:高压线更换需成套更换,费用较高。

(3) 检查分电器

对于带分电器的点火系,应仔细检查分电器的工作情况,检查分电器盖有无裂纹、炭痕、破损等现象,这些现象均会使分电器漏电,造成点火能量不足,引起发动机动力性能下降。若存在这些现象,则应更换分电器。

(4) 检查火花塞

用火花塞套筒扳手任意拆下一个火花塞,检查火花塞的情况。火花塞位于发动机缸体内,可直接反映发动机的燃烧情况。若火花塞电极呈浅灰白色,而且没有积炭,则表明火花塞工作正常,燃烧良好。若火花塞严重积炭、电极严重烧蚀、绝缘体破裂、漏气、侧电极开裂,均使点火性能下降,造成发动机动力不足,则需要更换火花塞。火花塞更换需成组更换,费用较高。

(5) 检查点火线圈

观察点火线圈外壳有无破裂。若点火线圈外壳破裂,会使点火线圈容易受潮而使点火性能下降,影响发动机的动力性。

6. 检查发动机的供油系统

(1) 检查燃油泄漏

检查燃油泄漏燃油泄漏并不常见,而且人们对燃油泄漏普遍关注,尤其是燃油喷射汽车,有很高的燃油系统压力,引起泄漏会明显地显露出来。首先查找进气管上残留的燃油污迹并仔细观察通向化油器或燃油喷射装置的燃油管和软管。对化油器式发动机,查看燃油泵本身(通常安装在前方下部附近)在接头周围或垫片处是否有泄漏的迹象。在化油器式汽车山峰更换机械式燃油泵,较简单且价格便宜,但是在燃油喷射的汽车上,由于高压电动泵很昂贵,并且高压电动泵通常位于燃油箱内,这就使更换工作很费劲。对于所有车型,应该注意发动机的罩下的燃油气味或行驶中注意燃油气味。有燃油味通常暗示着有燃油泄漏。

(2)检查汽油管路

检查汽油管路发动机供油系统有进油管路和回油管路,要检查油管是否老化。

(3)检查燃油滤清器

检查燃油滤清器燃油滤清器一般在汽车行驶 5 000 km 左右更换,如果这辆车接近某一里程间隙且燃油滤清器看起来和底盘的其他部件一样脏,可能是燃油滤清器还没有更换过。

7. 检查发动机进气系统

发动机进气系统性能的好坏,尤其是混合气浓度的控制,对发动机工作性能有很大的影响,因此应仔细检查发动机进气系统。

(1)检查进气软管(波纹管)

检查进气软管(波纹管)进气软管一般采用波纹管,检查进气软管是否老化变形,是否变硬,是否有损坏或烧坏处,有这些现象表明进气软管需要更换。如果进气软管比较光亮,可能喷过防护剂喷射液,应仔细检查,以防必须更换的零部件不能检查出。

(2)检查真空软管

检查真空软管现代发动机上有与发动机管理系统有关的无数小软管。小尺寸的橡胶管看上去到处都是,它们连到真空源、暖风器/空调控制器、排放设备、巡航控制装置、恒温控制阀和开关以及许多其他部件。一般没有必要向厂家要软管图来检查这些设备,而只需学会查找明显的问题就可以了。首先用手挤压真空软管情况。这些软管应该富有弹性,而不是又硬又脆。这些软管会随时间推移而变硬,使之易于开裂和造成泄漏,从而在汽车上造成一些行驶或排放方面的故障。许多真空软管用各种各样的塑料 T 形管接头互相连接。随着时间的推移,这些塑料 T 形管接头在发动机工作中容易折断,如果在检查时,塑料 T 形管接头破碎或裂开,则需要更换。和冷却液软管一样,这些真空管大致以相同的速率老化,所以如果一根软管变硬或开裂,那么应该考虑是否全部软管都要进行更换。在检查真空软管时,应注意真空软管管路布置。查看软管是否是原来出厂时那样的排列整齐,是否有软管从零件上明显拨出、堵住或夹断。这些可以说明软管是否有人动过,是否隐瞒了某些不能工作的系统或部件。

(3)检查空气滤清器

检查空气滤清器空气滤清器用于清除空气中的灰尘等杂物,若空气滤清器滤芯过脏,会降低发动机进气量,影响发动机的动力。所以应拆开空气滤清器,检查空气滤芯观察其清洁情况,若空气滤清器脏污,说明此车可能经常行驶在灰尘较多的地方,保养差、车况较差。

(4)检查节气门拉线

检查节气门拉线检查节气门拉线是否阻滞、是否有毛刺等现象。

8. 检查机体附件

(1)检查发动机支脚

检查发动机支脚检查发动机支脚减振垫是否有裂纹,如有损坏,则发动机振动大,使用寿命急剧下降,更换发动机支脚的费用较高。

(2)检查正时带

检查正时带轿车上凸轮轴的驱动方式,一般采用同步齿形带。同步齿形带噪声小且不需要润滑,但耐用性不及链驱动。通常每行驶 10 万 km ,必须更换同步齿形带(正时带)。

拆下正时罩,如果有必要,使用一个手电筒,仔细检查同步齿形带内,外两侧有无裂纹、缺齿、磨损等现象。若有,则表明此车行驶了相当大的里程。对于 V 形发动机而言,更换同步齿形带的费用非常高。

(3)检查发动机各种带传动附件的支架和调节装置

检查发动机各种带传动附件的支架和调节装置检查发动机各种皮带传动附件的支架和调节装置是否松动,螺旋是否丢失或有裂纹等现象。支架断裂或松动可能引起像风扇、动力转向泵、水泵、交流发动机和空调压缩机那样的附件,由于运转失调而不仅可能使传动带丢失,甚至造成提前损坏。

9. 检查发动机机舱内其他部件

（1）检查制动主缸及制动液

应该检查制动主缸是否发生锈蚀或变色（通常可以在发动机舱壁处看到），制动主缸锈蚀或变色表明制动器有问题；主缸盖橡胶垫泄漏,或是制动液经常加过头使一些油液漏在系统上。主缸中的制动液应该十分清晰,如果呈雾状,说明制动系统中有锈,需要全面冲洗,重新加注新制动液并放气。在一些汽车上,主缸是整体铸铁件,上面包括制动液腔；而另外一些汽车上,可能有一些单独的白色塑料储液罐,靠软管及密封垫连到液压部件。检查前者的液面情况时,要用一个螺钉旋具或其他工具撬出固定主缸盖的钢丝箍。这种盖内有一个橡胶套,应该检查它的情况。如果主缸盖下面的橡胶套严重损坏,应检查制动液是否被污染。石油基制动液会腐蚀和损坏橡胶制品。

对具有塑料储液主缸的汽车,液面和油液颜色是很明显的,上面有一个方便拧开的塑料盖。对任何一种主缸,都要检查制动液。当滴一些制动液在白纸上时,如果看到颜色深,说明油液使用时间已过长或已被污染,应该进行更换。检查制动液中是否存在污渍杂质或小水滴,以及是否有正常的液面。

（2）检查离合器液压操纵机构

对于带手动变速器的大多数汽车,离合器是液压操纵的,这意味着在发动机舱壁的某处（通常在制动主缸附近）有一个离合器的储液罐。它使用制动主缸同样的油液,应该检查油液是否和制动主缸中的油液相同。

（3）检查继电器盒

许多汽车在发动机舱内有电气系统的总继电器盒,它在蓄电池附近或沿着发动机舱壁区域。如果有一个或两个继电器遗漏,不必惊慌。制造厂家常常为用于某种车型或某种选项的继电器提供了空间和线路。

（4）检查发动机线束

为了保证汽车的寿命,线束应该保持良好,防止任何敲打。意外损伤或不合理的结构。

查看发动机舱中导线是否擦破或是裸露；是否露在保护层外；是否固定在导线夹中；是否用非标准的胶带包裹；是否有旁通原有线束的外加导线。有胶带或外加导线可能预示着早期的线路问题,或预示着安装了一些附件,如立体声收音机、附件驱动装置、雾灯、民用频带收音机或防盗报警器等。这些附件如果是专业安装,通常导线线路和线束整齐,固定在原来的线束卡中或线束中使用非焊接的卷边街头,而不是使用许多绝缘胶带。

4.1.7 检查车舱

1. 检查驾驶操纵机构

（1）检查转向盘

将汽车处于直线行驶的位置,左右转动转向盘,最大游动间隙由中间位置向左或向右应不超过15°。如果游动间隙超过标准,说明转向系统的各部间隙过大,转向系统需要保养维修。两手握住转向盘,将转向盘向上下、前后、左右方向摇动推拉,应无松旷的感觉。如果有松旷的感觉,说明转向机内轴承松旷,需要调整。

（2）检查加速踏板

观察加速踏板是否磨损过度发亮,若磨损严重,说明此车行驶里程已很长。踩下加速踏板,试试踏板有无弹性。若踩下很轻松,说明节气门拉线松弛,需要检修；若踩下加速踏板较费劲,说明节气门拉线有阻滞、破损,可能需要更换。

（3）检查制动踏板

检查制动踏板的踏板胶皮是否磨损过度,通常制动踏板胶皮寿命是3万km左右,如果换了新的,说明此车已经行驶了3万km以上。

用手轻压制动踏板,自由行程应在10~20 mm范围内,若不在此范围内,则应调整踏板自由行程；踩下制动踏板全程时,检查制动踏板与地板之间应有一定的距离。踩下液压制动系统的制动踏板时,踏板反应要适当,过软说明制动系统有故障。空气制动系统气路中的工作气压必须符合规定。

(4)检查离合器踏板

检查离合器踏板的踏板胶皮是否磨损过度,如果已更换了新的踏板胶皮,说明此车已行驶了3万km以上。

轻轻踩下或用手推下离合器踏板,试一试踏板有没有自由行程,离合器踏板的自由行程一般在30～45 mm之间。如果没有自由行程或自由行程小,会引起离合器打滑。如果踩下离合器踏板几乎接触到底板时才能分离离合器,说明离合器踏板自由行程过大,可能是由于离合器摩擦片或分离轴承磨损严重,需要检修离合器及其操纵机构。

(5)检查驻车制动操纵杆

放松驻车制动,再拉紧驻车制动,检查驻车制动操纵杆是否灵活、失效,锁上机构是否正常。

大多数驻车制动拉杆拉起时应在发出五或六声"咔嗒"声后使后轮制动。多次"咔嗒"声后不能拉起制动杆,可能是太紧的缘故。用驻车制动拉杆实施后轮制动时也应发出五或六声"咔嗒"声。如果用驻车制动拉杆施加制动时,发出更多或更少"咔嗒"声,说明驻车制动器需要检修。

(6)检查变速器操纵杆

用手握住变速器操纵杆球头,根据挡位图,逐一将变速器换至各个挡位,检查变速器换挡操纵机构是否灵活。观察变速器操纵机构防护罩是否破损,若有破损,异物(如硬币)就有可能掉入换挡操纵机构内,引起换挡阻滞,所以必须更换。

2. 检查开关

车上一般有点火开关、转向灯开关、车灯总开关、变光开关、刮水器开关和电喇叭开关等。分别依次开启这些开关,检查这些开关是否完好,能否正常工作。

3. 检查仪表

一般汽车设有气压表、车速里程表、燃油表、机油压力表(或机油压力指示器)、水温表和电流表等仪表。应分别检查这些仪表是否能正常工作,有无缺失损坏。

4. 检查指示灯或警报灯

汽车上有很多指示灯或警报灯,如制动警报灯、机油压力警报灯、充电指示灯、远光指示灯、转向指示灯、燃油参量指示灯、驻车制动指示灯等,应分别观察检查这些指示灯或警报灯是否能正常工作。

新型轿车上采用了大量的电子控制设备,这些电子控制设备均设有故障灯,当这些亮时,表明此电子控制系统有故障,需要维修,因此应特别注意观察。汽车上电子控制系统设备主要故障有发动机故障灯、自动变速器故障灯、ABS故障灯、SRS故障灯、电控悬架故障灯等。

电控系统的故障等一般在仪表盘上,其检查方法是:打开点火开关,观察这些故障灯是否亮3 s后自动熄灭。若在3 s内自动熄灭,则表明此电子控制系统自检不通过,系统有故障。由于电控系统的故障较复杂,对汽车的价格影响大。若有故障,应借助于专用诊断仪来检查故障原因,以判断此系统的故障位置,确定其维修价格。

5. 检查座椅

检查座椅罩是否有撕破、裂开或油迹等情况。检查座椅前后是否灵活,能否固定。检查座椅高低能否调节,检查座椅后倾角度。

确保所有座椅安全带数量是否正确,在合适位置工作可靠。特别是后排座椅,是不是所有安全带都能相互扣在一起。

当坐在座椅上,若感到弹力不足,说明该车已行驶公里数较长。

6. 检查地毯和地板

抬起车内的地板垫或地毯。检查是否有霉味,是否有水危害或修饰污染的痕迹。地板垫或地毯地下是否有水,如果水的气味像防冻液,水通过发动机舱上的孔洞从外部进入汽车内部。这些可能是:控制器和离合器踏板联杆孔、加速踏板拉锁孔、换位拉锁孔、散热器芯软管孔、空调蒸发器孔和连接发动机舱与仪表板下线路的大线束孔。如果汽车已经浸泡也可能出现车身底板变湿或生锈。在汽车上已经浸泡的情况下，应在装饰板上查找高水位标记，如果水位达到车门装饰板的一半以上，损坏的可能性要比单纯生锈更大、更危险。因为发动机 ECU、电动车窗电动机、电动座椅电动机以及其他电气装置和系统往往位于车身底板，控制台或车门前面的踏脚板上。如果发现地板上有被水浸泡的迹象，则汽车的价格要大打折扣。

7. 检查杂物箱和托架

一般汽车设有杂物箱和托架，用于放置汽车维修手册，汽车保养记录等物件。所以检查内饰最后重要的事项是检查杂物箱和托架（如装备的话），可能会有旧单据告诉我们汽车过去的一些事情，但必须找到保养记录。大多数汽车刚刚出厂时都会有这样的记录，但是许多车主在保养期完了之后并不再填入任何信息。有些细心的车主保留着保修期前后的所有维修作业、机油更换、保养记录等资料。

还要查找原来的手册，里面有许多关于汽车的各项操作、油液容量和一般规范的信息。如果找到了手册，应检查工厂推荐的保养项目，将其与汽车里程表读数进行比较。如果汽车接近其中的某一保养里程，而没有保养记录，评估定价时需考虑该车保养的费用。

8. 检查电器设备

（1）检查刮水器和前窗玻璃洗涤器

打开刮水器和前窗玻璃洗涤器，观察前窗玻璃洗涤器能否喷出洗涤液。观察刮水器是否能在所有模式下都能正常工作，刮刷是否清洁，刮片应能自动返回初始位置。

一般刮水器有高速、低速两个位置，新型轿车一般还设有间隙位置，当间隙开关开启后，以每秒 2~12 次的速率自动停止和刮拭。

（2）检查电动车窗

按下开关，应能平稳工作，无卡滞现象，各车窗应能升起和落下。

（3）检查电动外后视镜

按下开关上的"UP"按钮，在按"DOWN"按钮，后视镜向上移动，再向下移动。按下"LEFT"按钮，再按"RIGHT"按钮，后视镜应向左移动，再向右移动。

（4）检查电动门锁

如果汽车有电动门锁，应试用一下，同时，确保操作门锁按钮能使所有车门开锁，再从外面试试看。

（5）检查点烟器

按下点烟器，观察点烟器能否正常工作。点烟器插座是许多附件公用的插座，如电动剃刀、冷却器、民用频带收音机等。点烟器不能工作可能说明其他电路有故障（或者只是熔丝烧断）。

（6）检查音响和收音机

用一盒录音带和一张 CD 盘来检查磁带机和音响系统，观察磁带机或 CD 机能否正常工作。打开收音机，检查能否工作。

许多汽车在静止和发动机停机时发出声响，应在发动机运转时倾听音响系统或收音机，检查是否有发动机电气系统干扰或松动、断裂或标准天线引起的信号接受不良。

（7）检查电动线

如果汽车安装了电动线，当打开点火开关或按下天线按钮时，应能自动升高或降低，否则需更换。

（8）检查电动天窗

如果有电动太阳天窗，操作一下，关闭时是否密封好。当打开太阳天窗，检查轨道上是否有漏水的痕迹，这是常见问题，特别是在二手车上。如天窗上有玻璃板或塑料板，看看玻璃玻璃板或塑料板是否清洁并且没有裂纹；许多天窗有遮阳板，当不想让阳光射进来时，可以向前滑动或转动从内部遮住太阳窗。应确保遮阳板良好，工作正常。

（9）检查活顶

如果正在检查一辆活顶轿车，即使在冬天，也必须试试顶部机械系统。电动顶部机械系统包含复杂、昂贵的电气和液压部件,必须了解它们是否能正常工作。前窗玻璃顶部边缘的锁闩是否合适并能安全锁上,车顶降下和升起是否自始至终没有延迟或冲击,大多数活顶轿车有一个乙烯树脂防尘罩盖(用于保护折叠后的车顶),它在车顶折叠时被装上。应确保随车带有一个防尘罩盖并处于良好状态。活顶轿车车顶最大的问题是塑料后窗在露天下很容易褪色。检查车顶上所有可看到的接缝和减产塑料后窗的状况。轻微擦伤后可能损伤塑料后窗,但是更换车窗是很贵的。

（10）检查除雾器

如果汽车配备了后窗除雾器,即使无雾可除,也要试一下。如果系统工作正常的话,打开后窗除雾器几分钟后,后窗玻璃摸上去应该是热的。还须检查暖风器(即使是夏天)并确保风速开关在所有速度挡都能工作。试一试前窗玻璃除霜器,并在前玻璃窗底部感受一下热空气。如果没有热气,可能意味着除霜器导管丢失或破裂。

（11）检查防盗报警器

一些汽车加装了防盗报警器,应检查是否正常工作。先设置报警,然后再震动翼子板,观察防盗报警器能否启动报警,但在实验之前应确保知道如何解除报警。

（12）检查空调鼓风机

打开空调鼓风机,依次将风速开关旋转至不同的速度位置,观察鼓风机是否能正常运转。

（13）检查电动座椅

如果是电动座椅,应检查是否所有调节方向上都能工作。

4.1.8 检查行李箱

（1）检查行李箱锁

行李箱的锁只能用钥匙才能打开,观察行李箱锁有无损坏。

（2）检查气压减震器

一般行李箱采用气体智力支柱,要检查气压减震器能否支撑起行李箱的重量。失效虚弱的气压减震器可能使行李箱盖自动倒下,这是很麻烦甚至危险的。

（3）检查行李箱开关拉锁或电动开关

有些汽车在乘客舱内部有行李箱开启拉锁或电动开关。确保其能够工作,并能不费劲的打开行李箱或箱盖。

（4）检查防水密封条

行李箱防水密封条对行李箱内部储物和地板车身的防护十分重要。所以应仔细检查防水密封条有无划痕、损坏脱落。

（5）检查内部油漆与外部油漆是否一致

在打开行李箱后对内部进行近距离全面观察,检查油漆是否相配。行李箱区漆的颜色是否的确与外部的颜色相同,行李箱盖底部的颜色是否与外面的颜色相同,当将汽车重新喷成不同颜色时,行李箱、发动机罩底部、车门柱喷成与外部颜色相配常常是特别昂贵的。然而廉价的喷漆作业并不包括这些工作。如果行李箱中喷漆颜色与原来颜色不相同,则表明已重新喷了便宜漆或者是更换了版面或有过其他一些碰撞修理。查看行李箱盖金属构件、地板垫后排座椅后的纸板、线路或是尾灯后部等这些地方是否喷漆过多。

（6）检查行李箱底板

拉起行李箱中的橡胶地板或地毯,观察底板是否有铁锈。修理和焊接痕迹,或行李箱密封条泄漏引起的发霉的迹象。

（7）查备用轮胎

如果是一辆行驶里程较短的汽车,其备用轮胎应该是新标记,与原车上的标记相同,而不像废品回收站花纹几乎磨光的轮胎。

（8）检查随车工具

设法找到出厂原装的千斤顶、千斤顶手柄和轮搬盖/带耳螺母拆卸工具,它们应该全在车里。检查行李箱内部地板是否有损坏的痕迹。检查原装千斤顶储放处和使用说明,如果轮胎安装在行李箱地板的凹槽内的话,哪里通常贴有印花纸,它处于行李箱盖下、行李箱壁上或备胎上面的纤维板上。由于一些碰撞修理的结果,这些贴画纸可能已经发暗或丢失。

(9)检查门控灯

行李箱上有一门控灯,当行李箱打开时,门控灯应点亮。否则,门控灯或门控灯开关损坏。

(10)检查行李箱盖的对中性和闭合质量

轻轻按下行李箱盖,不要很大力气就能关上行李箱。对于一些高档轿车,行李箱盖世自动闭合的,不能用大力关行李箱盖。

4.1.9 检查车底

检查完成发动机机舱、车舱、行李箱、车身表面等工作后,就要进行下一步工作,即检查汽车底部。将汽车用举升机举起后,就可对车底各部件进行检查,而车主在买车之前,一般不会对车底各部件进行保养,所以,车底各部件的技术状况更能真实地反映出汽车整体的技术状况。

1. 检查泄漏

在车底下很容易检查出泄漏源,从车底下可以检查出的泄漏有冷却液泄漏、机油泄漏、制动液泄漏、变速器油泄漏、转向助力油泄漏、主减速器油泄漏、电控悬架油泄漏、减震器油泄漏及排气泄漏等。

(1)检查冷却液泄漏

冷却液泄漏通常从上部最容易看见,但是如果暖风器芯或软管泄漏,液滴可能只出现在汽车下侧,所以应在离合器壳或发动机机舱壁周围区域寻找那些冷却液污迹。注意:空调车通常滴水,有时相当多,汽车熄火后,可能还会滴。当从路试返回并在测试空调时,不要把水滴和冷却液泄漏混淆。来自空调的水是蒸汽凝结成的,无色无味,不想冷却液呈绿色(防冻剂的颜色)并有一点甜味。

(2)检查机油泄漏

检查油底壳和油底壳放油螺栓区域是否有泄漏的迹象。行程超过 80 000 km 的汽车有少量污迹是正确的。当泄漏持续很长时间时,行车气流抽吸性通风装置和发动机风扇将把油滴抛到发动机、变速器或发动机机舱壁下部区域各处,所以严重的泄漏不难发现,除非汽车的下侧最近用蒸汽清洁过。一般说,大多数二手车买主都不会像这里描述的那样费力进行彻底的检查,所以经销商也不会付额外的费用来用蒸汽清洁地盘。他们只清洁打开发动机罩时能看到的地方。

(3)检查动力转向液泄漏

在一些汽车上,动力转向液泄漏可能看起来像变速器油液泄漏,因为两种油液相似,但是动力转向液泄漏通常造成的污迹集中在动力转向泵(或齿条齿轮)本体附近。

(4)检查变速器油液泄漏

对于自动变速器,一般有自动变速器冷却装置,其管道较长,容易出现泄漏。其检查方法如下:

在冷却管路连接到散热器底部的地方察看是否有变速器液泄漏,沿着冷却管路本身和变速器油盘和变速器后油封周围的区域查看。返回变速器的金属冷却管应成对布置,有几个金属夹子沿着管路将它们固定。管路不应该悬下来。还应该检查是否曾经在某些地方不切断金属管而用螺丝夹安装橡胶软管作为修理。只有几种具有足够强度耐热耐油的橡胶软管才可以用在变速器管路上。想燃油软管那样的常规软管,在这种应用中,短期使用后可能失效,会引起变速器故障。

(5)检查制动液泄漏

诊断前、后制动器是否有制动油液的痕迹。查找制动钳。鼓式制动器后板和轮胎上是否有污迹。从汽车的前部到后部,循着制动钢管,寻找管路中是否有扭结、凹陷或是否有泄漏的痕迹。

(6)检查排气泄漏

排放系统紧固是很重要的,因为其不仅使汽车行驶时更安静,而且驾驶起来更舒服。但如果排气系统泄漏,使一氧化碳流入汽车内部,对驾驶员和乘客是有致命危险的。可以通过在汽车路试前,汽车发动时,注意倾听发出声音的一些特定区域是否哪里听起来好像有泄漏声来排除。如果没有听到,那么再让另一人发动汽车兵少少变化发动机转速,同时自己在汽车旁蹲下(发动机运转时,即使汽车可靠地顶在千斤顶上,也切勿钻进汽车底下),仔细倾听是否有嘶嘶声或隆隆声。关掉汽车并滑行,进一步留神汽车下侧。千万不要让身体的任何部分或衣服接触到很热的排气管道。

排气泄漏通常呈现为白色、浅灰或者黑色条纹。它们可能来自排气管、催化转化器或消声器上的针孔、裂缝或孔洞。特别注意查看消声器和转化器接缝,以及两个管或排气零件的结合处。有排气垫的地方,就有排气泄漏的可能性。

当检查排气系统时,应寻找明显的排气泄漏痕迹。例如,焊接不当的排气管连接处周围的黑色污迹,因为在浅色排放管上,泄漏通常容易造成棕色或黑色污迹。这些小孔周围的污迹是排气管需要更换的迹象。如果装有橡胶型圈,检查橡胶形圈排气管吊架的情况。还要检查排气管支座是否损坏,支座损坏容易引起排系统泄漏或产生噪声。

2. 检查排气系统

观察排气系统上所有吊架,它们是否都在原来位置并且是否像原来部件。大多数现代式汽车具有耐热橡胶环形圈的排气管支承,它连接车架支架与排气管支架。当这些装置在一些汽车零部件商店里被更换为通用金属带时,排放系统将承受更大的应力并使更多的噪声、热量和振动传递到汽车上。

检查排放系统零件是否标准,排气尾管是否曾更换,且要确保它们远离制动管。在后轮驱动的汽车上,排气尾管月过后端部,要确保紧靠后桥壳外表的制动钢管没有因为与排放系统上的凸起相遇而压扁。

3. 检查前、后悬架

(1) 检查减震弹簧

汽车减震器弹簧主要有钢板弹簧和螺旋弹簧两种。对于钢板弹簧,检查车辆钢板是否有裂纹、断片和碎片现象;两侧钢板弹簧的厚度、长度、片数、弧度、新旧程度是否相同;钢板弹簧U形螺栓和中心螺栓是否松动;钢板弹簧销与衬套的配合是否松旷。对于螺旋弹簧,应检查有无裂纹、折断或疲劳失效等现象。螺旋弹簧上、下支座有无变形损坏。

(2) 检查减震器

观察4个减震器是否有漏油现象,如果有漏油,说明减震器已失效,需要更换。而更换减震器需要全部更换,而不只是更换一个,所以成本较高。观察前、后减震器的生产厂家是否一致。减震器上下连接处有无松动、磨损等现象。

(3) 检查稳定杆

稳定杆主要用于前轮,有时也用于后轮,两端固定于悬架控制臂上。其功用是保持汽车转弯时车身平衡,防止汽车侧倾。检查稳定杆有无裂纹,与车身连接出的橡胶衬有无损坏,与左、右悬架控制臂的连接处有无松旷现象。

4. 检查转向机构

汽车转向机构性能的好坏对汽车行驶稳定性有很大的影响,因此,应仔细检查转向系统,尤其是转向传动机构。检查转向系统除了检查转向盘自由行程之外,还应仔细检查以下项目。

①检查转向盘与转向抽的连接部位是否松旷;转向器垂臂轴与垂臂连接部位是否松旷;纵、横拉杆球头连接部位是否松旷;纵、横拉杆臂与转向节的连接部位是否松旷;转向节与主销之间是否松旷。

②检查转向节与主销之间是否配合过紧或缺润滑油;纵、横拉杆球头连接部位是否调整过紧或缺润滑油;转向器是否无润滑油或缺润滑油。

③检查转向轴是否弯曲,其套管是否凹瘪。

④对于动力转向系统,还应该检查动力转向泵驱动带是否松动;转向油泵安装螺栓是否松动;动力转向系统油管及管接头处是否存在损伤或松动等。

5. 检查传动轴

对于后轮驱动的汽车,检查传动轴、中间轴及万向节等处有无裂纹和松动;传动轴是否弯曲、传动轴轴管是否凹陷;万向节轴承是否磨损而松旷,万向节凸缘盘连接螺栓是否松动等。

对于前轮驱动的汽车,要密切注意等速万向节上的橡胶套。绝大多数汽车在每一侧(左驱动桥和右驱动桥)具有内、外万向节,每一个万向节都是由橡胶套罩住的,橡胶套保护万向节避免污物、锈蚀和潮气,它里面填满润滑脂。更换万向节价格很昂贵。

用手弯曲或挤压橡胶套,查找是否有裂纹或擦伤。里面已经没有润滑脂且有划痕的等速万向节橡胶套是一个信号,说明万向节由于污物和潮气的侵蚀需要立即更换。

6. 检查车轮

(1)检查车轮轮毂轴承是否松旷

用举升机或千斤顶支起车轮,用手晃动车轮,感觉有旷动,说明车轴轮毂轴承松旷,车轴轴承磨损严重,需要更换车轮轴承,而需要更换车轮轴承的费用较高。

(2)检查轮胎磨损情况

在初步检查时,是从汽车的外侧检查轮胎,而现在要检查轮胎的内测。检查是否有对胎侧进行修理,是否有割痕或磨损,是否有严重的风雨。后轮胎内侧胎面过度磨损是很难从外侧发现的,除非将汽车顶起来。通常,后轮胎上内侧胎面磨损暗示着已将汽车前轮胎更换到后轮胎位置,或通过在后面不大能到的方式来掩饰它们的磨损。

(3)检查轮胎花纹磨损深度

车轮胎胎冠上的花纹深度不得小于1.6 mm;其他车辆转向轮的胎冠花纹深度不得小于3.2 mm,其余轮胎胎冠花纹深度不得小于1.6 mm。

有的轮胎设有胎面磨损(打滑)标记,当磨损量超过正常限度时,磨损标记就会显露出来。若标记已显露出来,则表明轮胎已磨损到极限状态,应更换。

任务实施

在本项目情境中,作为二手车评估师的你,可以从以下几方面为张先生简明扼要的介绍二手车的识伪检查方法。

环节	对应项目	具体程序
1	准备工作	获得相关资料与信息了解鉴别走私、拼装、盗抢的主要内容,鉴别走私、拼装、盗抢车的方法
2	确定合法性	运用公安车管管理部门的车辆档案资料,查找车辆来源信息,确定车辆合法性及来源情况
3	查验证书	查验汽车的产品合格证书、维护保养手册。对于进口车必须查验进口产品商检证明和商检标准
4	检查外观	外观是否全身重新做过油漆,并检车门、发动机盖和行李箱等部位并确定车身曲线部位是否流畅
5	检查发动机	打开发动机盖,检查发动机和其他零部件是否有拆卸后重新安装的痕迹

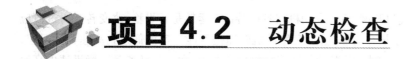

项目 4.2 动态检查

情境导入

高女士想从异地买一辆二手车,并请二手车评估师对该辆车做了发动机性能动态检查鉴定。

理论引导

发动机是汽车的心脏,通过对无负荷时发动机工况的检查来确定汽车的操纵性能、制动性能、滑行性能、加速性能、噪声和废气排放情况,以鉴定二手车的动态技术状况。

二手车动态检查是指汽车在工作状态下的检查。通过对汽车各种工况,如发动机启动、怠速、起步、加速、匀速、滑行、强行减速、紧急制动、从低速挡到高速挡、从高速挡到低速挡的行驶,检查汽车的操纵性能、制动性能、滑行性能、加速性能、噪声和废气排放情况,以鉴定二手车的技术状况。

在动态情况下,根据检查人员的经验和技能,辅之以简单的量器具,对二手车的技术状况进行动态检查鉴定。检查过程中,需启动发动机对二手车进行路试,故二手车的动态检查包括无负荷时的工况检查和路试检查。

4.2.1 无负荷时的工况检查

1. 发动机启动状况的检查

在正常情况下,用启动机启发发动机时,应在三次内启动成功。启动时,每次时间不超过 5~10 s,再次启动时间要间隔 15 s 以上。若发动机不能正常启动,说明发动机的启动性能不好。

如果由于发动机曲轴不能转动而导致发动机无法启动,其原因主要可能是蓄电池电量不足或启动机工作不良,也可能是发动机运转阻力过大。检查发动机启动阻力时,应拆下全部火花塞或喷油器,人工运转曲轴,检查转动阻力。

如果启动时曲轴能正常转动,但发动机启动仍很困难,对于汽油发动机,其原因主要可能是点火系统不正时、火花塞火弱或无火;燃油系统工作不良,使混合气过稀或过浓;汽缸压缩压力过低等。对于柴油发动机,除汽缸压缩压力过低外,燃油中有水或空气,输油泵、喷油泵、喷油器工作不良,燃油系统管路堵塞等,都可能导致发动机启动困难。

2. 发动机无负荷时的检查

(1)检查发动机怠速运转情况

怠速工况下,发动机应在规定的转速范围内稳定地运转。如果怠速转速过高或运转不稳定,说明发动机怠速不良。

对于汽油发动机,怠速不良的原因主要有点火正时、气门间隙、配气正时或怠速调整不当;曲轴箱通风单向阀不密封或卡阻,怠速时不能关闭;点火系统或供油系统工作不良;汽缸压缩压力过低或各缸压缩压力不一致时等。

对于柴油发动机,怠速不良的原因主要有供油正时、气门间隙、配气正时或怠速调整不当;燃油中有水、气或黏度不符合要求;各缸柱塞、出油阀偶件及喷油器工况不一致,或是调速器锈蚀、松旷、弹簧疲劳、供油拉杆对应的拨叉或齿扇松动等,导致各缸喷油量或喷油压力不一致;汽缸压缩压力过低或各缸压缩压力不一致等。

发动机怠速运转时,检查各仪表工作状况以及电源系统充电情况。

(2)检查急加速性

待水温、油温正常后,通过改变节气门开度,检查发动机在各种转速下运转是否平稳,改变转速时过渡应圆滑。迅速踏下加速踏板,发动机由怠速状态猛加速,观察发动机转速是否能迅速由低速到高速灵活反应,发动机应无"回火"、"放炮"现象。当加速踏板踩到底时,迅速释放加速踏板,发动机转速是否能迅速由高速到低速灵活反应,发动机不能怠速熄火。发动机加速运转过程中,检查发动机有无"敲缸"和气门运动噪声。在规定转速下,发动机机油压力应符合有关规定。

(3)检查发动机窜油、窜气

打开润滑油加注口,缓缓踩下加速踏板,如果窜气严重,肉眼可以观察到油雾气。若窜气不严重,可用一张白纸,放在离润滑油加注口 50 mm 左右处,然后加速,若窜油、窜气,白纸上会有油迹,严重时油迹面积大。

(4)检查排气颜色

正常的汽油发动机排出的气体应该是无色的,在严寒的冬季可见白色的水汽;柴油发动机带负荷工作时排出的气体一般是淡灰色的,当负荷较大时,为深灰色。无论是汽油机还是柴油机,如果排气颜色发蓝色,说明机油窜入燃烧室。若机油油面不高,最常见的是气缸与活塞密封出现问题,即活塞、活塞环因磨损与汽缸的间隙过大。无论汽油发动机还是柴油发动机,如果排气管冒黑烟,说明混合气过浓,是汽油发动机点火时刻过迟等原因造成的。

(5)检查发动机熄火情况

对于汽油机,关闭点火开关后,发动机正常熄火;对于柴油机,停机装置应灵活有效。

3.检查转向系统

(1)方向盘自由行程。

检查将车辆停放在平坦路面上,左右转动方向盘(图4.3),从中间位置向左或向右时,方向盘游动间隙不应该超过 30 mm。如果是带阻力转向的车辆,最好在启动发动机后做检查。如果方向盘的间隙过大,就需要对转向系统部分间隙进行调整,这是需要到修理厂进行的工作。

(2)转向系统传动间隙的检查

可以用两手握住方向盘,采用上、下、左、右方向摇动,此时应该没有很松旷之感,如果很松,就需要调整转向轴承、横拉杆、直拉杆等,看有无松旷或螺帽脱落等现象。

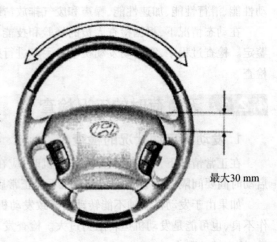

图 4.3 方向盘自由行程

4.2.2 路试检查

汽车路试一般在 20 km 左右。通过一定里程的路试检查汽车的工况。路试检查的内容如下。

1.检查离合器

正常的离合器应该是接合平稳,分离彻底,工作时不得有异响、抖动和不正常打滑现象。踏板自由行程应符合二手车技术条件的有关规定。自由行程过小,一般说明离合器摩擦片磨损严重。踏板力应与该型号车辆的踏板力相适应。各种车辆的踏板力应不大于 300 N。

离合器常出现的故障为打滑和分离不彻底,有的还有异响。这些故障会导致像起步困难、行驶无力、爬坡困难、变速器齿轮发出刺耳的撞击声,以及起步时车身发抖等现象。

(1)离合器分离不彻底的检查

在发动机怠速状态时,踩下离合器踏板几乎触底时,才能切断离合器或是踩下离合器踏板,感到挂挡困难或变速器齿轮出现刺耳的撞击声;或挂挡后不抬起离合器踏板,车子开始行进,表明该车的离合器分离不彻底。其原因是:离合器踏板自由行程过大、离合器压盘限位螺钉调整不当,或是更换了过厚的离合器摩擦片、离合器分离杠杆不在同一平面上等。

（2）离合器打滑的检查

如果离合器打滑，会出现起步困难、加速无力、重载上坡时有明显打滑甚至发出难闻气味等现象。比如在挂上1挡后，慢抬离合器车子没反应，发动机也不熄火，就是离合器打滑的表现。其原因是：离合器踏板自由行程太小、分离轴承经常压在膜片弹簧上，使压盘总是处于分离状态；离合器压盘弹簧过软或折断等。

（3）离合器异响的检查

如果在使用离合器过程中出现异响也是不正常的。异响声形成的原因大部分都是离合器内部的零件有损坏，这肯定需要进修理厂了。其故障原因是：分离轴承磨损严重，轴承回位弹簧过软或折断，膜片弹簧支架有故障等。

（4）离合器自由行程（图4.4）的检查

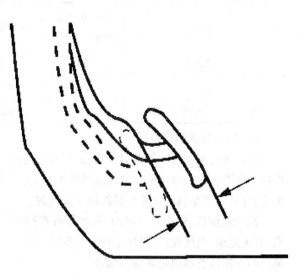

图4.4 离合器踏板自由行程

检查其自由行程是否合适，可以用直尺在踏板处测量。先测出踏板最高位置高度，再测出踩下踏板到感到有阻力时的高度，两个数值的差就是该车离合器自由行程数值，如果不符合要求就需要及时调整。

2. 检查制动性能

（1）制动性能检测的技术要求

《机动车运行安全技术条件》(GB 7258—2004)中规定，汽车制动性能和应急制动性能的路试检测在平坦、硬实、清洁、干燥且轮胎与地面间附着系数不小0.7的水泥或沥青路面上进行。

汽车在规定初速度下的制动距离和制动稳定性要求应符合的规定见表4.1，紧急制动性能要求应符合的规定见表4.2。

表4.1 制动距离和制动稳定性要求

汽车类型	制动初速度 /(km·h^{-1})	满载检验制动距离要求/m	空载检验制动距离要求/m	试验通道宽度/m
三轮汽车	20	≤5.0		2.5
乘用车	50	≤20.0	≤19.0	2.5
总质量不大于3 500 kg的低速汽车	30	≤9.0	≤8.0	2.5
其他质量不大于3 500 kg的低速汽车	50	≤22.0	≤21.0	2.5
其他汽车、汽车列车	30	≤10.0	≤9.0	3.0
两轮摩托车	30	≤7.0		—
边三轮摩托车	30	≤8.0		2.5
正三摩托车	30	≤7.5		2.3
轻便摩托车	20	≤4.0		—
轮式拖拉机运输机组	20	≤6.5	≤6.0	3
手扶变型运输机	20	≤6.5		2.3

表 4.2 紧急制动性能要求

汽车类型	制动初速度/(km·h^{-1})	制动距离/m	充分发出的平均减速度/(m·s^{-2})	允许操纵力不应大于/N	
				手操纵	脚操纵
三轮汽车	50	≤38.0		400	500
乘用车	30	≤18.0		600	700
其他汽车(三轮汽车除外)	30	≤20.0		600	700

(2)制动性能的检查

①检查行车制动。如果制动跑偏,很可能是同一车桥上的两个车轮制动力不等,或者是制动力不能同时作用在两个车轮上导致的。其原因可能由于轮胎气压不一致,或是制动鼓(盘)与摩擦片间隙不均匀,或是摩擦片有油污,或是制动蹄片弹簧损坏等造成的。

汽车起步后,先点一下制动,检查是否有制动。将车加速至 20 km/h 做一次紧急制动,检查制动是否可靠,有无跑偏、甩尾现象;再将车加速至 50 km/h,先用点制动的方法检查汽车是否立即减速、跑偏,再用紧急制动的方法检查制动距离和跑偏量。

②检查驻车制动(手刹)。如果在坡路上拉紧手刹后出现溜车,说明驻车制动有故障。其原因可能是手制动器拉杆调整过长;摩擦片与制动鼓(盘)间隙过大或有油污;摩擦片磨损严重或打滑;制动鼓(盘)与摩擦片接触不良等造成的。

3.检查变速器

从起步挡加速到高速挡,再由高速挡减至低速挡,检查变速器是否轻便灵活,是否有异响,互锁和自锁装置是否有效,是否有乱挡现象,加速车是否有跳挡现象。自动变速器的车辆在平坦的路面起步一般不要踩加速踏板,如果需要踩加速踏板才能起步,说明自动变速器保养不好,或已到保修里程;检查自动变速器是否有换挡迟滞现象,自动变速的车辆换挡时应无明显的感觉,如果感觉车辆在加减速时有明显的发"冲"现象,说明自动变速器保养不好,或已到大修里程。

4.检查转向操纵

在宽敞路段,检查车辆的操作稳定性。在一宽敞的路段,以 15 km/h 的速度行驶,作左、右圈转向,看转向是否灵活、轻便,有无回正力矩;撒手方向盘,看是否跑偏;高速行驶时,是否有跑偏、摆振现象。一般转向系统的路试检查内容如下。

(1)转向方向盘沉重的检查

在路试二手车时,做几次转弯测试,检查在转动方向盘时是否感到很沉重。如果有,则可能是横拉杆、前车轴、车架有弯曲变形;前轮的定位不准确;轮胎气压不足;转向节轴承缺油。对于有助力的二手车,在行进中如果感到转向沉重就可能是有故障了。其原因有可能是油路中有空气;油浆压力不足;驱动皮带打滑或动力缸、安全阀等漏油导致的。

(2)摆振检查

路试时,发现前轮摆动、方向盘摆动,这种现象称为摆振,可能的原因是转向系统的轴承过松;横拉杆球头磨损松旷;轮毂轴承松旷;车架变形或者是前束过大导致。

(3)跑偏检查

如果在路试中,挂空挡松开方向盘,出现跑偏问题,有可能以下原因导致的:悬架系统故障,其中一侧的减振器漏油,或是螺旋弹簧故障;前轮定位不好,或是两边的轴距不准确;还可能是受过碰撞事故而变形或车轮胎压不等引起的。

(4)转向噪声检查

转向时,如果动力转向系统出现噪声,很可能是以下故障造成的:油路中有空气;储油罐油面过低需要补充;油路堵塞或是油泵噪声。

5. 检查汽车的动力性

通过道路试验分析汽车动力性能,其结果接近于实际情况。汽车动力性在道路试验中的检测项目一般有高挡加速时间、最高车速、陡坡爬坡速度、长坡爬坡速度,有时为了评价汽车的拖挂能力,也进行汽车牵引力检测。另外,有时为了分析汽车动力的平衡问题,采用高速滑行试验检测定滚动阻力系数和空气阻力系数。道路试验会受到道路条件、风向、风速、驾驶技术等因素的影响,且这些因素可控制性差,同时还需要按规定条件选用和建造专门的道路等。

小客车动力性能最常见的指标是从静止状态加速至 100 km/h 所需时间和最高车速,其中前者是最具有意义的动力性能指标和国际流行的小客车动力性能指标。

①检查汽车的加速性能。汽车起步后,作加速行驶,猛踩加速踏板,各种汽车设计时的加速性能不尽相同。就轿车而言,一般发动机排量越大,加速性能就越好。有经验的二手车鉴定评价人员,能够了解各种常见车型的加速性能,通过路试能够检查出被检汽车的加速性能与正常的该型号汽车加速性能的差距。

②检查汽车的爬坡性能。检查汽车在相应的坡道上,使用相应的挡位时的动力性能是否与经验值相近,感觉是否正常。

③检查汽车的最高车速。

6. 检查传动系统间隙

路试中,将汽车加速至 40～60 km/h 时,迅速抬起加速踏板,检查有无明显的金属撞击声。如果有,说明传动系统间隙大。

7. 检查机械传动效率

在平坦的路面上作滑行试验,将机动车运行到 30 km/h 时,踏下离合器,将变速器换入空挡滑行,其滑行距离应不小于 200 m。否则汽车传动系统的传动阻力大,传动效率低,油耗增大,动力不足。汽车越重,其滑行距离越远;初始车速越高其滑行距离亦越远。

8. 检查传动系统与行驶系统的动平衡

汽车在任何车速下都不应抖动。如果汽车在某一车速范围内抖动,说明汽车的传动系统或行驶系统动平衡有问题,应检查轮胎、传动轴、悬架等。

4.2.3 路试后检查

1. 检查各部件温度

检查冷却液、轮毂、制动鼓、变速器壳等温度是否正常。

2. 检查"四漏"现象

①在发动机转运及停车时,水箱、水泵、缸体、缸盖、暖风装置所有连接部位不得有明显渗、漏水现象。

②汽车连续行驶距离不小于 10 km,停车 5 min 后观察,不得有明显渗、漏油现象。

③检查汽车的气、电泄漏现象。

任务实施

在本项目情境中,作为二手车评估师的你,可以从以下几方面为高女士简明扼要的介绍二手车的发动机性能的动态检查。

环节	对应项目	具体程序
1	准备工作	通过预习和查找相关的信息资料,了解汽车路试前对发动机工作性能检查所需要的检查项目内容,熟悉如何对检查结果进行记录、分析。为汽车路试做好充分的准备
2	检查发动机启动性	根据发动机的启动情况来判定发动机启动正常与否。若不正常则找出发动机不能正常启动的原因
3	检查发动机怠速	观察汽车的怠速运转情况,若怠速平稳,发动机振动很小。发动机怠速时若出现转速过高、过低,发动机抖动严重等现象均表明发动机怠速不良
4	检查发动机异响	发动机怠速运转时听发动机有无异响、异响大小。正常情况下发动机都是一种平稳而有节奏的声响,若发动机发出敲击声、爆燃声等均表明发动机已损坏
5	检查发动机急加速性	发动机从怠速到急加速时观察发动机怠速熄火或工作不稳。通常急加速时,发动机发出强劲儿有节奏的轰鸣声
6	检查发动机曲轴箱窜气量	正常情况下发动机曲轴箱的窜气量较少,无明显油气味。若曲轴箱传奇量增多表明发动机已需大修
7	检查排气颜色	正常汽油发动机排出的颜色为无色,柴油发动机正常情况下是灰色。汽车排气有3种不正常的烟雾,即冒黑烟、冒蓝烟和冒白烟

项目 4.3　仪器检查

情境导入

刘先生是一名二手车爱好者,他经常换上不同的高档二手来代步。为了便于购买物真价实的二手车,他请二手车评估师对自家车做了仪器检查鉴定。

理论引导

仪器检查是对车辆各技术性能及各总成、部件的技术状况进行定量、客观更高层次的鉴定方法。

二手车技术状况的仪器检查,在二手车鉴定评估中主要用于对被评估二手车用动态检查性能把握不准和不熟悉,并且对评估准确性要求较高的情况,常用于较高档的冷僻车型和司法鉴定评估。

二手车的技术状况好坏是由汽车的各种性能参数决定的。这些性能参数反映了汽车在特定性能方面的情况。它们涉及汽车的动力性、行驶安全性、能源消耗情况、对环境的影响情况等,采用特定的监测仪器和特定的试验方法,获得这些参数的具体值,然后对比相应的国家法规和标准评定二手车性能。

良好的技术状况保障二手车行驶安全的根本,同时也是正确评估二手车价格的基本依据。如何获得二手车的技术状况,评判二手车的技术状况是否达到要求,是每一个二手车鉴定评估师必须掌握的知识。

二手车技术状况的仪器检查在汽车检测站按汽车规定的技术要求进行。

4.3.1　汽车的动力性检测

汽车动力性的好坏直接影响汽车运输效率的高低,是汽车使用的最重要的基本性能。汽车在使用一定时期后,技术状况会发生变化,汽车的动力性也会发生变化。汽车技术状况不良,首先表现为动力性不足、燃料消耗增大。汽车动力性的检测方法有道路试验和室内台架试验两大类。室内台架试验不受客观条件影响,检测条件易于控制,所以在汽车检测站得到广泛应用。

1. 汽车动力性评价指标

汽车检测部门一般常用汽车的最高车速加速能力最大爬坡度发动机最大输出功率底盘输出最大驱动功率作为动力性评价指标。

(1) 最高车速

最高车速是指汽车以制造厂规定的最大总质量状态在风速≤3 m/s 的条件下，在干燥、清洁、平坦的混凝土或沥青路面上，能够达到的最高稳定行驶速度。

(2) 加速能力

汽车加速能力是指汽车在行驶中迅速增加行驶速度的能力，通常用汽车加速时间来评价。加速时间是指汽车以制造厂规定的最大总质量状态在风速≤3 m/s 的条件下，在干燥、清洁、平坦的混凝土或沥青路面上，由某一低速加速到某一高速所需的时间。加速时间有原地起步加速时间和超车加速时间。

①原地起步加速时间，指用规定的低挡起步，选择适当的换挡时机逐步换到在高挡后以最大的加速度，加速到规定的车速或达到一定距离所需的时间，一般常用 0～100 km/h 加速的时间或为 0～400 m 距离所需的时间。起步加速时间越短，动力性越好。

②超车加速时间，指用最高挡或次高挡，由某一预定车速开始，全力加速到某一高速所需的时间。超车加速时间越短，其高挡加速性能越好。《汽车大修竣工出厂技术条件》(GB 3798—1983)中规定，大修后带限速装置的汽车以直接挡空载行驶，从初速 20 km/h 加速到 40 km/h 的加速时间应符合规定，具体要求见表 4.3。

表 4.3 直接挡加速时间

发动机标定功率与汽车整备质量之比/(kW·t^{-1})	7.36～11.03	11.03～14.71	14.7～18.39	18.3～36.78	36.78
加速时间/s	<30	<25	<20	<15	<10

(3) 最大爬坡度

最大爬坡度是指汽车满载，在良好的混凝土或沥青路面上的坡道上，汽车以最低前进挡能够爬上的最大坡度。

(4) 发动机最大输出功率

发动机最大输出功率是指发动机在全负荷状态下，仅维持运转所必需的附件时所输出的功率，又称总功率。新出厂发动机的最大输出功率一般是指发动机的额定功率。它是发动机在全负荷状态和规定的额定转速下所规定的总功率。

汽车发动机最大输出功率是汽车动力性的基本参数。汽车在使用一定时期后，技术状况发生变化，发动机的最大输出功率变小，所以用其变小的差值评价发动机技术状况下降的程度。如我国《汽车技术等级评定标准》(JT/T 198—1995)中按在用汽车的发动机最大输出功率与额定功率相比较小于 75%，将该车技术状况定为三级。在汽车综合性能检测站用无外载测功法或底盘测功机所测定的发动机功率，必须换算为总功率后才能与额定功率比较。

(5) 底盘输出最大驱动功率

底盘输出最大驱动功率，是指汽车在使用直接挡行驶时，驱动轮输出的最大驱动功率(相应的车速在发动机额定转速附近)。

底盘输出最大驱动功率一般简称底盘输出最大功率，是实际克服行驶阻力的最大能力，是汽车动力性评价的一项重要指标。汽车在使用过程中，发动机本身、发动机附件及传动系统的技术状况都会下降，其底盘输出的最大功率将因此减小。

2. 汽车动力性台架检测

汽车动力性室内台架试验的方式，主要是用无外载测功仪检测发动机功率，底盘测功机检测汽车的最大输出功率、最高车速和加速能力，如图 4.5 所示。

室内台架试验不受气候、驾驶技术等客观条件的影响，只受测试仪本身测试精度的影响，测试条件易于控制,所以汽车检测站广泛采用汽车动力性室内台架试验方式。

(1)汽车底盘输出功率的检测

通过底盘测功机检测车辆的最大底盘驱动功率,用以评定车辆的技术状况等级。

底盘测功试验台通常由滚筒装置、加载装置、惯性模拟装置、测量和辅助装置四大部分组成。其监测方法是:

①在动力性检测之前,必须按汽车底盘测功机说明书的规定进行试验前的准备:台架举升器应处于升状态,无举升器者滚筒必须锁定;车轮轮胎表面不得夹有小石子或坚硬之物。

图4.5 底盘测功机

②汽车底盘测功机控制系统、道路模拟系统、引导系统、安全保障系统等必须正常工作。

③在动力性检测过程中,控制方式处于恒速控制,车速达到设定车速(误差±2 km/h)并稳定5 s后,计算机读取车速与驱动力数值,并计算汽车底盘输出功率。

④输出检测结果。

(2)发动机功率的检测

发动机功率的检测方法有无负荷测功法和有负荷测功法两种。其中,有负荷测功法需要将发动机从汽车上卸下,不利于就车检测,但其测量的功率精度较高;无负荷测功法又称为动态测功法,它是利用发动机无外载检测发动机功率,使用方便,检测快捷。具体方法如下:

①启动发动机并预热至正常状态,同时接通无外载测功仪电源,连接传感器。

②按仪器使用说明书进行操作。

③从测功仪上读取或换算成发动机的输出功率值。

(3)数据处理

①检查的数据处理。目前,底盘测功机显示的数值,有的是功率吸收装置功率的数值,有的是驱动轮输出的最大底盘输出功率的数值。对于显示公路吸收装置所吸收功率数值的,在检测结果的数据处理时,必须增加汽车在滚筒上滚动阻力消耗的功率、台架机械阻力消耗的功率及风冷式功率吸收装置的风扇所消耗的功率。其计算公式为

汽车底盘最大输出功率 = 功率吸收装置所消耗的功率 + 滚动阻力所消耗的功率 + 台架机械阻力所消耗的功率 + 风冷式功率吸收装置冷却风扇所消耗的功率

②检测发动机最大输出功率的数据处理。由于在底盘测功上测得的是底盘最大输出功率,而发动机最大输出功率为

发动机最大输出功率 = 附件消耗功率 + 传动系统消耗功率 + 底盘最大输出功率

所以,在测得底盘最大输出功率之后,应增加传动系统消耗功率及附件消耗功率才可确定发动机最大输出功率,若该汽车发动机额定功率为净功率,不包括发动机附件消耗功率,则处理后发动机最大输出功率为

发动机最大输出功率 = 传动系统损耗功率 + 底盘最大输出功率

用发动机无外载测功仪测得的发动机功率为净功率。若该汽车发动机的额定功率为总功率,而不是净功率,则所测得的功率应加上发动机附件消耗功率后才可与额定功率相比较。

3.发动机汽缸密封性检测

发动机密封性是由汽缸活塞组、气门与气门座以及汽缸盖、汽缸体、汽缸垫及相关零件保证的。发动机在长期使用过程中,会使汽缸活塞组零件磨损,其门与气门座磨损、烧蚀以及缸体、缸盖密封面翘曲,将使汽缸的漏气量增加,密封性下降,从而导致发动机功率下降,油耗增加。因此,为了保证发动机的正常工作状

态,须对发动机的密封性进行检测。通常通过检测汽缸压缩压力来评价汽缸密封性。

发动机的热效率和平均指示压力与汽缸压缩终了的压力有密切关系。影响汽缸压缩终了压力的因素有汽缸活塞组的密封性,气门和气门座的密封性以及汽缸垫的密封性等。因此,通过汽缸压缩终了压力的测量,可以间接地判断上述部位的技术状况。

(1)测量条件与方法

首先,预热发动机至正常热状况(冷却水温达70~80 ℃)后停机,拆下各缸火花塞(或喷油嘴)。将节气门和阻风门全开,将专用的汽缸压缩压力表(图4.13)的锥形橡胶塞紧压在火花塞或喷油器孔上,然后用启动机带动曲轴旋转3~5 s,对汽油机转速应≥130~250 r/min;柴油机转速应≥500 r/min,压力表指示值即为该缸的压缩压力。为保证测量数据正确,各缸应重复测量2~3次,依次测量各汽缸。

(2)发动机气缸压缩压力的技术标准

常见各种车型发动机的气缸压缩压力标准值见表4.4。

表4.4 发动机气缸压缩压力标准值

发动机型号	压缩比	气缸压力标准值/kPa	检测压力时的转速/(r·min^{-1})
东风 EQ6100-1	7.2	880	130~150
解放 CA6102	7.4	930	
跃进 NJG427A	7.5	981	
上海桑塔纳 JV	8.5	1 000~1 300	200~250
上海桑塔纳 AFE	9.0	1 000~1 300	
一汽奥迪 AAH	10	1 099~1 593	
红旗 CA488	8.3	≥930	
北京切诺基 HX2.5L	8.6	1 275	
广州标致 XNLA	8	1 050~1 200	
皇冠 2JZ-CE	10.0	1 236	

(3)气缸压力检测结果异常判定

检测结果可分为超过标准、符合标准、低于标准三种情况。若检测结果超过原厂标准,则是燃烧室容积减小了,其原因主要是燃烧室内积灰过多,气缸衬垫过薄或缸体与缸盖接合平面经过多次修理磨削过度造成。检测结果若某缸低于原厂标准,原因较为复杂,要判断具体原因,可按以下步骤进行:

向该缸火花塞孔内注入20~30 mL润滑油,然后用气缸压力表重测气缸压力并记录,如果重测的气缸压力比第一次高,接近于标准压力,则表明是气缸密封性下降。

重新测量的气缸压力与第一次基本相同,即仍比标准压力低,表明是进、排气门或气缸衬垫不密封。两次检测结果均表明某相邻两缸压力都相当低,说明是两缸相邻处的气缸衬垫烧损窜气。

4.3.2 转向系统的检测

转向系统是汽车底盘的主要组成部分之一,其技术状况变化对汽车操纵稳定性和高速行驶的安全性有直接影响。利用仪器设备对方向盘的自由行程和转向力等参数进行检测,可诊断出转向系统技术状况的好坏。

1.转向系统性能参数要求

《机动车运行安全技术条件》(GB 7258—2004)对转向力和方向盘自由转动量要求如下:

(1)机动车在平坦、硬实、干燥和清洁的水泥或沥青道路上行驶,以10 km/h的速度在5 s之内沿螺旋线从直线行驶过渡到直径为24 m的圆周行驶,施加于方向盘外缘的最大切向力不应大于245 N。

(2)机动车方向盘的最大自由转动量为:最高设计车速不小于100 km/h的机动车20°;三轮汽车45°;其他机动车30°。

2. 方向盘转向力的检测

操纵稳定性良好的汽车,必须有适度的转向轻便性。如果转向沉重,不仅增加驾驶员的劳动强度,而且会因不能及时正确转向而影响安全。转向轻便性可用一定行驶条件下作用在方向盘上的转向力(即作用在方向盘外缘的最大切向力)来表示。采用转向参数测量仪,可以测得转向力及对应转角。

转向力的检测方法可按转向轻便性试验方法进行,一般有原地转向力试验、低速大转角(8字行驶)转向力试验、转弯转向力试验等。可参照有关国家标准的规定进行检测。

3. 方向盘自由转动量的检测

方向盘自由转动量,是指汽车保持直线行驶位置不动时,左右晃动方向盘时的自由转动量(游动角度)。方向盘自由转动量是一个综合诊断参数,当其超过规定值时,说明从方向盘至转向轮的传动链中一处或几处的配合松旷。方向盘自由转动量过大时,将造成驾驶员工作紧张,并影响行车安全。转向参数测量仪或转向测力仪,一般都具有测量方向盘转角的功能,因此完全可以用来检测方向盘自由转动量。当方向盘自由转动量超过规定值时,可借助汽车悬架转向系统间隙检测仪进一步检查诊断,直至查出松旷、磨损部位。

4.3.3 汽车制动性检测

汽车制动性能检测有台试检验和道路试验检验。根据《机动车运行安全技术条件》(GB 7258—2004)规定,当汽车经台架检验后对其制动性能有质疑时,可用道路试验检验,并以满载路试的检验结果为准。

台试检验的检测主要项目有制动力、制动力平衡要求、车轮阻滞力和制动协调时间;制动性能路试检验的主要检测项目有制动距离、充分发出的平均减速度、制动稳定性、制动协调时间和驻车制动坡度。

1. 台式检验制动性能

(1)台式检验制动性能的技术要求

《机动车运行安全技术条件》(GB 7258—2004)对台试检验制动力的要求见表4.5。

表4.5 台式检验制动力要求

汽车类型	制动力总和与整车质量的百分比/%		轴制动力与轴荷[①]的百分比/%	
	空载	满载	前轴	后轴
三轮汽车	≥45	—	—	≥60[②]
乘用车、总质量不大于3 500 kg的货车	≥60	≥50	≥60[②]	≥20[②]
其他汽车、汽车列车	≥60	≥50	≥60[②]	—
摩托车	≥60	≥50	≥60	≥55
轻便摩托车	—	—	≥60	≥50

①表示用平板制动检验乘用车时应按动态轴荷计算

②表示空载和满载状态下测试均应满足此要求

(2)行车制动性能检验要求

①汽车、汽车列车、无轨电车和农用运输车在制动试验台上测出的制动力的要求对空载检验制动力有质疑时,可按表4.5规定的满载检验制动力要求进行检验。

②检验时,制动踏板力或制动气压的要求:

a.满载检验时,气压制动系统:气压表的指示气压≤额定工作气压;液压制动系统:踏板力,座位数小于或等于9的载客汽车≤500 N;其他车辆≤700 N。

b.空载检验时,气压制动系统:气压表的指示气压≤600 kPa;液压制动系统:踏板力,座位数小于或等于9的载客汽车≤400 N;其他汽车≤450 N。

③制动力平衡要求；在制动力增长过程中，同时测得的左右轮制动力差的最大值与全过程测得的该轴左右轮中制动力者之比对前轴不得大于20%；对后轴在后轴制动力大于等于后轴荷的60%时不得大于24%；当后轴制动力小于后轴轴荷的60%时，在制动力增长的全过程中，同时测得的左右轮制动力差的最大值不得大于后轴轴荷的8%。

④协调时间要求。汽车和无轨电车的单车制动协调时间应不大于0.6 s；汽车列车的协调时间应不大于0.8 s。

⑤汽车和无轨电车车轮阻滞力要求。进行制动力检测时，车辆各轮的阻滞力均不得大于该轴轴荷的5%。

（3）驻车制动性能检验要求

当采用制动试验台检验车辆（两轮、边三轮摩托车和轻便摩托车除外）驻车制动的制动力时，车辆空载，乘坐一名驾驶员，使用驻车制动装置，驻车制动力的总和应不小于该车在测试状态下整车质量的20%；对总质量为整备质量1.2倍以下的车辆此值为15%。

在空载状态下，驻车制动装置应能保证车辆在坡度为20%（总质量为整备质量1.2倍以下的车辆为15%）、轮胎与路面间的附着系数不小于0.7的坡道上正、反两个方向保持固定不动，其时间不少于5 min。

2. 台试制动性能检验方法

（1）用反力式滚筒制动试验台检测

制动试验台滚筒表面应干燥，没有松散物质及油污。驾驶员将车辆驶上滚筒，位置摆正，变速器置于空挡，启动滚筒，使用制动测取各轮制动力、车轮阻滞力和驻车制动力等参数值，并记录车轮是否抱死。

在测量制动时，为了获得足够的附着力已避免车轮抱死，允许在车辆上增加足够的附加质量或施加相当于附加质量的作用力，附加质量或作用力不计入轴荷；也可采取防止车轮移动的措施，如加三角垫块或采取牵引等方法。

（2）用平板制动试验台检验（图4.6）

制动试验台平板表面应干燥，没有松散物质及油污。驾驶员以5～10 km/h的速度将车辆对正平板台并驶上平板，置变速器于空挡，

图4.6　平板制动试验台

急踩制动，使车辆停住，测得各轮制动力、每轴左右轮在制动力增长全过程中的制动力差、制动协调时间、车轮阻滞力和驻车制动力等参数值。

3. 路试制动性能检验方法

路试路面应平坦，坡度不超过1%、干燥和清洁的水泥或沥青路面。轮胎与路面之间的附着系数不小于0.7,风速不大于5 m/s。在试验路面上，应画出标准中规定的制动稳定性要求的相应宽度试车道德边线。被测车辆沿着试验车道德中线行驶至高于规定的初速度后，置变速器于空挡。当滑行道规定的初速度时，急踩制动使车辆停住，用速度计、第五轮仪或用其他测试方法测量车辆的制动距离、车辆充分发出的平均减速度与制动协调时间。充分发出的平均减速度应在测得公式中相关参数后计算确定。

制动性能路试检测项目的技术要求应符合国家标准的规定。

4.3.4　车轮侧滑检测

为保证汽车转向车轮无横向滑移地直线滚动，要求车轮外倾角与车轮前束有适当配合，否则，车轮就可能在直线行驶过程中产生侧滑现象。当侧滑现象严重时，将破坏车轮的附着条件，丧失定向行驶能力，并导

致轮胎异常磨损。在车辆年度审检中,应用侧滑试验台对车辆侧滑量进行检测。

1. 汽车侧滑量要求

《机动车运行安全技术条件》(GB 7258—2004)中规定:

(1)转向轮横向侧滑量的检验应在侧滑检验台上进行,如图4.7所示。

(2)将汽车对正侧滑检验台,并使方向盘处于正中位置。

(3)使汽车沿台板上的指示线以3~5 km/h车速平稳前行,在行进过程中,不允许转动方向盘。

(4)转向轮通过台板时,测取横向侧滑量。

2. 侧滑量检测原理

当转向轮具有外倾时,转向轮具有向外倾斜的趋势。再滚动过程中,前轴将两转向轮向内拉,使转向轮受到向内的测向力。因此,在汽车行驶时,两转向轮向前滚动时向内侧滑。

图4.7 转向轮横向侧滑量检验

当转向轮具有前束时,两转向轮前端向内收。在汽车行驶过程中,两转向轮具有向内滚动的趋势。前轴将两转向轮向外推开,使转向轮受到向外的侧向力。因此,在汽车行驶时,两转向轮向前滚动时向外侧滑。

若转向轮外倾与前束配合正常,则由转向轮外倾引起的侧向力和由前束引起的侧向力大小相等,方向相反互相抵消,车轮将处于纯滚动状态。如前束过大,则转向轮向外侧滑;如前束过小,则两转向轮向内侧滑。转向轮侧滑量检测原理,如图4.8所示。两块滑板平放于地面,滑动板沿车辆行驶方向不能产生位移,而在横向则阻力很小,可自由移动。

当车辆转向轮滚动过滑板时,若车轮具有前束,将受到前轴向外侧向力作用。由于轮胎与滑板之间摩擦系数大,而滑板相对地面可自由移动,因此前轮将带动两滑板同时向外滑动,如图4.8(a)所示。若车轮具有外倾,同样的道理,两滑板同时向内滑动如图4.8(b)所示。若外倾与前束配合正常,则两转向轮通过滑板时,滑板不产生滑动。

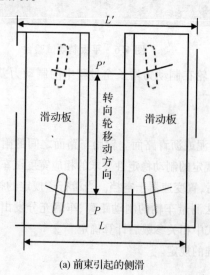

(a)前束引起的侧滑

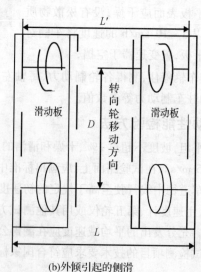

(b)外倾引起的侧滑

图4.8 转向轮的侧滑原理

由于两块滑板的侧滑量不一样,因此取单边侧滑量的平均值作为检测果,即

$$S_t = \frac{L' - L}{2}$$

式中 S_t——单边平均侧滑量,m/km。

一般情况下,前轮外倾无法调整。因此,当 $S_t > 0$,两轮向外侧滑,表明前束偏大;当 $S_t < 0$,两轮向内侧滑,表明前束偏小。

3. 侧滑台的使用

不同型号的侧滑台其使用方法有所区别,应根据使用说明书制定操作规程。一般都应进行如下工作。

(1)检测前的准备

①在不同电的情况下,检查仪表指针是否指在零位上;接通电源,晃动滑动板,待滑动板停止后,查看指针是否仍在零位或数据显示仪表上侧滑量数值是否为零。如发现失准,对于指针式仪表,可以用零点调整电位计或游丝零点调整钮将仪表校零;对于数显式仪表,可按下校准键,调节调零电阻,使侧滑量显示值为零,或按复位键清零。

②检查侧滑台及周围场地有无机油、石子、泥污等杂物,并清除干净。

③检查各种导线有无因损伤而造成接触不良的部位,必要时应进行修理或更换。

④待检测车轮胎气压应符合各自出场的规定值。

⑤检测并清除轮胎上的油污、水渍和嵌入的石子、杂物等。

(2)检测步骤

①松开滑动板的锁止手柄,接通电源。

②汽车以 3~5 km/h 的低速垂直地使被测车轮通过滑动板。速度过高会因台板的惯性力和仪表的动态响应迟滞而影响测量精度;速度过低也会引起失真误差。

③当被测车轮从滑动板上完全通过时,察看指示仪表,读取最大量,记下滑动板的运动方向,即区别滑动板是内向还是外向滑动。

④检测结束后,锁止滑动板,切断电源。

当检测结果不符合侧滑量要求时,应分析其原因。当超过侧滑量要求较小时,一般可以通过调整排除;当超过侧滑量要求较大时,则要更换部分零件,甚至需要矫正车身才能排除。明确超差原因,就可以估算排除超差现象所需要费用。

(3)检测时的注意事项

①不允许超过额定吨位的汽车驶入侧滑台,以防压坏或损伤易损机件。

②不允许汽车在侧滑台上转向或制动,否则会影响测量精度和检验台的使用寿命。

③前驱动的汽车在测试时,不应该突然加油、收油或踏离合器,这样会改变前轮受力状态和定位角,造成测量误差。

4.3.5 四轮定位检测

由于汽车行驶速度越来越高,汽车的操纵稳定性对汽车安全越来越重要。汽车不仅具有前轮定位参数要求,有些高速客车和轿车还具有后轮外倾角和后轮前束等参数。这些定位参数的变化会使汽车操纵稳定性下降,同时增加轮胎的异常磨损和某些零件过早的疲劳损坏。

例如,主销后倾角过大时,转向沉重,驾驶员容易疲劳;主销后倾角过小时,汽车直线行驶时容易产生前轮摆振,方向盘摇摆不定,方向自动回正能力下降;当左、右前轮的主销后倾角不相等或前、后桥不平行时,汽车会出现行驶跑偏现象,会大大降低汽车的操纵性和增加驾驶员疲劳。

若四轮定位仪对定位参数的检测合格,则可增加汽车行驶时的安全性,增强操纵稳定性,减少轮胎磨损,减小悬架系统和行驶系统部分零部件的疲劳损伤,降低燃油消耗等。

因为各自种汽车的四轮定位参数不尽相同,可调参数也不尽相同。所以,在检测汽车四轮定位前必须先查阅被评估二手车生产厂的四轮定位参数标准,确定哪些参数是可调的,哪些参数时不可调的。一般可通过维修手册或四轮定位仪内存中查阅。

专业的二手车鉴定估价人员在拿到四轮定位检测不合格的报告后,通常会同被评估二手车的专业维修人员对不合格项目进行认真分析。四轮定位修理中,通常的修理方法包括调整、更换部分零件和车身校正。由多种原因造成不合格的项目一般还需进行现场检验,根据现场检验结果,分析最大和最小可能产生的原因,拟定维修方案,确定被评估二手车恢复到四轮定位合格可能所需的费用范围。

四轮定位仪检测的项目包括前轮前束值/角(前轮前束角/前张角)、前轮外倾角、主销后倾角、主销内倾角、后轮前束值/角(后轮前束角/前张角)、后轮外倾角、轮距、轴距、左右轴距差、转向20°时的前张角、推力角等。

目前,常用的四轮定位仪有拉线式、光学式、电脑拉线式和电脑激光式四种。它们的测量原理是一致的,只是采用的测量方法或使用的传感器的类型及数据记录与传输的方式不同。这里介绍使用光学式四轮定位仪可测量的几个重要检测项目的测量原理。

1. 光学式四轮定位仪(图4.9)测量定位参数前的准备工作

(1)安装测试投影仪

安装投影仪时,必须注意投影仪上标有"L"的,必须安装在待检车辆行进方向的左边导轨上,标有"R"的则放在右边导轨上。左右两侧的投影仪的光学中心必须校准在同一轴线,以便测量汽车左右轮的同轴度,即调整时,必须保证两侧投影仪屏幕上的十字刻度线在同一水平面上。

(2)调整投影仪上投光镜的高度

测量待检车轮中心距离地面高度,将测量值减去30 mm所得的值作为投光镜的高度值,有偏差的可通过手柄来调整。

(3)车辆的准备

检测前,被检车车轴的状况良好。车轮的所有轴承受间隙、转向间隙和主销间隙均须接受检查并经过调整,且轮胎气压符合出厂要求。

2. 检测步骤

①将车辆开到定位仪上,待检车后轮停在可以横向移动车辆的后轮滑板中心处,在滑板的下面由滚筒支撑。轮毂中心位置与投影仪等高。

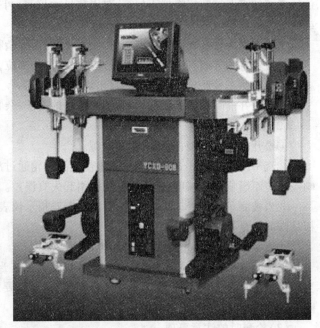

图4.9 光学式四轮定位仪

②安装轮镜。首先,根据轮辋直径调整三个卡爪之间的距离,然后将万能轮镜安装架紧固在轮辋边沿上,再将带有调整盘的轮镜安装在该架上,支起车轮并轻轻转动一周。若轮镜中心偏离车轴中心超过1 cm,应移动轮镜至车轮中心并紧固。

③轮镜安装基准调整。由于轮辋的变形和轮镜安装架的装夹误差,会使装夹在车轮上的镜面不垂直于车轮轴心线造成测量误差,因此,需要进行轮镜安装基准调整,即补偿调整。首先支起车轮,打开投影仪开关,轮镜将刻度线的像反射到投影仪的屏幕上,慢慢转动车轮,观察屏幕上的十字刻度线。若十字刻度线摆动量超过屏幕上一个刻度值时,需要使用三角形布置的调整旋钮螺丝调整,直至十字刻度线不摆动为止并锁紧。对于电脑式四轮定位仪只需将车轮支起,每次转动90°,并记录下由传感器此时测出的外倾角值。当转动一周后,并记录下四个外倾角值,进行平均值计算后即可完成车轮夹具安装补偿过程。

补偿过程结束后,将转盘置于前车轮下面,落下车辆,后车轮置于滑板上,按压车身前部,给汽车悬架施加上下交替的力,使悬架系统处在正常的受力状态,并将前轮向左和向右转动几次,以消除转动间隙,最后将方向盘位于中间位置,前轮位于"正前方"位置,然后拉紧手制动。

④将车辆摆正定位。定位测量卷尺置于待检车辆的左前侧,用卷尺的磁性座与投影仪的底座相连,垂直于车轮中心线量出至轮辋最低位置间的距离,运用同样的方法,测出右侧的距离,直到两侧的距离相同为止。

运用同样的方法测出后轮左侧和右侧的数值,左右调整后轮摆正滑板,两侧的距离相同为止。

上述过程就相当于定出了该测量系统的光学矩形,这样就消除了前后轮距不等所造成的影响。此时待检车辆刚好位于光学矩形中心位置,从而保证了该光学系统的测试精度。

3. 定位参数的测量

在检测四轮定位参数时,请先查阅厂家关于定位参数的出厂标准。

各定位参数的测量值可直接从屏幕上和转盘上读出,或从投影仪底座上的刻度尺上读出。

(1)测量前轮左/右主销内倾角

前轮安装传感器及配件,锁紧前轮传感器,后轮传感器可不用,转盘不锁紧,不用你管方向盘锁定杆,使用刹车顶杆以防车轮滚动。

从角度测量选项单中选择主销内倾角程序,转动车轮使转向角显示0°,等待测量。使左轮向左转动20°,转向角度显示在屏幕上,主销内倾角相对"0°"值自动存储,听到声响后即完成。转动方向盘,车轮继续向左转动,直到右边车轮也转过20°。转向角的值显示在屏幕上,存储器自动将右主销内倾角存储,然后将车轮右转20°,转向角显示在屏幕上,右轮主销内倾侧角测量值也显示在屏幕上方。右主销内倾侧角测量完毕。继续转动方向盘,使左轮右转至20°,左轮主销内倾侧角测量值也就显示在屏幕上。左主销内倾角测量完毕。

比较各测量值,白色值表示测量值与基准值无偏差;绿色值表示测量值在公差范围内;红色值表示测量值在公差范围外。

(2)测量前轮左/右主销后倾角

采用与主销后倾角测量相同的操作过程,只是不需使用刹车制动杆就可读出数据。

(3)测量左(右)后轮前束角/后倾角

测量后轮前束角和外倾角时,要使用四个传感器,使用方向盘锁定杆防止车轮转向,使用刹车制动杆防止车轮滚动。在"角度测量选项单"中后轮倾角测量程序,在屏幕上显示左、右侧后轮前束角及外倾角,还可以进一步由后轮前束角算出推力角。用测量值与原厂值比较,如果测量值正确,可进行下一步操作;如果测量值不正确,一定要进行调整。

(4)测量左(右)前轮前束角/外倾角

测量前轮前束角和外倾角的方法与测量后轮前束角和外倾角的方法完全相同。

4.3.6 前照灯技术状况检测

前照灯是汽车在夜间或在能见度较低的条件下,为驾驶员提供行车道路照明的重要设备,而且也是驾驶员发出警示,进行联络的灯光信号装置。所以,前照灯必须有足够的发光强度和正确的照射方向。由于在行车过程中汽车受到振动,可能引起前照灯部件的安装位置发生变动,从而改变光束的正确照射方向,同时灯泡在使用过程中会逐步老化,反射镜也会受到污染而使其聚光的性能变差,导致前照灯的亮度不足。这些变化,都会使驾驶员对前方道路情况辨认不清,或在与对面来车交会时造成对方驾驶员炫目等,从而导致事故的发生。因此,前照灯的发光强度和光束的照射方向被列为机动车运行安全监测的必检项目。

1. 汽车前照灯技术要求

《机动车运行安全技术条件》(GB 7258—2004)中对汽车前照灯提出如下技术要求。

(1)前照灯远光光束发光强度最小值要求

前照灯远光光束光强度最小值要求见表4.6。

表 4.6 前照灯光光束发光强度最小值要求

汽车类型		发光强度最小值/cd					
		新注册车			在用车		
		一灯制	二灯制	四灯制②	一灯制	二灯制	四灯制②
三轮汽车		800	6 000		6 000	5 000	
最高设计车速小于 70 km/m 的汽车		—	10 000	8 000	—	8 000	6 000
其他汽车		—	18 000	15 000	—	15 000	12 000
摩托车		10 000	8 000	—	8 000	6 000	
轻便摩托车		4 000			3 000		
拖拉机运输机组	标定功率 > 18 kW		8 000			6 000	
	标定功率 ≤ 18 kW	6 000②	6 000		5 000②	5 000	

①指前照灯就有四个远光光束；采用四灯制的汽车其中两只对称的灯达到两灯制的要求时视为合格
②指允许手扶拖拉机运输机组只装用一只前照灯

(2) 前照灯光束照射位置要求

①前照灯近光光束。前照灯照射在距离 10 m 的屏幕上,乘用车前照灯近光光束明暗截止线转角或中点的高度应为 $0.7H \sim 0.9H$(H 为前照灯基准中心高度,下同),其他汽车(拖拉机运输机组除外)应为 $0.6H \sim 0.8H$。汽车(装用一只前照灯的汽车除外)前照灯近光光束水平方向位置向左偏不允许超 170 mm,向右偏不允许超过 350 mm。

②前照灯远光光束。前照灯照射在距离 10 m 的屏幕上,要求在屏幕中心离地高度,对乘用车为 $0.9H \sim 1.0H$,对其他汽车为 $0.8H \sim 0.95H$；汽车(装用一只前照灯的汽车除外)前照灯远光光束的水平位置要求,左灯向左偏不允许超过 170 mm,向右偏不允许超过 350 mm。

2. 汽车前照灯的检测

汽车前照灯检测方法有屏幕检测法和前照灯检测仪检测法。

屏幕检测法就是在屏幕上检查。检查用场地应平整,屏幕与场地应垂直。被检验的车辆应在空载、轮胎气压正常、乘坐一名驾驶员的条件下进行。将车辆停置于屏幕前,并与屏幕垂直,使前照灯基准中心距屏幕 10 m,在屏幕上确定与前照灯基准中心离地面距离等高的水平基准线,及以车辆纵向中心平面在屏幕上的投影线为基准确定的左右前照灯基准中心位置线。分别测量左右远近光束的水平和垂直照射方位的偏移值。

用前照灯校正仪检验是将被检验的车辆按规定距离与前照灯校正仪对置,从前照灯校正仪对的屏幕上分别测量左右远近光束的水平和垂直照射方位的偏移值。

目前,各汽车检测机构和维修企业通常使用前照灯检测仪检测法。

专业的二手车鉴定估价人员在拿来前照灯检测不合格的报告后,通常要对不合格项目进行认真分析。在前照灯修理中,通常的修理方法包括调整、更换前照灯底座、前照灯和校正前照灯框架。由于高档进口车前照灯底座、前照灯价格较高,更应检测确认修理方法和相应的修理费用。

前照灯检测仪亦可分为聚光式、屏幕式、投影式和自动追踪光轴式等几种。无论哪一种检测仪都是由接受前照灯光束的受光器、使受光器与汽车前照灯对正的找正装置、前照灯发光强度的指示装置与光轴偏斜量指示装置等组成。

(1) 光强度检查

把光电池和光度计连接起来,按规定的距离使前照灯光束照射光电池后,根据前照灯发光强度的大小,光电池产生相应的电流,光电池电流再驱动光度计指针摆动,进而指示出前照灯的发光强度,如图 4.10 所示。

(2) 光束照射位置的检测

检测仪由上下、左右放置的四块光电池和分别指示光束上下和左右偏移量的指示计组成,如图4.11所示。当前照灯光束按规定的距离照射光电池时,因光束照射方向的误差,使各光电池受光程度不同,在上下或左右光电池间产生电位差,使相应的光束偏移量指示计的指挥偏摆,指示前照灯光束的上下或左右偏移量。

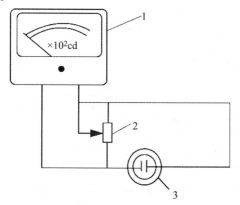

图 4.10 前照灯发光强度的测量原理
1—光度计;2—可变电阻;3—光电池

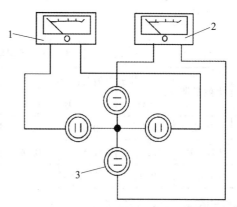

图 4.11 前照灯光束偏移量测量原理
1—光束左右偏移量指示计;2—光束上下偏移量指示计;
3—光电池

4.3.7 汽车排气污染检测

1. 汽车排气污染物的主要成分

汽车排气污染物的主要成分是一氧化碳(CO)、碳氢化合物(HC)、氮氧化合物(NO_x)、硫化物(SO_2)、颗粒物(碳烟)以及其他有害物质。如果使用含铅汽油,排气中的污染物还包括含铅化合物。汽车排气污染物中,CO、HC、NO_x和颗粒物主要来源于汽车尾气,少部分来自曲轴箱窜气,其中部分HC还来自于油箱及整个供油系统的蒸发与滴漏。

在相同工况下,汽油机的CO、HC和NO_x的排放量比柴油机大。所以,目前的排放控制法规对汽油机主要控制排气中CO、HC和NO_x的排放量做了规定。柴油机对空气的污染比汽油机的小,排放的污染物主要是颗粒物(碳烟)。所以,排放控制法规对柴油机主要控制排气中颗粒物和NO_x的含量做了规定。

2. 汽车排气污染物的检测标准

随着汽车保有量的增加,汽车排气污染物造成的环境污染情况将日趋严重。为了控制汽车排气污染物对生态环境的危害,世界各国政府相继制定了汽车排气污染物的限值标准。我国也制定了国家标准,如《汽车排放污染物限值及测试方法》(GB 14761—2001)、《在用汽车排气污染物限值及测试方法》(GB 18285—2000)、《轻型汽车污染物排放限值及测量方法(Ⅰ)》(GB 18352.1—2001)(相当于欧洲Ⅱ号标准)、《轻型汽车污染物排放限值及测量方法(Ⅱ)》(GB 18352.2—2001)(相当于欧洲Ⅱ号标准)和《车用压燃式发动机排气污染排放限值及测量方法》(GB 17691—2001)。

由于我国汽车排放污染物检测标准是以欧洲汽车排放标准为蓝本而制订的,并逐渐向其靠拢,因此以下列出了汽油车、柴油车的欧洲标准。

(1) 欧洲联盟轻型汽车的排放限值

轻型汽油车的排放限值见表4.7;轻型柴油车的排放限值见表4.8。

表 4.7 轻型汽油车的排放限值

标准	生效日期	排放限值/(g·kW^{-1})		标准	生效日期	排放限值/(g·kW^{-1})		
		CO	HC+NO$_x$			CO	HC	NO$_x$
欧洲 I	1992	2.72	0.97	欧洲 III	2000	2.3	0.2	0.15
欧洲 II	1995.10	2.20	0.50	欧洲 IV	2005	1.0	0.1	0.08

表 4.8 轻型柴油车的排放限值

标准	生效日期	排放限值/(g·kW^{-1})			标准	生效日期	排放限值/(g·kW^{-1})			
		CO	HC+NO$_x$	微粒			CO	HC	NO$_x$	微粒
欧洲 I	1992	2.72	0.97	0.14	欧洲 III	2000	0.64	0.56	0.50	0.050
欧洲 II①	1995.10	2.20	1.50	0.08	欧洲 IV	2005	0.50	0.30	0.25	0.025
欧洲 II②		1.00	0.90	0.10						

①间接喷射式

②直接喷射式

(2)欧洲联盟重型车用柴油机排放限值

欧洲联盟重型车用柴油机排放限值见表 4.9。

表 4.9 重型柴油车的排放限值

标准		欧洲 I	欧洲 II	欧洲 III	欧洲 IV
测试循环		ECE R49	ECE R49	ESC	ETC
生效日期		1992	1996	2000	2000
排放限值/(g·kW^{-1})	CO	4.50	4.00	2.10	5.45
	HC	1.10	1.10	0.66	
	MMHC				0.78
	CH$_4$				1.60
	NO$_x$	8.0	7.0	5.0	5.00
	微粒	0.61	0.15	0.10	0.16
		0.36①	0.25②	0.13②	0.21②
动态烟度/m^{-1}				0.8	

①使用额定功率小于等于 85 kW 的柴油机

②使用于单杠排量小于 0.7 L,额定转速 3

3.汽车排气污染物的检测

测定汽油车排气污染物有非分散型红外线分析仪、氢火焰离子型分析仪和化学发光分析仪等仪器;测定柴油车有滤纸式烟度计等。监测站一般多采用非分散型红外线分析仪和滤纸式烟度计来测量汽车排气污染物的排放状况。

汽油车的排气测定方法分多工况法、等速工况法和急速法。检测站主要以单急速法测量汽油车的排气污染物。

(1)汽油车排放污染物测定前的准备工作

在进行汽车排放污染物检测时,必须做好测定前的准备工作,包括测量仪器的准备和被测车辆的准备。

①仪器的准备。仪器使用前先接通电源预热 30 min 以上,然后进行相关部位的检查,接着从仪器上取出

采样导管进行校正,吸进清洁空气,用零点调整旋钮调整零位,再把测定器附属的标准气体从标准气体注入口注入,用标准气体校正旋钮,使指示值符合校正基准值。在注入标准气体时,应关闭仪器上的泵开关。

一氧化碳测定器是以标准气体储气瓶里的一氧化碳浓度作为校正基准值,而碳氢化合物测定器由于在标准气体里采用丙烷(C_3H_8)气体。所以,须通过换算公式求出正乙烷(C_6H_{14})的值作为校正基准。其换算公式为

$$校正基准值 = 标准气体(丙烷)浓度 \times 换算系数(正乙烷换算值)$$

接通简易校正开关,对于有校正位置刻度线的仪器,可用标准调整旋钮把仪表指针调到标准刻度线位置;对于没有标准刻度线的仪器,要在标准气校正后立即进行简易校正,使仪器指针与标准气校正后的指示值重合。检查采样探头和导管内是否有残留 HC。如果管内壁吸附残留 HC 过多,仪表指针偏离零点太多,要用压缩空气或布条等清洁采样探头和导管。

②被测车辆的准备。按规定转速使被测车发动机作怠速运转,发动机达到规定热车温度。

(2)汽油车排气污染物的测定

将废气分析仪的量程开关放在最高挡,使被检车以 0.7 额定转速运转 60 s 后,降至规定怠速转速,插入采样导管,深度等于 400 mm。边看指示针边变换量程转换开关,选择合适的排气气体浓度的挡位,维持 1.5 s 后,读取 30 s 内最高值和最低值,其平均值为测量结果。

1. 柴油车烟度计的使用方法

(1)测定前的准备工作

①仪器的准备。首先进行仪器检查,然后接通烟度计电源预热 5 min 以上,并检查来自空气压缩机的空气压力,使之符合规定要求。将校正用的标准纸及烟度卡对着检测部分,用指示调零旋钮将指示计校正到符合标准纸的污染度表示值。

②被检测车辆的准备。以制造厂规定的怠速预热发动机,并使之达到规定测量温度,同时在加速踏板上安装好踏板开关。

(2)柴油机排气烟度测试

①启动发动机,并加速 2~3 次吹净排气管和消声器中的烟尘。

②发动机怠速运转 5~6 s,并进行空气清扫 2~3 s。

③脚踩住踏板开关,并迅速将踏板踩踏底持续 4 s。

④放开加速踏板 11 s,同时读数并走纸,再用压缩空气清扫 3~4 s,调整吸入泵,并连续按照③的方法操作四次,读取后三次读数的平均值。

4.3.8 汽车噪声污染检测

《营运车辆综合性能要求和检验方法》(GB 18565—2001)从"汽车定值噪声""客车车内噪声""汽车驾驶员耳旁噪声"和"喇叭声级"4 个方面对汽车的噪声进行控制,并规定了噪声限值和测量方法。

1. 汽车定置噪声的限值及测量方法

(1)汽车定置噪声的限值

《营运车辆综合性能要求和检验方法》(GB 18565—2001)根据车辆类型和燃料种类,分别对轿车、客车、货车以及燃烧汽油或柴油的车辆制定了相应的定置噪声的限值,见表 4.10。

表4.10 汽车定置噪声限制　　　　　　　　　　　　　　　　　　　　　　　单位:dB

车辆类型	燃料种类		车辆出厂日期	
			1998年1月1日前	1998年1月1日以后
轿车	汽油		87	85
微型客车、货车	汽油		90	88
轻型客车、货车、越野车	汽油	发动机额定转速≤4 300 r/min	94	92
		发动机额定转速>4 300 r/min	97	95
	柴油		100	98
中型客车、货车、大型客车	汽油		97	95
	柴油		103	95
重型货车	汽车发动机额定功率≤147 kW		101	99
	汽车发动机额定功率>147 kW		105	103

(2)汽车定置噪声的测量方法

《营运车辆综合性能要求和检验方法》(GB 18565—2001)指出,汽车定置噪声的测量方法按《声学机动车辆定置噪声测量方法》(GB/T 14365—1993)的规定进行。

GB/T 14365—1993是参照采用国际标准《声学——机动车辆定置辐射噪声的测量——简易法》(ISO 5130—1982)制定的,对汽车定置测量的"使用范围""测量环境""测量仪器""测量程序"以及"数据处理"等都作了详细的规定。

定置是指车辆不行驶,发动机处于空载运转状态。

测量用的场地应为开阔的,由混凝土、沥青等坚硬材料所构成的平坦地面,较大障碍物距离传声器不得小于3 m。测量时,传声器位置处的背景噪声(包括风的影响)应比被测噪声低10 dB(A)以上。测量时的风速应不大于5 m/s。

测量使用声级计的A计权,快挡。

测量程序如下:

①车辆位于测量场地的中央,变速器挂空挡,拉紧驻车制动器,离合器接合。关上发动机机罩,关闭车辆的空调及其他辅助装置。发动机水温、油温应符合生产厂家的规定。

②每次试验的每个测点重复进行试验,直到连续出现三个读数的变化范围在2 bB(A)之内为止,并取其算术平均值作为测量结果。

③排气噪声的测量场地和传声器的放置位置规定,如图4.12所示。传声器与排气口端等高,在任何情况下距地面不得小于0.2 m。传声器朝向排气口,距排气口端0.5 m,放在车辆外侧。车辆装有两个或更多的排气管,排气管之间的间隔不大于0.3 m,并连接于一个消声器时,只需取一个测量位置,选择最靠近车辆外侧的那个排气管;排气管的间隔大于0.3 m时,对每一个排气管都要测量,并记录其最高声级。

测量时,首先使发动机稳定在3/4额定转速±50 r/min,然后记录下由稳定转速尽快减速到急速过程的噪声最高声级。

记录所测得的数据,并进行计算得出结果。

2.客车车内噪声的限值及测量方法

(1)客车车内噪声的限值

一般客车车内噪声声级应不大于82 dB(A),中级以上营运客车车内噪声声级应不大于79 dB(A)。

(2)客车车内噪声的测量方法

GB 18565—2001指出,客车车内噪声检验按《机动车辆噪声测量方法》(GB/T 1496—1979)的规定进行。

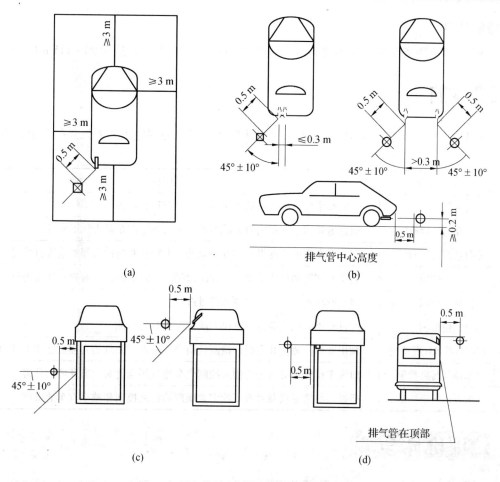

图 4.12 排气噪声的测量场地和传声器位置

《机动车辆噪声测量方法》(GB/T 1496—1979)对"车内噪声测量条件""车内噪声测点位置""测量方法"都作了详细规定。

①车内噪声测量条件。测量跑道应有足够实验需要的长度,应是平直、干燥的沥青或混凝土路面。测量时风速应不大于 3 m/s。车辆门窗关闭。车内其他辅助设备是噪声源,测量时是否开动,应按正常使用情况而定。车内本底噪声比所测车内噪声至少低 10 dB(A),并保证测量不被偶然的其他声源所干扰。

②车内噪声测点位置。车内噪声测量通常在人耳附近布置测点,话筒朝车辆前进方向。驾驶室车内噪声测点位置如图 4.13 所示。

载客车室内噪声测点可选在车厢中部及最后排座的中间位置。

(3)测量方法。车辆以常用挡位 50 km/h 以上不同车速均速行驶,分别进行测量。用声级计"慢"挡测量 A、C 计权声级,分别读取表头指针最大读数的平均值,并记录测量结果。

图 4.13 驾驶室车内噪声测点位置

3.汽车驾驶员耳旁噪声的限值及测量方法

(1)汽车驾驶员耳旁噪声的限值

汽车驾驶员耳旁声级应不大于 86 dB(A)。

(2)汽车驾驶员耳旁噪声的测量方法

车辆应处于静止状态且变速器处于空挡,发动机应在额定转速状态下运转。车辆门窗应紧闭。声级计应置于"A"计权、"快"挡。测量的位置应符合 GB/T 1496—1979 的要求。

4. 喇叭声级

汽车喇叭声级在距离车前2 m、离地高1.2 m处，用声级计测量时，其值应为90~115 dB(A)。

任务实施

在本项目情境中，作为二手车评估师的你，可以从以下几方面为刘先生简明扼要的介绍二手车的仪器检查。

环节	对应项目	具体程序
1	准备工作	了解汽车仪器检查前准备所需要的检查项目内容
2	汽车动力性检查	通过道路试验和室内台架试验的方法来确定汽车动力性的好坏
3	转向系统的检测	用一些专用的仪器设备对方向盘的自由行程和转向力等参数进行检测
4	汽车制动性检测	利用台试制动性能检验方法和路试制动性能检验方法对制动性能进行检测
5	车轮侧滑检测	利用侧滑检验台对汽车的侧滑量进行检测
6	四轮定位检测	通过专用的四轮定位检测仪完成定位参数的检测
7	前照灯技术状况检测	利用屏幕检测法和前照灯检测仪检测法检查前照灯的光强强度和正确的照射方向
8	汽车排气污染检测	对汽车排气污染物的检测来控制汽车排气污染物对生态环境的危害
9	汽车噪声污染检测	通过一些测量仪器对汽车的定置噪声的检测控制和减小汽车的噪声

评价体会

	评价与考核项目	评价与考核标准	配分	得分
知识点	了解二手车静态检查、动态检查及仪器检查的检查项目及检查步骤	理论知识的掌握	10	
	正确使用仪器，结果分析	工具正确使用；否则每次扣5分	10	
技能点	用静态检查确定是否为走私、拼装和盗抢车辆的方法	方法和步骤正确满分；否则每次扣5分	20	
	掌握路试检查方法	判断结果正确满分；否则每次扣5分	20	
	利用特定的仪器设备来评定二手车的性能方法	判断正确为满分；否则每处扣5分	10	
情感点	学习态度	遵守纪律、态度端正、努力学习满分；否则得0~1分	10	
	相互协作情况	相互协作、团结一致满分；否则得0~1分	10	
	参与度和结果	积极参与、结果正确满分；否则得0~1分	10	
	合　　计		100	

任务工单

学习任务4：二手车技术状况鉴定 项目单元1：二手车静态直观检查	班级			
	姓名		学号	
	日期		评分	

一、内容

在某二手车销售有限公司，二手车鉴定评估师准备接受客户委托对一辆桑塔纳2000轿车进行静态直观检查。

二、准备

说明：每位学生应在工作任务实施前独立完成准备工作。

1. 汽车技术状况的鉴定方法包括_____、_____和_____。
2. 汽车技术状况的静态检查主要包括对汽车的_____检查和_____检查。
3. 对走私车辆、拼装车辆的鉴别方法是：_____、_____、_____、_____和_____。
4. 简述二手车静态检查的定义及检查的主要内容。

三、实施

1. 与客户建立良好的沟通。
2. 首先对车辆进行清洗。
3. 填写车辆检查收集表：

项目	检查内容	描述
1. 二手车识伪检查		
2. 发动机技术状况		
3. 车身状况		
4. 电器系统技术状况		
5. 底盘技术状况		

四、小结

1. 二手车技术鉴定静态检查主要注意哪些方面？

2. 二手车识伪检查中有哪些检查内容？

任务工单

学习任务4：二手车技术状况鉴定	班级			
	姓名		学号	
任务单元2：发动机工作性能检查	日期		评分	

一、内容

某二手车评估师对张先生的车辆做了发动机工作性能检查。

二、准备

说明：每位学生应在工作任务实施前独立完成准备工作。

1. 动态检查的主要内容：包括：_____、_____、_____、_____和_____。

2. 动态检查通过对车辆在各种工况下（如发动机启动、怠速、起步、加速、匀速、滑行、制动、换挡）的运行情况进行观察，检查汽车的_____、_____、_____、_____和_____，进而对车辆技术状况做出判断的鉴定方法。

3. 发动机工作性能的检查包括哪些项目的检查？

三、实施

1. 与客户建立良好的沟通。
2. 准备好发动机工作性能检查工具资料。
3. 填写发动机工作性能检查收集表项目检查内容描述：发动机启动性；发动机怠速；发动机异响；发动机急加速；发动机曲轴箱窜气量；排气颜色。

四、小结

1. 发动机工作性能的检查中需要注意哪些方面？

2. 二手车静态检查和动态检查的作用各是什么？

拓展与提升

二手车技术状况的分级

汽车经过一段时期的使用以后,技术状况将发生变化。变化的程度随行车里程的长短不同及运行条件、使用强度、维修质量的不同而各有差异。为了表达汽车技术状况变化的差异,对二手车技术状况进行描述,根据鉴定结果对其划分等级。

1. 分级标准

二手车技术状况鉴定的等级划分方式共分为五种,分别以英文字母A、B、C、D、E表示。

A级车是指被鉴定车辆的技术状况良好。

B级车是指被鉴定车辆的技术状况一般。

C级车是指被鉴定车辆的技术状况差。

D级车是指存在事故、泡水痕迹的车辆。

E级车是指有盗抢、改装嫌疑,无法进行交易的车辆。

2. A、B、C级车的确定

A、B、C三个等级为正常车辆等级,分别进行细分,A级分为A^+、A、A^-,B级分为B^+、B、B^-,C级分为C^+、C、C^-。

二手车技术状况缺陷的描述方式以本标准的检查项目、内容、选项进行描述。

A、B和C级车是根据二手车技术状况评定的,即将二手车技术状况的内容分成车身外观、发动机舱、车轮、发动机启动、路试、底盘等六大部分,权重分别为15%、25%、10%、15%、15%和20%。每部分确定检查分项及分值,根据所得总分进行分级,满分100分。A、B和C级车的技术状况等级的分值区间见表4.11。

表4.11 A、B和C级车的技术状况等级的分值区间

技术状况等级		分值区间
A级车	A^+	100≤鉴定总分<85
	A	85≤鉴定总分<75
	A^-	75≤鉴定总分<65
B级车	B^+	65≤鉴定总分<55
	B	55≤鉴定总分<45
	B^-	45≤鉴定总分<35

3. D级车的确定

当车身骨架上任何一个鉴定项目出现变形、烧焊、扭曲、锈蚀和更换缺陷时,车辆技术状况为D级,即事故车。

4. E级车的确定

E级车是指有盗抢、改装嫌疑,无法进行交易的车辆。通过对行驶证等法定证明、凭证与车辆信息的核对,CCC(3C)认证标识,是否更换过车身、发动机总成等因素,对二手进行识伪检查,判断车辆是否可以交易,从而判断该车是否是E级车。

学习任务 5
二手车评估基本方法

【任务目标】

1. 掌握二手车评估方法的基本原理、适用原则、计算方法及特点；
2. 掌握撰写二手车评估报告书的格式及内容要求。

【任务描述】

要对二手车进行评估，就要熟练掌握二手车的评估方法。首先要了解二手车评估四种基本方法的理论依据与评估步骤，以及各自的适用原则与特点，并能根据具体情况选用恰当的评估方法对二手车进行准确的价值评估，具备一定的市场分析能力；其次要掌握撰写二手车评估报告书的格式及内容要求，并能根据车辆基本信息、识伪检查、技术鉴定、价值评估的结果熟练规范地撰写二手车评估报告书。

【课时计划】

项目	项目内容	参考课时
5.1	现行市价法	2
5.2	收益现值法	2
5.3	重置成本法	2
5.4	清算价格法	2
5.5	撰写二手车评估报告	2

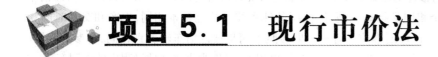
项目 5.1 现行市价法

情境导入

张女士于2007年12月购买了一辆马自达3系1.6手动挡轿车,使用两年多后想换一部新车,她希望自己的爱车仍能卖个好价格。由于张女士对二手车市场行情不太了解,担心自己上当受骗,于是在其爱人的陪同下来到当地最大的一个二手车交易市场。作为二手车交易市场中的一名从事二手车鉴定评估的专业人员,您应该如何消除张女士的顾虑呢?

理论引导

5.1.1 现行市价法的基本原理

1. 定义

现行市价法(又称市场法或市场价格比较法)是指通过比较被评估车辆与最近售出类似车辆的异同,并将类似车的市场价格进行调整,从而确定被评估车辆价值的一种评估方法。现行市价法是最直接、最简单、最有效的一种评估方法,也是二手车评估中运用最为广泛的一种方法。

2. 基本原理

现行市价法的基本原理是通过市场调查,选择一个或几个与评估车辆相同或类似的车辆作为参照车辆,分析参照车辆的结构、配置、功能、性能、新旧程度、地区差别、交易条件及成交价格等,并与待评估车辆一一对照比较,找出两者的差别及差别所反映的价格上的差额,经过调整,计算出被评估汽车的评估价格。

5.1.2 现行市价法的适用原则

运用现行市价法对二手车进行价格评估必须满足以下前提条件。

①需要有一个充分发育、活跃的二手车交易市场,有充分的参照车辆可取,即要有二手车交易的公开市场,在这个市场上有众多的卖者和买者,能公平交易等,这样可以排除交易的偶然性和特殊性。市场成交的二手车价格可以准确反映市场行情,评估结果更公平公正,双方都易接受。

②参照车辆及其与被评估车辆有可比较的指标、技术参数等资料是可收集到的,并且价值影响因素明确,可以量化。

运用现行市价法,首先要能够找到与被评估车辆相同或相类似的参照车辆,并且参照车辆是近期的,可比较的。所谓近期,即指参照车辆交易时间与车辆评估基准日相差时间相近,一般在一个季度之内。所谓可比,指车辆在规格、型号、功能、性能、内部结构、新旧程度及交易条件等方面不相上下。其次还要选择参照车辆的数量,因为运用市价法进行二手车价格评估,二手车的价位高低在很大程度上取决于参照车辆成交价格水平。而参照车辆成交价不仅仅是参照车辆自身市场价值体现,还要受买卖双方交易地位、交易动机、交易时限等因素影响。在评估中除了要求参照车辆与评估对象在功能、交易条件和成交时间上有可比性,还要考虑参照车辆的数量。

5.1.3 现行市价法的计算方法

运用现行市价法确定单台车辆价值通常采用直接法和类比法两种主要方法。

1. 直接法

直接法是指在市场上能找到与被评估车辆完全相同的车辆的现行市价,并依其价格直接作为被评估车辆评估价格的一种方法。所谓完全相同是指车辆型号、使用条件和技术状况基本相同,生产和交易时间相近,寻找这样的参照车辆一般来讲是比较困难的。通常如果参照车辆与被评估车辆类别相同、主参数相同、结构性能相同,只是生产序号不同,并只作局部改动,交易时间也相近,可作为直接评估过程中的参照车辆。

评估公式为

$$P = P'$$

式中　P——评估值;
　　　P'——参照车辆的市场价格。

2. 类比法

类比法是指评估车辆时,在公开市场上找不到与之完全相同的车辆,但在公开市场上能找到与之相类似的车辆,以此为参照车辆,通过对比分析车辆技术状况和交易条件的差异,在参照车辆成交价格的基础上作出相应调整,进而确定被评估车辆价格的一种方法。所选参照车辆与评估基准日在时间上越近越好,实在无近期的参照车辆,也可以选择相对远期的参照车辆,再作日期修正。

评估公式为

$$P = P' + P_1 - P_2 \quad \text{或} \quad P = P'K$$

式中　P——评估值;
　　　P'——参照车辆的市场价格;
　　　P_1——评估对象比参照车辆优异的价格差额;
　　　P_2——参照车辆比评估对象优异的价格差额;
　　　K——差异调整系数。

运用类比法评估汽车价值,应按下列步骤进行:考察鉴定被评估车辆→选取参照车辆→对被评估车辆和参照车辆之间的差异进行比较、量化和调整→汇总各因素差异量化值,求出被评估车辆的评估值。

(1) 考察鉴定被评估车辆

收集被评估车辆的资料,包括车辆型号、制造厂家、使用性质、使用年限、行驶里程、实际技术状况等。了解车辆的用途、目前的使用情况,并对车辆的性能、新旧程度等做必要的技术鉴定,以获得被评估车辆的主要参数,为市场数据资料的搜集及参照车辆的选择提供依据。

(2) 选取参照车辆

根据被评估车辆状况和评估目的,应从搜集的交易实例中选取两部及以上的参照车辆。所选定的参照车辆必须具有可比性,可比性因素包括:

①车辆型号。指汽车类型和主要参数。
②车辆制造厂家。
③车辆来源。是私用、公务、商务车辆,还是营运出租车辆。
④车辆使用年限,行驶里程数。
⑤车辆实际技术状况。
⑥市场状况。指市场处于衰退萧条或复苏繁荣,供求关系是买方市场还是卖方市场。
⑦评估目的。车辆出售是以清偿为目的或是以淘汰转让为目的;买方是获利转手倒卖或是购建自用。不同情况交易作价往往有较大的差别。
⑧车辆所处的地理位置。不同地区的交易市场,同样车辆的价格有较大的差别。
⑨成交数量。单台交易与成批交易的价格会有一定差别。
⑩成交时间。应尽量采用近期成交的车辆作类比对象。由于市场随时间的变化,往往受通货膨胀及市场供求关系变化的影响,价格有时波动很大。

(3)对被评估车辆和参照车辆之间的差异进行比较、量化和调整

被评估车辆与参照车辆之间的各种可比因素,尽可能地予以量化、调整。具体包括以下4个方面的量化。

①销售时间差异的量化。在选择参照车辆时,应尽可能地选择在评估基准日成交的案例,以免去销售时间差异允许的量化步骤。如果参照车辆的交易时间在评估基准日之前,可采用指数调整法将销售时间差异量化并予以调整。

②车辆性能差异的量化。车辆性能差异的量化具体表现是车辆营运成本的差异,通过测算超额营运成本的方法将性能方面的差异量化并予以调整。

③新旧程度差异的量化。被评估车辆与参照车辆在新旧程度上不一定完全一致,参照车辆也未必是全新的。这就要求评估人员对被评估车辆与参照车辆的新旧程度的差异进行量化并予以调整。其差异量 = 参照车辆价格 × (被评估车辆成新率 − 参照车辆成新率)。

④销售数量、付款差异的量化。销售数量的大小、采用何种付款方式均会对车辆的成交单价产生影响。对销售数量差异的调整采用未来收益的折现方法解决;对付款方式差异的调整,被评估车辆通常是以一次性付款方式为假定前提,如果参照车辆采用分期付款方式,则可按当期银行利率将各期分期付款额折现累加,即可得到一次性付款总额。

(4)汇总各因素差异量化值,求出被评估车辆的评估值

对上述各差异量化值进行汇总,即可求出被评估车辆的评估值。

运用现行市价法评估已经包含了该车辆的各种贬值因素,包括有形损耗的贬值、功能性贬值和经济性贬值,因而用现行市价法评估不再专门计算功能性贬值和经济性贬值。运用现行市价法收购二手车的贸易企业一般要建立各类二手车技术、交易参数的数据库,以提高评估效率。

5.1.4 现行市价法评估实例

实例1:待评估车辆为马自达3系1.6手动挡轿车,如图5.1所示。在二手车市场上找到一辆马自达3系2.0手动挡轿车和一辆马自达3系1.6自动挡轿车,这三部车的技术经济参数见表5.1。试用现行市价法对待评估车辆进行评估。

图5.1 马自达3轿车

表5.1 技术经济参数

序号	技术经济参数	参照车辆A	参照车辆B	被评估车辆
1	车辆型号	马自达3 2.0手动挡	马自达3 1.6自动挡轿车	马自达3 1.6手动挡轿车
2	销售市场	公开市场	公开市场	公开市场
3	交易时间	2010年12月	2010年6月	2010年6月

续表 5.1

序号	技术经济参数	参照车辆 A	参照车辆 B	被评估车辆
4	使用年限	15 年	15 年	15 年
5	初次登记年月	2008 年 6 月	2007 年 6 月	2007 年 12 月
6	已使用年限	2 年 6 个月	3 年	2 年 6 个月
7	成新率	78%	73%	75%
8	交易数量	1	1	1
9	付款方式	现款	现款	现款
10	地点	广州	广州	广州
11	物价指数	1	1.03	1.03
12	价格	10 万元	8.5 万元	待定

解题分析：

1. 以参照车辆 A 做各项差异量化和调整

（1）销售时间差异量化

参照车辆 A 成交时间的物价指数为 1.03，被评估车辆评估时的物价指数为 1，该项调整系数为：1.03/1 = 1.03。

（2）车辆性能差异的量化

参照车辆 A 的车身为老式车身，被评估车辆为新式车身，评估基准时点差异为 0.8 万元；参照车辆 A 为 2.0 排量，被评估车辆为 1.6 排量，该项差异为 1.2 万元。车辆性能差异的调整数为：[(0.8 - 1.2) × 75%]万元 = -0.3 万元。

（3）新旧程度差异量化

该项调整数为：[10.0 × (75% - 78%)]万元 = -0.3 万元。

（4）销售数量、付款差异的量化

参照车辆 A 与被评估车辆在销售数量及付款方式上并无差异，不需修正。

对上述各差异量化值进行汇总，求出车辆的评估值。

评估值 = [(10.0 - 0.3 - 0.3) × 1.03]万元 = 9.68 万元。

2. 以参照车辆 B 做各项差异量化和调整

（1）销售时间差异量化

参照车辆 B 与被评估车辆在销售时间上并无差异，无需修正。

（2）车辆性能差异的量化

参照车辆 B 为自动挡，被评估车辆为手动挡，该项差异为 1 万元。

该项调整数为：[(-1) × 75%]万元 = -0.75 万元。

（3）新旧程度差异量化

该项调整数为：[8.5 × (75% - 73%)]万元 = 0.17 万元。

（4）销售数量、付款差异的量化

参照车辆 B 与被评估车辆在销售数量及付款方式上并无差异，不需修正。

对上述各差异量化值进行汇总，求出车辆的评估值。

评估值 = (8.5 - 0.75 + 0.17)万元 = 7.92 万元。

3. 综合参照车辆 A 和参照车辆 B

综合参照车辆 A 和参照车辆 B 最终被评估车辆的评估值为：$P = \left(\dfrac{9.68 + 7.92}{2}\right)$ 万元 = 8.8 万元。

5.1.5 现行市价法的特点

1. 优点

①能够客观反映旧机动车辆目前的市场情况,其评估的参数、指标,直接从市场获得,评估值能反映市场现实价格。

②评估结果易于被各方面理解和接受。

2. 缺点

①需要公开及活跃的市场作为基础。然而我国二手车市场还处于起步阶段,发育不完全,不完善,寻找参照车辆有一定的困难。

②可比因素多而复杂,即使是同一个生产厂家生产的同一型号的产品,同一天登记,由不同的车主使用,其使用强度、使用条件、维护水平等多种因素不同,其实体损耗、新旧程度都各不相同。

任务实施

根据本项目情境导入中的问题,我们采取如下方法进行解决。

环节	对应项目	具体程序
1	考察鉴定被评估车辆	通过交流、观察获取张女士爱车的具体资料,包括车辆型号、制造厂家、使用性质、使用年限、行驶里程、实际技术状况等。以此了解车辆的用途、目前的使用情况,并对车辆的性能、新旧程度等做必要的技术鉴定,以获得被评估车辆的主要参数,为市场数据资料的搜集及参照车辆的选择提供依据
2	选取参照车辆	搜集与张女士爱车相同或相似车型的交易实例资料,根据被评估车辆状况和评估目的,从搜集的交易实例中选取两部以上的参照车辆。所选定的参照车辆必须具有可比性,主要考虑以下因素:车辆型号、车辆制造厂家、车辆来源、车辆使用年限、车辆实际技术状况、市场状况、评估目的、车辆所处的地理位置、成交数量、成交时间等
3	对被评估车辆和参照车辆之间的差异进行比较、量化	从销售时间差异、车辆性能差异、新旧程度差异、销售数量和付款方式差异几个方面对张女士的爱车与被选取的参照车辆之间的各种可比因素进行比较,尽可能地予以量化与调整
4	求出车辆的评估值	汇总各可比因素差异量化值,求出张女士爱车的评估值

项目 5.2 收益现值法

情境导入

刘先生拟购置一辆二手车作为出租车经营使用,某日在二手车交易市场见到一辆初次登记日期为2006年12月的奇瑞A5轿车,已行驶了25万km,标价为6.5万元。请您帮他分析一下,购买此车经营出租是否可行?

> 理论引导

5.2.1 收益现值法的基本原理

1. 定义

收益现值法是将被评估的车辆在剩余寿命期内的预期收益用适当的折现率折现为评估基准日的现值，并以此确定评估价格的一种方法。汽车的价格评估一般很少采用收益现值法，但对一些特定目的、有特许经营权的汽车，人们购买的目的往往不是在于车辆本身，而是车辆获利的能力。因此对于营运车辆的评估采用收益现值法比较合适。

2. 基本原理

从原理上讲，收益现值法是基于这样的事实，即人们之所以占有某车辆，主要是考虑这辆车能为自己带来一定的收益。如果某车辆的预期收益小，车辆的价格就不可能高；反之车辆的价格肯定就高。投资者投资购买车辆时，一般要进行可行性分析，其预计的内部回报率只有在超过评估时的折现率时才肯支付货币额来购买车辆。应该注意的是，运用收益现值法进行评估时，是以车辆投入使用后连续获利为基础的。在机动车的交易中，人们购买的目的往往不是在于车辆本身，而是车辆获利的能力。因此该方法较适用投资营运的车辆。

5.2.2 收益现值法的适用原则

收益现值法通常是在继续使用假设前提下运用的，应用收益现值法对二手车进行价格评估必须同时满足以下前提条件。
① 被评估的二手车必须是经营性车，具有继续经营能力，并不断获得收益。
② 继续经营的预期收益可以预测而且必须能够用货币金额来表示。
③ 影响被评估未来经营风险的各种因素能够转化为数据加以计算，体现在折现率中。

由以上应用前提可知，运用收益现值法进行评估时，是以车辆投入使用后连续获利为基础的。在二手车的交易中，人们购买的目的往往不是在于车辆本身，而是车辆获利的能力。

5.2.3 收益现值法的计算方法

1. 收益现值法的计算方法

收益现值法评估值的计算，实际上就是对被评估车辆未来预期收益进行折现的过程。被评估车辆的评估值等于剩余寿命期内各期的收益现值之和，其基本计算公式为

$$P = \sum_{t=1}^{n} \frac{A_t}{(1+i)^t} = \frac{A_1}{(1+i)^1} + \frac{A_2}{(1+i)^2} + \cdots + \frac{A_n}{(1+i)^n}$$

当 $A_1 = A_2 = \cdots = A_n = A$ 时，即 t 从 $1 \sim n$ 未来收益分别相同为 A 时，则有

$$P = A \cdot \left[\frac{1}{1+i} + \frac{1}{(1+i)^2} + \cdots + \frac{1}{(1+i)^n} \right]$$

$$= A \cdot \frac{(1+i)^n - 1}{i \cdot (1+i)^n}$$

式中 P——评估值；

A_t——未来第 t 个收益期的预期收益额，收益期有限时（机动车的收益期是有限的），A_t 中还包括车辆的残值，一般估算时残值忽略不计；

n——收益年期（剩余经济寿命的年限）；

i——折现率；

t——收益期，一般以年计。

其中，$\dfrac{1}{(1+i)^t}$ 称为现值系数；$\dfrac{(1+i)^n-1}{i\cdot(1+i)^n}$ 称为年金现值系数。

运用收益现值法评估应按下列步骤进行：

① 调查了解营运车辆的经营行情，营运车辆的消费结构，收集有关营运车辆的收入和费用资料。

② 充分调查了解被评估车辆的情况和技术状况。

③ 根据调查、了解的结果，预测车辆的预期收益。

④ 估算运营费用。

⑤ 估算预期净收益。

⑥ 选用适当的折现率。

⑦ 确定二手车评估值。

2. 收益现值法中各评估参数的确定

（1）预期收益额的确定

收益法运用中，收益额的确定是关键。收益额是指由被评估对象在使用过程中产生的超出其自身价值的溢余额。对于收益额的确定应把握两点：

① 收益额指的是车辆使用带来的未来收益期望值，是通过预测分析获得的。无论对于所有者还是购买者，判断某车辆是否有价值，首先应判断该车辆是否会带来收益。对其收益的判断，不仅仅是看现在的收益能力，更重要的是预测未来的收益能力。

② 收益额的构成，以企业为例，目前有几种观点：第一，企业所得税后利润；第二，企业所得税后利润与提取折旧额之和扣除投资额；第三，利润总额。

关于选择哪一种作为收益额，针对二手车的评估特点与评估目的，为估算方便，推荐选择第一种观点，目的是准确反映预期收益额。为了避免计算错误，一般应列出车辆在剩余寿命期内的现金流量表。

（2）剩余经济寿命期的确定

剩余经济寿命期指从评估基准日到车辆到达报废的年限。如果剩余经济寿命期估计过长，就会高估车辆价格；反之，则会低估价格。因此，必须根据车辆的实际状况对剩余寿命作出正确的评定。对于各类汽车来说，该参数按《汽车报废标准》确定是很方便的。

（3）折现率的确定

确定折现率，首先应当明确折现的内涵。折现作为一个时间优先的概念，认为将来的收益或利益低于现在的同样收益或利益，并且，随着收益时间向将来推迟的程度而有系统地降低价值。同时，折现作为一个算术过程，是把一个特定比率应用于一个预期的将来收益流，从而得出当前的价值。从折现率本身来说，它是一种特定条件下的收益率，说明车辆取得该项收益的收益率水平。收益率越高，车辆评估值越低。因为在收益一定的情况下，收益率越高，意味着单位资产增值率高，所有者拥有资产价值就低。折现率的确定是运用收益现值法评估车辆时比较棘手的问题。折现率必须谨慎确定，折现率的微小差异，会带来评估值很大的差异。确定折现率，不仅应有定性分析，还应寻求定量方法。折现率与利率不完全相同，利率是资金的报酬，折现率是管理的报酬。利率只表示资产（资金）本身的获利能力，而与使用条件、占用者和使用用途没有直接联系，折现率则与车辆以及所有者使用效果有关。

一般来说，折现率应包含无风险利率、风险报酬率和通货膨胀率。无风险利率是指资产在一般条件下的获利水平，风险报酬率则是指冒风险取得报酬与车辆投资中为承担风险所付代价的比率。风险收益能够计算，而为承担风险所付出的代价为多少却不好确定，因此风险收益率不容易计算出来，只要求选择的收益率中包含这一因素即可。每个行业，每个企业都有具体的资金收益率。因此在利用收益法对二手车评估，选择折现率时，应该进行本企业、本行业历年收益率指标的对比分析。但是，最后选择的折现率应该起码不低于国家债券或银行存款的利率。

5.2.4 收益现值法评估实例

实例1:刘先生拟购置一辆奇瑞A5轿车,如图5.2所示,作为出租车经营使用,该车各项数据及情况见表5.2。用收益现值法求其评估值。

图5.2 奇瑞A5轿车

表5.2 瑞A5轿车相关数据及情况

序号	项目	相关数据及情况
1	评估基准日	2009年12月15日
2	初次登记日期	2006年12月
3	技术状况	正常
4	每年营运天数	350天
5	每天毛收入	500元
6	日营业所得税	50元
7	每天燃油、润滑油费	120元
8	每年日常维修保养费	6 000元
9	每年保险及各项规费	12 000元
10	营运证使用费	18 000元
11	两名驾驶员的工资及保险费	60 000元

解题分析:

预期年收入:(350×500)元 = 175 000元

预计年各项支出:

税费:(350×50)元 = 17 500元

油费:(350×120)元 = 42 000元

维修、保养费:6 000元

保险及规费:12 000元

营运证使用费:18 000元

驾驶员工资、保险费:60 000元

年总支出 = (17 500 + 42 000 + 6 000 + 12 000 + 18 000 + 60 000)元 = 155 500元

年收入 = (175 000 - 155 500)元 = 19 500元

根据当时银行储蓄和贷款利率、债券、行业收益等情况,确定资金预期收益率为10%,风险报酬率为5%,折现率为资金预期收益率与风险报酬率之和,即 $i = 15\%$。已使用年限为3年,出租车的规定使用年限是8年,故未来可使用的年限 $n = 5$,假定每年的年收益相同,即 $A = 19\,500$元 $= 1.95$万元,评估值为

$$P = A \times \frac{(1+i)^n - 1}{i \cdot (1+i)^n} = \left[1.95 \times \frac{(1+0.15)^5 - 1}{0.15 \times (1+0.15)^5}\right]万元 = 6.54 万元$$

实例2：某企业欲购买一辆转让的五菱牌型号为LZW1013PLN的微型货车作货运营运使用，如图5.3所示，按国家规定，该车辆已使用年限为5年，经预测得出后3年内每年预期收益为20 000元，当时的风险投保率为5%，无风险利率为3%，试用收益现值法计算该车评估值。

图 5.3　五菱牌微型货车

解题分析：

由于交易车辆为微型货车，规定使用年限 $G = 8$ 年，已使用5年，所以剩余使用年限 $n = 3$ 年；

后3年每年的收益额：$A_1 = A_2 = A_3 = 20\ 000$；

折现率：$i = 5\% + 3\% = 8\%$；

该车评估值为

$$P = A \times \frac{(1+i)^n - 1}{i \cdot (1+i)^n} = \left[20\ 000 \times \frac{(1+0.08)^3 - 1}{0.08 \times (1+0.08)^3} \right] 万元 = 5.15\ 万元$$

5.2.5　收益现值法的特点

1. 优点

①运用收益现值法与投资决策相结合，容易被交易双方接受。

②能真实和较准确地反映车辆本金化的价格。

2. 缺点

①预期收益额和折现率以及风险报酬率的预测难度大。

②受较强的主观判断和未来不可预见因素的影响较大。

任务实施

根据本项目情境导入中的问题，我们采取如下方法进行解决。

环节	对应项目	具体程序
1	调查、了解、搜集资料	调查了解营运车辆的经营行情，营运车辆的消费结构，收集有关营运车辆的收入和费用资料；了解被评估车辆的情况和技术状况
2	预测车辆的预期收益	根据调查了解的营运车辆的经营行情等资料，预测车辆的预期收益
3	估算运营费用	根据收集的有关营运车辆的收入和费用资料，估算运营费用
4	估算预期净收益	根据辆车的预期收益和运营费用，估算出预期净收益
5	选用适当的折现率	根据当时的资金预期收益率与风险报酬率确定折现率
6	确定二手车评估值	根据以上结果，按收益现值法基本计算公式确定被评估车辆的评估值

项目 5.3　重置成本法

情境导入

某品牌置换公司拥有一辆奥迪 A4 1.8T，该车是舒适型，其基本配置为：手自动一体（CVT 链条式）、天窗、真皮座椅、倒车雷达等。该车为 2004 年 3 月登记上牌，行驶公里数为 8 700 km。某客户欲以自己一辆马自达福美来 323 进行置换，该马自达福美来是 2003 年 2 月登记上牌使用，排量为 1.8 L，配置为：天窗、自动挡、真皮座椅等，此车已行驶里程为 67 000 km。请您帮该客户分析一下，进行这次置换需贴补置换公司多少差价？

理论引导

5.3.1　重置成本法的基本原理

1. 定义

重置成本法是指在现时条件下重新购置一辆全新状态的被评估车辆所需的全部成本（即完全重置成本，简称重置全价），减去该被评估车辆的各种陈旧贬值后的差额作为被评估车辆现时价格的一种评估方法。

2. 基本原理

重置成本法的理论依据是任何一个消费者在购买某项资产时，他所愿意支付的价钱，绝对不会超过具有同等效用的全新资产的最低成本。如果该项资产的价格比重新建造或购置全新状态的同等效用的资产的最低成本高，投资者肯定不会购买这项资产，而会去新建或购置全新的资产。这也就是说，待评估资产的重置成本是其价格的最大可能值。

5.3.2　重置成本法的适用原则

应用重置成本法对二手车进行价值评估必须同时满足以下前提条件。
①购买者对拟行交易的评估车辆，不改变原来用途。
②评估车辆的实体特征、内部结构及其功能效用必须与假设重置的全新车辆具有可比性。
③评估车辆必须是可以再生的，可以复制的，不能再生、复制的评估车辆不能采用重置成本法。
④评估车辆随着时间的推移，因各种因素而产生的贬值可以量化，否则就不能运用重置成本法进行评估。

重置成本法作为一种二手车评估的方法，是从能够重新取得被评估车辆的角度来反映二手车的交换价值的。只有当被评估车辆处于继续使用状态下，再取得被评估车辆的全部费用才能构成其交换价值的内容。

5.3.3　重置成本法的计算方法

1. 重置成本法的计算方法

重置成本法的常用计算方法有两种。

方法 1：评估值 = 重置成本 − 实体性贬值 − 功能性贬值 − 经济性贬值

该方法是重置成本法评估二手车的最基本模型。它综合考虑了二手车的现行市场价格和各种影响二手车价值量变化（贬值）的因素，最让人信服和易于接受。但造成这些贬值的影响因素较多且有一定的不确定性,很多情况下,二手车的营运性损耗及经济性损耗对二手车的评估值的确定有相当的困难,在实际评估操作时,要酌情考虑营运性功能损耗和经济性损耗对二手车价值的影响,并以调整系数的方式对二手车的评估值进行修正,可以写成如方法2的公式。

方法2:车辆评估值 = 重置成本 × 成新率 × 调整系数

该方法以成新率综合考虑了各种贬值对二手车价值的影响,是一种定性和定量相结合的评估方法,比较符合中国人评判二手物品的思维模式,且具有收集便捷,操作简单易行,评估理论更贴近机动车实际工作状况,易于被人接受等优点,因而是目前市场上应用最广的一种评估方法。

运用重置成本法评估二手车应按下列步骤进行:

①调查、了解、搜集资料。调查了解被评估车辆实体特征等基本资料,以及被评估车辆新车售价。
②求取重置成本。根据被评估车辆实体特征等基本情况,用现时(评估基准日)市价估算其重置成本。
③确定实体性贬值。
④确定功能性贬值。
⑤确定经济性贬值。
⑥求评估值。

2. 重置成本法的基本要素及确定方法

(1) 重置成本的确定

重置成本是购买一项全新的与被评估车辆相同的车辆所支付的最低金额。按重新购置车辆所用的材料、技术的不同,可把重置成本区分为复原重置成本(简称复原成本)和更新重置成本(简称更新成本)。复原成本指用与被评估车辆相同的材料、制造标准、设计结构和技术条件等,以现时价格复原购置相同的全新车辆所需的全部成本。更新成本指利用新型材料,新技术标准、新设计等,以现时价格购置相同或相似功能的全新车辆所支付的全部成本。一般情况下,在进行重置成本计算时,如果同时可以取得复原成本和更新成本,应选用更新成本;如果不存在更新成本,则再考虑用复原成本。

在资产评估中,重置成本的估算有多种方法,对于二手车评估来说,一般采用重置核算法和物价指数法两种方法。

①重置核算法。也称直接法,它是按待评估车辆的成本构成,以现行市价为标准,计算被评估车辆重置全价的一种方法。也就是将车辆按成本构成分成若干组成部分,先确定各组成部分的现时价格,然后相加得出待评估车辆的重置全价。

重置成本的构成可分为直接成本和间接成本两部分。直接成本是指直接可以构成车辆成本的支出部分。具体来说是按现行市价的买价,加上运输费、购置附加费、消费税、人工费等。间接成本是指购置车辆发生的管理费、专项贷款发生的利息、注册登记手续费等。以直接法取得的重置成本,无论国产或进口车辆,尽可能采用国内现行市场价作为车辆评估的重置成本全价。市场价可通过市场信息资料(如报纸、专业杂志和专业价格资料汇编等)或向车辆制造商、经销商询价取得。在重置成本全价中,评估人员应该注意区别合理收费和无依据收费。有的地方为了经济利益,越权制订了一些有关机动车的收费项目,是违背国家收费政策的,这些费用不能计入重置成本全价。

根据不同评估目的,二手车重置成本全价的构成一般分下述两种情况考虑:

a. 属于所有权转让的经济行为或为司法、执法部门提供证据的鉴定行为,可按被评估车辆的现行市场成交价格作为被评估车辆的重置全价,其他费用略去不计;

b. 属于企业产权变动的经济行为(如企业合资、合作和联营,企业分设、合并和兼并等),其重置成本构成除了考虑被评估车辆的现行市场购置价格以外,还应考虑国家和地方政府对车辆加收的其他税费(如车辆购置附加费、教育费附加、社控定编费、车船使用税等)一并计入重置成本全价。

②物价指数法。是在二手车原始成本基础上,通过现时物价指数确定其重置成本。计算公式为

$$车辆重置成本 = 车辆原始成本 \times \frac{车辆评估时物价指数}{车辆购买时物价指数}$$

或

$$车辆重置成本 = 车辆原始成本 \times (1 + 物价变动指数)$$

当被评估车辆是已停产,或是进口车辆,无法找到现时市场价格时,这是一种很有用的方法。使用物价指数法时应注意的问题是:

a.一定要先检查被评估车辆的账面原价。如果购买原价不准确,则不能使用物价指数法。

b.使用物价指数法计算出的值,即为车辆重置成本值。

c.物价指数要尽可能选用有法律依据的国家统计部门或物价管理部门以及政府机关发布和提供的数据。不能选用无依据、不明来源的数据。

d.如果现在选用的指数与评估对象规定的评估基准日之间有一段时间差,这一时间差内的价格指数可由评估人员依据近期的指数变化趋势结合市场情况确定。

(2)二手车的实体性贬值

实体性贬值也叫有形损耗,是指机动车在存放和使用过程中,由于物理和化学原因而导致的车辆实体发生的价值损耗,即由于自然力的作用而发生的损耗。二手车一般都不是全新状态的,因而大都存在实体性贬值。计量二手车实体有形损耗时主要根据已使用年限进行分摊。

二手车的实体性贬值是指由于使用和自然力损耗导致的贬值。实体性贬值的估算一般可采取以下3种方法:

①观察法。也称成新率法。指评估人员根据自己专业知识和工作经验,通过对二手车实体各主要部件进行观察以及使用仪器测量等方式进行技术鉴定,并综合分析车辆的设计、制造、使用、磨损、维护、修理、改装情况和经济寿命等因素,将评估对象与全新状态相比较,考察由于使用磨损和自然损耗对资产的功能、使用效率带来的影响,从而判断被评估车辆的实体性贬值的一种方法,其数学公式表达为

$$车辆实体性贬值 = 重置成本 \times 有形损耗率$$

②使用年限法。指通过确定被评估车辆已使用年限与车辆预期可使用年限的比率来判断其实体性贬值率(程度),进而估测资产的实体性贬值的方法。其数学公式表达为

$$车辆实体性贬值 = (重置成本 - 残值) \times \frac{已使用年限}{规定使用年限}$$

式中,残值是指被评估车辆在报废时净回收的金额,在鉴定评估中一般忽略不计。

③修复费用法。也称功能补偿法。通过确定被评估车辆恢复原有的技术状态和功能所需要的费用补偿,来直接确定二手车的有形损耗。这种方法常用于交通事故车辆的评估。其数学公式表达为

$$车辆有形损耗 = 修复后的重置成本 - 修复补偿费用$$

(3)二手车的功能性贬值

功能性贬值是由于科学技术的发展导致的车辆贬值,即无形损耗。这类贬值又可细分为一次性功能贬值和营运性功能贬值。一次性功能贬值是由于技术进步引起劳动生产率的提高,现在再生产制造与原功能相同的车辆的社会必要劳动时间减少,成本降低而造成原车辆的价值贬值。具体表现为原车辆价值中有一个超额投资成本将不被社会承认。营运性功能贬值是由于技术进步,出现了新的、性能更优的车辆,致使原有车辆的功能相对新车型已经落后而引起其价值贬值。具体表现为原有车辆在完成相同工作任务的前提下,在燃油料、人力、配件材料等方面的消耗增加,形成了一部分超额运营成本。

①一次性功能贬值的确定。功能性贬值属无形损耗的范畴。指由于技术陈旧、功能落后导致二手车相对贬值。对目前在市场上能购买到的且有制造厂家继续生产的全新车辆,一般采用市场价即可认为该车辆的功能性贬值已包含在市场价中了。这是最常用的方法。从理论上讲,同样的车辆其复原重置成本与更新重置成本之差即是该车辆的一次性功能性贬值。但在实际评估工作中,具体计算某车辆的复原重置成本是比较困难的,一般就用更新重置成本(即市场价)来考虑其一次性功能贬值。

在实际评估时经常遇到的情况是:待评估的车辆是现已停产或是国内自然淘汰的车型,这样就没有实际的市场价,只有采用参照物的价格用类比法来估算。参照物一般采用替代型号的车辆。这些替代型号的车辆其功能通常比原车型有所改进和增加,故其价值通常会比原车型的价格要高(功能性贬值大时,也有价格更降低的)。故在与参照物比较,用类比法对原车型进行价值评估时,一定要了解参照物在功能方面改进或提高的情况,再按其功能变化情况测定原车辆的价值,总的原则是被替代的旧型号车辆其价格应低于新型号的价格。这种价格有时是相差很大的。评估这类车辆的主要方法是设法取得该车型的市场现价或类似车型的市场现价。

②营运性功能贬值的估算。确定营运性功能贬值的步骤为：

a. 选定参照物，并与参照物对比，找出营运成本有差别的内容和差别的量值。

b. 确定原车辆尚可继续使用的年限。

c. 查明应上缴的所得税率及当前的折现率。

d. 通过计算超额收益或成本降低额，最后计算出营运性陈旧贬值。

(4) 二手车经济性贬值

经济性贬值（也称经济性损耗）是指由于外部经济环境变化所造成的车辆贬值。所谓外部经济环境，包括宏观经济政策、市场需求、通货膨胀、环境保护等。经济性贬值是由于外部环境而不是车辆本身或内部因素所引起的达不到原有设计的获利能力而造成的贬值。外界因素对车辆价值的影响不仅是客观存在的，而且对车辆价值影响还相当大，所以在二手车评估中不可忽视。

外部因素不论多少，对车辆价值的影响不外乎两类：

①导致车辆闲置，在这种情况下，可通过估计车辆未来闲置的时间及其资金成本来估算其经济性贬值；

②造成运营成本上升。由于造成车辆经济性贬值的外部因素很多，并且造成贬值的程度也不尽相同，所以在评估时应在统筹考虑这些因素的基础上适当地确定经济性贬值的数额。

5.3.4 重置成本法评估实例

实例1：某公司2008年4月购得一辆萨拉－毕加索2.0，如图5.4所示，作为公务使用，2010年12月在北京交易，该车技术等级良好，无事故痕迹，无需进行修理。维护保养好，路试车况好。行驶里程为7万km。已知该车的现时价格为15.38万元。试用重置成本法计算该车评估值。

解题分析：

由题意可知，该车已使用年限为2年6个月，$Y = 30$，由于是公务车，其规定使用年限为15年，$G = 180$。

图5.4 萨拉－毕加索2.0

(1) 确定重置成本

$B = 15.38$ 万元

(2) 计算成新率

$$C_n = \left(1 - \frac{Y}{G}\right) \times 100\% = \left(1 - \frac{30}{180}\right) \times 100\% = 0.83$$

(3) 确定综合调整系数

①该车技术等级好，$K_1 = 1.0$；

②该车维护保养好，$K_2 = 1.0$；

③该车为国产名牌车，$K_3 = 0.9$；

④该车为公务用车，$K_4 = 0.9$；

⑤该车作为公务用车经常在市区行驶，使用等级高，$K_5 = 1.0$。

故综合调整系数为

$$K = K_1 \times 30\% + K_2 \times 25\% + K_3 \times 20\% + K_4 \times 15\% + K_5 \times 10\%$$
$$= 1.0 \times 30\% + 1.0 \times 25\% + 0.9 \times 20\% + 0.9 \times 15\% + 1.0 \times 10\%$$
$$= 0.965$$

(4) 计算评估值

$$p = B \times C_z \times K$$
$$= 15.38 \times 0.83 \times 0.965 = 12.32 \text{ 万元}$$

5.3.5 重置成本法的特点

1. 优点

①比较充分地考虑了车辆的损耗,反映了车辆市场价格的变化,评估结果更趋于公平合理。

②在不易估算车辆未来收益或难以取得市场(二手车交易市场)参照物条件下可广泛应用。

③可以采用综合分析法确定成新率,将车况和配置以及车辆使用情况用适当的调整系数表示出来,比较清晰地解析了车辆残值的构成,可以广泛应用于价值较高的中高档车辆评估。

④是一种容易被买卖双方接受的评估方法。

2. 缺点

①评估工作量大,确定成新率时主观因素影响较大。

②经济性贬值不易准确计算。

③对极少数的进口车辆,不易查询到现时市场报价。

④一些已经停产或者自然淘汰车型,难于准确地确定重置成本。

任务实施

根据本项目情境导入中的问题,我们采取如下方法进行解决。

环节	对应项目	具体程序
1	调查、了解、搜集资料	调查了解被评估车辆实体特征等基本资料,以及奥迪 A4 1.8T 舒适型和马自达福美来 1.8 这两款车的新车售价
2	确定重置成本	根据调查了解被评估车辆实体特征等基本资料,以及奥迪 A4 1.8T 舒适型和马自达福美来 1.8 这两款车的新车售价,确定重置成本
3	确定成新率	选择适当方法确定奥迪 A4 1.8T 舒适型和马自达福美来 1.8 这两款车的成新率
4	确定综合调整系数	依据奥迪 A4 1.8T 舒适型和马自达福美来 1.8 这两款车各自使用情况和技术状况分别确定二者的综合调整系数
5	确定二手车评估值	根据以上结果,按重置成本法基本计算公式确定被评估车辆的评估值

项目 5.4　清算价格法

情境导入

某公司因管理经营不善严重亏损,宣告破产,该公司名下所拥有一辆 2009 年 9 月登记注册的公务用车宝马 X5 SUV 车型,为了偿还公司债务需要将该车拍卖。该车技术等级良好,无事故痕迹,无需进行修理,维护保养好,并且该车经常在市区内行驶。作为专业人员的您该如何对该车价值进行评估呢?

> 理论引导

5.4.1 清算价格法的基本原理

1. 定义

清算价格法是指以清算价格为标准,对二手车辆进行的价格评估。所谓清算价格,指企业由于破产或其他原因,要求在一定的期限内将车辆变现,在企业清算之日预期出卖车辆可收回的快速变现价格。

2. 基本原理

清算价格法在原理上基本与现行市价法相同,所不同的是迫于停业或破产,清算价格往往大大低于现行市场价格。这是由于企业被迫停业或破产,债权人或所有权人急于收回资金,将车辆拍卖或出售。从严格意义上讲,清算价格法不能算为一种基本的评估方法,它是以评估学三大基本方法为基础,以清算价格为标准的一种评估方法。由于汽车这种被评估对象的特殊性,清算价格法在二手车评估中被经常采用。

5.4.2 重置成本法的适用原则

清算价格法适用于企业破产、抵押、停业清理等情况下要售出的车辆。

1. 企业破产

当企业或个人因经营不善造成的严重亏损不能清偿到期债务时,企业应依法宣告破产,法院以其全部财产依法清偿其所欠的债务,不足部分不再清偿。

2. 抵押

抵押是以所有者资产作抵押物进行融资的一种经济行为,是合同当事人一方用自己特定的财产向对方保证履行合同义务的担保形式。提供财产的一方为抵押人,接受抵押财产的一方为抵押权人。抵押人不履行合同时,抵押权人有权利将抵押财产在法律允许的范围内变卖,从变卖抵押物价款中优先获得赔偿。

3. 停业清理

停业清理是指企业由于经营不善导致严重亏损,已临近破产的边缘或因其他原因将无法继续经营下去,为弄清企业财物现状,对全部财产进行清点、整理和查核,为经营决策(破产清算或继续经营)提供依据,以及因资产损毁、报废而进行清理、拆除等的经济行为。

在以上3种经济行为中,若车辆进行评估,可用清算价格为标准进行。

以清算价格法评估车辆价格的前提条件有以下3点:

①具有法律效力的破产处理文件或抵押合同及其他有效文件为依据。

②车辆在市场上可以快速出售变现。

③所卖收入足以补偿因出售车辆导致的附加支出总额。

5.4.3 清算价格法的计算方法

1. 清算价格法的计算方法

清算价格法的计算方法主要有以下3种:

(1)现行市价折扣法

现行市价折扣法指对清理车辆,首先在二手车市场上寻找一个相适应的参照物;然后根据快速变现原则估定一个折扣率,并据以确定其清算价格。

例如一辆捷达轿车,经调查在二手车市场上成交价为4万元,根据销售情况调查,折价20%可以当即出售。则该车辆清算价格为[4 × (1 - 20%)]万元 = 3.2万元。

(2)模拟拍卖法(也称意向询价法)

这种方法是根据向被评估车辆的潜在购买者询价的办法取得市场信息,最后经评估人员分析确定其清算价格的一种方法。用这种方法确定的清算价格受供需关系影响很大,要充分考虑其影响的程度。

例如有一辆旧桑塔纳普通型轿车,拟评估其清算价格,评估人员经过对5个有购买意向的经纪人询价,其价格分别为4.5万元、4.6万元、4.7万元、4.8万元、4.6万元,其价格差异不大,评估人员确定清算价格为4.6万元。

(3)竞价法

竞价法是由法院按照法定程序(破产清算)或由卖方根据评估结果提出一个拍卖的底价,在公开市场上由买方竞争出价,谁出的价格高就卖给谁。

运用清算价格法评估二手车应按下列步骤进行:

①调查、了解、搜集资料。进行市场调查,搜集与被评估车辆或类似车辆清算拍卖的价格资料。

②分析、验证价格资料的科学性和可靠性。

③逐项对比分析评估车辆与参照车辆的差异及其程度,包括实物差异、市场条件、时间差异和区域差异等。

④根据差异程度及其他影响因素,一般采用市场比较法,重置成本法和收益现值法或综合运用几种方法的组合确定被评估车辆的评估底价。

⑤根据相关因素确定快速变现系数。

影响快速变现系数大小的因素有:

a. 被评估标的的车辆市场接受程度是通用车型还是专用车型,例如运钞车就比一般的小客车难以变现。

b. 要综合考虑车辆的欠费情况,欠费较多的车辆只能变换用途拆零出售,价格相对较低。

c. 拍卖时限。变现时间的长短影响快速变现系数;变现时间越短,快速变现系数就较低。

通常快速变现系数小于1,但对用重置成本法年限计算成新率的离报废年限只剩2~3年的通用型车辆(如桑塔纳、捷达),如车况较好,则变现系数可能略大于1。

⑥确定被评估车辆的清算价格。

$$被评估车辆的清算价格 = 评估底价 \times 快速变现系数(或折扣率)$$

2. 决定清算价格的主要因素

在二手车评估中,决定清算价格的主要因素包括:破产形式、债权人处置车辆的方式、清理费用、拍卖时限、公平市价和参照物价格等。

①破产形式。如果企业丧失车辆处置权,出售的一方无讨价还价的可能,那么以买方出价决定车辆售价;如果企业未丧失处置权,出售车辆一方尚有讨价还价余地,那么以双方议价决定售价。

②债权人处置车辆的方式。按抵押时的合同契约规定执行,如公开拍卖或收回己有。

③清理费用。在破产等评估车辆价格时应对清理费用及其他费用给予充分的考虑。

④拍卖时限。一般来说,拍卖时限长,售价会略高,反之略低。这是快速变现原则的作用所决定的。

⑤公平市价。指车辆交易成交双方都满意的价格。在清算价格中卖方满意的价格一般不易求得。

⑥参照物价格。在市场上出售相同或类似车辆的价格。一般来说,市场参照物价格高,车辆出售的价格就会高,反之则低。

5.4.4 清算价格法评估实例

实例1:某法院欲在近期内将其扣押的一辆轻型载货汽车拍卖。至评估基准日止,该汽车已使用了3年,车况与其新旧程度相符。试评估该车的清算价格。

解题分析:

本次评估的目的是债务清偿,故应采用的评估方法为清算价格法。根据被评估车辆的实际情况和所掌握的资料,首先利用重置成本法确定车辆在公平市场条件下的评估价格。然后,根据市场调查,按一定的折扣率确定汽车的清算价格。

(1)确定车辆重置成本全价

根据市场调查,全新的该型车目前的售价为 8 万元。根据相关规定,购置该型车时,要缴纳 10% 的车辆购置附加费和 3% 的货运附加费,故被评估车辆的重置成本全价为

$$\text{重置成本全价} = [80\ 000 \times (1 + 10\% + 3\%)]\ \text{元} = 90\ 400\ \text{元}$$

(2)确定车辆的成新率

被评估车辆的价值不高,且车辆的技术状况与其新旧程度相符,故决定采用使用年限法确定其成新率。根据相关标准规定,被评估车辆的使用年限为 10 年。该车已使用年限为 3 年。故被评估车辆的成新率为

$$\text{成新率} = (1 - 3/10) \times 100\% = 70\%$$

(3)确定被评估车辆在公平市场条件下的评估值

根据调查和了解,被评估车辆的功能性损耗及经济性损耗均很小,可忽略不计。故在公平市场条件下,该车的评估值为

$$\text{评估值} = (90\ 400 \times 70\%)\ \text{元} = 63\ 280\ \text{元}$$

(4)确定折扣率

根据市场调查,可在清算日内出售车辆,故确定折扣率为 80%。

(5)确定被评估车辆的清算价格

$$\text{清算价格} = (63\ 280 \times 80\%)\ \text{元} = 50\ 624\ \text{元}$$

实例 2:2010 年 9 月某公司因管理经营不善宣告破产,该公司所拥有的一辆 2009 年 9 月登记注册的公务用车宝马 X5SUV 车型,如图 5.5 所示,需要拍卖,已知该车型已经停产,现在市场上新车型的市价为 96.3 万元,经评估人员技术鉴定,该车技术等级良好,无事故痕迹,无需进行修理,维护保养好。该车经常在市区内行驶。据市场调查,该车折价 20% 可立即出售。试计算该车的清算价格。

图 5.5 宝马 X5 SUV

解题分析:

由题意可知,该车已使用年限为 4 年,由于是公车,其规定使用年限为 15 年,则:

(1)确定重置成本

$B = 15.38$ 万元

(2)综合调整系数 K 的确定

①该车技术等级好,$K_1 = 1.0$;

②该车维护保养好,$K_2 = 1.0$;

③该车为进口车,$K_3 = 1.0$;

④该车为公务用车,$K_4 = 0.9$;

⑤该车作为公务用车经常在市区行驶,使用等级高,$K_5 = 1.0$。

综合调整系数为

$$K = K_1 \times 30\% + K_2 \times 25\% + K_3 \times 20\% + K_4 \times 15\% + K_5 \times 10\%$$
$$= 1.0 \times 30\% + 1.0 \times 25\% + 1.0 \times 20\% + 0.9 \times 15\% + 1.0 \times 10\%$$
$$= 0.985$$

(3)计算成新率 C_z

$$C_z = C_n \times K \times 100\%$$
$$= (1 - \frac{Y}{G}) \times K \times 100\%$$

$$= (1 - \frac{4}{15}) \times 0.985 \times 100\%$$
$$= 72.23\%$$

(4) 计算重置成本评估值 P
$$P = B \times C_z = (96.3 \times 72.23\%) 万元 = 69.56 万元$$

(5) 计算清算价格法评估值 P'
$$P' = P \times (1 - 20\%) = (69.56 \times 80\%) 万元 = 55.65 万元$$

5.4.5 清算价格法的特点

清算价格法的优点是,如果存在活跃的二手车市场,清算价格法较好,如果不存在,无法得到变卖价值,同时是在假定企业作为一个整体已经丧失增值能力的情况下的资产评估方法,忽略了组织资本。清算价格法缺点是仅限于在某些特定条件下使用。即在企业破产车辆、抵押车辆、无主车辆、走私车辆、被盗车辆、抵税车辆、罚没车辆等需要快速变现、拍卖的车辆评估时使用。

任务实施

根据本项目情境导入中的问题,我们采取如下方法进行解决。

环节	对应项目	具体程序
1	调查、了解、搜集资料	调查了解该公司公务用车宝马 X5 SUV 车型的技术等级状况,并搜集与被评估车辆或类似车辆清算拍卖的价格资料
2	确定评估底价	根据调查搜集的数据,逐项对比分析评估车辆与参照车辆的差异及其程度,包括实物差异、市场条件、时间差异和区域差异等,选择适当方法确定该车辆的评估底价
3	确定快速变现系数或折扣率	分析影响该车辆快速变现系数的因素,确定其快速变现系数或折扣率
4	确定二手车评估值	根据以上结果,按清算价格法计算确定被评估车辆的评估值

项目 5.5 撰写二手车评估报告

情境导入

小赵在某高校读汽车技术服务与营销专业,大学毕业后来到一家大型二手车服务有限公司工作。某日,公司经理让小赵跟随该公司的二手车鉴定评估师对某品牌车型进行鉴定评估,并要求小赵按照鉴定评估师的评估结果,撰写一份翔实的评估报告。小赵该如何完成经理交办的任务呢?

理论引导

5.5.1 二手车评估报告的作用

1. 二手车鉴定评估报告及鉴定评估报告书的概念

二手车鉴定评估报告是指二手车鉴定评估机构按照评估工作制度有关规定,在完成鉴定评估工作后向委托方和有关方面提交的说明二手车鉴定评估过程和结果的书面报告。它是按照一定格式和内容来反映评估目的、程序、依据、方法和结果等基本情况的报告书。广义的鉴定评估报告还是一种工作制度。它规定评估机构在完成二手车鉴定评估工作之后必须按照一定的程序和要求,用书面形式向委托方报告鉴定评估过程和结果。狭义的鉴定评估报告即鉴定评估结果报告书,既是二手车鉴定评估机构完成对二手车作价意见,提交给委托方的公正性的报告,也是二手车鉴定评估机构履行评估合同情况的总结,还是二手车鉴定评估机构为其所完成的鉴定评估结论承担相应法律责任的证明文件。

2. 二手车鉴定评估报告书的作用

二手车鉴定评估报告书不仅是一份评估工作的总结,而且是其价格的公正性文件和二手车交易双方认定二手车价格的依据。

二手车鉴定评估报告书对委托方来说,具有以下重要作用:

①作为产权交易变动的作价依据。二手车鉴定评估报告书是经具有汽车鉴定评估资格的机构根据被委托鉴定评估车辆的状况,由专业的二手车鉴定估价师,遵循评估的原则和标准,按照法定的程序,运用科学的方法对被委托评估的车辆价值进行评定和估算后,通过报告书的形式提出的作价意见。该作价意见不代表任何当事人一方的利益,是一种专家估价的意见,因而具有较强的公正性和科学性,可以作为二手车买卖交易谈判底价的参考依据,或作为投资比例出资价格的证明材料,特别是对涉及国有资产的二手车给出客观公正的作价,可以有效地防止国有资产的流失,确保国有资产价格的客观、公正、真实。

②作为法庭辩论和裁决时确认财产价格的举证材料。

③作为支付评估费用的依据。当委托方(客户)收到评估资料及报告后没有提出异议,也就是说评估的资料及结果符合委托书的条款,委托方应以此为前提和依据向受托方(评估机构)付费。

④反映和体现评估工作情况,明确委托方、受托方及有关方面责任的根据。二手车鉴定评估报告书采用文字的形式,对受托方进行二手车评估的目的、背景、产权、依据、程序、方法等过程和评定的结果进行说明和总结,体现了评估机构的工作成果;同时,也反映和体现了二手车鉴定评估机构与鉴定评估人员的权利和义务,并依此来明确委托方和受托方的法律责任。撰写评估结果报告书还行使了二手车鉴定评估人员在评估报告书上签字的权利。

二手车鉴定评估报告书对接受委托的鉴定评估机构来说,具有以下重要作用:

①是评估机构评估成果的体现,是一种动态管理的信息资料,体现了评估机构的工作情况和工作质量。

②二手车鉴定评估报告书是建立评估档案,归集评估档案资料的重要信息来源。

5.5.2 撰写二手车评估报告的基本要求

国有资产管理局以国资办发[1993]55号文发布了《关于资产评估报告书的规范意见》,对资产评估报告书的撰写提出了比较系统的规范要求,结合二手车鉴定估价的实际情况,主要要求如下:

①鉴定估价报告必须依照客观、公正、实事求是的原则由二手车鉴定评估机构独立撰写,如实反映鉴定估价的工作情况。

②鉴定估价报告应有委托单位(或个人)的名称、二手车鉴定评估机构的名称和印章,二手车鉴定评估机构法人代表或其委托人和二手车鉴定估价师的签字,以及提供报告的日期。

③鉴定估价报告要写明评估基准日,并且不得随意更改。所有在估价中采用的税率、费率、利率和其他价格标准,均应采用基准日的标准。

④鉴定估价报告中应写明估价的目的、范围、二手车的状态和产权归属。

⑤鉴定估价报告应说明估价工作遵循的原则和依据的法律法规,简述鉴定估价过程,写明评估的方法。

⑥鉴定估价报告应有明确的鉴定估算价值的结果,鉴定结果应有二手车的成新率,应有二手车原值、重置价值、评估价值等。

⑦鉴定估价报告还应有齐全的附件。

5.5.3 二手车评估报告的基本内容

根据二手车评估报告的基本要求来定,评估报告书应包括以下主要内容。

1. 封面

二手车鉴定评估报告书的封面须包含下列内容:二手车鉴定评估报告书名称、鉴定评估机构出具鉴定评估报告的编号、二手车鉴定评估机构全称和鉴定评估报告提交日期等。有服务商标的,评估机构可以在报告封面载明其图形标志。

2. 首部

鉴定评估报告书正文的首部应包括:

(1) 标题

标题应简练清晰,含有"××××(评估项目名称)鉴定评估报告书"字样,位置居中偏上。

(2) 报告书序号

报告书序号应符合公文的要求,包括评估机构特征字、公文种类特征字(例如:评报、评咨和评函,评估报告书正式报告应用"评报",评估报告书预报告应用"评预报")、年份、文件序号,例如:××评报字(2007)第10号。

3. 绪言

写明该评估报告委托方全称、受委托评估事项及评估工作整体情况,一般应采用包含下列内容的表达格式:"××(鉴定评估机构)接受××××的委托,根据国家有关资产评估的规定,本着客观、独立、公正、科学的原则,按照公认的资产评估方法,对××××(车辆)进行了鉴定评估。本机构鉴定评估人员按照必要的程序,对委托鉴定评估车辆进行了实地查勘与市场调查,对其在××××年××月××日所表现的市场价值作出了公允反映。现将车辆评估情况及鉴定评估结果报告如下……"

4. 委托方与车辆所有方简介

①应写明委托方、委托方联系人的名称、联系电话及住址。
②车主的名称。

5. 鉴定评估目的

应写明本次鉴定评估是为了满足委托方的何种需要,及其所对应的经济行为类型。
例如:
根据委托方的要求,本项目评估目的:
□交易 □转籍 □拍卖 □置换 □抵押 □担保 □咨询 □司法裁决

6. 鉴定评估对象

须简要写明纳入评估范围车辆的厂牌型号、号牌号码、发动机号、车辆识别代号/车架号、注册登记日期、年审检验合格有效日期、车辆购置税证号码、车船使用税缴纳有效期。

7. 鉴定评估基准日

写明车辆鉴定评估基准日的具体日期,式样为:鉴定评估基准日是××××年××月××日。

8. 评估原则

严格遵循"客观性、独立性、公正性、科学性"原则。

9. 评估依据

评估依据一般包括行为依据、法律法规依据、产权依据和评定及取价依据等。

(1) 行为依据

行为依据主要是指二手车鉴定评估委托书、法院的委托书等经济行为文件,如"二手车鉴定评估委托书第10号"。

（2）法律、法规依据

法律、法规依据应包括车辆鉴定评估的有关条款、文件及涉及车辆评估的有关法律、法规等。

（3）产权依据

产权依据是指被评估车辆的机动车登记证书或其他能够证明车辆产权的文件等。

（4）评定及取价依据

评定及取价依据应为鉴定评估机构收集的国家有关部门发布的统计资料和技术标准资料，以及评估机构收集的有关询价资料和参数资料等，如：

①技术标准资料：最新资产评估常用数据与参数手册。

②技术参数资料：被评估二手车的技术参数表。

③技术鉴定资料：车辆检测报告单。

④其他资料：现场工作底稿、市场询价资料等。

10. 评估方法及计算过程

简要说明评估人员在评估过程中所选择并使用的评估方法；简要说明选择评估方法的依据或原因；如评估时采用一种以上的评估方法，应适当说明原因并说明该资产评估价值确定方法；对于所选择的特殊评估方法，应适当介绍其原理与适用范围；各种评估方法计算的主要步骤等。

11. 评估过程

评估过程应反映二手车鉴定评估机构自接受评估委托起至提交评估报告的工作过程，包括接受委托、验证、现场查勘、市场调查与询证、评定估算和提交报告等过程，包括接受委托、验证、现场查勘、市场调查与询证、评定估算和提交报告等过程。

12. 评估结论

给出被评估车辆的评估价格，金额（小写、大写）。

13. 特别事项说明

评估报告中陈述的特别事项是指在已确定评估结果的前提下，评估人员揭示在评估过程中已发现可能影响评估结论，但非评估人员执业水平和能力所能评定估算的有关事项；提示评估报告使用者应注意特别事项对评估结论的影响；揭示鉴定评估人员认为需要说明的其他问题。

14. 评估报告法律效力

说明评估报告的有效日期；特别提示评估基准日的期后事项对评估结论的影响以及评估报告的使用范围等。常见写法如下：

①本项评估结论有效期为90天，自评估基准日至×××年××月××日止。

②当评估目的在有效期内实现时，本评估结果可以作为作价参考依据；超过90天，需重新评估。另外在评估有效期内若被评估车辆的市场价格或因交通事故等原因导致车辆的价值发生变化，对车辆评估结果产生明显影响时，委托方也需重新委托评估机构重新评估。

③鉴定评估报告书的使用权归委托方所有，其评估结论仅供委托方为本项目评估目的使用和送交二手车鉴定评估主管机关审查使用，不适用于其他目的；因使用本报告书不当而产生的任何后果与签署本报告书的鉴定估价师无关；未经委托方许可，本鉴定评估机构承诺不将本报告书的内容向他人提供或公开。

15. 鉴定评估报告提出日期

写明评估报告提交委托方的具体时间。评估报告原则上应在确定的评估基准日后1周内提出。

16. 附件

附件应包括：二手车鉴定评估委托书、二手车鉴定评估作业表、车辆行驶证复印件、车辆购置税复印件、车辆登记证书复印件、二手车鉴定评估师资格证书影印件、鉴定评估机构营业执照影印件、鉴定评估机构资质影印件和二手车照片等。

17. 尾部

写明出具评估报告的评估机构名称,并盖章;写明评估机构法定代表人姓名并签名;注册二手车鉴定评估师盖章并签名;高级注册二手车鉴定评估师审核签章以及报告日期。

5.5.4 编制报告书的注意事项

编制二手车鉴定评估报告书时应注意以下事项:

(1)实事求是,切忌出具虚假报告

报告书必须建立在真实、客观的基础上,不能脱离实际情况,更不能无中生有。报告拟定人应是参与鉴定评估并全面了解被评估车辆的主要鉴定评估人员。

(2)坚持一致性做法,切忌出现表里不一

报告书文字、内容要前后一致,正文、评估说明、作业表、鉴定工作底稿、格式甚至数据要相互一致,不能出现相互矛盾的不一致情况。

(3)提交报告书要及时、齐全和保密

在正式完成二手车鉴定评估报告工作后,应按业务约定书的约定时间及时将报告书送交委托方。送交报告书时,报告书及有关文件要送交齐全。

5.5.5 二手车鉴定评估报告书的范例

范例1

二手车鉴定评估报告书
(示范文本)
××××鉴定评估机构评报字(20××年)第××号

一、绪言

××(鉴定评估机构)接受××××的委托,根据国家有关资产评估的规定,本着客观、独立、公正、科学的原则,按照公认的资产评估方法,对××××(车辆)进行了鉴定评估。本机构鉴定评估人员按照必要的程序,对委托鉴定评估车辆进行了实地查勘与市场调查,并对其在××××年××月××日所表现的市场价值作出了公允反映。现将车辆评估情况及鉴定评估结果报告如下:

二、委托方与车辆所有方简介

(一)委托方××××,委托方联系人×××,联系电话:××××××。

(二)根据机动车行驶证所示,委托车辆车主×××。

三、评估目的

根据委托方的要求,本项目评估目的:

□交易 □转籍 □拍卖 □置换 □抵押 □担保 □咨询 □司法裁决

四、评估对象

评估车辆的厂牌型号( );号牌号码( );发动机号( );车辆识别代号/车架号( );登记日期( );年审检验合格至 年 月;购置附加税(费)证( );车船使用税( )。

五、鉴定评估基准日

鉴定评估基准日 年 月 日。

六、评估原则

严格遵循"客观性、独立性、公正性、科学性"原则。

七、评估依据

(一)行为依据

二手车评估委托书第 号。

(二)法律、法规依据

1.《企业国有资产评估管理暂行办法》(国务院国有资产监督管理委员会 2005 年第 12 号令);

2. 国家经贸委等部门《汽车报废标准》(国经贸经[1997] 456 号)、《关于调整轻型载货汽车及其补充规定》(国经贸经[1998] 407 号)、《关于调整汽车报废标准若干规定的通知》(国经贸资源[2000] 1202 号)、《农用运输车报废标准》(国经贸资源[2001] 234 号)等;

3. 其他相关的法律、法规等。

(三)产权依据

委托鉴定评估车辆的机动车登记证书编号:

(四)评定及取价依据

技术标准资料:

技术参数资料:

技术鉴定资料:

其他资料

八、评估方法

□重置成本法 □现行市价法 □收益现值法 □其他[1]。

计算过程如下:

九、评估过程

按照接受委托、验证、现场查勘、评定估算、提交报告的程序进行。

十、评估结论

车辆评估价格 元,金额大写。

十一、特别事项说明[2]

十二、评估报告法律效力

(一)本项评估结论有效期为 90 天,自评估基准日至 年 月 日止;

(二)当评估目的在有效期内实现时,本评估结果可以作为作价参考依据。超过 90 天,需重新评估。另外在评估有效期内若被评估车辆的市场价格或因交通事故等原因导致车辆的价值发生变化,对车辆评估结果产生明显影响时,委托方也需重新委托评估机构重新评估;

(三)鉴定评估报告书的使用权归委托方所有,其评估结论仅供委托方为本项目评估目的使用和送交二手车鉴定评估主管机关审查使用,不适用于其他目的;因使用本报告书不当而产生的任何后果与签署本报告书的鉴定估价师无关;未经委托方许可,本鉴定评估机构承诺不将本报告书的内容向他人提供或公开。

附件:

一、二手车鉴定评估委托书

二、二手车鉴定评估作业表

三、车辆行驶证、购置附加税(费)证复印件

四、鉴定评估师职业资格证书复印件

五、鉴定评估机构营业执照复印件

六、被评估二手车照片(要求外观清晰,车辆牌照能够辨认)

注册二手车鉴定评估师(签字、盖章)

复核人[3](签字、盖章)

(二手车鉴定评估机构盖章)

年 月 日

[1]指利用两种或两种以上的评估方法对车辆进行鉴定评估,并以它们评估结果的加权值为最终评估结果的方法。

[2]特别事项是指在已确定评估结果的前提下,评估人员认为需要说明在评估过程中已发现可能影响评估结论,但非评估人员执业水平和能力所能评定估算的有关事项以及其他问题。

[3]复核人须具有高级二手车鉴定评估师资格。

备注:本报告书和作业表一式三份,委托方二份,受托方一份。

附件一：二手车鉴定评估委托书

委托书编号：_____的

_____二手车鉴定评估机构：

因□交易 □转籍 □拍卖 □置换 □抵押 □担保 □咨询 □司法裁决需要，特委托你单位对车辆(车牌号码_____车辆类型_____发动机号_____车架号_____)进行技术状况鉴定并出具评估报告书。

附：委托评估车辆基本信息(表5.3)

表5.3 委托评估车辆基本信息

车主		身份证号码/法人代表证		联系电话	
住址				邮政编码	
经办人				联系电话	
住址		身份证号码		邮政编码	
车辆情况	厂牌型号			使用用途	
	载重量/座位/排量			燃料种类	
	初次登记日期	年 月 日		车身颜色	
	已使用年限	年 个月	累计行驶里程(万公里)		
	大修次数	发动机(次)		整车(次)	
	维修情况				
	事故情况				
价值反映	购买日期	年 月 日		原始价格(元)	
	车主报价(元)				

备注：

填表说明：
1. 若被评估车辆使用用途曾经为营运车辆，需在备注栏中予以说明；
2. 委托方必须对车辆信息的真实性负责，不得隐瞒任何情节。凡由此引起的法律责任及赔偿责任由委托方负责；
3. 本委托书一式二份，委托方、受托方各一份。

委托方：(签字、盖章)   经办人：(签字、盖章)

                                     (×××二手车鉴定评估机构盖章)

年 月 日   年 月 日

附件二:二手车鉴定评估作业表(表5.4)

表5.4 二手车鉴定评估作业表

车主		所有权性质	□公 □私	联系电话	
住址				经办人	
原始情况	厂牌型号		号牌号码		车辆类型
	车辆识别代号				车身颜色
	发动机号		车架号		
	载重量/座位/排量				燃料种类
	初次登记日期	年 月	车辆出厂日期		年 月
	已使用年限	年 个月	累计行驶里程	万公里	使用用途
核查核对交易证件	证件	□原始发票 □机动车登记证书 □机动车行驶证 □法人代码证或身份证 □其他			
	税费	□购置附加费 □养路费 □车船使用税 □其他			
结构特点					
现时技术状况					
维护保养情况			现时状态		
价值反映	账面原值(元)		车主报价(元)		
	重置成本(元)		成新率(%)		评估价格(元)

鉴定评估目的:

鉴定评估说明:

注册二手车鉴定评估师(签名)   复核人(签名)

    年 月 日   年 月 日

填表说明:

1. 现实技术状况:必须如实填写对车辆进行技术鉴定的结果,客观真实地反映出二手车的主要部分(含车身、底盘、发动机、电气、内饰等)以及整车的现时技术状况;

2. 鉴定评估说明:应详细说明重置成本的计算方法,成新率的计算方法以及评估价格的计算方法。

范例 2

二手车鉴定评估报告书
×××二手车中心评字[20××]第 002 号

×××人民法院：

受贵院委托，我中心于 2011 年 9 月 22 日至 9 月 24 日对贵院依法扣押的一辆大众汽车甲壳虫汽车进行了鉴定评估，现将鉴定评估情况和结果报告如下：

1. 委托单位名称

×××人民法院

2. 委托单位名称及鉴定评估类型

×××二手车交易中心是经国内贸易部批准，由国内贸易部和河南省人民政府共同举办的国家级二手车交易中心。本中心接受国家国内贸易局和劳动与社会保障部有关部门组织的职业技能培训和鉴定，中心鉴定评估人员取得二手车鉴定评估师职业资格证书，资格证书编号 0085。

3. 鉴定评估目的

为法院司法裁定提供现时价值依据。

4. 鉴定评估基准日

2011 年 9 月 22 日

5. 鉴定评估的原则

严格遵循"客观、公正、科学、可行性"的原则。

6. 鉴定评估的依据

①《国有资产评估管理办法》。

②《国有资产评估管理办法实施细则》。

③《×××法院鉴定评估委托书》。

④《汽车报废标准》及《二手车流通管理办法》。

⑤其他相关法律、法规、资料。

7. 鉴定评估对象简介

本次鉴定评估对象为一辆大众甲壳虫汽车，型号为××××××××，发动机号为×××××，车架号：××××，发动机排量 2.0 L，牌照号×××，该车初次登记日期为 2008 年 12 月，累计行驶里程为 64 000 km，经现场勘查鉴定，车身有擦伤痕迹，前悬架总成出现局部故障，空调制冷不良，发电机工作不正常，其他均与新旧程度大致相符。

8. 鉴定评估过程及评估方法

(1) 鉴定评估起止时间

2011 年 9 月 22 日至 9 月 24 日。

(2) 鉴定评估工作主要操作程序

①听取法院法官或相关人员介绍情况，明确鉴定评估目的，了解被评估车辆的基本情况和现状。

②现场勘查、核实手续证件。

③技术鉴定车辆技术情况。

④收集相关资料，咨询现行汽车市场价值。

⑤评定估算价格，提出价值意见。

(3) 评估方法

根据评估目的及对象的实际情况，采用清算价格标准，运用清算价格的评估方法评估车辆，该方法是将被评估的车辆与市场相同或类似的车辆市场价格进行比较，以衡量和确定被评估车辆拍卖时可能得到的快速变现价格。即为该车的估算价格。

9. 评估结论

综上所述，本次对评估大众甲壳虫汽车于 2011 年 9 月 22 日的评估总值为人民币壹拾陆万贰仟元整。

10. 评估说明

①本报告所称评估价格,是指我中心对评估车辆在现有情况不变及在评估基准日的外部经济环境不变的前提下,根据鉴定评估目的提出的公允价值意见。

②收集现行市场价格资料时,在二手车交易市场找到了一宗类似于被评估车辆的交易案例,这一宗案例的类比对象不一定具有代表性。为了取得被评估车辆价格的合理性,对车辆进行了仔细的技术鉴定,采用部件鉴定法估算车辆的成新率,运用重置成本法估算车辆的评估值。最后综合收集的市场价格和重置成本法估算的价格,按清算价格法,即法院在清算之日预期出卖车辆的快速变现价格的方法,估算该车的现时价格。具体计算过程见附件一。

11. 评估结果有效期

按现行规定,根据二手车的商品特点,评估值有效期为 3 个月,即在鉴定评估基准日后的 3 个月内实施时,可以将鉴定评估的结果作为价值参考依据,超过 3 个月需重新进行评估。

12. 鉴定评估报告书的使用范围

本鉴定评估报告书仅供×××人民法院司法裁定之用,未经本中心同意,不得向委托方和鉴定评估报告审查部门之外的单位和个人提供,报告的全部或部分内容不得发表于任何公开媒体之上。

×××二手车交易中心

鉴定评估师:×××
报告复核人:×××
(盖章)
中心负责人:×××
二零××年×月××日

附件一：评估具体计算过程

本中心接受委托后，对评估对象进行了现场勘估和广泛的市场调查，并根据本次评估的特殊目的，即属债务清偿，决定本次的评估方法为清算价格法。

评估计算公式为

$$评估值 = 重置成本全价 \times 成新率 \times 折扣率$$

$$重置成本全价 = 现行市价购置价 + 购置附加费 + 消费税$$

①现行市场购置价的确定。根据市场调查了解与该车类似产品的一辆大众甲壳虫汽车，经销商卖价为 250 000 元，并且该车型较被评估车型动力性能好，内饰装潢豪华一些。故本次评估参照此价格确定市场购置价 225 000 元。

②重置成本全价。该车辆购置附加费费率为 10%，故重置全价为

$$重置成本全价 = [225\,000 \times (1 + 10\%)]元 = 247\,500\,元$$

③成新率的确定是根据部件鉴定法及车辆使用及保养情况综合确定为 75%，详见附件二。

④根据市场调查，取 80% 的折扣率即可在清算之日出售。

⑤评估值的计算

$$评估值 = 重置成本全价 \times 成新率 \times 折扣率$$
$$= [247\,500 \times 75\% \times 80\%]元 = 148\,500\,元$$

附件二：二手车鉴定评估作业表(表5.5)

表5.5 二手车鉴定评估作业表

车主	×××	所有权性质	公/私	联系电话	×××
住址	××××××××××××			经办人	张三
车辆名称	甲壳虫	型号	××××××	生产厂家	大众
牌照号	×××××	发动机号	×××××	车架号	×××××
载质量/座位数/排量	2.0	燃料种类	汽油	车籍	×××
初次登记日期	2008.12	已使用年限	2年7个月	累计行驶里程	6.4万km
账面原值(元)	280 300	账面净值(元)		成交价格(元)	
重置价格(元)	247 500	成新率(%)	75	评估价格(元)	148 500

鉴定评估目的：为法院司法裁定提供现时价值依据

鉴定评估说明：

成新率估算明细表

总成部件	权分(%)	成新率(%)	加权成新率(%)
发动机及离合器总成	30	80	24
变速器及传动轴总成	10	80	8
前桥及转向器、前悬架总成	10	60	6
后桥及后悬架总成	10	85	8.5
制动系统	5	80	4
车架总成	5	80	4
车身总成	22	70	15.4
电气设备及仪表	6	60	3.6
轮胎	2	80	1.6
合计	100		75.1

鉴定评估师(签名)：×××　　　　　　　　　　审核人(签名)：×××

　年　　月　　日　　　　　　　　　　　　　　年　　月　　日

填表说明：

1. 现实技术状况：必须如实填写对车辆进行技术鉴定的结果，客观真实地反映出二手车的主要部分(含车身、底盘、发动机、电气、内饰等)以及整车的现时技术状况

2. 鉴定评估说明：应详细说明重置成本的计算方法，成新率的计算方法以及评估价格的计算方法

任务实施

根据本项目情境导入中的问题，我们采取如下方法进行解决。

环节	对应项目	具体程序
1	搜集资料	搜集被评估车辆的相关技术资料，现场工作底稿，市场询价资料等
2	填写二手车鉴定评估作业表	根据搜集的资料，如实填写二手车鉴定评估作业表
3	撰写评估报告	按照二手车鉴定评估书的具体内容和基本格式要求，如实撰写二手车鉴定评估报告书

评价体会

评价与考核项目		评价与考核标准	配分	得分
知识点	二手车评估四种基本方法的基本原理、适用原则、计算方法及特点	熟练掌握满分	10	
	二手车评估报告书的格式及内容要求	熟练掌握满分	10	
技能点	能运用恰当的二手车评估方法进行二手鉴定评估工作，并撰写一份规范的二手车评估报告书	内容规范和步骤正确满分	30	
	能独立解决二手车评估过程中遇到的问题	方法合理、处理得当满分	20	
情感点	学习态度	态度端正、遵守纪律、努力学习者满分	10	
	相互协作情况	小组成员之间分工协作、团结一致满分	10	
	参与度和结果	各小组成员积极参与、结果合理满分	10	
合 计			100	

任务工单

学习任务5：二手车评估基本方法 项目1：现行市价法	班级			
	姓名		学号	
	日期		评分	

一、内容

1. 现行市价法指的是_____
_____。

2. 现行市价法指的基本原理是_____
_____。

3. 运用现行市价法对二手车进行价格评估必须满足的前提条件有：
(1) _____
_____。

(2) _____
_____。

4. 运用现行市价法进行车辆评估的基本步骤是：_____
_____。

5. 现行市价法的特点有：
(1)优点：_____
_____。

(2)缺点：_____
_____。

任务工单

二、准备

说明：每位学生应在工作任务实施前独立完成准备工作。

请根据任务要求，确定所需要的设备器材，并对小组成员进行合理分工，制订计划。

1. 需要的设备器材

2. 小组成员分工

3. 实施计划

三、实施

1. 教师选定被评估车辆，以二手车交易市场真实工作情境为引领，引导学生按照二手车业务活动流程，运用现行市价法对被评估车辆进行评估。
2. 各小组按照既定计划对被评估车辆的相关资料进行搜集，并做好记录。
3. 各小组运用现行市价法的评估步骤完成对被评估车辆的价值评估。
4. 各小组就评估开展情况及评估结果讨论总结，形成实施报告，代表发言，向同学们汇报。
5. 各小组对比不同小组的评估情况，讨论反思，客观分析实施过程中的得与失，并把评估工作步骤、实施过程和评估结果完整记录，形成文字报告。

四、小结

1. 顾客张女士前来二手车交易市场咨询了二手车交易哪些事宜？

2. 作为二手车鉴定评估的专业人员可通过哪些途径消除张女士的疑虑？

3. 运用现行市价法评估车辆时，对被评估车辆和参照车辆应搜集哪些方面的资料？

4. 运用现行市价法评估车辆时，应注意哪些方面的问题？

任务工单

学习任务5：二手车评估基本方法	班级			
项目2：收益现值法	姓名		学号	
	日期		评分	

一、内容

1. 收益现值法指的是_____
_____。

2. 收益现值法的基本原理是_____
_____。

3. 运用收益现值法对二手车进行价格评估必须满足的前提条件有：
(1) _____
_____。
(2) _____
_____。
(3) _____
_____。

4. 运用收益现值法进行车辆评估的基本步骤是：
(1) _____
_____。
(2) _____
_____。
(3) _____
_____。
(4) _____
_____。
(5) _____
_____。
(6) _____
_____。
(7) _____
_____。

5. 收益现值法的特点有：
(1) 优点：_____
_____。
(2) 缺点：_____
_____。

任务工单

二、准备

说明:每位学生应在工作任务实施前独立完成准备工作。

请根据任务要求,确定所需要的设备器材,并对小组成员进行合理分工,制订计划。

1. 需要的设备器材

2. 小组成员分工

3. 实施计划

三、实施

1. 教师选定被评估车辆,以二手车交易市场真实工作情境为引领,引导学生按照二手车业务活动流程,运用收益现值法对被评估车辆进行评估。
2. 各小组按照既定计划对被评估车辆的相关资料进行搜集,并做好记录。
3. 各小组运用收益现值法的评估步骤完成对被评估车辆的价值评估。
4. 各小组就评估开展情况及评估结果讨论总结,形成实施报告,代表发言,向同学们汇报。
5. 各小组对比不同小组的评估情况,讨论反思,客观分析实施过程中的得与失,并把评估工作步骤、实施过程和评估结果完整记录,形成文字报告。

四、小结

1. 经营出租车活动所需支出的相关费用有哪些?

2. 运用收益现值法评估车辆时,除了调查了解评估车辆的相关技术状况外,还应搜集哪些方面的资料?

3. 运用收益现值法评估车辆时,应注意哪些方面的问题?

任务工单

学习任务5：二手车评估基本方法	班级			
项目3：重置成本法	姓名		学号	
	日期		评分	

一、内容

1. 重置成本法指的是_____
_____。

2. 重置成本法的基本原理是_____
_____。

3. 重置成本法对二手车进行价格评估必须满足的前提条件有：

(1) _____
_____。

(2) _____
_____。

(3) _____
_____。

(4) _____
_____。

4. 运用重置成本法进行车辆评估的基本步骤是：

(1) _____
_____。

(2) _____
_____。

(3) _____
_____。

(4) _____
_____。

(5) _____
_____。

(6) _____
_____。

5. 重置成本法的特点有：

(1) 优点：_____
_____。

(2) 缺点：_____
_____。

任务工单

二、准备

说明：每位学生应在工作任务实施前独立完成准备工作。

请根据任务要求，确定所需要的设备器材，并对小组成员进行合理分工，制订计划。

1. 需要的设备器材

2. 小组成员分工

3. 实施计划

三、实施

1. 教师选定被评估车辆，以二手车交易市场真实工作情境为引领，引导学生按照二手车业务活动流程，运用重置成本法对被评估车辆进行评估。
2. 各小组按照既定计划对被评估车辆的相关资料进行搜集，并做好记录。
3. 各小组运用重置成本法的评估步骤完成对被评估车辆的价值评估。
4. 各小组就评估开展情况及评估结果讨论总结，形成实施报告，代表发言，向同学们汇报。
5. 各小组对比不同小组的评估情况，讨论反思，客观分析实施过程中的得与失，并把评估工作步骤、实施过程和评估结果完整记录，形成文字报告。

四、小结

1. 列举奥迪 A4 1.8T 舒适型和马自达福美来 1.8 这两款车各自的性能特点。

2. 二手车置换时，应该注意哪些问题？

3. 运用重置成本法评估车辆时，应注意哪些方面的问题？

任务工单

学习任务5：二手车评估基本方法	班级			
项目4：清算价格法	姓名		学号	
	日期		评分	

一、内容

1. 清算价格法指的是＿＿。

2. 清算价格法的基本原理是＿＿。

3. 清算价格法对二手车进行价格评估必须满足的前提条件有：

　(1)＿＿。

　(2)＿＿。

　(3)＿＿。

4. 运用重置成本法进行车辆评估的基本步骤是：

　(1)＿＿。

　(2)＿＿。

　(3)＿＿。

　(4)＿＿。

　(5)＿＿。

　(6)＿＿。

5. 决定清算价格的影响因素有哪些？

＿＿。

6. 清算价格法的特点有：

　(1)优点：＿＿。

　(2)缺点：＿＿。

任务工单

二、准备

说明：每位学生应在工作任务实施前独立完成准备工作。

请根据任务要求，确定所需要的设备器材，并对小组成员进行合理分工，制订计划。

1. 需要的设备器材

2. 小组成员分工

3. 实施计划

三、实施

1. 教师选定被评估车辆，以二手车交易市场真实工作情境为引领，引导学生按照二手车业务活动流程，运用清算价格法对被评估车辆进行评估。
2. 各小组按照既定计划对被评估车辆的相关资料进行搜集，并做好记录。
3. 各小组运用清算价格法的评估步骤完成对被评估车辆的价值评估。
4. 各小组就评估开展情况及评估结果讨论总结，形成实施报告，代表发言，向同学们汇报。
5. 各小组对比不同小组的评估情况，讨论反思，客观分析实施过程中的得与失，并把评估工作步骤、实施过程和评估结果完整记录，形成文字报告。

四、小结

1. 列举该公司名下宝马 X5 SUV 车型的技术等级状况。

2. 二手车拍卖时，应该注意哪些问题？

3. 运用清算价格法评估车辆时，应注意哪些方面的问题？

任务工单

学习任务5：二手车评估基本方法	班级			
项目5：撰写二手车评估报告	姓名		学号	
	日期		评分	

一、内容

1. 二手车鉴定评估报告是指_____
   _____。

2. 对二手车鉴定评估报告的基本要求包括_____
   _____。

3. 二手车鉴定评估的基本内容包括：

   (1) _____；
   (2) _____；
   (3) _____；
   (4) _____；
   (5) _____；
   (6) _____；
   (7) _____；
   (8) _____；
   (9) _____；
   (10) _____；
   (11) _____；
   (12) _____；
   (13) _____；
   (14) _____；
   (15) _____；
   (16) _____；
   (17) _____。

4. 编制二手车评估报告书应注意：

   (1) _____
   _____；
   (2) _____
   _____；
   (3) _____
   _____。

任务工单

二、准备
说明：每位学生应在工作任务实施前独立完成准备工作。
请根据任务要求，确定所需要的设备器材，并对小组成员进行合理分工，制订计划。
1. 需要的设备器材

2. 小组成员分工

3. 实施计划

三、实施
1. 教师以二手车二手车业务活动真实工作情境为引领，引导学生以小组为单位，就该小组工作方法和正确性进行讨论，并制定出本小组工作计划和操作步骤，形成书面文件。
2. 各小组按照既定计划对被评估车辆的相关资料进行搜集，并做好记录。
3. 根据搜集的资料，如实填写二手车鉴定评估作业表。
4. 各小组按照二手车鉴定评估书的具体内容和基本格式要求，如实撰写二手车鉴定评估报告书。
5. 各小组就撰写评估报告书情况讨论总结，代表发言，向同学们汇报。
6. 各小组对比不同小组的撰写情况，讨论反思，客观分析实施过程中的得与失，并把鉴定评估报告进一步完善。

四、小结
1. 撰写二手车评估报告需要搜集哪些资料？

2. 列举在撰写二手车评估报告时遇到的问题，以及解决的措施。

拓展与提升

个人卖二手车需要注意的事项

如今,二手车市场可谓是异常火爆,很多的购车需求纷纷涌入。但是由于市场上的二手车收购公司良莠不齐,导致二手车收购并不是十分的容易。很多的车主非常害怕被"黄牛党"蒙骗,往往会选择个人出售二手车的方式。不过,个人出售二手车也会有各种各样的麻烦,是由于很多的车主并不了解个人该如何卖二手车,下面,就给您介绍一下个人卖二手车的注意事项。

1. 准备好相关的手续

必要的二手车手续包括购车发票、机动车登记证、车辆行驶证、车辆购置税、车船使用税和保险等相关税费缴纳证明,车主们平时要按时办理缴纳这些费用,才能保证在卖车的时候手续齐全。在交易双方达成交易意向后,请尽快到车管所办理车辆相关手续的过户更名。

2. 了解当地的二手车行情

要想卖车,免不了要了解当前二手车市场的买卖行情价格,这项准备工作是不可缺少的,做的好了还能免除被车商蒙骗的可能。车主要了解当前新车行情,可以参考各大汽车网站的车辆售价,通过对车辆配置情况和车况的比对,可以对车的价格有一个基本了解。

3. 维持真实干净的车况

首先是真实的车况,其次是干净。有些车主为了让车子能卖个更高的价钱,在个人卖二手车前对旧车进行翻新,其实这是完全没有必要的。对旧车翻新的行为会让买家产生怀疑,更是瞒不过汽车行家的火眼金睛。车主只需将车辆清洗完毕,然后将车辆出厂后添加的豪华配置转移到自己的新车或保存起来,这些配置在估价环节的帮助不大。

4. 要注意卖车的时机

车龄在一两年之内的车辆最好不要卖,如果你将刚买的新车马上转手卖掉,那么损失则非常大。主要是办理新车的手续要花很多钱,刚到手的新车马上卖掉实在是不划算,所以建议等车龄有三四年之久了再卖也不迟。

5. 签订卖车协议

车主在签订买卖协议的时候要注意几点,在卖车协议当中一定要注明车辆使用过程中出现违章和交通意外后的事故责任归新车主所有;对于买卖双方口头商定的一些协议也要以文字形式放到卖车协议的条款当中。

6. 过户手续要办齐全

买卖二手车一定要及时办理车辆手续和保险的过户更名手续,以免在后期使用过程中给双方带来纷扰。办理过户手续可以找专业的二手车公司或4S店,确保车辆所有权以及相关责任,避免出现一些不必要的麻烦。

学习任务 6
二手车交易实务

【任务目标】

1. 了解我国二手车交易的类型;
2. 掌握我国二手车交易的基本流程;
3. 熟悉二手车收购的流程、定价方法;
4. 熟悉二手车置换的业务流程;
5. 熟悉二手车销售定价方法;
6. 了解二手车拍卖的流程;
7. 掌握二手车过户的基本流程及相关手续的办理;
8. 熟悉二手车交易合同的种类及签订准则。

【任务描述】

二手车交易是一个繁琐复杂的过程,它从二手车商收购原车主车辆开始,经过车辆翻新,再展开销售到交易成功卖给新车主,这里关于二手车的收购流程、置换流程、销售流程、拍卖流程、二手车交易及过户的流程都得相当熟悉。交易是否成功涉及的因素很多,作为从业人员,我们需要掌握的知识、技能很多。在本学习任务中,我们主要通过理论介绍和任务实施的形式来掌握这些必备知识和技能。

【课时计划】

项目	项目内容	参考课时
6.1	二手车交易流程	2
6.2	二手车收购	0.5
6.3	二手车销售	0.5
6.4	二手车置换和拍卖	1

项目6.1 二手车交易流程

> **情境导入**
>
> 李先生来到二手车交易市场。他参加工作两年，打算买辆车代步，方便上下班，考虑预算和个人情况，他考虑买辆二手车。但是他对汽车是门外汉，一无所知，并且听说买二手车的流程比新车更加复杂，还怕买到车况差的车吃了亏。所以还是心中有疑虑。今天他想通过咨询一下二手车交易的流程。作为从业人员，我们今天要让李先生心中有底，然后促成这单交易，实施交易流程，帮助李先生办理过户和车辆转移登记及其他手续。

理论引导

6.1.1 二手车交易类型

1. 二手车交易类型

二手车交易是一种产权交易，实现二手车所有权从卖方到买方的转移过程。二手车必须完成所有权转移登记（即过户）才算是合法的、完整的交易。根据《二手车交易流通管理办法》的相关规定，二手车交易有以下几种类型：

（1）直接交易

二手车直接交易是指二手车所有人不通过经销企业、拍卖企业和经纪机构将车辆直接出售给买方的交易行为。也就是说不通过中介，买卖双方直接交易。

（2）中介经营

中介经营是指二手车买卖双方通过中介方的帮助而实现交易，中介方收取约定佣金的一种交易行为。

①二手车经纪。二手车经纪是指二手车经纪机构以收取佣金为目的，为促成他人交易二手车而从事居间、行纪或者代理等经营活动。车主将待转让的车辆委托给二手车中介公司，约定好最低委托销售价格，被买主看中，要点是要在一些正规的二手汽车中介办理这种业务，以免出现风险，如故意拖延错过最佳出售时机、用车主的车骗保险、拆配件卖、甚至骗取车辆手续和证件销售后消失等风险。

②二手车拍卖。二手车拍卖是指二手车拍卖企业以公开竞价的形式将二手车转让给最高应价者的经营活动。从事二手车拍卖及相关中介服务活动的机构应按照《拍卖法》及《拍卖管理办法》的有关规定进行。委托拍卖时，委托人应提供身份证明、车辆所有权或处置权证明及其他相关材料。拍卖人接受委托的，应与委托人签订委托拍卖合同。

（3）二手车销售

二手车销售是指二手车销售企业收购、销售二手车的经营活动。

二手车典当不赎回情况也可以算作一种二手车销售。二手车典当是指二手车所有人将其拥有的、具有合法手续的车辆质押给典当公司，典当公司支付典当当金，封存质押车辆，双方约定在一定期限内由出典人（二手车所有人）结清典当本息、赎回车辆的一种贷款行为。目前二手车置换业务主要是在同品牌的车型中开展，汽车销售企业将置换的汽车经过一定的检测、维修后，作为一辆认证二手车卖给消费者。目前，我国已有部分汽车品牌开展了认证二手车销售业务，如上海通用"诚新二手车"。

典当时二手车所有人需持合法有效的手续到典当行办理典当手续，由典当行工作人员和车主当面查验，填写"机动车抵押/注销抵押登记申请表"(表6.1),此申请表必须交到车辆管理所备案,然后封入典当公司的专业车辆库房。如果到约定的赎回期限二手车所有人不赎回车辆,则典当行就可以依据协议自行处置该车,如出售。

表6.1 机动车抵押/注销抵押登记申请表

机动车登记证书编号				号牌号码	
申请登记种类			□抵押登记		□注销抵押登记
抵押人	姓名/名称				抵押人签章： （个人签字/单位盖章） 年 月 日
	住所地址				
	身份证明名称		号码		
	联系电话				
	邮政编码				
抵押权人	姓名/名称				抵押人签章： （个人签字/单位盖章） 年 月 日
	住所地址				
	身份证明名称		号码		
	联系电话				
	邮政编码				
相关资料		□主合同　合同编号：_____　□抵押合同　合同编号：_____			
申请方式		抵 押 人 □ 本人申请 □ 委托_____代理申请		抵 押 权 人 □ 本人申请 □ 委托_____代理申请	
抵押人的代理人	姓名/名称				抵押权人的代理人签章： （个人签字/单位盖章） 年 月 日
	住所地址				
	身份证明名称		号码		
	经办人	姓名			
		身份证明名称		号码	
		住所地址			
		签 字			
抵押权人的代理人	姓名/名称				抵押权人的代理人签章： （个人签字/单位盖章） 年 月 日
	住所地址				
	身份证明名称		号码		
	经办人	姓名			
		身份证明名称		号码	
		住所地址			
		签 字			

填表说明：

1. 填写时使用黑色、蓝色墨水笔,字迹工整
2. 标注有"□"符号的为选择项目,选择后在"□"中划"√"
3. 抵押人、抵押权人的住所地址栏,属于个人的,填写身份证明上签注的地址,机动车所有人为我国内地居民且经常居住地与户籍地不在同一车辆管理所管辖区域的,除按照《暂住证》填写暂住地址栏外;还要按照《暂住证》填写暂住地

址栏;属于单位的,填写组织机构代码证书上签注的地址

4.申请方式栏,属于由抵押人、抵押权人委托代理单位或者代理人代为申请的,除在"□"内划"√"外,还应当在下划线处填写代理单位或者代理人的全称

5.抵押人或抵押权人的签字/盖章栏,属于个人的,由抵押人或抵押权人签字,属于单位的,盖章位公章

6.抵押人的代理人栏和抵押权人的代理人栏,属于个人代理的,填写代理人的姓名、住所地址、身份证明名称、号码,在代理人栏内签名,不必填写经办人姓名等项目;属于单位代理的,应填写代理人栏的所有内容,代理单位应盖单位公章,经办人应签字

2.二手车交易车主类型

二手车可以在任何身份的人群中交易。根据二手车买卖双方身份不同,二手车交易者有以下四种类型:

(1)个人对个人交易

这种交易类型是:二手车所有权为个人,二手车买受人也是个人。买卖双方都是以个人的身份出现的。

(2)个人对单位交易

这种交易类型是:二手车所有权人为个人,二手车买受人是单位。

(3)单位对个人交易

这种交易类型是:二手车所有权人为单位,二手车买受者是个人。

(4)单位对单位交易

这种交易类型是:二手车所有权人为单位,二手车买受人也是单位。

3.二手车交易的相关规定

根据《二手车交易规范》的规定:

(1)二手车交易地点

二手车应在车辆注册登记所在地交易,也就是说,二手车不允许在异地交易。这项规定有利于规范和管理各地的二手车市场。

(2)二手车办理转移登记手续地点

二手车办理转移登记手续应按照公安部门有关规定在原车辆注册登记所在地公安机关交通管理部门办理。需要进行异地转移登记的,由车辆原属地公安机关交通管理部门办理车辆转出手续,在接收地公安机关交通管理部门办理车辆转入手续。

(3)建立二手车交易档案

交易后,二手车交易市场经营者、经销企业、拍卖公司应建立交易档案。交易档案主要包括以下内容:

①法定证明、凭证复印件。

②购车原始发票或者最近一次交易发票复印件。

③买卖双方身份证明或者机构代码证书复印件。

④委托人及授权代理人身份证或者机构代码证书以及授权委托书复印件。

⑤交易合同原件。

⑥二手车经销企业的"车辆信息表"(表6.2)、二手车拍卖公司的《拍卖车辆信息》和《二手车拍卖成交确认书》。

⑦其他需要存档的有关资料。

交易档案保留期限不少于3年。

表 6.2 车辆信息表

质量保证类别						
车牌号						
经销企业名称						
营业执照号码			地 址			
车辆基本信息	车辆价格	¥ 元	品牌型号		车身颜色	
	初次登记	年 月 日	行驶里程	公里	燃 料	
	发动机号		车架号码		生产厂家	
	出厂日期	年 月	年检到期	年 月	排放等级	
	结构特点	□自动挡 □手动挡 □ABS □其他				
	使用性质	□营运 □出租车 □非营运 □营转非 □出租营转非 □教练车 □其他				
	交通事故记录 次数/类别/程度					
	重大维修记录 时间/部件					
法定证明、凭证	□号牌 □行驶证 □登记证 □年检证明 □车辆购置税完税证明 □养路费缴付证明 □车船使用税完税证明 □保险单 □其他					
车辆技术状况						
质量保证						
声明	本车辆符合《二手车流通管理办法》有关规定,属合法车辆					

买方(签章) 经销企业(签章)

经办人(签章)

年 月 日

备注	1. 本表由经销企业负责填写 2. 本表一式三份,一份用于车辆展示,其余作为销售合同附件

6.1.2 二手车交易程序

二手车交易不像一般商品交易那么简单,我国实行过户制度,交易者需要遵守相关的政策规定,按照一定的交易程序进行,这样有利于保障买卖双方的利益。不论是哪一种交易类型,都必须办理过户相关手续,实现车辆所有权变更。目前,全国范围内还没有完全统一的二手车交易程序标准,各地二手车交易市场在完成二手车交易过程的程序可能有差异,但主要程序是大同小异的。本书以北京市二手车交易为例,介绍二手车交易的基本程序。根据二手车交易类型和开具销售发票的权限,二手车交易程序有以下几种。

1. 直接交易程序

二手车个人交易无论是直接交易,还是通过二手车经纪机构进行的二手车交易,卖方不能直接给买方开具二手车销售统一发票。根据《二手车流通管理办法》规定,买卖双方达成交易意向后应当到二手车交易市场办理过户业务,由二手车交易市场经营者按规定向买方开具税务机关监制的统一发票即二手车销售统一发票(发票上必须盖有工商验证章才有效),以便办理车辆相关证件及手续的变更。这种交易的程序(流程)如图6.1所示。

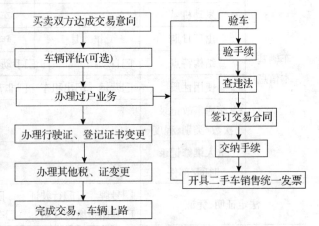

图6.1 直接交易程序(流程)

(1)买卖双方达成交易意向

买卖双方交易意向是指买卖双方已就二手车交易谈妥了相关条件(如成交价格),达成了成交愿望。

交易意向的达成是买卖双方的一个谈判过程,一旦谈妥就可以进入办理交易过户的相关手续,完成交易。买卖双方达成交易意向是二手车实现交易的第一步。

(2)车辆评估

二手车鉴定评估是买卖双方达成交易意向后自愿选择的项目。如果双方没有异议的话可以不选择此环节。2005年12月实施《二手车流通管理办法》以前,二手车在买卖过程中,二手车交易中心对车辆进行评估定价,但是,由于缺乏统一的标准和规范,导致车辆评估的随意性比较大,评估结果可信度低,强制评估实际上成了收取过户费的工具。实施《二手车流通管理办法》以后规定:交易二手车时,除属国有资产的二手车外,二手车鉴定评估本着买卖双方自愿的原则,不得强制执行,更不能以此为依据强制收取评估费。

消费者要求鉴定评估的目的主要有以下两点:一是想通过鉴定评估了解二手车的技术状况,尤其是发现车辆存在的故障和安全隐患;二是了解二手车的真实价值。对于不熟悉汽车性能的消费者来说,在购买二手车时,委托二手车鉴定评估机构作鉴定评估还是十分必要的。但一定要委托正规的、有资质的第三方评估机构(如二手车鉴定评估中心、资产评估事务所、价格认证中心),并签订评估委托书,以使自己的权益得到保证。消费者得到的鉴定评估结果是二手车鉴定评估报告书,由评估机构签章后生效,作为车辆交易的参考,不具有法律效力。

下面通过一个评估案例介绍二手车评估中值得注意的一些问题。

在现实的二手车收购业务中,除了参考当前新车的售价以外,有时也要考虑二手车的原始价格,以平衡买卖双方的利益。

例如,某车是在半年前购买的,发票上注明的价格是11.58万元,而该车当时的厂家指导价为11.98万元,由此可见是优惠了0.4万元后购买的。而在半年后,厂家和4S店加大了对该车型的优惠幅度,达到1.5万元,目前提车时,发票上所注价格为10.48万元。那么,根据重置成本法中有关重置成本方面的要求,需要按10.48万元作为重置成本评估标准。假设按第一年折旧率15%~20%来计算,该车的收购行情是8.4万元至8.9万元之间。那么就与该车主原购买价有近3.2万元的差距。试想一下,11万多元购买的新车,使用近半年,且车况良好,卖车时损失近3.2万元,车主显然是无法接受的。

在二手车交易具体环节中,买卖双方都会追求自身利益的最大化,只有交易双方达成一致、认可价格的基础上,才能达成交易。对于上述这辆车,如果二手车经营者想达成交易,就要保证车主的损失不应过大,至少应该在其可以接受的范围之内。所以,比较现实的做法就是依据购车发票上的原始价格,即11.58万元来进行价值评估,评估价范围在9.2万元至9.8万元之间。当然,如果收购价格达到9.8万元,与当前新车优惠后的购买价,即10.48万元过于接近,对二手车经营者来说,必然造成经营风险,所以现实中是采取"折中"的办法,一般会选择9.2万元的价格,或适当再高一些的价格。因为选择"9万出头"这样的收购价,二手车商家再转手时,例如增加0.7万元至0.9万元的利润,销售价也不会超过10万元,这样对于二手车经营者而言,利润显然太薄了。但如果转手价超过10万元,就与新车售价(即10.48万元)非常接近,消费者是很难接受的。

从上面的例子可见,原购车发票价格的重要性。所以在车辆收购环节中,不应过分依赖评估方法和各种公式,应权衡利弊,斟酌损益。二手车经营的最终目的是顺利地达成交易,实现经济利益。但需要注意的是,对于一些使用年限短,通常为使用一年,或一年以内的车辆适用于上述办法。对于使用时间超过一年的,采用"重置成本法"较为有效。

(3) 办理过户业务

办理过户业务时候各地有统一的业务流程,买卖双方只是按照要求去做就可以了。

(4) 办理机动车行驶证、机动车登记证书变更

因为我国实行车辆过户制度,所以要想使交易合法化,此步骤是不可以少的。

(5) 办理其他税、证变更

2. 二手车销售交易程序

由于二手车销售企业能够直接给购车者开具二手车销售统一发票,所以只要购车者和二手车销售企业达成交易意向,双方即可签订二手车交易合同,购车者付清车款后,企业按规定给购车者开具二手车销售统一发票,那么购车者就可以携带发票和要求的证件去相关部门办理车辆相关证件及手续的变更。这种交易的程序(流程)如图6.2所示。有关车辆的合法性手续,二手车经销企业在收购车时已经查验过,可以通过二手车交易合同加以保证。

3. 二手车拍卖交易车程序

根据《二手车流通管理办法》规定,二手车拍卖企业也能够直接给买受人开具二手车销售统一发票,所以在拍卖会结束后,买受人和拍卖企业签订成交确认书(相当于二手车交易合同)、交易款得到二手车销售统一发票,凭成交确认书到指定地点提车,然后携带发票和要求的证件去相关部门办理车辆相关证件及手续的变更。拍卖交易程序(流程)如图6.3所示。

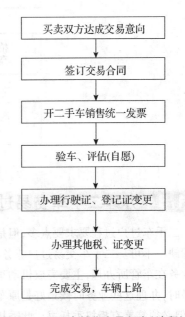

图6.2 二手车销售交易程序(流程)

有些拍卖企业虽然是二手车拍卖企业,可以从事此方面的工作,但没有开具二手车销售统一发票的资格,此时,在交款后需要到指定的二手车交易市场办理相关过户手续,由市场按规定开具二手车销售统一发票。

有关车辆的合法性手续,二手车拍卖企业在接受拍卖委托时已经查验过,可以通过二手车拍卖成交确认书加以保证。

二手车拍卖建立在公开透明,公正交易的原则上,买卖双方信息沟通比较畅通,通过一个平等互信的中介平台,完成二手车的交易。对于买卖双方,拍卖都是一种非常理想的处理二手车交易的方式,能够较好的保护买卖双方的利益。

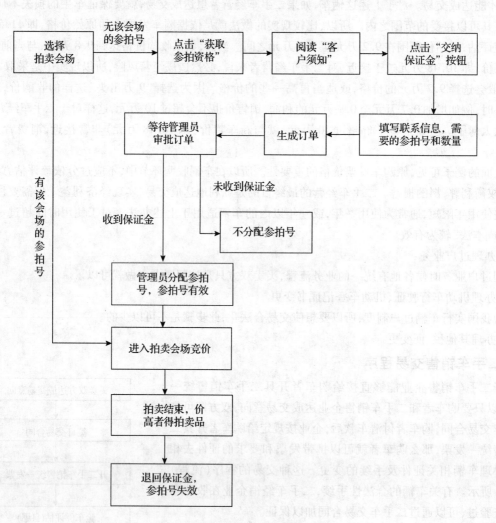

图6.3 二手车拍卖交易程序（流程）

6.1.3 办理二手车交易过户

二手车过户过程要求要点多，但是实际上就分为两个步骤，即车辆交易过户和转移登记过户，而这两个步骤缺一不可。二手车交易过户业务在二手车交易市场办理，获取二手车销售统一发票；而车辆转移登记过户业务在车管所办理，主要完成机动车登记证书的变更登记、核发机动车行驶证及机动车号牌。办理二手车交易时，办理这些业务时候最好是原车主到场，如果原车主不来，可以授权委托其他人来办理交易及过户手续，但必须签署有授权委托书。此委托书只在办理交易过户业务时使用，而办理转移登记过户业务不用。

1. 验车

验车是买卖双方到二手车交易市场办理过户业务的第一道程序，由市场主办方委派负责过户的业务人员办理。验车的主要目的是检查车辆和行驶证上的内容是否一致，对车辆的合法性进行验证。检查的内容主要包括：车主姓名、车辆名称、车辆的号牌号码、车辆类型、车辆识别代码、发动机号、排气量、初次登记日期等，经检查无误后，填写车辆检验单，进入查验手续阶段。

2. 验手续

这一环节很重要，是必不可少的环节，验手续主要查验车辆手续和机动车所有人身份证明。目的是检验买卖双方所提供的所有手续是否具备办理过户的条件，检查有无缺失以及不符合规定的手续。

(1) 车辆手续检查

车辆手续是指能够满足机动车上路行驶所需要的各种手续,主要包括按照国家有关法律法规以及地方法规要求应该办理的各项有效证件和应该交纳的税、费凭证。在对车辆进行价值评估时,除了车辆本身的实体价值以外,车辆合法证件和税费等均属于无形价值,是构成车辆具有使用价值的重要组成部分。只有手续合法,所应交纳的税费及其凭证无缺失,才能使车辆在交易环节具有完全的价值。如果车辆出现在使用中拖欠养路费、车船使用税、欠缴购置附加税、不按时年检等情况,即使车辆状况很好,也不具有实际实用价值。

①查验证件。查验证件的目的是查验交易车辆的合法性。每辆合法注册登记的机动车辆管理所核发的机动车登记证书和机动车行驶证、机动车号牌,号牌必须悬挂在车体指定位置。二手车交易时主要查验以下证件:机动车来历证明、机动车登记证书和机动车行驶证。

机动车登记证书,是机动车的"户口本",二手车交易前后车辆和车主的变更信息都详细记载在登记证书里,确保交易双方和车辆管理部门了解车辆产权变更情况,它由车主持有,平时不需要随时携带。

机动车行驶证,是车辆上路行驶时必须随车携带的证件,也是二手车合法性的凭证之一,是二手车过户、转籍必不可少的证件。它的重要性仅次于机动车登记证书。消费者在办理二手车所有权转移登记的时候,机动车行驶证必须变更。需要注意的是,机动车行驶证的车辆照片必须与车辆相符,车辆要按照规定年检合格才允许办理。

②查验税费证明。根据《二手车流通管理办法》规定,二手车交易必须提供车辆购置税、车船使用税和车辆保险单等税费缴付凭证。

(2) 机动车所有人身份证明

机动车所有人身份证明是证实车主身份的证明,目的是查验机动车所有人是否合法拥有该车的处置权。车主的身份证明有以下几种情况:

①如果车主为自然人,则身份证件为个人身份证。个人身份又有本地和外地个人之分:本市个人,只需身份证件;外地个人,需身份证原件和暂住证原件。

②如果车主为企业,则身份证件为企业的法人代码证书。

③如果车主为外籍公民,则身份证件为其护照及工作(居留)证。

根据《二手车交易规范》规定,二手车交易市场经营者和二手车经营主体应按下列项目确认卖方的身份及车辆的合法性:卖方身份证明或者机构代码证书原件合法有效。车辆号牌、机动车登记证书、机动车行驶证、机动车安全技术检验合格标志真实、合法、有效。交易车辆不属于《二手车流通管理办法》第二十三条规定禁止交易的车辆。

④同时,二手车交易市场经营者和二手车经营主体应核实卖方的所有权或处置权证明。车辆所有权或处置权应符合下列条件:

机动车登记证书、行驶证与卖方身份证明名称一致;国家机关、国有企事业单位出售的车辆,应附有资产处理证明。委托出售的车辆,卖方应提供车主授权委托书和身份证明。二手车经销企业销售的车辆,应具有车辆收购合同等能够证明经销企业拥有该车所有权或处置权的相关材料,以及原车主身份证明复印件。原车主名称应与机动车登记证、行驶证名称一致。

3. 查违法

查违法就是查询交易的二手车是否有违法行为记录。具体方法是登陆车辆管理部门的信息数据库或查询网站进行查询。如北京市机动车违法行为的查询可登陆北京市公安局公安交通管理局网站(http://www.bjjtgl.gov.cn/),输入车牌号和发动机号即可查询到该车是否有违法记录,如图6.4所示。

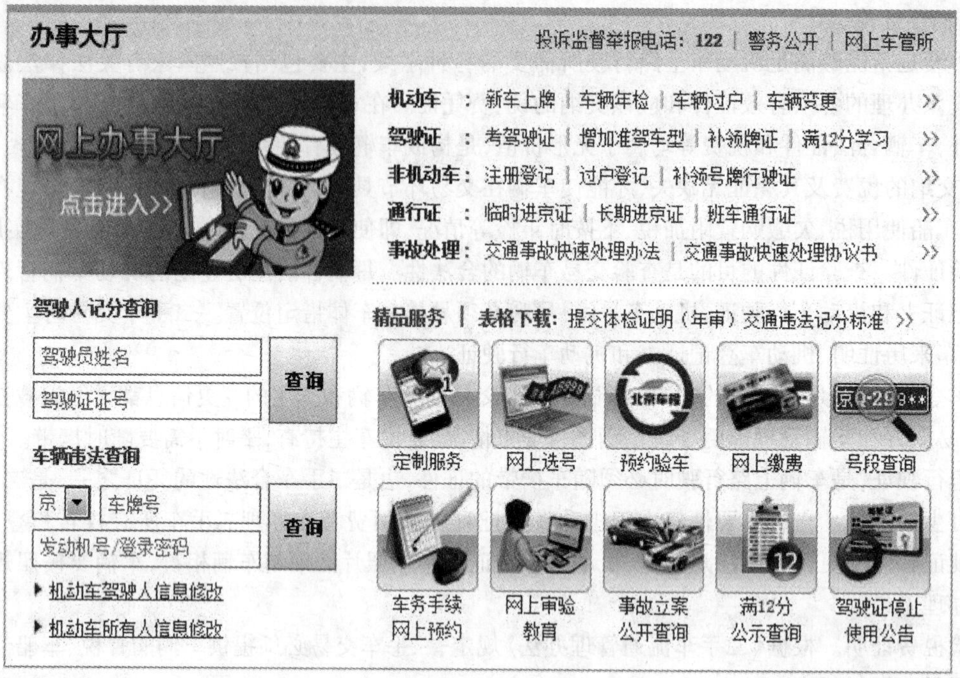

图6.4 机动车违法行为查询

4. 签订交易合同

根据《二手车流通管理办法》规定,二手车交易双方应该签订交易合同,要在合同当中对二手车的状况、来源的合法性、费用负担以及出现问题的解决方法等各方面进行约定,以便分清各自的责任和义务。

二手车经过查验和评估后,其车辆的真实性和基本价格已基本确定。如果车主不同意评估价格,可以和二手车销售企业协商达成最终交易的价格,同时,需要原车主对其车辆的一些其他事宜(使用年限、行驶千米数、安全隐患、有无违章记录等)做出一个书面承诺。这些都是以签订交易合同的形式来确定。交易合同是确立买卖双方交易关系和履行责任的法律合约。是办理交易手续和过户手续的必要凭证之一。

我国为了进一步规范二手车市场经营秩序,保护二手车交易双方合法权益,营造公平竞争、诚信守法的市场环境,国家工商行政管理总局与2007年8月1日,制定了《二手车买卖合同》(示范文本)(图6.5)。现将示范文本的主要内容介绍如下。

二手车买卖合同的使用说明如下：

①本合同文本是依据《中华人民共和国合同法》《二手车流通管理办法》等有关法律、法规和规章制度的示范文本,供当事人约定使用。

②本合同所称二手车,是指从办理完注册登记手续到达到国家强制报废标准之前进行交易并转移所有权的汽车(包括三轮汽车、低速载货汽车,即原农用运输车)、挂车和摩托车。

③本合同签订前,买卖双方应充分了解合同的相关内容。卖方应向买方提供车辆的使用、修理、事故、检验以及是否办理抵押登记、缴纳税费、报废期等真实情况和信息;买方应了解、查验车辆的状况。

④双方当事人应结合具体情况选择本合同协议条款中所提供的选择项,空格处应以文字形式填写完整。

⑤本合同"其他约定"条款,供双方当事人自行约定。

⑥本合同示范文本由国家工商行政管理总局负责解释,并在全国范围内推行使用。

二手车买卖合同

合同编号：_____

说明：本人_____现将名下_____车辆一台出售，所有手续由_____代为办理，特此声明！

卖方：　　　　　　　（以下简称甲方）　代办人：
住所：　　　　　　　　　　　　　　　　 住所：
身份证号码：　　　　　　　　　　　　　 身份证号码：
电话号码：　　　　　　　　　　　　　　 电话号码：

买方：　　　　　　　　　　　　　　　（以下简称乙方）
住所：
身份证号码：
电话号码：

根据《中华人民共和国合同法》、《二手车流通管理办法》等有关法律、法规、规章的规定，就二手车的买卖事宜，买卖双方在平等、自愿、协商一致的基础上签订本合同。

第一条　车辆基本情况

1. 车主名称：_____，

车牌号码：_____；

厂牌型号：_____。

初次登记日期：_____；

发动机号：_____；

车架号：_____；

最近一次年检时间：_____；

行驶公里数：_____；

车辆使用性质：□客运、□货运、□出租、□租赁、□非营运、□其他；

车辆上（是/否）存在抵押权。

2. 车辆相关凭证，见附件一。

第二条　车辆价款、支付时间

1. 车辆价款

本车价款（不含税费或其他费用）为人民币：_____元

（小写：_____元）。

2. 支付时间、方式

乙方于签订本合同时，以现金方式向甲方支付本车全款。

第三条　车辆的过户、交付及风险承担

1. 车辆过户：车辆必须过户，一切费用均由乙方承担。双方共同到车管所办理车辆过户手续。

2. 由于北京市实施车辆摇号上牌政策，而乙方暂时没有购车指标，故乙方暂时使用甲方户名，待乙方获得购车指标后，立即办理过户手续。本车辆在买卖合同签订后发生的违章、车辆保险费、车船使用税等相关费用由乙方承担；若在未过户期间发生任何意外情况，由乙方负全部责任及所有费用。以上情况均与甲方无关。

3. 自本合同签订后至本车辆过户前，乙方不得将车辆转卖、赠送或抵押于他人。

4. 甲方应于本合同签订之日，向乙方交付车辆，并将本车一切有关证件、资料的原件交给乙方，待乙方获得购车指标后，甲方向乙方提供办理过户所需其他证件资料。

5. 本车辆拖欠 2010 年车船使用税，未缴纳交强险，经双方协商，由乙方承担费用及办理补缴手续。

第四条　双方的权利和义务

1. 甲方应按照合同约定的时间、地点向乙方交付车辆。

2. 甲方应保证合法享有车辆的所有权或处置权。

3. 甲方保证所出示及提供的与车辆有关的一切证件、证明及信息合法、真实、有效。

4. 乙方应按照合同约定支付价款及履行合同相关约定。

5. 对转出本地的车辆,乙方应了解、确认车辆能在转入所在地办理转入手续。

第五条 违约责任

1. 甲方向乙方提供的有关车辆信息不真实,乙方有权要求甲方赔偿因此造成的损失。

2. 因甲方原因致使车辆不能办理过户手续的,乙方有权要求甲方返还车辆价款并承担一切损失;因乙方原因致使车辆不能办理过户手续的,甲方有权要求乙方返还车辆并承担一切损失。

3. 任何一方违反本合同约定的,均应赔偿由此给对方造成的损失。

第六条 合同争议的解决方式

因本合同发生的争议,由当事人协商或调解解决;协商或调解不成,按下列第 种方式解决:

1. 提交_____仲裁委员会仲裁;

2. 依法向人民法院起诉。

第七条 合同的生效

本合同一式两份,经双方当事人签字或盖章之日起生效。

第八条 其他约定

附件一:车辆相关凭证

1.《机动车登记证书》

2.《机动车行驶证》

3. 有效的机动车安全技术检验合格标志

4. 车辆购置税完税证明

5. 购车发票

甲方:_____(签章)　　代办人:_____

甲方联系电话:_____　　代办人电话:_____

乙方:_____(签章)

乙方联系电话:_____

签订地点:

签订日期:_____年___月___日

图 6.5　二手车买卖合同(示范文本)

5. 交纳手续费

手续费,俗称过户费,是指在二手车交易市场中办理交易过户业务相关手续的服务费用。

2005 年 10 月颁布实施《二手车流通管理办法》之前,二手车过户费的收取,是按照车辆评估价值的一定比例征收的,也是二手车交易市场的主要利润来源。以北京为例,过户费是按照车辆评估价 2.5% 的比例来收取的。例如,某二手车评估值为 10 万元,按照 2.5% 的比例,即过户费为 2 500 元。如果交易一辆评估值为 50 万元的二手车,过户费就是 12 500 元;而一辆评估值为 5 万元的车辆,过户费为 1 250 元。但就过户业务本身而言,两辆车的过户手续办理步骤是一致的,所需要的时间及人工成本也是一样的,但过户费却相差 10 倍,显然有失公允,这实际上抬高了交易成本,并转嫁给消费者。

2005 年 10 月 1 日实施《二手车流通管理办法》以后,取消了强制评估,也就意味着,按照车辆评估价一定比例征收过户费的情况已被取消,取代之的是收取服务费。对于服务费的收取标准,国家没有统一规定,由各个市场根据服务项目和内容自己决定。

目前,很多二手车交易市场的服务费是按照汽车的排量来进行定额收取的,小排量少收,大排量多收。如北京市旧机动车交易市场收取标准按排量、年份、价格来划分,并设有起始价和最低价。车辆初次登记日期一年以内的车型按起始价收取费用,然后按使用年份逐年递减,直至最低价。微型轿车的过户费用 200 元起,1.0 排量的轿车300元起,两者的过户费用最高均为600元。然后随着排量的增大,过户费用也随着增加,3.0 排量的轿车最高费用为4 000元,最低位500元。相应的相同排量的客车与货车的过户费用低于轿车,最低的微型货车和农用车的过户费用只需100元。

北京中联二手车交易市场服务费采用定额收取的方式,统一标准为每辆车800元。对于1.3~3.0 排量的车型实行减半,即400元的优惠征收标准,对于1.3 排量以下的,执行200元的优惠征收标准。

6. 开具二手车销售统一发票

二手车销售发票是二手车的来历证明,是办理转移登记手续变更的重要文件,因此,它又被称为"过户发票"。过户发票的有效期为一个月,买卖双方应在此期间内,到车辆管理部门办理机动车行驶证、机动车登记证的相关变更手续。

二手车销售统一发票由从事二手车的市场、有开票资格的二手车经销企业或拍卖企业开具;二手车经纪公司和消费者个人之间二手车交易发票由二手车交易市场统一开具。二手车销售统一发票是采用压感纸印制的计算机票,一式5联,其中存根联、记账联、入库联由开票方留存;发票联交购车方、转移登记联交公安车辆管理部门办理过户手续。二手车销售发票的价款中不包括过户手续费和评估费。开具的发票必须经工商部门审验合格后,在已经开具的"二手车销售统一发票"上加盖"工商行政管理局旧机动车市场管理专用章"发票才能生效,这步骤称为"工商验证"。

7. 二手车交易完成后卖方应向买方交付的手续

二手车交易完成后,卖方应当及时向买方交付车辆、号牌及车辆法定证明、凭证。车辆法定证明、凭证主要包括:

①机动车登记证书。
②机动车行驶证。
③有效的机动车安全技术检验合格标志。
④车辆购置税完税证明。
⑤车船使用税交付凭证。
⑥车辆保险单。

6.1.4 办理车辆转移登记

在我国二手车交易和买房子一样都属于产权交易范畴,涉及相关的证明文件和必要手续。二手车交易后必须办理这些证明文件的转移登记手续,完成手续完备的、合法的成交。机动车产权证明是指机动车登记证书、机动车行驶证和机动车号牌。

机动车登记证书是机动车办理登记的证明文件,上面记载了机动车详细的信息资料和机动车所有人的资料等登记事项。当证书上所记载的原始信息发生变化时,机动车所有人应携此证到车管所作变更登记。可见,机动车登记证书是机动车的"户口本",它完整记录了机动车从"生"到"死"的过程。机动车登记证书可以不随车携带。

机动车行驶证是准予机动车在我国境内道路上行驶的法定证件。其上面记录的内容在机动车登记证书上都有,因此,可以说机动车登记证书是机动车信息的正本,而机动车行驶证则必须随车携带。

机动车号牌是准予机动车在我国境内道路上行驶的法定标志,其号码是机动车登记编号,与行驶证上记载的号码一致。

根据买卖双方的住所是否在同一车辆管理所管辖区内,机动车产权转移登记手续可分为同一车辆管理所管辖区内的所有权转移登记(即同城转移登记)和不同车辆管理所管辖区的所有权转移登记(即异地转移登记)两种登记方式。二手车同城转移登记手续应当在原车辆注册登记所在地公安交通管理部门办理。需要进行异地转移登记的,由车辆原属地公安交通管理部门办理车辆迁出手续,在接受地公安交通管理部门办理车辆迁入手续。办理二手车转移登记手续的程序,如图6.6所示。

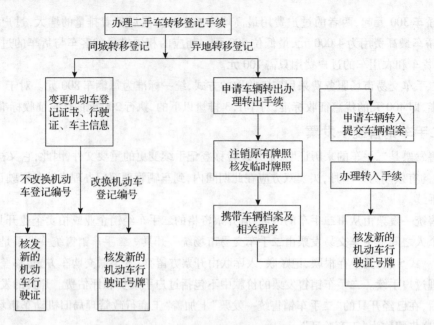

图 6.6　办理二手车转移登记手续的程序

1. 二手车办理转移登记所需的手续及证件

二手车在同城交易和所有权转移登记时，根据买卖双方身份不同，对于二手车交易所属的四种交易类型，办理转移登记时所需的手续和证件也有所不同。具体如下：

(1) 二手车所有权由个人转移给个人

①卖方个人身份证原件及复印件。

②买方个人身份证原件及复印件。

③车辆原始购置发票或上次交易过户发票原件及复印件。

④过户车辆的机动车登记证书原件及复印件。

⑤过户车辆的机动车行驶证原件及复印件。

⑥二手车买卖合同。

⑦外地户口需持暂住证。

⑧过户车辆到场。

(2) 二手车所有权由个人转移给单位

①卖方个人身份证原件及复印件。

②买方单位法人代码证原件及复印件(须在年检有效期之内)。

③车辆原始购置发票或上次交易过户发票原件及复印件。

④过户车辆的机动车登记证书原件及复印件。

⑤过户车辆的机动车行驶证原件及复印件。

⑥二手车买卖合同。

⑦过户车辆到场。

(3) 二手车所有权由单位转移给个人

①卖方单位法人代码证原件及复印件(须在年检有效期之内)。

②买方个人身份证原件及复印件。

③车辆原始购置发票或上次交易过户发票原件及复印件(但发票丢失需本单位财务证明信)。

④卖方单位须按实际成交价格给买方个人开具成交发票(需复印)。

⑤过户车辆的机动车登记证书原件及复印件。

⑥过户车辆的机动车行驶证原件及复印件。

⑦二手车买卖合同。
⑧过户车辆到场。

（4）二手车所有权由单位转移给单位

①卖方单位法人代码证原件及复印件（须在年检有效期之内）。
②买方单位法人代码证原件及复印件（须在年检有效期之内）。
③车辆原始购置发票或上次交易过户发票原件及复印件（但发票丢失需本单位财务证明信）。
④卖方单位须按实际成交价格给买方单位开具成交发票（需复印）。
⑤过户车辆的机动车登记证书原件及复印件。
⑥过户车辆的机动车行驶证原件及复印件。
⑦二手车买卖合同。
⑧过户车辆到场。

2. 同城车辆所有权转移登记

办理已注册登记的机动车在同城（同一车辆管理所管辖区内）发生所有权转移时，只需要更改车主姓名（单位名称）和住所等资料，机动车及机动车号牌可以不变更。这种变更情形习惯上称为办理过户手续，即把机动车原车主的登记信息变更为新车主的登记信息。

（1）过户登记的程序

①现车主提出申请并填写"机动车转移登记申请表"见表6.3。
②机动车检测站查验车辆，查验车辆识别代码/车架号码是否有凿改，和车辆识别代码/车架号码的拓印膜（图6.7）是否一致。如果是已经超过检验周期的机动车，还要进行安全检测。

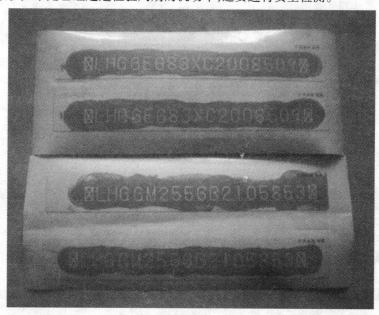

图6.7　VIN编码拓印膜

③车辆管理所受理审核资料。
④在机动车登记证书上记载过户登记事项（对需要改变机动车登记编号的，确定机动车登记编号）。
⑤收回原机动车号牌和机动车行驶证。
⑥重新核发机动车号牌和机动车行驶证（对不需要改变机动车登记编号的，只需重新核发机动车行驶证）。

表6.3　机动车转移登记申请表

机动车登记证书编号				号牌号码		
申请事项	☐机动车在车辆管理所管辖区内的转移登记　　☐机动车转出车辆管理所管辖区的转移登记					
现机动车所有人	姓名/名称				联系电话	
	住所地址				邮政编码	
	身份证明名称		号码		☐常住人口 ☐暂住人口	
	居住/暂住证明名称				号码	
机动车	机动车使用性质	☐公路客运　☐公交客运　☐出租客运　☐租赁　☐货运 ☐旅游客运　☐非营运　　☐警用　　　☐消防　☐救护 ☐工程抢险　☐营转非　　☐出租营转非					
	机动车获得方式	☐购买　☐中奖　　　　☐仲裁裁决　☐继承 ☐赠予　☐协议抵偿债务　☐资产重组　☐资产整体买卖 ☐调拨　☐法院调解、裁定、判决					
	机动车品牌型号						
	车辆识别代号/车架号						
	发动机号码						
相关资料	来历凭证	☐销售/交易发票　　☐调解书　☐裁定书　☐判决书 ☐仲裁裁决书　☐相关文书　☐批准文件　☐调拨证明 ☐权益转让证明书					现机动车所有人： （个人签字/单位盖章） 　年　月　日
	其他	☐中华人民共和国海关监管车辆解除监管证明书 ☐协助执行通知书 ☐公证书 ☐身份证明 ☐行驶证				
事项明细	转入地车辆管理所名称				车辆管理所	
申请方式	☐由现机动车所有人申请　☐现机动车所有人委托_____代理申请					
代理人	姓名/名称				联系电话	代理人： （个人签字/单位盖章） 　年　月　日
	住所地址					
	身份证明名称		号码			
	经办人	姓名				
		身份证明名称		号码		
		住所地址				
		签字			年　月　日	

填表说明：

1. 填写时使用黑色、蓝色墨水笔,字迹工整
2. 标注有"□"符号的为选择项目,选择后在"□"中划"√"
3. 现机动车所有人的住所地址栏,属于个人的,填写实际居住的地址;属于单位的,填写组织机构代码证书上签注的地址
4. 机动车栏的"机动车品牌型号"、"车辆识别代码/车架号"、"发动机号码"项目,按照车辆的技术说明书、合格证等资料标注的内容与车辆核对后填写
5. 申请方式栏,属于由机动车所有人委托代理单位或者代理人代为申请的,除在"□"内划"√"外,还应当在下划线处填写代理单位或者代理人的全称
6. 机动车所有人的签字/盖章栏,属于个人的,由机动车所有人签字,属于单位的,盖单位公章
7. 代理人栏,属于个人代理的,填写代理人的姓名、住所地址、身份证明名称、号码,在代理人栏内签名,不必填写经办人姓名等项目;属于单位代理的,应填写代理人栏的所有内容,代理单位应盖单位公章,经办人应签字

(2)过户登记需要的材料

①机动车转移登记申请表。

②现车主的身份证明。

身份证明是指：

a. 机关、学校、工厂、公司等行政、事业、企业单位和社会团体的身份证明,是组织机构代码证书。上述单位已注销、撤销或者破产,其机动车需要办理变更登记、转移登记、注销登记和补领机动车登记证书、号牌、行驶证的,已注销的企业单位的身份证明,是工商行政管理部门出具的注销证明。已撤销的机关、事业单位的身份证明,是其上级主管机关出具的有关证明。已破产的企业单位的身份证明,是依法成立的财产清算机构出具的有关证明。

b. 外国驻华使馆、领馆和外国驻华办事机构、国际组织驻华代表机构的身份证明,是该使馆、领馆或者该办事机构、代表机构出具的证明。

c. 居民的身份证明,是居民身份证或者居民户口簿;在暂住地居住的内地居民,其身份证明是居民身份证和公安机关核发的居住、暂住证明。

d. 军人(含武警)的身份证明,是居民身份证。

e. 香港、澳门特别行政区,台湾地区居民的身份证明,是其入境的身份证明和居留证明。

f. 外国人的身份证明,是其入境的身份证明和居留证明。

g. 外国驻华使馆、领馆人员,国际组织驻华代表机构人员的身份证明,是外交部核发的有效身份证件。

③机动车登记证书(原件)。

④机动车行驶证(原件)。

⑤解除海关监管的机动车,应当提交监管海关出具的《中华人民共和国海关监管车辆解除监管证明书》。

⑥机动车来历凭证(二手车交易的机动车来历凭证就是二手车销售统一发票)。

⑦车辆购置税完税证明。

⑧所购买的二手车。

(3)过户登记的事项

①现车主的姓名或者单位名称、身份证明名称、身份证明号码、住所地址、邮政编码和联系电话。住所地址是指：

a. 单位住所的地址为其组织机构代码证书记载的地址。

b. 居民住所的地址为其居民户口簿或者居民身份证或者暂住证记载的地址。

c. 军人住所的地址为其团以上单位出具的本人住所地址证明所记载的地址。

d. 香港、澳门特别行政区的居民,台湾居民和外国人住所的地址为其居留证件记载的地址。

②机动车获得方式:机动车获得方式是指人民法院调解、裁定、判决、仲裁机构、仲裁判决、购买、继承、赠与、中奖、协议抵偿债务、资产重组、资产整体买卖和调拨等。

③机动车来历凭证的名称、编号。
④转移登记的日期。
⑤海关解除监管的机动车,登记海关出具的《中华人民共和国海关监管车辆解除监管证明书》的名称、编号。
⑥改变机动车登记编号的,登记机动车登记编号。

(4)不能办理过户登记的情形

有下列情形之一的,不能办理过户登记:
①车主提交的证明、凭证无效的。
②机动车来历凭证涂改的,或者机动车来历凭证记载的车主与身份证明不符的。
③车主提交的证明、凭证与机动车不符的。
④机动车未经国家机动车产品主管部门许可生产、销售或者未经国家进口机动车主管部门许可进的。
⑤机动车的有关技术数据与国家机动车产品主管部门公告的数据不符的。
⑥机动车达到国家规定的强制报废标准。
⑦机动车属于被盗抢的。
⑧机动车与该车的档案记载的内容不一致的。
⑨机动车未被海关解除监管的。
⑩机动车在抵押期间的。
⑪机动车或者机动车档案被人民法院、人民检察院、行政执法部门依法查封、扣押的。
⑫机动车涉及未处理完毕的道路交通安全违法行为或者交通事故的。

3. 异地车辆所有权转移登记

二手车交易后,如果新车主和原车主的住所不在同一城市里,不能直接办理机动车登记证书和机动车行驶证的变更,需要到新车主住所所属的车辆管理所管辖区内办理。这就牵涉到二手车转出和转入登记问题。

(1)转出登记

车辆转出登记是指在现车辆管理所管辖区内已注册登记的车辆,办理车辆档案转出的手续。一般是由现车主的住所或工作地址变动等原因需要将车辆转出本地。

①转出登记程序。现车主提出申请(填写"机动车转移登记申请表")→车辆管理所受理审核资料→确认车辆→在机动车登记证书上记载转出登记事项→收回机动车号牌和机动车行驶证→核发临时行驶车号牌,密封机动车档案→交机动车所有人。

②转出登记的规定。根据《机动车登记规定》,二手车交易后且现车主的住所不在原车辆管理所管辖区的,现车主应当于机动车交付之日(以二手车销售发票上登记日期为准)起 30 日内,向原二手车管辖地车辆管理所提出转移登记申请,填写"机动车转移登记申请表"和客户须知及保证,有些地方还要求车主签订外迁保证书。

③出登记需要的资料。现车主在规定的时间内,持下列资料,向原二手车管辖地车辆管理所申请转出登记,并交验车辆:

a. 机动车转移登记申请表。
b. 现车主的身份证明。
c. 机动车登记证书(原件)。
d. 机动车来历凭证(二手车销售发票注册登记联原件)。
e. 如果属于解除海关监管的机动车,应当提交监管海关出具的《中华人民共和国海关监管车辆解除监管证明书》。
f. 交回机动车号牌和机动车行驶证。

④转出登记事项。车辆管理所办理转出登记时,要在机动车登记证书上记载下列转出登记事项:

a. 现车主的姓名或者单位名称、身份证明名称、身份证明号码、住所地址、邮政编码和联系电话。

b.机动车获得方式。机动车获得方式是指人民法院调解、裁定、判决、仲裁机构仲裁裁决、购买、继承、赠与、中奖、协议抵偿债务、资产重组、资产整体买卖和调拨等。

c.机动车来历凭证的名称、编号。

d.转移登记的日期。

e.海关解除监管的机动车,登记海关出具的《中华人民共和国海关监管车辆解除监管证明书》的名称、编号。

f.改变机动车登记编号的,登记机动车登记编号。

g.登记转入地车辆管理所的名称。

完成转出登记的办理后,收回机动车号牌和机动车行驶证,核发临时行驶车号牌,密封机动车档案,交给车主到转入地办理转入登记手续。

(2)转入登记

①机动车转入登记的条件:

a.现车主的住所属于本地车管所登记规定范围的。

b.转入机动车符合国家机动车登记规定的。

②转入登记规定。根据《机动车登记规定》,机动车档案转出原车辆管理所后,机动车所有人必须在90日内携带车辆及档案资料到住所车辆管理所申请机动车转入登记。

③转入登记程序。车主提出申请→交验车辆→车辆管理所受理申请→审核资料→在机动车登记证书上记载转入登记事项→核发机动车号牌、机动车行驶证和检验合格标志。

a.车主提出申请:车主向转入地车辆管理所提出转入申请,填写"机动车注册登记/转入申请表"(表6.4)。

b.交验车辆:车主将机动车送到机动车检测站检测,车管所民警确认机动车的唯一性,查验车辆识别代号(车架号码)有无凿改嫌疑。

c.车辆管理所受理申请:受理转入登记申请,查验并收存机动车档案,向车主出具受理凭证。

d.审核资料:审批相关手续,符合规定的在计算机登记系统中确认,不符合规定的说明理由开具退办单,将资料退回车主。

e.办理转入登记手续:审验合格后,进行机动车号牌选号、照相,确定机动车登记编号,并在《机动车登记证书》上记载转入登记事项。

f.核发新的机动车号牌和机动车行驶证。

④转入登记需要的资料:

a.机动车注册登记/转入申请表。

b.车主的身份证明。

c.机动车登记证书。

d.机动车密封档案(原封条无断裂、破损)。

e.申请办理转入登记的机动车的标准照片。

f.海关监管的机动车,还应当提交监管海关出具的《中华人民共和国海关监管车辆进(出)境领(销)牌照通知书》。

表 6.4　机动车注册登记/转入申请表

申请事项		□注册登记		□转入
机动车所有人	姓名/名称		联系电话	
	住所地址		邮政编码	
	身份证明名称	号码	□常住人口	□暂住人口
	居住/暂住证明名称	号码		
机动车	机动车使用性质	□公路客运　□公交客运　□出租客运　□旅游客运　□租赁　□货运 □非营运　□警用　□消防　□救护　□工程抢险　□营转非　□出租营转非		
	机动车获得方式	□购买　□仲裁裁决　□继承　□赠予　□协议抵偿债务　□中奖 □资产重组　□资产整体买卖　□调拨　□境外自带　□法院调解、裁定、判决		
	机动车品牌型号			
	车辆识别代号/车架号			
	发动机号码			
相关资料	来历凭证	□销售/交易发票　□调解书　□裁定书 □判决书　□相关文书　□批准文件 □调拨证明　□仲裁裁决书	机动车所有人签章： （个人签字/单位盖章） 　年　月　日	
	进口凭证	□货物进口证明书 □没收走私汽车、摩托车证明书 □中华人民共和国海关监管车辆进（出）境领（销）牌证通知书		
	其他	□国产机动车的整车出厂合格证　□机动车档案 □身份证明　□协助执行通知书　□公证书		
申请方式	□由机动车所有人申请　□现机动车所有人委托 _____ 代理申请			
代理人		姓名/名称		联系电话	
		住所地址			
		身份证明名称	号码	代理人： （个人签字/单位盖章） 　年　月　日	
	经办人	姓名			
		身份证明名称	号码		
		住所地址			
		签字	年　月　日		

填表说明：

1. 填写时请使用黑色或者蓝色墨水笔，字迹工整，不得涂改
2. 标注有"□"符号的为选择项目，选择后在"□"中划"√"，各栏目只能选择一项
3. "邮寄地址"栏，填写可通过邮寄送达的地址
4. "电子信箱"栏，填写接收电子邮件的 e-mail 地址，尚未申请电子信箱的可以不填写
5. "机动车"栏的"品牌型号"项目，按照车辆的技术说明书、合格证等资料标注的内容填写
6. "机动车所有人签字"栏，机动车属于个人的，由机动车所有人签字，属于单位的，由单位的被委托人签字。由代理人代为办理的，机动车所有人不签字
7. "代理人签字"栏，属于个人代理的，填写代理人的姓名、邮寄地址、邮政编码、联系电话和电子信箱，在代理人栏内签名，不必填写经办人姓名等项目；属于单位代理的，应填写代理人栏的所有内容，代理单位的经办人签字；属于单位的机动车，由本单位被委托人办理的不需填写本栏

8."号牌种类"栏,按照大型汽车号牌、小型汽车号牌、普通摩托车号牌、轻便摩托车号牌、低速车号牌、挂车号牌、使馆汽车号牌、使馆摩托车号牌、领馆汽车号牌、领馆摩托车号牌、教练汽车号牌、教练摩托车号牌、警用汽车号牌、警用摩托车号牌填写

⑤转入登记事项

车辆管理所办理转入登记时,要在机动车登记证书上记载下列登记事项。

a.车主的姓名或者单位名称、身份证明号码或者单位代码、住所的地址、邮政编码和联系电话。

b.机动车的使用性质。

c.转入登记的日期。

属于机动车所有权发生转移的,还应当登记下列事项:

a.机动车获得方式。

b.机动车来历凭证的名称、编号和进口机动车的进口凭证的名称、编号。

c.机动车办理保险的种类、保险的日期和保险公司的名称。

d.机动车销售单位或者交易市场的名称和机动车销售价格。

⑥不能办理转入登记的情形

有下列情形之一的,不予办理转入登记:

a.机动车所有人擅自改动、更换机动车或者机动车档案的。

b.不能办理过户登记的情形的。

6.1.5 其他税、证变更业务的办理

二手车交易中,买方在变更车辆产权之后还需要进行车辆购置税、保险合同等文件的变更。各地在变更时对文件的要求不同,可以先到规定办理的单位窗口咨询一下。

1.车辆购置税的变更

车辆购置税的征收部门是车辆登记注册地的主管税务机关,办理变更时,需填写"车辆变动情况登记表"(表6.5),并携带以下资料办理。

(1)车辆购置税同城过户业务办理

①办理车辆购置税同城过户业务提供的资料:

a.新车主的身份证明。

b.二手车交易发票。

c.机动车行驶证。

d.车辆购置税完税证明(正本)。

上述资料均需提供原件及复印件。

②办理车辆购置税同城过户业务流程。填写"车辆变动情况登记表"→报送资料→办理过户→换领车辆购置税完税证明。

(2)车辆购置税转籍(转出)业务办理

①办理转籍(转出)业务提供的资料:

a.车主身份证明。

b.车辆交易有效凭证原件(二手车交易发票)。

c.车辆购置税完税证明(正本)。

d.公安车管部门出具的车辆转出证明材料。

上述资料均需提供原件及复印件

②办理转籍(转出)业务流程。填写"车辆变动情况登记表"→报送资料→领取档案资料袋。

表 6.5　车辆变动情况登记表

填表日期：　　年　月　日

车主名称				邮政编码	
联系电话				地址	
完税证明号码					
车辆原牌号				车辆新牌号	
车辆变动情况					
过户		过户前车主名称			
		过户前车主身份证件及号码			
转籍	转出	车主名称			
		地址			
	转入	车主名称			
		地址			
变更	变更项目				
		发动机	车辆识别代号（车架号码）		其他
	变更前号码		变更前号码		
	变更后号码		变更后号码		
	变更原因：				
接收人：		接收时间：　年　月　日		主管税务机关（章）：	
备　注					

填表说明：

1. 本表由车主到主管税务机关申请办理车辆过户、转籍、变更档案手续时填写
2. 办理过户手续的，过户后的车主填写以下各栏：车主名称、邮政编码、联系电话、地址、完税证明号码、车辆原牌号、车辆新牌号及车辆变动情况过户栏。其中"完税证明号码"填写过户前原车主提供的完税证明号码
3. 办理转籍手续的，车主本人填写以下各栏：车主名称、邮政编码、联系电话、地址、完税证明号码、车辆原牌号、车辆新牌号及车辆变动情况转籍栏。其中"完税证明号码"填写转籍前主管税务机关核发的完税证明号码；转入、转出车主名称应填写同一名称
4. 办理既过户又转籍手续的，过户后的车主填写以下各栏：车主名称、邮政编码、联系电话、地址、完税证明号码、车辆原牌号、车辆新牌号及车辆变动情况转籍栏。其中"完税证明号码"填写过户、转籍前主管税务机关核发的完税证明号码；"转出车主名称及地址"填写过户前车主名称及地址；"转入车主名称及地址"应填写填表车主的名称及地址
5. 办理变更手续的，车主本人填写以下各栏：车主名称、邮政编码、联系电话、地址、完税证明号码、车辆原牌号、车辆新牌号及车辆变动情况变更栏
6. 本表"备注"栏填写新核发的完税证明号码
7. 本表一式二份（一车一表），一份由车主留存，一份由主管税务机关留存

(3) 车辆购置税转籍（转入）业务办理

① 办理转籍（转入）业务提供资料：

a. 车主身份证明。

b. 本地公安车管部门核发的机动车行驶证。

c. 车辆交易有效凭证原件(二手车交易发票)。
d. 车辆购置税完税证明。
e. 档案转移通知书。
f. 转出地车辆购置税办封签的档案袋。

②办理转籍(转入)业务流程。填写"车辆变动情况登记表"→报送资料→换领车辆购置税完税证明(正本)。

2. 车辆保险合同的变更

2009年《中华人民共和国保险法》(以下简称《保险法》)明确了保险标的所有人对被保险人权利和义务的法定继承。《保险法》以保护被保险人利益为出发点,明确了二手车新车主可直接承继原车主的权利义务,无须前往保险公司办理过户手续,有效解决了在车险理赔中二手车保单持有人和车辆所有人不一的问题,从根本上解决了过去因保险标的转让而引发的理赔纠纷,维护了保险关系的稳定。

不过,需要提醒车主注意的是,该条款同时规定,保险标的转让的,被保险人或者受让人应当及时通知保险人。因保险标的转让导致危险程度显著增加的,保险人自收到通知之日起三十日内,可以按照合同约定增加保险费或者解除合同。如果被保险人、受让人未履行规定的通知义务,因转让导致保险标的危险程度显著增加而发生的保险事故,保险人将不承担赔偿保险金的责任。简单举个例子来说,一辆车原本是私家车,经转让后被用作营运车,这就属于危险程度增加的一种情况,新车主应及时通知保险公司。

(1)办理车辆保险过户的方式

办理车辆保险过户有两种方式:

第一种是对保单要素进行更改,如换被保险人与车主。

第二种是申请退保,即把原来那份车险退掉,终止以前的合同。这时保险公司会退还剩余的保费。之后,新车主就可以到任何一家保险公司去重新办理一份车险。

(2)车辆保险合同变更的程序

①填写一份汽车保险过户申请书,向原投保的保险公司申请办理批改被保险人称谓的手续。申请书上注明保险单号码、车牌号、新旧车主的姓名及过户原因,并签字或盖章,以便保险公司重新核保。

②带保险单和已过户的机动车行驶证,找保险公司的业务部门办理。

一般情况下,保险公司都会受理并出具一张变更被保险人的批单,批单上面写明了被保险人的变化情况。

6.1.6 二手车交易合同

二手车交易合同是指二手车经营公司、经纪公司与法人、其他组织和自然人相互之间为实现二手车交易的目的,明确相互权利义务关系,所订立的协议。

1. 签订二手车交易的原则

(1)合法原则

订立二手车交易合同,必须遵守法律和行政法规。法律法规集中体现了人民的利益和要求。合同的内容及订立合同的程序、形式只有与法律法规相符合,才会具有法律效力,当事人的合法权益才能得到保护。

(2)平等互利、协商一致原则

订立合同的当事人法律地位一律平等,双方必须在完全平等的地位上签订二手车交易合同。二手车交易合同应当在当事人之间充分协商的基础上进行订立。

2. 二手车交易合同的主体

二手车交易合同主体是指为了实现二手车交易目的,以自己名义签订交易合同,享有合同权利、承担合同义务的组织和个人。根据《中华人民共和国合同法》(以下简称《合同法》)的规定,我国合同当事人从其法律地位来划分,可分为以下几种。

(1)法人

法人必须具备以下条件:

①依法成立。
②有必要的财产或经费。
③有自己的名称、场所和组织机构。
④能够独立承担民事责任的企业法人、机关法人、事业单位法人和社会团体法人。
(2)其他组织
(3)自然人
自然人是指具有完全民事行为能力、可以独立进行民事活动的人。

3. 交易合同的内容

(1)主要条款
①标的。指合同当事人双方权利、义务共同指向的对象,可以是物也可以是行为。
②数量。
③质量。
④履行期限、地点和方式。
⑤违约责任。
⑥根据法律规定的或按合同性质必须具备的条款及当事人一方要求必须规定的条款。
(2)其他条款
它包括合同的包装要求、某种特定的行业规则和当事人之间交易的惯有规则。

4. 交易合同的变更和解除

(1)交易合同的变更
交易合同的变更,通常是指依法成立的交易合同尚未履行或未完全履行之前,当事人就其内容进行修改和补充而达成的协议。
(2)交易合同的解除
交易合同的解除,是指交易合同订立后,没有履行或没有完全履行以前,当事人依法提前终止合同。
(3)交易合同变更和解除的条件
①当事人双方经协商同意,并且不因此损害国家利益和社会公共利益。
②由于不可抗力致使合同的全部义务不能履行。
③自于另一方在合同约定的期限内没有履行合同。

5. 违约责任

(1)违约责任的性质
①等价补偿。凡是已给对方当事人造成财产损失的,就应当承担补偿责任。
②违约惩罚。合同当事人违反合同的,无论这种违约是否已经给对方当事人造成财产损失,都要依照法律规定或合同约定承担相应的违约责任。
(2)承担违约责任的条件
①要有违约行为。
②行为人要有过。
(3)承担违约责任的方式
①违约金。违约金,指合同当事人因过错不履行或不适当履行合同,依据法律规定或合同约定支付给对方一定数额的货币。
②赔偿金。
③继续履行。继续履行,指合同违约方支付违约金、赔偿金后,应对方的要求,在对方指定或双方约定的期限内,继续完成没有履行的那部分合同义务。

6. 合同纠纷处理方式

合同纠纷,指合同当事人之间因对合同的履行状况及不履行的后果所发生的争议。

(1)协商解决

协商解决是指合同当事人之间直接磋商,自行解决彼此间发生的合同纠纷。

(2)调解解决

调解解决是指由合同当事人以外的第三人。

(3)仲裁

仲裁是指合同当事人将合同纠纷提交国家规定的仲裁机关,由仲裁机关对合同纠纷作出裁决的一种活动。

(4)诉讼

诉讼是指合同当事人之间发生争议而合同中未规定仲裁条款或发生争议后也未达成仲裁协议的情况下,由当事人一方将争议提交有管辖权的法院按诉讼程序审理作出判决的活动。

7. 二手车交易合同的种类

(1)二手车买卖合同

①出让人(售车方):有意向出让二手车合法产权的法人或其他组织、自然人。

②受让人(购车方):有意向受让二手车合法产权的法人或其他组织、自然人。

(2)二手车居间合同(一般有三方当事人)

①出让人(售车方):有意向出让二手车合法产权的法人或其他组织、自然人。

②受让人(购车方):有意向受让二手车合法产权的法人或其他组织、自然人。

③中介人(居间方):合法拥有二手车中介交易资质的二手车经纪公司。

典型的二手车买卖合同参见6.1.3中的二手车买卖合同示范文本。

任务实施

在初步掌握理论知识的基础上,按照下表的安排进行课内实践,模拟职场氛围,通过实践加深印象,真正掌握操作技能。

环节	对应项目	具体程序
1	准备工作	第一,让学生阅读《二手车交易规范》和《二手车流通管理办法》 第二,本单元涉及很多单证资料,所以准备二手车交易涉及的所有手续资料复印件一套,向每个小组发放一份
2	介绍二手车交易程序	为李先生介绍二手车交易的类型及程序。抽选学生进行演示,注意细节及商务礼仪
3	办理二手车交易过户	把学生分成小组,组员扮演不同角色,模拟二手车交易过户过程,进行验车、验手续、查违法、签合同、缴纳手续费、开具发票、交付手续(完成相关单证填写)
4	办理车辆转移登记	小组模拟办理车辆转移登记,进行整个流程,并完成单证填写
5	其他税、证变更业务的办理	小组模拟进行车辆购置税变更、车辆保险合同变更,进行整个流程,并完成单证填写
6	课后实践	走访当地二手车市场和车辆管理所,询问当地二手车交易的业务流程、手续费用、车辆转移登记的手续

项目 6.2　二手车收购

情境导入

二手车收购陈先生欲转让一辆桑塔纳99新秀轿车，经与二手车交易中心洽谈，由中心收购该车辆。该车的基本情况如下：初次登记日期为2001年2月，转让日期为2004年8月，已使用3年6个月。该型号的现行市场购置价为8万元，规定使用年限为15年，残值忽略不计。请为给陈先生介绍二手车收购流程并帮陈先生计算收购价格。

理论引导

6.2.1　二手车收购基本流程

1. 收购接待

无论是车主带车主动到店里评估还是评估师上门看车，都需要进行评估收购前的接触，对评估师而言，也就是收购接待工作。这个环节主要是对车主身份以及相关证件进行初步的核对，同时双方也可以通过这个环节使彼此间有个初步的了解，判断交易是否可靠。在这个接触过程中，礼仪、话术也很重要。

2. 车辆鉴定

这个环节主要是对车辆进行交易合法性初步判定及车况的技术鉴定。

3. 商谈价格

这是一个非常重要的环节，价格商谈是否能达成一致，直接决定交易是否成功。

4. 签订协议

双方一旦对交易价格达成一致，就进入签订协议的阶段，作为保障双方权益的法律文件，许多地区已经采用了政府提供的参考文本。

5. 查档刑侦

查档刑侦是由车辆管理部门对车辆的身份进行核对，未能通过的车辆不允许进行交易，这是保证收购方收购合法车辆最有效的保证。

6. 支付车款

车款可以一次性支付，也可以分多次支付。一般情况下车款是分多次支付的，收购方往往会扣留部分押金。一次性支付出款风险较大，对于经营者来说必须要有足够的把握才行，也有的经营者为了争取客户，防止客户流失，也会采取较为冒险的方式。

7. 收车入库

收车入库就是双方对车辆进行交接，收购方验收车辆、验收车辆证件、建档的过程。

6.2.2　二手车收购需考虑的因素

在二手车的收购评估中，应该着重考虑如下几个问题：

①二手车收购要充分考虑车辆的完全价值，即车辆实体的产品价值和车辆牌证、税费等各项手续的价值。

②二手车收购要密切注视市场的微观环境,也要关注宏观环境,即注意国家宏观政策、国家和地方法规的因素变化和影响导致的车辆经济性贬值。

③二手车收购后应支出的费用。从收购到售出时限内,还要支出的费用有:保险费、保养费、停车费、其他管理费等。

④二手车的收购要防止收购偷盗车、伪劣拼装车,要预防收购那些伪造手续凭证、伪造车辆档案的车辆。

6.2.3 二手车收购评估的思路

①以清算价格的思想方法估算收购价格。

清算价格的特点是企业(或个人)由于破产或其他原因(如急于转向投资、急还贷款等),要求在一定的期限内将车辆快速转卖变现。

②以重置成本、现行市价折扣的思想方法估算收购价格。

③以快速折旧的思想方法估算收购价格。

机动车辆的折旧,是根据车辆的价值采用使用年限法计算折旧额,在所有折旧方法中,使用年限法是应用最广泛的方法。

6.2.4 二手车的收购定价

1. 旧机动车的四种价格

(1)评估价

评估价是指缴纳二手车过户费(也称交易费,市场服务管理费)的基准价。

(2)收购价

如果原车主将车卖给车市,则为车市的收购价,如果卖给二手车经纪公司,则为经纪公司的买入价。

(3)标价

标价为二手车市或经纪公司的卖出价。

(4)交易价格

交易价格为最终成交价。

2. 二手车收购定价的影响因素

①汽车收购后应支出的费用。
②市场宏观环境的变化。
③市场微观环境的变化。
④经营的需要。
⑤品牌知名度和维修服务条件。

3. 二手车收购价格的确定

(1)运用重置成本法

对二手车进行鉴定评估,然后根据快速变现的原则估定一个折扣率,将被收购车辆的估算价格乘以折扣率,即得二手车的收购价格为

$$收购价格 = 评估价格 \times 折扣率$$

(2)运用现行市价法

对二手车确定评估价格,再根据上述办法计算收购价格,表达式同样为

$$收购价格 = 评估价格 \times 折扣率$$

(3)运用快速折旧法

$$收购价格 = 重置成本全价 - 累计折旧额 - 维修费用$$

重置成本全价一律采用国内现行市场价格作为被收购车辆的重置成本全价。

累计折旧额的计算方法是:先用年分数求和法和余额递减折旧法计算出年折旧额后,再将已使用年限内各年的折旧额汇总累加,即得累计折旧额。

维修费用是指车辆现时状态下,某功能完全丧失,需要维修和换件的费用总支出。

6.2.5 二手车收购评估与鉴定评估的区别

二手车收购评估与二手车鉴定评估实质都是对二手车作现时价格评估,但二者相比有比较明显的区别,主要表现在以下几点。

1.二者评估的主体不同

二手车收购评估的主体是买卖当事人,它是以购买者的身份与卖方进行的价格估算与洽谈,根据供求价格规律可以讨价还价,自由定价。而二手车的鉴定评估是公正性、服务性的买卖中间人,它遵循独立地原则,通过对评估车辆的技术鉴定的全面判断来反映其客观价格,不可随意变动。

2.二者评估的目的不同

二手车收购评估是购买者当事人估算车辆价格,以求把握事实真相,心中有数地与卖主讨价还价,它是以经营为目的的;二手车鉴定评估是受委托人委托,为被评估对象将要发生的经济行为提供价值依据,它是以服务为目的。

3.二者评估的思想和方法不同

二手车鉴定评估,它要求严格遵循国家颁布的有关评估法规,按特定的目的选择与之相匹配的评估标准和方法,具有约束性;二手车收购评估接受国家有关评估法规的指导,根据评估目的,参照评估的标准和方法进行,具有灵活性。

4.二者评估的价值概念不同

虽然鉴定评估与收购评估其价值概念都具有交易价值和市场价值,但收购价格受快速变现原则的影响,其价格大大低于"市场价格"。

6.2.6 二手车收购中的风险分析与防范

二手车收购中的风险是指由于二手车收购环境的变化,给二手车的销售带来的各种损失。

1.二手车收购的总体原则

①要提高识别二手车收购风险的能力。
②要提高风险的防范能力,尽可能规避风险。
③在无法避免的情况下,要提高处理二手车收购风险的能力。

2.影响二手车收购中的风险因素及其相应的防范措施

①新车型的影响。
②车市频繁降价的影响。
③折旧加快的影响。
④排放标准提高的影响。
⑤车况优劣的影响。
⑥品牌知名度的影响。
⑦库存的影响。
⑧二手车收购合法性的影响。
⑨宏观环境的影响。

任务实施

请结合所学理论知识,完成下表中对应任务。

环节	对应项目	具体程序
1	业务介绍	抽学生代表模拟业务员介绍二手车收购的交易流程、二手车收购需考虑的因素、收购评估的思路、收购定价方法
2	用快速折旧法计算收购价格	解: 1.采用年份数求和法计算其累计折旧 根据年份数求和法公式,其计算结果见表6.6。这里 $K_o=8$ 万元, $S_v=0$, $N=15$ 年,从2001年6月到2004年12月共4个年度 **表6.6 用年份数求和法计算折旧额** 由于车辆已使用3年6个月,则累计折旧额为 $$\left(\frac{28\,000+36\,000}{2}\right)元 = 32\,000\,元$$ 2.采用双倍余额递减折旧法计算其累计折旧 根据双倍余额递减折旧法计算公式,其计算结果见表6.7。折旧率为 $1/15=13.3\%$。由于车辆已使用3年6个月,则累计折旧额为 $$P=\sum_{t=1}^{n}\frac{A_t}{(1+i)^t}=27\,167\,元$$ 3.其他费用 根据技术状况鉴定,左前轮行驶偏位,右前轮的轴承失效换件,需维修费700元,变速器漏油失效换件,需维修费1 200元。合计1 900元。 4.收购评估 用年份数求和法计算收购评估价为 $$[80\,000-32\,000-1\,900]元=46\,100\,元$$ 用双倍余额递减法计算收购评估价为 $$[80\,000-27\,167-1\,900]元=50\,933\,元$$ **表6.7 用双倍余额递减法计算累计折旧额**

表6.6 用年份数求和法计算折旧额

年数	重置价格/元	递减系数	年折旧额/元	累计折旧额/元
2001.7~2002.1	80 000	15/120	10 000	10 000
2002.2~2003.1		14/120	9 333	19 333
2003.2~2004.1		13/120	8 667	28 000
2004.2~2005.1		12/120	8 000	36 000

表6.7 用双倍余额递减法计算累计折旧额

年数	重置价格/元	折旧率/%	年折旧额/元	累计折旧额/元
2001.2~2002.1	80 000	13.3	10 640	10 640
2002.2~2003.1	69 360	13.3	7 998	18 638
2003.2~2004.1	61 362	13.3	6 135	24 773
2004.2~2005.1	55 227	13.3	4 787	29 560

项目6.3 二手车销售

情境导入

某4S店于2010年4月收购了一辆二手车,收购价格为4.40万元。

该二手车基本情况如下:品牌型号为一汽大众捷达CIF;发动机号码为EK5647;车辆识别代号/车架号为LHK35425895154125;注册登记日期为2005年12月20日;年审检验合格至2010年4月;有车辆购置税完税证明。

该车欲于2010年10月销售。如何确定其销售价格呢?

理论引导

二手车流通企业在二手车收购与销售经营活动中,二手车销售的价格是决定收入和利润的唯一因素。二手车销售定价是我们主要掌握的知识。企业需要根据成本、需求、竞争及国家方针、政策并运用一定的定价方法、技巧和艺术来对其产品制订切实可行的价格政策。为了使定价工作有效、顺利地进行,保证定价工作的规范化,应按以下5个步骤进行:分析定价因素→确定定价目标→选择定价方法→制订定价策略→确定最终价格。

6.3.1 二手车销售定价需考虑的因素

1. 成本因素

企业在二手车的销售定价时,成本是首先必须考虑的基本因素。

(1)固定成本费用

固定成本费用是指在既定的经营目标内,不随收购车辆的变化而变动的成本费用。

(2)固定成本费用摊销率

固定成本费用摊销率是指单位收购价值所包含的固定成本费用,即固定成本费用与收购车辆总价值之比。

(3)变动成本费用

变动成本费用指收购车辆随收购价格和其他费用而相应变动的费用。

由上面成本分析可知,一辆二手车收购的总成本费用是这辆车应分摊的固定成本费用与变动成本费用之和,用数学式表达为

$$二手车的总成本费用 = 收购价格 \times 固定成本费用摊销率 + 变动成本费用$$

2. 供求关系

在市场经济体系下,供求状态也是制定销售价格时所依据的基本因素之一。

(1)需求与价格规律

所谓需求,是指在一定价格条件下,消费者对商品和劳务具有货币支付能力的需要。经济学上的"需求"和"需要"是两个不同的概念。"需要"指消费者购买商品的愿望和欲望,而"需求"不仅要求消费者具有主观愿望,而且还必须有购买力。

(2)供给与价格规律

所谓供给,是指在一定时期、一定价格条件下,经营者愿意并可能出售的商品数量。

(3) 供求与均衡价格

上面讲的供给规律和需求规律只侧重了一个方面,而没有综合考虑供求两个方面。实际上,在竞争市场上,供求同时决定价格的形成。假定其他条件不变,供不应求会导致价格上升,供过于求导致价格下降。

根据以上分析,可以得出这样一个结论:需求大于供给,价格就会上升;需求小于供给,价格就会下降。

价格在受供求影响而有规律性的变动过程中,不同商品的变动幅度是不一样的。因此,在销售定价时还要考虑需求价格弹性。所谓需求价格弹性,是指因价格变动而引起的需求相应的变动率,它反映需求变动对价格变动的敏感程度。

3. 竞争状况

二手车的销售定价要考虑本地区同行业竞争对手的价格状况,根据自己的市场地位和定价的目标,确定自己的价格水平。

以上三个因素的关系是,某种产品其最高价格取决于市场需求,最低价格取决于这种产品的成本费用,在产品的最高价格和最低价格的幅度内,企业能把产品价格定多高,则取决于竞争者同种产品的价格水平。

4. 国家政策法令

任何国家对物价都有适度的管理。国家可以通过物价部门直接对企业定价进行干预,也可以用一些财政、税收手段对企业定价实行简介影响。

6.3.2 二手车销售定价的目标

二手车销售定价的目标是指二手车流通企业通过制订价格水平,凭借价格产生的效用来达到预期目的。

1. 追求利润最大化的定价目标

这种定价目标指的是企业希望获得最大限度的销售利润或投资收益,这几乎是所有企业的共同愿望和追求的目标。

2. 以获取适度利润的定价目标

适度利润目标又称"满意利润目标",是一种使企业经营者和股东(所有者)都感到比较满意、比较适当的利润目标,利润既不太高,也不是太低。

3. 以取得预期投资收益为定价目标

预期投资收益目标又称目标投资利润目标。

4. 以保持或扩大市场占有率的定价目标

对于二手车流通企业来说,市场占有率即该企业二手车的销售量或销售额在同行业市场销售总量中的比例。

6.3.3 二手车销售定价的方法

1. 成本加成定价法

成本加成定价法是成本导向定价法大类中的一种方法,它是按照单位成本加上一定百分比的加成来制定产品的销售价格,其公式为

$$旧机动车销售价格 = 单位完全成本 \times (1 + 成本加成率)$$

2. 需求导向定价法

这种定价方法又称"顾客导向定价法""市场导向定价法"。其特点是,产品的销售价格随需求的变动而变化。

3. 竞争导向定价法

这种定价方法是企业根据自身的竞争力、参考成本和供求情况,将价格定得高于、等于或低于竞争者价格,以实现企业定价目标和总体经营战略目标。

在上述定价方法中,成本加成定价法深受企业界欢迎,主要有以下原因:

①成本的不确定性一般比需求少,将价格紧跟单位成本,可以大大简化企业定价程序,而不必根据需求情况的瞬息万变而作调整。

②只要行业中所有企业都采取这种定价方法,则价格在成本与加成相似的情况下也大致相似,价格竞争也会因此减至最低限度。

③成本加成定价法对买方和卖方来讲都比较公平。

6.3.4 二手车销售定价的策略

二手车销售定价策略是指二手车流通企业根据市场中不同变化因素对二手车价格的影响程度采用不同的定价方法,制定出适合市场变化的二手车销售价格,进而实现定价目标的企业营销战术。

1. 阶段定价策略

就是根据产品寿命周期各阶段不同的市场特征而采用不同的定价目标和对策。

2. 心理定价策略

心理定价策略就是在补偿成本的基础上,按不同的需求心理确定价格水平和变价幅度。

3. 折扣定价策略

灵活运用价格折扣策略,可以鼓励需求、刺激购买,有利于企业搞活经营,提高经济效益。

6.3.5 二手车销售最终价格的确定

经过以上分析、判断、比较、计算、调整和修饰,价格制定者或价格决策者最终得到实际执行价格。

任务实施

结合理论知识,完成下表中任务。

环节	对应项目	具体程序
1	二手车销售定价	我们通过以下步骤确定这辆车的销售价格: 1. 固定成本费用摊销率的确定 按该4S店的固定成本构成情况分析,分摊二手车销售这一块的固定成本摊销率为1%。 2. 变动成本的确定 该车实体价格即为收购价格,4.40万元 收购车辆时的运输费用合计为65元 从收购日起到预计的销售日,分摊在该车上的日常维护费用为400元 该车收购后,维修翻新费用合计3 200元 该车辆存放期间,银行的活期存款年利率为0.36% 该二手车的变动成本 = $[(44\,000 + 65 + 400 + 3\,200) \times (1 + \frac{10-4}{12} \times 0.36\%)]$元 = 47 751 元 该二手车的总成本费用 = 收购价格×固定成本费用摊销率 + 变动成本 = $[44\,000 \times 1\% + 47\,751]$元 = 48 191(元) 3. 确定销售价格 按成本加成定价法,本车型属于大众车型,市场保有量较大,且销售情况平稳。根据销售时日的市场行情,一般成本加成率在6%左右。因此该车的销售价格为 二手车销售价格 = 该车总成本×(1 + 成本更新率) = $[48\,191 \times (1 + 6\%)]$元 = 51 082 元 4. 确定最终价格 该4S店目前处于比较稳定的经营时期,二手车经销状况也比较稳定,故应取获取合理利润为目标,所以成本加成率不做调整,即仍取6% 该车不准备采用折扣定价策略,而上述计算结果中有精确的尾数,即采用尾数定价策略,也不再做调整 故该二手车的最终消失价格定为51 082 元

项目6.4 二手车置换和拍卖

情境导入

王先生于2010年买了自己第一辆车2010款别克凯越。他到4S店去保养时,看到4S店开展二手置换业务。这两年他刚好有些积蓄打算换车,所以他考虑通过置换的方式买新款君越,所以想咨询下二手车置换的业务流程。

二手车拍卖是指二手车拍卖企业以公开竞价的形式将二手车转让给最高应价者的经营活动。随着我国二手车行业的快速发展,近年来二手车拍卖业务成为各大二手车市场、厂家、网站等经营的一个新生业务。相对于二手车市场的嘈杂和混乱,二手车拍卖这种交易方式公开,透明,程序规范,是一种非常理想的二手车交易方式。二手车的买卖双方,通过这种方式交易不仅有着很多的选择,也可以比较放心地进行二手车的交易,拍卖二手车的优势相对于其他二手车交易方式还是比较明显的。其实二手车拍卖在中国尚未流行起来,大多数人并不了解二手车拍卖的流程是怎样进行的。

理论引导

6.4.1 二手车置换

1. 二手车置换的概念

二手车置换从狭义上来说就是以旧换新,这项活动往往由新车经销商来开展,在其4S店或各级网点进行,通过满足车主换车的需求开展二手车的收购业务,用二手车的价值来补足车主购买新车的价款,并提供便捷的服务,从而促进新车销售。广义的汽车置换在新业务的基础上,还同时兼容二手车整容翻新、跟踪服务、二手车再销售乃至银行按揭贷款等项目的一系列业务组合,从而使之成为一种有机独立的营销方式。在本任务仅介绍"以旧换新"部分。

2. 二手车置换业务产生的背景

①产能过剩和消费能力矛盾使汽车置换业务成为可能。

②汽车置换市场形成的必然性。

地区经济差异使不同地区商品消费者剩余不同。

③我国消费者市场对汽车置换业务的需求:

a. 人均收入逐年增长,富裕人群增加,目前北京、上海、广州等城市已经达到了汽车基本消费标准,一些企业中高层领导、外企合资企业白领、私营业者等阶层的年均收入达到了1万美元以上。这些人都是稳定的换车群体。

b. 新车性价比良好,消费刺激带动换车热潮。

c. 不稳定收入群体换车成为家常便饭。

d. 汽车环保和经济性刺激换车需求。

3. 二手车置换模式

①用本厂旧车置换新车(即以旧换新)。

②用本品牌旧车置换新车。

③只要购买本厂或本厂家的新车,置换的旧车不限品牌。国外基本上采用的是这种汽车置换方式。

此外,我国也出现了委托寄卖等置换新模式。我国的委托寄卖主要分为:一是自行定价型,即是由消费者自行定价,委托商家代卖,等到成交后再支付佣金;二是二次付款型,它是由商家先行支付部分费用,等到成交后再付余款,佣金以利润比例来定;三是周期寄卖型,其方式是由商家向车主承诺交易周期,车价由双方共同确定,而佣金则以成交时间和成交金额双重标准来定。

4. 国内主要二手车置换商简介

(1)上海通用"诚新二手车"

上海通用汽车是国内较早涉足品牌二手车领域的汽车制造商,在服务经验、规范化程度,以及开展的业务等方面比较领先,其"诚新二手车"品牌已逐渐成为二手车市场的一面标杆。目前开展的业务主要还是新车置换,但是业务开展深度较强,认证二手车数量较多,可以在全国范围内开展整备后二手车的销售。

(2)奥迪"AAA"二手车

奥迪"AAA"二手车是目前最高端的品牌认证二手车服务。作为中国市场上最为成功的豪华车,奥迪在该市场上保有量最大,残值率也较高,如保有量最大的奥迪A6,一般3年的二手车残值率可达70%。

(3)上海大众特选二手车

从汽车整车制造商进入汽车置换领域的经验看,二手车认证及质量保证体系构成了整车厂商与经销商进入品牌二手车市场的核心竞争力之一。新的二手车交易模式和二手车交易标准正在由厂家主导逐渐建立,整车制造商将在汽车置换中起越来越重要的作用。另外,开展二手车置换业务将成为促进新车销售的新的模式,在未来还将成为汽车制造商掌握市场的有力王牌。

(4)一汽大众"认证二手车"

相比上海通用,一汽大众进入二手车领域较晚,2004年8月,一汽大众在认证二手车首批样板店正式开业典礼上,宣布进军二手车市场。相比上海大众来说,其经验和方式等多样性方面不够理想,但也逐渐开展了拍卖等销售方式。首批样板店是一汽大众从全国347家特许经销商当中选取了13个城市的16家信誉较好的,尽量保证赢得良好的口碑。

(5)广州本田"喜悦二手车"

广州本田于2007年推出了"喜悦二手车"业务,虽然推出的时间比较短,但是其二手车认证是目前所有厂家中比较严格的。它以覆盖全国的服务网络和24小时的紧急救援等优良服务,实行置换,强调每一个用车环节让用户感受到信心、省心和悦心。

5. 二手车置换基本流程

二手车置换车辆需要满足以下条件:

①各种车务手续齐全,非盗抢、走私车辆。
②在国家允许的汽车报废年限之内,且尾气排放符合要求。
③无机动车产权纠纷,分期付款的车辆要付清全部车款,拿回所有的车辆手续。

二手车置换的流程按照品牌厂商的不同而有所区别,但是大体上相同。下面举例说明二手车置换的基本流程。

(1)资料

置换客户带汽车及相关资料到公司置换部。办理置换业务所要提交的证件如下:

①车主身份证(单位车辆还应提供法人代码证书、介绍信等证件)。
②机动车产权登记证。
③机动车行驶证。
④购置附加税缴纳凭证。
⑤养路费缴纳凭证。
⑥委托他人办理置换的,须持原车主身份证和具有法律效力的委托书。

(2)检测评估

置换客户把汽车及相关资料提供给公司,公司评估人员根据现有二手车市场价格行情、当前新车价格、车况及使用年限等资料对二手车进行综合分析、评估,初步拟定价格。

(3)定价

将初步价格通知置换客户,经协商同意后,确定收购价格。

(4)选购新车

客户确定新车车型,挑选新车,确定新车后,商定新车价格。

(5)成交

置换客户与公司签订汽车置换协议或合同。

(6)过户

客户提供过户资料,办理汽车过户手续。

(7)折算二手车款凭证

置换部出具《折算二手车款凭证》。

(8)新车收款凭证

用户选定新车后,由销售部门出具《收款通知单》。

(9)补齐车款

置换用户凭《折算二手车款凭证》《收款通知单》到公司财务处补齐车款。

(10)办理上牌

置换用户补齐车款后,提交汽车上牌所需资料,由公司办理汽车上牌。

(11)提车

公司在办完所有手续以后通知客户提车。

6. 汽车置换的注意事项

①新车牌照:新车仍使用原二手车牌照的,经销商代办退牌手续和新车上牌手续;新车上新牌照的,经销商可代办手续。

②新车需交钱款＝新车价格－旧车评估价格。

③贷款置换:如果旧车贷款尚未还清,可由经销商垫付还清贷款,款项计入新车需交钱款。

④售后服务:商家提供可选择的替换车、救援、异地租车等多项个性化增值服务。

6.4.2 二手车拍卖

1. 关于拍卖的相关知识

(1)拍卖

拍卖是指以公开竞价的形式,将特定物品或者财产权利转让给最高应价者的买卖方式。

(2)委托人

委托人是指委托拍卖人拍卖物品或者财产权利的公民、法人或者其他组织。

(3)拍卖人

拍卖人是指依照《中华人民共和国拍卖法》和《中华人民共和国公司法》设立的从事拍卖活动的企业法人。

(4)竞买人

竞买人是指参加竞购标底的公民、法人或者其他组织。

(5)买受人

买受人是指以最高应价购得拍卖标的的竞买人。

(6)底价

底价也称拍卖标的的保留价,指出卖拍卖标的的最低价格,如果应价低于这一价格则拍卖标的不予出售。保留价应当由委托人提出。

(7)起拍价

起拍价是指拍卖时就某一标的的开始拍卖时第一次报出的价格,起拍价可能低于保留价,可以等于保留价,也可以高出保留价,因此保留价与起拍价二者属于两种不同的价格现象。

2. 参加拍卖各方当事人的权利和义务

(1) 拍卖人权利和义务

①拍卖人的权利：

a. 拍卖人有权要求委托人说明拍卖标的的来源和瑕疵。

b. 委托人、买受人可以与拍卖人约定佣金的比例。未作约定时，拍卖成交的，拍卖人可以向委托人、买受人各收取不超过拍卖成交价百分之五的佣金。

②拍卖人的义务：

a. 拍卖人应当向竞买人说明拍卖标的的瑕疵。

b. 拍卖人对委托人交付拍卖的物品负有保管义务。

c. 拍卖人接受委托后，未经委托人同意，不得委托其他拍卖人拍卖。

d. 委托人、买受人要求对其身份保密的，拍卖人应当为其保密。

e. 拍卖人及其工作人员不得以竞买人的身份参与自己组织的拍卖活动，并不得委托他人代为竞买。

f. 拍卖人不得在自己组织的拍卖活动中拍卖自己的物品或者财产权利。

g. 拍卖人应于拍卖日 7 日前发布公告。

h. 拍卖成交后，买受人和拍卖人应签署《二手车拍卖成交确认书》。

i. 拍卖成交后，拍卖人应当按照约定向委托人交付拍卖标的的价款，并按照约定将拍卖标的移交给买受人。

(2) 委托人权利和义务

①委托人的权利：

a. 委托人可以自行办理委托拍卖手续，也可以由其代理人代为办理委托拍卖手续。

b. 委托人有权确定拍卖标的的保留价并要求拍卖人保密。

②委托人的义务：

a. 委托人委托拍卖物品或者财产权利，应当提供身份证明和拍卖人要求提供的拍卖标的的所有权证明或者依法可以处分拍卖标的的证明及其他资料。

b. 委托人应当向拍卖人说明拍卖标的的来源和瑕疵。

c. 委托人撤回拍卖标的的，应当向拍卖人支付约定的费用；未作约定的，应当向拍卖人支付为拍卖支出的合理费用。

d. 委托人不得参与竞买，也不得委托他人代为竞买。

e. 按照约定由委托人移交拍卖标的的，拍卖成交后，委托人应当将拍卖标的移交给买受人。

(3) 竞买人权利和义务

①竞买人的权利：

a. 竞买人是指参加竞购拍卖标的的公民、法人或者其他组织。

b. 竞买人可以自行参加竞买，也可以委托其代理人参加竞买。

c. 竞买人有权了解拍卖标的的瑕疵，有权查验拍卖标的和查阅有关拍卖资料。

②竞买人的义务：

a. 法律、行政法规对拍卖标的的买卖条件有规定的，竞买人应当具备规定的条件。

b. 竞买人一经应价，不得撤回，当其他竞买人有更高应价时，其应价即丧失约束力。

c. 拍卖成交后，买受人和拍卖人应当签署成交确认书。

d. 竞买人之间、竞买人与拍卖人之间不得恶意串通，损害他人利益。

(4) 买受人权利和义务

①买受人的权利：

a. 买受人是指以最高应价购得拍卖标的的竞买人。

b. 买受人未能按照约定取得拍卖标的的，有权要求拍卖人或者委托人承担违约责任。

c. 其他权利与竞买人的权利相同。

②买受人的义务：

a.买受人应当按照约定支付拍卖标的的价款,未按照约定支付价款的,应当承担违约责任,或者由拍卖人征得委托人的同意,将拍卖标的再行拍卖。

b.买受人未按照约定受领拍卖标的的,应当支付由此产生的保管费用。

3.二手车拍卖的相关政策法规

(1)《二手车流通管理办法》

①《二手车流通管理办法》第二十三条规定下列车辆禁止经销、买卖、拍卖和经纪:已报废或者达到国家强制报废标准的车辆;在抵押期间或者未经海关批准交易的海关监管车辆;在人民法院、人民检察院、行政执法部门依法查封、扣押期间的车辆;通过盗窃、抢劫、诈骗等违法犯罪手段获得的车辆;发动机号码、车辆识别代号或者车架号码与登记号码不相符,或者有凿改迹象的车辆;走私、非法拼(组)装的车辆;不具有第二十二条所列证明、凭证的车辆;在本行政辖区以外的公安机关交通管理部门注册登记的车辆;国家法律、行政法规禁止经营的车辆。

②《二手车流通管理办法》第二十四条规定,二手车经销企业销售、拍卖企业拍卖二手车时,应当按规定向买方开具税务机关监制的统一发票。

(2)《二手车交易规范》

二手车拍卖规则:

①拍卖人拍卖日期与场所。

②拍卖标的及保留价。

③拍卖标的的展示的时间及场所。

④竞买人权利和义务。

⑤保证金交纳约定。

⑥拍卖方式。

⑦买受人权利和义务。

⑧拍卖标的清点移交。

⑨违约责任。

⑩其他。

4.二手车拍卖所需资料

《二手车交易规范》第二十九条规定委托拍卖时,委托人应提供身份证明、车辆所有权或处置权证明及其他相关材料。具体材料如下:

①二手车委托拍卖所需材料。

②二手车参加竞买所需材料。

a.质量保证类别。

b.经销企业名称、营业执照号码及地址应按照企业营业执照所登记的内容填写。

c.车辆基本信息按车辆登记证书所载信息填写。

(a)行驶里程按实际行驶里程填写。

(b)年检到期日以车辆最近一次年检证明所列日期为准。

(c)车辆价格按二手车经销企业拟卖出价格填写,可以不是最终销售价。

(d)其他信息根据车辆具体情况,符合项在"□"中划√。

(e)使用性质按表中所列分类,符合项在"□"中划√。

(f)交通事故记录次数/类别/程度,应根据可查记录或原车主的描述以及在对车辆进行技术状况检测过程中发现的,对车辆有重大损害的交通事故次数、类别及程度填写。未发生过重大交通事故填写"无"。

(g)重大维修记录应根据可查记录或原车主的描述或在车辆检测过程中发现的更换或维修车辆重要部件部分(比如发动机大中修等)填写有关内容。

d.法定证明、凭证等按表中所列项目,符合项在"□"中划"√"。

e.车辆技术状况是指车辆在展示前,二手车经销企业对车辆技术状况及排放状况进行检测,检测项目及检测方式根据企业具体情况实施,并将检测结果在表中填写。

f. 属于质量担保车辆的,经销企业根据交易车辆的实际情况,填写质量保证部件、里程和时间。

g. 当车辆实现销售时,由经销企业及其经办人和买方分别在签章栏中签章。

5. 二手车拍卖流程

对于二手车拍卖流程没有统一的标准,但拍卖业务应由拍卖师、估价师和有关业务人员组成,才能够从事拍卖业务活动。二手车拍卖委托流程,二手车拍卖竞买流程如图6.8所示。

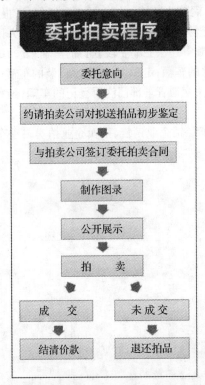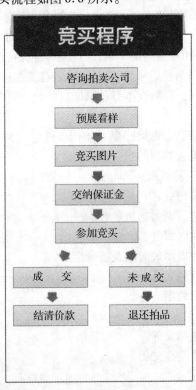

图6.8 二手车拍卖委托流程,二手车拍卖竞买流程

天津二手车拍卖业务流程介绍：

(1)接受委托

①审查车辆来源的合法性。

②审查车辆的处置权。

③审查车辆的手续、证照及缴纳的各种税费是否齐全。

④对车辆进行静态和动态检查。

⑤确定委托保留价(即拍卖底价)。

(2)签订机动车委托拍卖合同

(3)机动车拍卖公告的发布

《二手车交易规范》第三十一条规定拍卖人应于拍卖日7日前发布公告。拍卖公告应通过报纸或者其他新闻媒体发布,并载明下列事项：

①拍卖的时间、地点。

②拍卖的车型及数量。

③车辆的展示时间、地点。

④参加拍卖会办理竞买的手续。

⑤需要公告的其他事项。如号牌号码、初次登记时间、拍卖咨询电话、联系人等详细告之。

(4)车辆展示

①在机动车拍卖前必须进行至少2日的公开展示。

②如有意参加拍卖会,经审核符合竞买人要求,则必须提前办理入场手续。

(5) 拍卖实施

在拍卖实施当天,竞买人经工作人员审查确认后,方可提前半小时进入会场。

(6) 收费

①拍卖成交后,收取委托方和买受方一定的佣金(收费标准按成交价的百分比确定)并开具拍卖发票。

②拍卖车辆在整个拍卖活动中发生的相关费用由委托人和买受人双方分别承担(以成交确认作为界定,成交前由委托人承担、成交后由买受人承担)。

(7) 车辆移交

①机动车拍卖成交后,买受人和拍卖人应签署"二手车拍卖成交确认书",在买受人付清全部货款后,方可办理车辆移交手续。

②车辆移交时,应填写"机动车拍卖车辆移交清单"。

③车辆移交方式(含办理过户、转出、转入等相关手续)由委托人、买受人和拍卖人商议具体移交方式。

6. 二手车拍卖注意问题

①拍卖现场注意事项。

a. 竞买人在拍卖公告规定的咨询、展示期限内,有权了解拍卖车辆的有关情况,实地察看拍卖车辆。

b. 竞买人应按拍卖公告规定的时间、地点准时出席拍卖会。

c. 拍卖成交后,买受人当场与拍卖行签订《拍卖成交确认书》,竞投号牌立即收回,买受人保证金自动转为定金。

②了解汽车报废时限和价格计算。

③二手车检查。拍卖二手车,现场察看非常重要。由外往里地从车身→发动机→传动→底盘→试车等步骤逐项察看。

7. 二手车拍卖后相关手续的办理

(1) 二手车过户手续办理

①车辆登记证书一定要办理。车辆登记证书是车辆必要产权凭证,2002年之前购买的汽车大部分都没有登记证书,在车辆交易的时候需要进行补办登记证书。

②车辆行驶证书一定要变更。车辆行驶证的车辆照片也要与车辆相符,车辆要按照规定年检合格才允许办理。

③车主身份证、单位代码证书要真实有效。车辆进行产权变更的时候必须出示交易双方的身份证明,单位需要出示单位的代码证书。

④车辆购置附加税、养路费和车船使用税须合法有效。在车辆产权变更中,需要对车辆的购置附加税、养路费和车船使用税进行查验,车辆的购置附加税必须缴纳,养路费至少缴纳至车辆交易时间内的一个月,车船使用税必须缴纳至车辆交易的当年。

⑤签订车辆交易合同,相关内容要填写清楚。⑥及时办理各种相关手续的变更。

(2) 拍卖服务费用支付

(3) 办理过户需要手续

(4) 不予办理过户的二手车

①申请车主印章与原登记车主印章不相符的。

②未经批准擅自改装、改型及变更载货质量、乘员人数的。

③违章、肇事未处理结案的或公安机关对车辆有质疑的。

④达到报废年限的(对已达到报废使用年限,但车辆技术状况较好,使用性质为自用的汽车,经特殊检验合格后,在达到报废使用年限后两年内,准予申办过户登记,但不准转籍)。

⑤未参加定期检验或检验不合格的。

⑥新车入户不足三个月的(进口汽车初次登记后不满两年的,但法院判决的除外)。

⑦人民法院通知冻结或抵押期未满的。

⑧属控购车辆无申报牌照证明章的。

⑨进口汽车属海关监管期内,未解除监管的。

8. 二手车拍卖实例分析

拍卖车辆：一汽大众宝来 1.8AT

登记日期：2004 年 9 月

状况评估：车辆整体外观良好，全车喷漆部分不多，整车没有明显的修复痕迹，车身骨架良好，前侧车灯有碰撞更换痕迹，前风挡更换过；车辆内室相对整齐，功能部件磨损不明显，车辆显示里程 6 万 km 左右，相对行驶不多，常规部件使用良好；发动机舱内线路基本正常，车辆的发动机和变速箱部分没有渗漏痕迹，启动之后抖动不明显；底盘完好，轮胎磨损不明显，刹车盘片磨损正常。

车主以及成交情况：车主秦先生由于近期置换新车，因此考虑出售二手车，询问了多家 4S 店的二手车收购价格，给出的多是 7 万元以内，秦先生不是很满意，因此经广告来到市场参加即时拍卖，起拍价格 7 万元，最终成交 7.25 万元，相对比较满意。

任务实施

掌握了理论知识后，请同学们完成中的下表任务，掌握对应流程。

环节	对应项目	具体程序
1	二手车置换业务流程	学生分组练习，一方作为顾客询问二手车置换业务，另一方作为业务员进行解答。抽选业务熟练的小组进行演示
2	二手车拍卖业务流程	模拟拍卖会，演练拍卖流程。从模拟会中发现知识和技能学习中的问题。加深印象，熟练业务

评价体会

	评价与考核项目	评价与考核标准	配分	得分
知识点	了解我国二手车交易的类型；二手车交易合同的种类、签订准则	理论知识的掌握	10	
	了解二手车销售定价的方法；熟悉二手车拍卖的流程	理论知识的掌握	10	
	熟悉二手车交易所涉及的手续；掌握相关表格的填写方法	能够正确填写满分，；否则每次扣 5 分	10	
技能点	具有向顾客解答二手车过户等各项手续的能力	流程熟练、话术、礼仪到位满分；否则每次扣 5 分	15	
	能够办理二手车交易过户和车辆转移登记手续	流程熟练、话术、礼仪到位满分；否则每次扣 5 分	15	
	具有操作收购、置换、销售二手车业务过程的能力	流程熟练、话术、礼仪到位满分；否则每次扣 5 分	10	
情感点	学习态度	遵守纪律、态度端正、努力学习满分；否则得 0~1 分	10	
	相互协作情况	相互协作、团结一致满分；否则得 0~1 分	10	
	参与度和结果	积极参与、结果正确满分；否则得 0~1 分	10	
	合 计		100	

任务工单

学习任务6：二手车交易实务 项目单元1~4	班级		
	姓名	学号	
	日期	评分	

一、内容

1. 2010年7月，某二手车经纪公司欲收购一辆本田飞度1.5CVT轿车。车的初次登记日期为2005年8月，转让日期为2008年1月，已使用了2年6个月。该型号的现行市场购置价为11.2万元，规定使用年限为15年，残值忽略不计。试用快速折旧法计算收购价格。

2. 这辆本田飞度轿车于2010年7月收购后，于2010年12月出售，请确定其销售价格。

3. 销售成功后，新车主请你帮忙办理过户手续。

二、准备

1. 熟悉二手车交易规范和二手车流通管理办法。
2. 熟悉二手车交易所涉及的整套手续。
3. 准备二手车交易所用到的表格一套。
4. 学会二手车收购定价方法，二手车销售定价方法。
5. 注意交谈中的礼仪及话术。

三、实施

1. 用快速折旧法计算收购价格

①采用年份数求和法计算其累计折旧

②采用双倍余额递减折旧法计算其累计折旧

③其他费用

④收购评估

2. 确定销售价格

①固定成本费用摊销率的确定

②变动成本的确定

③确定销售价格

④确定最终价格

3. 办理交易手续
①签订交易合同
②开具发票
③办理行驶中、登记证变更
④其他税、证变更

四、小结

二手车交易业务知识测试：

一、判断题
1. 办理机动车过户手续时，原车主与新车主必须在同一个车管所辖区内。（ ）
2. 交易后的二手车，必须先办理过户手续后，方可办理机动车登记证书。（ ）
3. 机动车的所有权转移日是指重新办理了机动车登记的日期。（ ）
4. 二手车交易成功后，应先办理机动车登记手续，后办理保险批改手续。（ ）
5. 二手车转出时，可以带原牌照一起转出。（ ）
6. 机动车过户后，应重新核发机动车行驶证。（ ）
7. 对办理了抵押登记的机动车，不能办理过户登记。（ ）
8. 二手车交易后，对购置附加税可以不进行变更。（ ）
9. 要想获取最大利润，二手车经销企业必须采用高的销售价格。（ ）
10. 在汽车置换授权经销商处进行二手车置换时，二手车的价格往往高于市场价格。（ ）
11. 当采用竞争导向法确定二手车销售价格时，其价格与成本和需要无关。（ ）
12. 二手车购买人取得二手车交易发票，机动车行驶证和机动车登记证书，就完成了车辆的所有权转移。（ ）
13. 务机关监制的全国统一的二手车交易专用发票是唯一有效的二手车来历凭证。（ ）
14. 市场上的二手车价格也是公平市价。（ ）
15. 对于超过检验周期的二手车，应先进行安全检测，之后才能办理过户手续。（ ）

二、单项选择题

1. 手车销售定价应考虑因素主要有成本因素、（　　）和竞争状况。
   A. 磨损因素　　　　B. 行驶里程　　　　C. 供求关系　　　　D. 需求弹性
2. 车买卖合同，因本合同发生争议，有当事人协商或调解解决；协商或调解不成，按下列方式解决（　　）。
   A. 由二手车市场解决　　　　　　　　B. 提交仲裁委员会或依法向人民法院起诉
   C. 由第三方参与协商解决　　　　　　D. 由政府机关部门出面解决
3. 车买卖合同，因本合同发生争议，有当事人协商或调解解决；协商或调解不成，按下列方式解决（　　）。
   A. 由二手车市场解决　　　　　　　　B. 提交仲裁委员会或依法向人民法院起诉
   C. 由第三方参与协商解决　　　　　　D. 由政府机关部门出面解决
4. 哪一项不属于二手车交易过程中发生的费用（　　）。
   A. 车辆检测费　　　　　　　　　　　B. 车辆购置税
   C. 车辆评估费　　　　　　　　　　　D. 经营手续费
5. 哪项不可作为汽车来历凭证（　　）。
   A. 二手车专用发票　　　　　　　　　B. 法院出具的财产转移判决书
   C. 新车销售发票　　　　　　　　　　D. 车辆购置税凭证
6. 机动车交易中，核实被评估车辆产权的证件是（　　）。
   A. 机动车行驶证　　　　　　　　　　B. 购置附加税凭证
   C. 机动车登记证　　　　　　　　　　D. 公路养路费缴讫证
7. 目前我国进行汽车置换的形式中，没有（　　）。
   A. 用本厂旧车置换新车
   B. 用本品牌旧车置换新车
   C. 只要购买本厂的新车，置换的旧车不限品牌
   D. 旧车不限品牌，新车不限厂家
8. 在确定销售定价时，首先应考虑应用（　　）法。
   A. 成本加成　　　　B. 需求导向　　　　C. 目标收益　　　　D. 边际成本
9. 下列（　　）不属于固定成本。
   A. 房租　　　　　　B. 管理费　　　　　C. 折旧　　　　　　D. 车辆维护费
10. 下列关于车辆转入的叙述，（　　）不正确。
    A. 剩余使用年限不足一年的车辆，不能转入
    B. 出过严重交通事故的车辆，不能转入
    C. 出租车，不能转入
    D. 曾经从事过出租的车辆，不能转入

三、简答题

1. 简要说明二手车直接交易的一般程序。
2. 二手车交易主要有哪些形式？
3. 简述二手车过户的基本流程。
4. 简述二手车拍卖的基本过程。
5. 二手车收购定价的影响因素有哪些？
6. 二手车销售定价的方法有哪些？

拓展与提升

二手车交易指南 如何避免买卖纠纷

二手车交易纠纷常常令商家和消费者头疼,二手车交易毕竟不像新车这样干脆利落。如何避免二手车交易纠纷?这个看似老生常谈的问题,但却常常成为不少消费者们解不开的谜团。有些二手车车况不错,价格也诱人,在这种情况下,我们常常觉得出手的时候到了,可买回去又后悔当初的草率,同时二手车纠纷也随之而起。

例如:在交易中我们马虎着急。在买车时忽略了仔细观看合同,尤其是车辆的生产和登记日期,来源,使用性质等等,还有税费情况,最终造成损失。对于并不了解二手车行业的我们,在二手车交易纠纷之前我们该问些什么简明扼要的问题呢?

1. 二手车交易纠纷之询问碰撞事故

谈起事故,在道路上每天都在上演,车辆修完之后,严重事故的车辆很多车主都会选择换车,因为安全我们伤不起,如果作为买二手车的我们,买了事故车回去,那我们更伤不起,金钱损失是小,安全保障是大。买二手车时,即使通过检查发现没什么问题,我们还是有必要询问下商家,此车有无事故,当然商家的评估师是专业人员,如果没有事故,他们会拍着胸脯告诉你这车"巨整",价格也很难压低。若是事故车,出于义务告知,他们往往也不会全盘托出,可能支支吾吾告诉你一些剐蹭,具体剐蹭到什么程度还是要自己把握,通过询问我们可以简单了解车的事故情况。

2. 二手车交易纠纷之询问使用年限

制造时间和上牌时间在时间上有先后关系,当车辆被制造出来自然会有个制造日期,制造完厂家会通过各地的经销商进行销售,销售之后上牌,从此便产生一个到车管所上牌时间,有疑问的是,有些车辆制造时间和上牌时间相差竟两年之久,这可能是库存车的原因,这样的二手车价格通常会偏低。年限是二手车评估的主要依据,询问是必然的。

二手车交易纠纷之询问费用

在买二手车的环节中,大家的注意力往往都集中在车况的检查上,很容易忽略车辆费用的询问。冲动买了车,结果还有一大笔的后续投入。对一辆8万元的二手车而言,保险正常要3 500元左右,南方还有年票、车船税1 500元,还有过户等费用,加在一起要6 000元左右,可是一笔不小的数目,这里不包含滞纳金。如果要选购的二手车这些费用都有,也可以节省不少,询问费用是必要的。

3. 二手车交易纠纷之询问里程

众所周知,汽车行驶里程不同,对车辆磨损也不一样。部分二手车商为了将二手车卖一个好价钱,除了在外观、内饰上进行修饰,以达到接近新车效果外,更改二手车的里程表数也成为他们的基本手法。对里程数是否更改很难做出判定,需我们通过询问加以确定,如果二手车交易成功,注明里程数也是很有必要的。保养时到相应的4S店查查保养记录,公里数也可以很容易获得。

4. 二手车交易纠纷之询问过户和盗抢

过户次数在登记证的登记栏中有明细,何时过户给某人都有记载,过户次数虽然对车况无影响,但通常对价格还是有影响的,如果过户此次较多,很可能是车况不好,而造成的频频转手。曾经被盗抢车辆一般都会涉及更改车架号和发动机号,被找回后也会在登记证上备注被盗抢,当我们对车辆证件不是很了解的情况下,先问一问卖家,如果我们不加以询问,一般车商不会主动告诉你的。

调查二手交易涉及"五部门"编者从有关部门获悉,目前二手车过户容易引发税费风险,涉及5个部门和6个证件。5个部门具体如下,一是车管所,负责机动车登记和出具行车证;二是国税购置办,必须到该部门办理相关购置税过户;三是公路局,办理路费的过户,本地车牌还要办理年票过户。四是地税,办理车船税的过户。五是保险公司，必须共同前往保险公司相关过户手续。由于当前的车辆必须强制要求购买交强险，几乎所有的车辆都必须办理保险的过户。其中，路费和车船税的费用是车辆每年都必须缴交的，因此而产生的费用和滞纳金会与日俱增，这也是二手车交易旧车主最大的风险。

5. 二手车交易纠纷之询问车辆的使用性质

当车辆价格比正常情况下低了很多，诱惑力自然相当的大。对于低价的车辆，我们要询问有无营转非，像一些出租车，到8年就要强制报废，外表还不错，可使用时间已经很短了，这样的车改了颜色在市场也有流通，一辆大概在万元左右，虽说便宜，不过买了也用不了多久。如果民警在街头执法时遇到此类报废车辆仍在行驶的，民警会立即将该车扣下，并移交给金属回收公司进行销毁。

6. 二手车交易纠纷之价格以及付款

如果经过检查，性能都相当不错，那就询问下车辆的最低价格，付款方式，看看有无超出预算。对于定金和订金也是有区别的，相信大家都已明白。

带着某种目的去提问，然后总结出某种结论，这是避免纠纷的关键。在生活节奏相对较快的今天，我们很难放慢生活的脚步，看着顺眼可能一冲动就买了，不过车怎么说也算是个贵重物品，购买前还是要多问几个为什么，通过询问尽可能的了解车辆信息，避免产生纠纷。二手车交易纠纷目前虽然有一定的法律保障，不过监控起来相对困难，不规范现象时有出现，二手车交易纠纷也时常发生，这更需要我们在购买前确认清楚，以免二手车交易纠纷。

学习任务 7 事故车定损评估

【任务目标】

1. 了解汽车碰撞的机理分析;了解汽车碰撞损伤的类型;
2. 掌握汽车碰撞损伤的检测与测量;掌握汽车主要零部件的损伤评估;
3. 掌握汽车零部件的修理与换件标准;掌握汽车修理工时费用的确定方法;
4. 掌握撰写评估报告书的基本要求与基本内容;
5. 能够进行汽车碰撞损伤的检测、测量及损伤评估;
6. 能够把学到的汽车修理工时费用运用到汽车修理评估中来;
7. 能够撰写汽车鉴定评估报告。

【任务描述】

事故车定损评估是二手车交易评估的重要组成部分。要准确地评估好一辆事故汽车,就要对其碰撞受损情况做出准确的诊断。了解汽车碰撞的机理分析及损伤的类型,对汽车碰撞损伤进行检测与测量;掌握汽车零部件的修理与换件标准;掌握汽车修理工时费用的确定方法。掌握撰写评估报告书的基本要求与基本内容;作为一名评估人员,必须掌握汽车碰撞损伤情况做出准确的诊断,撰写汽车鉴定评估报告等基本技能。

【课时计划】

项目	项目内容	参考课时
7.1	事故车辨别和分类	2
7.2	事故车碰撞损伤	2
7.3	汽车修理工时费用的确定	2
7.4	撰写车辆损伤评估报告	2

项目 7.1　事故车辨别和分类

情境导入

老黄是一名工薪人员,和妻子一起去二手车市场,想买一辆二手车,可是两人对汽车不懂,对汽车是否发生过事故心里没底。"这车没出过什么大事故,只有些小刮擦。"卖车人隐瞒事故车。那么如何判断车辆是否出过事故呢?

理论引导

目前我国的二手车市场还不成熟,存在鱼目混珠、龙蛇混杂的局面,其中事故汽车就是其中之一,如图7.1所示。事故汽车在以后的使用过程中,存在安全隐患。

7.1.1　事故车的分类

事故车一般可分为碰撞车、泡水车、火烧车辆三种。事故车是指经过严重撞击、泡水、火烧等,即使修复但仍存在安全隐患的车辆总称

图7.1　事故汽车

7.1.2　碰撞车辨别

碰撞车辨别主要针对车身、车门、前后保险杠、发动机机罩等的技术状况检查,看是否有碰撞的痕迹。

1. 车身线条检查

检查车身是否发生碰撞受损。站在车的前部一角往尾部观察车身各接缝,如出现不直、缝隙大小不一、线条弯曲、装饰条有脱落或新旧不一,说明该车可能出现过事故或修理过。

2. 车门的检查

检查车门,从车门框B柱来观察是否呈现为一直线,若无波浪(俗称橘子皮)的情况发生,表示此车无大问题;再从车门查看,未打开门时,可先看车门接缝处是否平整,如果接合的密合度自然平整,表示此车无大毛病,再打开车门来详细查看A、B、C柱,观看车门框是否呈一线,如果不平整,表示此车经过钣金修理;也可将黑色的水胶条揭开来看是否平整,车门附近是否留有原车结合时的铆钉痕迹,留有铆钉痕迹的话表示此车为原厂车,没有的话表示此车烤过漆。最后可来回开关车门检视车门开启的顺畅度,无音或开启极为顺手,表示此车无什么大问题。

3. 保险杠的检查

检查保险杠有无明显变形、损坏,有无校正、重新补漆的痕迹。道路交通事故中汽车保险杠是最容易损坏的零部件,通过对保险杠的认真检查,能够判定被检查车辆是否有碰撞或发生过交通事故。

4. 车身油漆的检查

检查车身油漆,查看密封胶条、窗框四周、轮胎和排气管等处是否有多余油漆,如果有,说明该车车身曾经翻新重做油漆。用一块磁铁沿车身周围移动,如果遇到磁力突然减少,表明该处局部补灰、做漆。当用手

敲击车身时,如果遇到敲击声明显比其他部位沉闷,表明该处重新补灰做漆。

5. 发动机机罩的检查

仔细查看发动机机罩与翼子板的密合度或缝隙是否一致,发动机与挡风玻璃之间的间隙是否一致或留有原车的胶漆。打开发动机罩时,如果有烤过漆的痕迹,表示这片盖板碰撞过,然后可从发动机上方横梁及发动机本体下方的两条纵梁处查看,都应留有圆形点焊的痕迹;若点焊形状大小不一,有可能遭受过撞击。车身的主梁和元宝架是判定车辆是否经历重度追尾事故的主要部件,假设发现主梁上有焊接口则肯定该车发作过重度撞击。

6. 车灯新旧程度的检查

车灯,包括前照灯总成和尾灯总成,是发生碰撞的易损件,损坏后是直接更换的,所以可以从车灯的新旧程度,左右车灯的对比,车灯与车身新旧程度的对比方面入手,从而辨别事故汽车。

7. 冷凝器和水箱的检查

发生碰撞事故时,稍微大一些的碰撞事故,易撞坏空调冷凝器和水箱。对于冷凝器和水箱的碰撞,大则需要更换,小则碰撞痕迹显著,因为冷凝器和水箱上面有许多的散热片,变形后很难再恢复原状的。若水箱的新旧程度明显新于整车,要提高警惕,慎重检查。

8. 轮胎偏磨的检查

轮胎偏磨反映的是车辆四轮定位参数不正确,也确实有因为拆卸、安装悬架等部件所带的四轮定位不正确,但很大一部分情况下,都是车辆进行过碰撞,特别是底盘碰撞,造成四轮定位不正确,轮胎偏磨,如图7.2所示。

碰撞事故车辨别方法往往不是孤立的,一定要综合起来使用,往往是从逆向思维,或细节决定成败等思维方式入手,引起怀疑,再重点用正面检查的方法,对自己的怀疑用确凿的证据加以证实。

图7.2 轮胎偏磨

7.1.3 水损车的辨别

水损车是被水浸泡过的车辆。按照损害严重程度分为三种:第一种是水深淹没车轮,并涌入了车内;第二种是水深超过了仪表盘;第三种是积水漫过车顶,如图7.3所示。

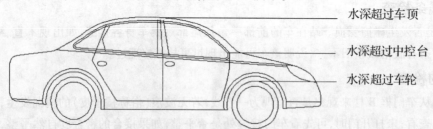

图7.3 水损车水深分类

由于车辆被水浸泡,特别是长时间被水浸泡之后,车辆的电路与电器设备会受到极大损害,同时车身部件也会严重腐蚀。对于水深超过了中控台或者直接没顶的车辆,即使修复后其潜在的危害性很高。辨别水损车与识别事故车不同,经过修复的泡水车在外观上是非常难以辨识的。下面介绍水损车的辨别方法。

1. 检查前后灯组及雾灯

首先检查前后灯组内部银色灯碗处,是否有被水泡过而泛黄的印记,雾灯进水的痕迹。其次检查大灯组的新旧程度与车辆年份是否符合,防止将泡水后的灯组整套更换。

2. 检查后备箱

打开后备箱,检查后备箱角落处是否有水迹,并观察随车工具、备胎钢轮毂的锈蚀情况。若有明显锈蚀,证明后备箱曾经有过积水。

3.检查内饰

进入车内后简单的办法就是闻味道及金属件锈蚀情况。泡水车即使内饰经过全面清洗后,依旧会有一股霉味。当然有部分车商为了掩盖霉味,会在车内喷香水。

观察座椅底部的金属支架,如果有比较明显的锈蚀情况,就基本能确定这个地方是被水浸泡过的。检查座垫填充物的手感及观察安全带的清洁程度。在经过浸泡、清洗和晒干后的发泡海绵,弹性会变差手感也会发硬,可以通过用力按或者捏座椅边缘的方法来判别。检查安全带,经过污水浸泡后的安全带会留有较明显的水迹,会产生霉斑,可以判断该车的泡水深度。检查车内植绒地毯,而经过水洗后,会发硬、发涩。检查车内电器设备,对电器设备进行试用,观察液晶屏的显示效果,是否有亮暗不均或色斑出现;按键、旋钮的手感是否与新车有差异;是否有大量按键存在手感生涩或回弹无力的情况出现。

4.检查车辆线束及安全气囊

扒开车门槛条旁的饰板,观察车辆线束的捆扎是否工整,电线上是否有水渍残留。之后,可以扒开 A 柱、B 柱以及车顶饰板,查看安全气囊是否还在。

5.检查底盘、发动机舱锈蚀

正常车辆底盘件在日常使用时也会被雨水侵袭,但是由于绝大部分车辆底盘件在出厂时都会喷有防锈涂层,该涂层能抵挡"飞溅式"的雨水侵蚀,因此非泡水车的底盘件正常情况下不会有严重锈蚀情况的发生。而泡水车由于底盘长时间(超过 5~6 小时)在混杂泥沙的脏水中浸泡,防锈涂层遭到破坏,因此泡水车的底盘件锈蚀会相对严重。观察发动机舱和驾驶舱之间的防火层,看上面是否有水渍;查看保险丝盒内是否有水渍与锈蚀现象。若有以上现象则说明该车发生过水泡。

7.1.4 火灾车的辨别

1.火灾车分类

(1)按火灾对车辆损坏一般分为整体燃烧和局部燃烧,如图 7.4 所示。

整体燃烧是指:机舱内线路、电器、发动机附件、仪表台、内装饰件、座椅烧损,机械件壳体烧融变形,车体金属件脱炭,表面漆层大面积烧损,汽车损坏通常非常严重。

局部烧毁分三种情况:

①发动机舱着火;②轿壳或驾驶室着火;③货运车辆货箱内着火。

(a)整体烧毁火灾车　　　　　　　　(b)局部烧毁火灾车

图 7.4　按火灾对车辆损坏程度分类

(2)按汽车火灾的火源产生的原因分类:

车辆起火的原因有很多,这里我们把车辆起火原因概括为以下几点:

①内部电气短路。常见的现象为电线短路电流增大,电线表面绝缘层燃烧引起火灾。

②内部器件过热或者产生高温引起火灾。车辆电器线路接点连接不牢靠,产生火花引燃周围的可燃物。

③油路及电路系统故障引发火灾。汽油、柴油是极易燃烧,车辆电路短路、油路发生故障极易引起火灾。

④机械摩擦。由车辆轮胎超标准负荷情况下长时间运行引起火灾;由于刹车"咬死",高速运转后摩擦产生高温引起火灾;由发动机润滑系统缺油,机件相互接触并相对运动,摩擦产生高温,引起火灾。

2. 火灾车的鉴别

汽车的起火燃烧被及时扑灭了,可能只导致一些局部的损失;汽车的起火燃烧持续了一段时间之后才被扑灭,在长时间的高温烘烤对整车造成毁灭性的破坏。凡被火"光顾"过的车身的外壳、汽车轮胎、导线线束、汽车内饰、仪器仪表等可能都会报废,甚至部分零部件,如控制电脑、传感器、铝合金铸造件等,可能会被烧化,失去任何使用价值。一些看似"坚固"的基础件,如发动机、变速器、离合器、车架等,在长时间的高温烘烤作用下,会因"退火"而失去应有的精度,无法继续使用。

任务实施

在上述情景中,作为二手车评估人员可以按照以下步骤来进行事故车辆辨别:

环节	对应项目	具体程序
1	准备工作	(1)注意仪表着装 (2)准备检查工具
2	检查车辆证件、代码	购车发票、车辆登记证书、行驶证、保险证明、养路费缴纳证明、车船使用税证明、营运证(营运车辆);车辆识别代码、发动机号、车架号等
3	外观检查	(1)车身线条检查。观察车身各接缝,是否出现不直、缝隙大小不一 (2)车门的检查。观察B柱来是否呈现为一直线,车门接缝处是否平整 (3)保险杠的检查。检查保险杠有无明显变形、损坏痕迹 (4)车身油漆的检查。检查密封胶条、窗框四周等处是否有多余油漆 (5)检查车灯新旧程度及轮胎偏磨
4	检查内饰	(1)闻味道及检查金属件锈蚀情况。泡水车即使内饰经过全面清洗后,会有一股霉味。观察座椅底部的金属支架,如果有锈蚀 (2)检查座垫填充物的手感及观察安全带的清洁程度 (3)检查车内植绒地毯是否柔顺、有无起球现象 (4)检查车内电器设备,观察液晶屏的显示效果;按键、旋钮的手感 (5)检查车辆线束及安全气囊
5	发动机舱检查	(1)仔细查看发动机罩与翼子板的密合度或缝隙是否一致,各间隙是否一致或留有原车的胶漆;检查是否有烤过漆的痕迹;焊接部位是否留有圆形点焊的痕迹 (2)冷凝器散热片变形,水箱的新旧程度
6	底盘检查	(1)检查底盘锈蚀。泡水车的底盘件锈蚀会相对严重 (2)检查发动机底壳、变速箱底壳、排气管的锈蚀情况
7	后备箱检查	(1)检查后备箱角落处是否有水迹,并观察随车工具、备胎钢轮毂的锈蚀情况
8	动态检查	(1)无负荷时的工况检查 (2)路试检查 (3)路试后的检查
9	辨别结果	(1)碰撞事故车　　　　损坏情况说明 (2)火灾车 (3)水损车

项目 7.2　事故车碰撞损伤

情境导入

张先生将自己的爱车拖到汽车维修店,该车受过碰撞事故,存在故障。要求汽车评估人员对车辆进行检验、测量损坏装置,确切地评估出汽车受损的严重程度、范围及受损部件。

理论引导

7.2.1　事故车碰撞损伤类型及特征

汽车碰撞事故可分为单车事故和多车事故。

1. 单车事故

单车事故可分为翻车事故和与障碍物碰撞事故。

（1）翻车事故

在道路交通事故中,因汽车翻车造成的事故占事故总数的40%以上。翻车事故的原因一般是货物装载偏离重心或超载造成翻车、雨雪后路滑造成翻车、车辆通过反坡路段造成翻车、车辆急拐弯时易翻车、轮胎损坏脱落导致翻车、山路高低不平导致翻车等,另外也与驾驶员的水平、及车辆的技术状况有关。翻车事故的严重程度主要与事故车辆的车速和翻车路况有关,如图7.5所示。

(a)车辆炸胎失去控制翻车

(b)雨雪后路面光滑引起翻车

(c)超载引起翻车

(d)正向坠崖翻车

(e)侧向坠崖翻车

(f)高速转弯翻车

图 7.5　翻车事故

（2）与障碍物碰撞事故

汽车与障碍物碰撞主要可分为前撞、尾撞和侧撞。与障碍物碰撞又可根据障碍物的特征和碰撞方向的不同进行分类,如图7.6所示。显然障碍物的特性和运动状态对汽车事故的后果影响较大。

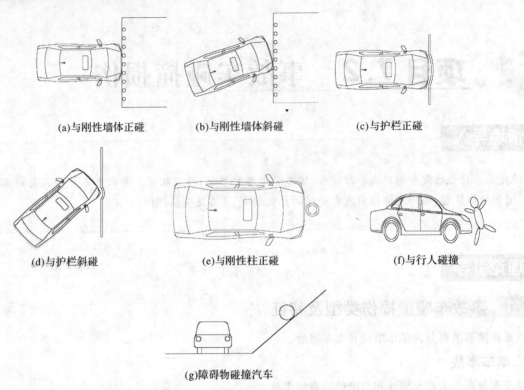

图 7.6　汽车与障碍物碰撞情形

2. 多车事故

多车事故为两辆以上的汽车在同一事故中发生碰撞,如图 7.7 所示。

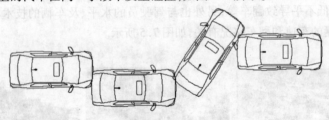

图 7.7　多车事故

在多车事故中,尽管可能有两辆以上的汽车同时相撞,但讨论其特征时可只考虑两辆车相撞的情形。按事故发生后的碰撞结果,可分为正面碰撞、追尾碰撞、迎头侧面碰撞、斜碰撞几种,如图 7.8 所示。

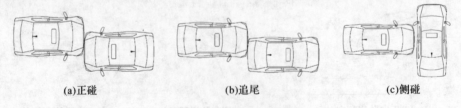

图 7.8　两车碰撞的情形

(1) 正面碰撞

即相向行驶中车辆间发生的迎头正面碰撞,多发生在超车过程中与对面来车相撞;在视线不良的弯道上与对面来车相撞。

(2) 追尾碰撞

通常追尾碰撞,由于跟车距离过近,当前车猛然减速或紧急停车时,来不及采取措施而导致车头与前车尾部相撞。

(3)迎头侧面碰撞

迎头侧面碰撞是指基本上垂直于被撞车辆的车身侧面的迎头碰撞。多发生在交叉路口,两车垂直方向直行,发生的拦腰碰撞。

(4)斜碰撞

斜碰撞是指有别于正面碰撞和侧面碰撞的一种以锐角或钝角形式相互接近的碰撞。斜碰撞多发生在躲避正面碰撞和迎头侧面碰撞时形成的,将伴随有旋转运动,车辆有侧滑现象。

3. 多车事故与单车事故区别特征

①在多车事故中没有来自上、下方向的冲击载荷。
②给事故汽车施加冲击力的均为其他车辆,没有单车事故中障碍物的刚性变化大。

7.2.2 碰撞损伤的分区检量及机理分析

1. 碰撞损伤分区检验

在进行车辆碰撞损伤诊断时,可将车辆分成多个区域,逐一检验诊断,通常将汽车分为5个区域,如图7.9所示。

区域1:直接碰撞损伤区,又称为一次损伤区,如图7.9(a)所示。
区域2:间接碰撞损伤区,又称为二次损伤区,如图7.9(b)所示。
区域3:机械损伤区,即机械零件,传动系统零件,附件等损伤区,如图7.9(c)所示。
区域4:乘员舱区,即车厢的各种损伤,包括内饰件、控制装置、操纵装置和装饰层等,如图7.9(d)所示。
区域5:外饰和漆面区,即车身外饰件及外部各种零部件的损伤,如图7.9(e)所示。

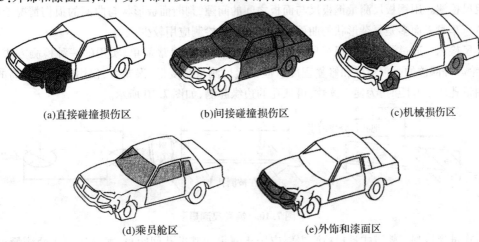

(a)直接碰撞损伤区　　(b)间接碰撞损伤区　　(c)机械损伤区

(d)乘员舱区　　(e)外饰和漆面区

图7.9　汽车损伤分区

当使用分区检验概念时,应遵从下列原则:
①检查应从车前到车后(在追尾碰撞的情况下,从车后到车前)。
②检查应从车外到车里。先列出外板、装饰板,然后车上结构嵌板和附件的损伤。
③首先列出主要总成,然后列出比较小的部件以及未包含在总成里的附件的损伤。

2. 区域1(一次损伤区)的检测

该区域系统性检验的第一步是检视,然后列出汽车碰撞直接接触点的车身一次损伤。一般情况下,一次损坏会造成翼子板变形、开裂以及其他零件的破碎。一次损伤是可见的,不需要测量,如图7.9(a)所示。

区域1的检验应首先检查外板、塑料镶板、玻璃、漆面和外板下的金属构件等。如果碰撞点在车辆前部,检查区域还包括保险杠系统、散热器格栅、发动机罩等。如果碰撞点在车辆后部,应重点检查后保险杠系统、后翼子板、行李舱盖、车灯、玻璃、车轮等。如果碰撞点在车辆侧面,应注意车门、车顶、玻璃、立柱、底板等零部件的损坏情况。然后举升车辆,检查车底板、发动机托架、结构支撑件、车身纵梁以及各总成系统的损坏。

根据区域1损伤情况,对损坏件进行登记。在维修时注意结构件的裂痕、点焊崩开、变形等都必须予以修理。

3. 区域2(二次损伤区)的检测

(1) 二次损伤的机理

二次损伤是指发生在区域1之外,并离碰撞点有一段距离的损伤。二次损伤是碰撞力在向车身内部延伸的过程形成的。二次损伤损坏的程度取决于碰撞力的大小、方向以及吸能构件的强度,许多承载式车身发动机室和后备箱被设计成能压馈并能吸收碰撞能的结构,以保护车内乘客,因此这些区域是二次损伤的多发区。由于车辆因碰撞突然停止,在惯性的作用下其他构件继续向前移动,作用在到固定点和支撑构件上,导致毗邻金属发生褶皱,撕裂或开焊。因此检查二次损伤的时候应注意悬架、车架、发动机和变速器固定点。二次损伤一般难于发现,一般依靠工具测量检测发现。二次损伤常见标志有钣金件皱曲、漆面褶皱和伸展、钣金件缝隙错位、接口撕裂和开焊等。如图7.9(b)。外嵌板挠曲是在结构嵌板内发生了二次损伤的标志。对于遭受猛烈的前部碰撞,应检查前风窗玻璃立柱和车门窗框前上角区域之间的缝隙是否增加。比较两侧车门缝隙的大小。检查外板是否翘曲,严重碰撞通常会导致车顶盖在中心向后翘曲。检查位于后轮挡泥板上和后车门后面的后立柱是否开裂和挠曲以及检查后翼子板是否翘曲,这是车身后部横梁弯曲的迹象。开启发动机罩和行李舱盖,检查漆面是否存在油漆折皱,覆盖焊点的保护层是否开裂。

(2) 二次损伤的测量

车身变形的检测,是车身修复作业中不可缺少的环节,贯穿于车身修复全过程,也是汽车评估的重要环节。车身整体变形的认定,主要依赖于对关键控制点的测量结果;对车身的校正或更换主要构件,也是通过检测来保证其相关形状尺寸精度和位置准确度;修复过程中不断测量车身定位参数值的变化状态,确保车身修复作业在质量控制范围内。

①钢板尺检测。用钢板尺测量钢板尺与面板之间的间隙,判断面板形状与曲面的损伤情况或修复程度。由于现代轿车车身表面多是复杂形状的曲面,因此,钢板尺检测应用较少。

②钢卷尺检测。通过测距来体现车身构件之间的位置状态,是最简单、实用的一种检测方法,主要检测面板边缘、轮毂等部位的受损情况和修复程度。但钢卷尺测量精度低,误差大,仅用于要求不高的场合。当用钢卷尺测量孔的中心距时,为便于读数,可从孔的边缘起测,如图7.10所示。

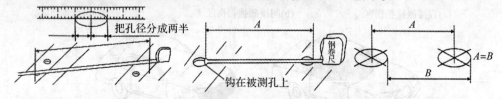

图7.10 钢卷尺测量

③轨道式量规检测。轨道式量规检测主要应用于测量两基准孔间距离,尤其适用于两测量点之间不在同一平面或其间有障碍的场合,如图7.11所示。轨道式量规的量脚为锥形结构,可自行定位在孔的中心线上,不受两孔径不等的影响。

④定中规法检测

此方法主要用于对车身变形程度的判断。按检测部位不同,定中规检测工具主要有杆式中心量规和链式中心量规。杆式中心量规如图7.12所示,主要用于车身底部变形的检测。将量规悬挂在车身底部的基准孔上,通过检验量规中心销是否处在同一轴线上或量规是否相互平行,来判断车身是否发生了弯曲或扭曲变形。链式中心量规主要用于检测车身壳体是否变形。将量规悬挂在车身壳体的基准孔上,通过检查中心销、垂链及平行尺是否平行,及中心销是否对中,即可做出准确的判断,如图7.13所示。

4. 区域3(机械损伤区)的检测

区域3车辆机械零部件损伤区,如图7.9(c)所示。如果汽车在前端正面碰撞损伤时已损坏,应检查发动机室内的散热器、风扇等冷却系统元件,以及发电机、蓄电池动力转向助力泵、空气滤清器等其他机械零件及电气元件是否损坏。检查液体是否泄漏,带轮和传动带是否对正,软管和线束是否错位以及是否存在裂痕等损坏现象。若碰撞严重,发动机和变速器也可能会发生损坏。让发动机各档运行,注意是否存在异响;若是手动挡,检查换挡和离合器操作是否平顺,观察节流阀、离合器、变速器等传动件是否存在干涉现象。检查空调、检查仪表灯、充电指示表、机油压力指示灯等是否工作正常。发动机自检指示灯及其他设备也可以指示发动机罩下面是否发生机械和电气故障。对于自诊断的控制系统,通过故障码对故障精确查询和查证损坏是非常有用的。然后依次检查转向系统零部件和悬挂系统零部件是否弯曲,制动软管是否弯折,制动管、燃料管以及接头是否泄漏。检查发动机、变速器、差速器、齿轮齿条转向系、悬架滑柱是否泄漏。摆动转车轮,检查是否有卡滞和噪音。转动车轮,检查是否有摆偏、切口、划伤和撞伤。放下车辆,测量轮距,及检查四轮定位。

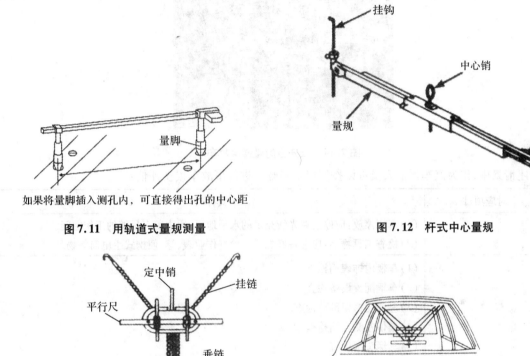

图 7.11 用轨道式量规测量　　图 7.12 杆式中心量规

图 7.13 链式中心量规检测

5.区域 4(乘员舱区)的检测

乘员舱损坏可能是碰撞造成的直接结果,如侧面碰撞。如图 7.9(d)所示。如果碰撞严重损坏区域可能波及仪表板、仪表板上安装的电子设备和安全气囊等。检查方向盘是否损坏。检查其固定件、喇叭、灯组开关、点火开关等附属元件。检查各把手、操作杆、挡风玻璃和内饰是否损坏。检查车门锁、车窗是否损坏。检查制动踏板、离合器踏板是否变形、卡滞或绵软无力。检查底板焊缝是否开裂,螺钉是否松动。检查座椅是否损坏。车辆的碰撞可能造成座椅调节器、安装硬件和铰链点等损坏。检查车门是否损坏。碰撞发生在侧面,则门锁和车窗调节器可能发生损坏。正前部碰撞,车窗玻璃可能脱落。摇低车窗,检查车窗和车门是否平行。检查乘员约束系统,应确定安全带收紧和释放是否完全自如,有无黏滞或滞后现象。

6.区域 5(外饰和漆面区)的检测

环绕汽车一圈并列出饰件、模件、车顶材料、漆面、轮罩、示宽灯和其他配件的损坏,如图 7.9(e)所示。接通车灯并检查前照灯、尾灯、转向信号指示灯和闪光灯。检查减振器、橡胶缓冲垫是否损坏。检查装饰板和防尘罩是否开裂、碰撞吸能区是否找到碰撞或泄漏等。仔细地检视漆面情况。记录损坏漆面位置,并列出修整措施进行钣金喷涂。

任务实施

张先生的事故车如图 7.14 所示,根据张先生的要求现在对该车进行损伤评估。

图 7.14　张先生的碰撞事故车

在上述情景中,作为汽车评估人员可以按照以下步骤来进行事故车损伤评估:

环节	对应项目	具体程序
1	准备	(1)车辆停放:应停放在光线充足的水平地面,周边留有足够的工作空间 (2)检查工具物品:应准备好二手车检查作业表、笔、便携式手电筒等物品
2	静态检查流程	(1)车辆内饰表面检查 (2)车辆配置设备检查 (3)左前门框架部分检查 (4)车体左侧表面检查 (5)车辆头部检查 (6)车体右侧表面检查 (7)右前门框架部分检查 (8)右后门框架部分检查 (9)后顶篷、后座部分检查 (10)车辆尾部检查 (11)左后门框架部分检查 (12)车辆配置设备检查
3	动态检查流程	(1)启动检查 (2)变速器检查 (3)悬挂及避震系统检查 (4)制动系统检查 (5)转向系统检查
4	要点	(1)外观特征 (2)车身骨架部位特征
5	评估结论	(1)碰撞损伤类型、特征 (2)主要损伤零部件

项目 7.3 汽车修理工时费用的确定

情境导入

一辆比亚迪 F6 2011 款、黄金版、2.0L CVT、尊享型、价位：9.85 万元。发生碰撞事故，造成左前灯碎、左叶子板变形、前保险杠碎、大灯上部机罩盖有长 20 cm 宽 3 cm 的挤压变形，空调制冷剂泄漏。要求对该车辆进行检查维修，确定修理工时费用。

理论引导

7.3.1 修理与更换的掌握

在损失评估中受损零件的修与换是困扰汽车评估的难题，同时也是汽车评估人员必须要掌握的一项技术。在保证汽车修理质量的前提下，用最小的成本，完成受损部位修复是评估受损汽车的总体原则。碰撞中易损零件有承载式车身结构钣金件、车身覆盖钣金件、塑料件、机构件及电器件等。常用零配件及总成更换标准，见表 7.1。

表 7.1 常用零配件及总成更换标准表

零件或总成名称	更换标准
前、后杠内骨架	撞扁在 1/3 以上的(以厚度或长度计算，材料为铝合金)，折曲弯度大于 30°以上难以修复的或修理工时费用大于更换的，给根据保额以及霉烂情况，给予更换
前杠支架	撞扁在 1/3 以上的，折曲弯度大于 30°以上难以修复的或修理工时费用大于更换的，给予更换
中网、杠体栅格	断脚、撞扁或表面断裂、或影响美观的(电镀件)，折曲弯度大于 30°以上难以修复的或修理工时费用大于更换的，基本给予更换
前后大灯、角灯、雾灯、翼子板灯	撞烂、撞穿灯面、灯壳或撞断灯脚，给予更换处理。灯面磨损深，抛光抛不平的，基本给予更换
前盖	撞损位置扁烂、撞穿或撞折，特别是骨位折曲在 1/3 以上的头盖，铝盖在周边 10cm 以上损坏、穿孔可以更换
前盖撑杆	撑杆有弯曲现象、撑杆芯有划痕，撑杆球头脱落给予更换。前挡下饰板 金属变形或塑料裂开在 5cm 以下不影响使用和美观的给予修复，缺损的给予更换
前挡饰条	前挡胶条和金属饰条：开裂和缺损的给予更换
倒车镜	外部缺损和只烂镜片的给予更换半总成，电镜的电控转向器损坏的，更换总成
龙门架	1/3 以上的撞扁、撞曲、撞折和头盖锁位置以及铰位损坏的(钢材)，或材料为塑料、玻璃钢的，给予更换
散热网	轻微变形，给予修复，有穿漏现象(因有压力)或有折曲的，断脚的给予更换
水箱	(1)轻微变形或水道管穿孔细微的，铜制水道管可用铜焊焊补的给予修复，铝制水道管可用亚弧焊给予修补 (2)水道管撞扁、撞烂、断脚或要截断改变水道的，给予更换

续表 7.1

零件或总成名称	更换标准
风扇总成（含电机）	(1)胶扇叶和金属扇叶有缺损、变形的给予更换 (2)电机表面完好、轴无变形或轴承无异响及转动正常不给予更换
前、后翼子板	撞扁、撞折或骨位折曲超 1/4 以上、穿烂划破超过 10 cm 以上、修复工时大于换件价格，给予更换
前翼子板内骨架	影响避振机座造成前轮定位和前束有问题的给予更换。前纵梁折曲或撞扁或扭曲 1/3 以上给予更换
前、后桥	(1)要观看其撞击位置主要在轮位、或纵梁（严重折曲）和前桥上，如货车撞不到该位置不会损坏 (2)观看其前桥底部的四颗大螺钉移位变形，下摆臂固定位变形，有则给予更换
仪表台壳	塑料有爆裂、穿洞、变形给予更换，真皮面尽量给予修复
发动机脚胶支架	断裂、缺损给予更换
避震器	变形、避震机芯明显划痕、明显碰撞痕迹的基本予以更换。下悬挂臂 变形、有明显碰撞痕迹的基本予以更换
转向节	变形、有明显碰撞痕迹的基本予以更换（可以考虑将轴承一同更换）
方向机	变形、有明显碰撞痕迹的基本予以更换
横、直拉杆	变形、有明显碰撞痕迹，或有裂痕的基本予以更换
半轴	变形、有明显碰撞痕迹的基本予以更换
半轴万向节	有损坏的基本予以更换
正时室盖	缺损或裂开、变形给予更换
发动机油底壳	撞损直径 1/3，深度 3 cm 以上给予更换
气门室盖	缺损、爆裂、变形按以上标准给予更换
中缸壳、波箱壳	(1)螺丝断裂一个的，裂纹不大于 5 cm 以上，或位置不在油道水道可以修复，予以修复 (2)如有缺损、崩烂的给予更换
波箱油底壳	撞损、变形、凹陷深度 2 mm 以上，按以上标准给予更换
进、排气歧管	铸铁件变形、缺损给予更换，塑料件有损坏基本予以更换
前排气管	变形偏离支承点超过 5 cm 的或撞穿及撕裂的，原则上给予更换
排气管、三元催化器	内、外部破裂，有异响的给予更换
消声器	凹陷深度超过 1 cm 的或撞穿的，有异响的，原则上给予更换
前、后立柱	撞穿或柱体凹陷变形部分达到柱体 20% 的，原则上给予更换
A、B、C 柱、车门壳	(1)缺损的、撞穿直径超过 10 cm 的或弯曲角度超过三分之一的原则上给予更换 (2)窗框部位凹陷变形部分达到框体 20% 的给予更换
车门玻璃升降器	胶扣断裂、钢丝散开、齿轮牙缺损、举升支架变形超过四分之一或电机受损不能运转的，原则上给予更换
下裙饰板、车门饰板、轮眉饰板	缺损、断脚、塑胶的饰板弯曲部分超过板体的三分之一或撕裂，原则上予以更换
天窗玻璃导轨	变形导致天窗玻璃滑动不畅的，原则上给予更换
后翼子板内骨架	缺损的或弯曲角度超过三分之一的，原则上给予更换

续表 7.1

零件或总成名称	更换标准
后窗台板	饰板裂开、钢材支架变形范围达到50%、缺损的,原则上给予更换
油箱总成	(1)撞穿、边角凹陷超过1 cm的原则上的,给予更换 (2)塑胶的油箱有超过1.5 mm深度的划痕或有褶皱的,原则上亦给予更换
尾盖	撞损位置扁烂、撞穿或撞折特别是骨位折曲在1/4以上的,给予更换
尾盖撑杆	撑杆有弯曲现象、撑杆芯有划花痕、撑杆球头脱落的,给予更换
行李箱地板	缺损或撞穿直径超过20 cm以上的,给予更换
ABS执行器	线束插头、插座损坏、电路板部位受撞击、泵体有明显撞击损坏的,予以更换
安全气囊电脑	气囊爆出,气囊游丝、电脑、气囊、感应器予以更换
轮辋(含铝合金)	变形失圆、缺损的,基本予以更换。前、后盖锁 变形的,基本予以更换
门锁	明显变形、破裂的基本予以更换
门把手	有明显摩擦痕迹、断裂(含塑料、电镀面)的,基本予以更换
防撞胶条	有变形、明显摩擦痕迹、断裂(含塑料、电镀面)的,基本予以更换
玻璃压条	有变形、明显摩擦痕迹、断裂(含塑料、电镀面)的,基本予以更换
天线	天线杆有变形、断裂的,基本予以更换
倒车雷达感应器	有损坏的,基本予以更换

1. 承载式车身结构钣金件

在做出进行修理或更换损坏零件的决定时,必须考虑一些因素。首先是损坏程度,若零件存在不同程度的弯曲,并且有恢复其原状的趋势,叫做弯曲(弹性)变形。当一块钣金的弯曲超过一定值(弹性变形极限)时,它就会发生永久损坏或变形,叫塑性(折曲)变形。

对于承载式车身结构钣金件修与换的一个简单的判断原则,即"弯曲变形就修,折曲变形就换,而不是必须更换"。

2. 车身覆盖钣金件

承载式车身的覆盖钣金件通常包括可拆卸的前翼子板、车门、发动机盖、行李箱盖和不可拆卸的后翼子板、车顶等。承载式车身的覆盖钣金件修与换的掌握依据:①损伤程度;②修复工费成本,考虑工费加辅料与其价值;③无法修复的,应考虑以更换为主;④工艺、技术要求能否实现。

3. 塑料件修与换的掌握

塑料是以树脂为主要成分,在一定温度和压力下塑造成一定形状,并在常温下能保持既定形状的高分子有机材料。汽车车身各种零部件越来越多地使用塑料制成,特别是车身前端,包括保险杠、格栅、挡泥板、防碎石板、仪表工作台、仪表板等。塑料件修与换的掌握依据:①对于燃油箱及要求严格的安全结构件,必须考虑更换;②损伤程度,整体破碎应以考虑更换为主;价值较低、更换方便的零件应以考虑更换为主;③基础零件,尺寸较大、拆装麻烦、更换成本高应以考虑修理为主;④工艺、技术要求能否实现。

4. 机构类零件修与换的掌握

悬挂系统、转向系统零件修与换的掌握,汽车悬挂系统中的任何零件是不允许用校正的方法进行修理的,当车轮定位仪器检测出车轮定位不合格时,用肉眼和一般量具又无法判断出具体的损伤和变形的零部件,不要轻易做出更换悬挂系统中某个零件的决定。主要依据是:一是参照四轮定位找准原因;二是根据其结构、维修手册判断具体的损伤部件,逐一更换、检测,直至损伤部件确认为止。转向机构中的零件也有类似问题。

一般情况,对发动机缸体、变速器、主减速和差速器的壳体的断裂是可以进行焊接修理的。但由于焊接部位的附近对形状尺寸要求较高,如发动机汽缸壁,变速器、主减速和差速器的轴承座部位附近如果产生断裂,用焊接的方法修复常常是不行的。

5. 电器件修与换的掌握

电器件修与换前一定要认真检查。电路中设置保护装置。碰撞会造成系统过载,相应的熔断器、熔丝线、大限流熔断器和断路器会因过载而工作,出现断路。

另外,随着社会生产力的高速发展,时间的价值概念变得越来越突出。汽车修复过程所需的时间,被看的越来越重。一辆受损汽车的修复不但要考虑修理的质量、费用,还要考虑修理所需的时间价值。

7.3.2 汽车修理工时费用

目前,我国各省、市、自治区均颁布了地方性的汽车维修工时定额及收费标准(以下简称《定额标准》),虽其工时单价与工时定额各有差异,但其计核方法与遇到的普遍问题则是基本一致的。目前,在各地普遍采用的工时费计价公式是:工时费 = 工时单价 × 工时定额 × 该车型的技术复杂系数。工时单价是指在生产过程中单位小时的收费标准。

汽车维修工时定额是指在一定的技术状态和生产组织模式下,按照汽车维修工艺工序维修完成维修手册规定的工序所需要的维修工作时间、收集工具和材料的准备时间等时间的总和。根据修理作业的不同,可分为五项:拆装和更换工时、维修工时、辅助工时、涂饰费。

1. 拆装和更换工时

拆装和更换工时是指把损坏的零件或总成从车上拆下来,拆下该零件上的螺栓安装件或卡装件,把他们并转移到新件上,然后再把这个新零件或总成安装到车辆上,并调整和对齐所需的工时。事故车换件工时标准由于地域不同,事故车换件工时费用有所不同。某地区拆装和更换工时费用见表7.2。

表7.2 某地区拆装和更换工时费用表

项目		档次	15万元以下	15万~40万元	40万元以上
拆装前、后保险杠			10~50		
拆装前翼子板			20~50		
拆装前盖			20~50		
拆装车门	换总成		20~50		
	含附件拆装		120	上浮10%~30%	上浮30%~50%
拆装后翼子板			200~500		
拆装行李箱盖			20~50		
更换行李箱后围板			100~200		
更换车顶	小型客车		150~400		
	面包车、吉普车		300~500		
更换前纵梁			100~300 条		
拆装龙门架	螺丝连接		30		
	纤维		100		
	焊接		120		
座椅拆装(电动)	前座		50/张	80/张	
	后座		75	120	
	机械座椅拆装		100		

2. 维修工时

维修工时是指对某些零部件或总成进行分解、检查、测量、调整、诊断、故障排除、重新组装等操作所需要的工时。由于零部件价格的不同、地域的不同、修理工艺的不同等都可能造成修理工时的不同。一般情况下，维修工时是指钣金件、车架修复、电工维修和机修所需的工时。矫直损坏钣金件的作业工时称为钣金件修复工时主要是矫直作业所花费的材料费用和时间。钣金件修复工时与汽车的档次直接相关。对于完全相同的一个部位，在低档车上，可能所需要的工时不是太高，在高档车上，则由于技术要求高，所花费的时间、精力以及所要求的技术水平均高，所需要的工时也自然要高。车架修复工时受车架损坏程度、位置，使用维修设备种类，以及零附件等因素影响，相对难以具体列出，一般车架维修工时必须考虑下列作业所需时间。①将汽车安装到车架修理设备上的时间。②损坏测量时间。③准备时间。④车架调整时间。某地区事故车的修复工时费分为钣金工时费标准、电工工时费标准、机修工时费标准，见表7.3、表7.4、表7.5。

表7.3 钣金工时费标准一览表

名称	损失程度	工时费/元	名称	损失程度	工时费/元
前、后保险杠	轻度	40~80	元宝梁	轻度	200~300
	中度	80~150	车顶	轻度	80~150
	严重	150~200		中度	150~200
前、后保险杠内杠	轻度	40~80		严重	200~300
	中度	80~100	发动机盖	轻度	50~200
前翼子板	轻度	40~80		中度	200~300
	中度	80~150		严重	300~400
	严重	150~200	行李箱盖	轻度	50~200
前纵梁	轻度	150~400		中度	200~300
后翼子板	轻度	40~80		严重	300~400
	中度	100~150	车架校正	轻度	500~1 000
	严重	150~200		中度	1 000~2 000
车门	轻度	40~100		严重	2 000~3 000
	中度	100~180	大梁校正	轻度	100~1 000
	严重	180~250		中度	1 000~1 500
裙边	轻度	50~100		严重	1 500~2 000
	中度	100~150	前后围	轻度	50~100
	严重	150~200		中度	100~150
				严重	150~200

表7.4 电工工时费标准一览表

项目 \ 档次		15万元以下	15万~40万元	40万元以上
检修冷气加雪种	普通	120		
	环保	150		
机械座椅拆装		100		
电脑解码		150		500
仪表台拆装		≤200	300~400	450~550
检修安全气囊SRS(含写码)		200		
检修ABS		200		300

表7.5 机修工时费标准一览表

项目 \ 档次		15万元以下	15万~40万元	40万~70万元	70万元以上
发动机(换中缸)	4缸	700	900	1 000	—
	6缸	—	1 000	1 500	2 500
	8缸	—	—	2 500	3 000
	12缸	—	—	—	4 500

3. 辅助工时

对于非汽车制造商生产提供的零件,如用市场配件或旧车拆卸零件更换损坏件,对于较大的碰撞事故维修时,就会因调整和校正汽车零件而增加工时,作业工时就应该调整以弥补增加的劳动强度,称为辅助工时。

4. 涂饰费的确定

涂饰费的计算有两种方法,即按喷漆工时计算和按喷漆面积计算。

(1)按喷漆工时计算

根据漆面的类型及喷漆位置不同,喷漆工时也有所不同。喷漆工时等额一般规定了各个主要板件或部件的喷漆工时,某地区于实施的汽车车身烤漆项目工时定额,见表7.6。

表7.6 汽车车身烤漆项目工时

漆面类型	外覆件/m^2	内构件(涂胶、涂漆)/m^2	
		承载式车身	非承载式车身
单层漆(面漆、素色漆)	3	1.5	1
双层漆(底漆/清漆、金属漆类)	4	2	1.5
三层漆(底层/中间层/清漆等)	5	2	1.5

(2)按喷漆面积计算

按喷漆面积计算汽车涂饰费用时,取决于烤漆面积及漆种单价。

汽车修理中用的面漆材料不同,单价都不一样,单位面积的烤漆费用中包含材料费和工时费,而各地的工时费差别较大。表7.7提供了某地区的收费参考价。

表7.7 喷漆工时费标准一览表

车价 部位	7万元 以下	7万~ 12万元	12万~ 15万元	15万~ 30万元	30万~ 50万元	50万~ 80万元	80万元 以上
全车	1 800±500	2 400±600	2 800±650	4 500±750	5 500±800	7 000±900	9 500±1 000
前后保险杠	200±80	250±100	300±150	350±130	400±150	650±180	750±200
前叶子板	120±80	150±100	200±120	300±150	400±150	550±180	750±200
机盖	350±80	375±100	450±120	500±130	600±150	750±150	850±180
车顶	300±80	350±100	450±120	500±130	600±150	750±1500	850±180
车门	300±80	350±100	400±120	450±130	480±150	550±150	750±150
后叶子板	200±80	300±100	300±120	300±130	380±150	550±180	600±200
后盖	300±80	300±100	400±120	500±130	600±150	750±150	850±180
立柱	30~50	50~100	50~150	50~150	50~150	50~200	150~200
反光镜	50	50~100	50~100	50~120	50~150	50~150	50~200

5.作业工时调整

如果修理作业重复或存在包含作业,就需要考虑减少一个或多个劳动工时。另外在修理作业过程中涉及拆卸相邻零件及其修理作业,如上一步拆卸的零件或钣金,可使下一步作业更加容易,则碰撞评估指南中所列出的平均费用就应该适当地减少。将各类工时累加时,各损失项目在修理过程中有重叠作业项目时,必须考虑将劳动时间适度核减。

任务实施

比亚迪F6 2011款、黄金版、2.0/L CVT、尊享型、价位:9.85万元。发生碰撞事故,造成左前灯碎、左叶子板变形、前保险杠碎、大灯上部机罩盖有长20 cm、宽3 cm的挤压变形,空调制冷剂泄漏,如图7.15所示。

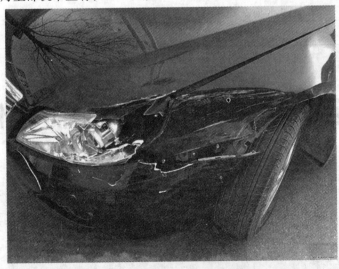

图7.15 发生碰撞事故的比亚迪F6

在上述情境中,作为汽车评估人员可以按照以下步骤来进行事故车维修工时费用的确定。

环节	对应项目	具体程序
1	确定更换件	(1)前大灯撞烂、撞穿灯面、灯壳或撞断灯脚,给予更换处理。灯面磨损深,抛光抛不平的,基本给予更换 (2)发动机罩 撞损位置扁烂、撞穿或撞折,特别是骨位折曲在1/3以上的头盖,铝盖在周边10 cm以上损坏、穿孔可以更换 (3)保险杠 塑料件整体破碎应以更换为主 (4)前、后翼子板 撞扁、撞折或骨位折曲超1/4以上、穿烂划破超过10 cm以上、修复工时大于换件价格,给予更换 (5)前翼子板内骨架 前纵梁折曲或撞扁或扭曲1/3以上给予更换
2	拆装和更换工时	(1)拆装前保险杠 10~50　材料费用400~500 (2)拆装前翼子板 20~50 (3)拆装前盖 20~50 (4)前大灯更换 20~50　材料费用200~400 (5)电工工时费 50~150
3	维修工时	(1)机盖 50~200 (2)前围 10~50 (3)前保骨架 5~20 (4)右前叶子板 80~150 (5)右前叶子板内衬 40~80
4	涂饰费的确定	(1)机盖 375±100 (2)保险杠 250±100 (3)右前叶子板 150±100
5	作业工时调整	重叠作业项目: (1)拆装前翼子板 20~50 (2)拆装前翼子板 20~50 (3)拆装前盖 20~50
6	工时费用合计	

项目7.4　撰写车辆损伤评估报告

情境导入

　　一辆桑塔纳轿车右前部被撞损伤,客户要求按汽车车辆损伤评估报告的撰写格式,撰写一篇规范的该车辆损伤评估报告。在完成任务的过程中学习车辆损伤评估报告的格式和基本内容,尤其是评估报告中的计算过程,以及相关的理论知识。

理论引导

　　车辆损伤评估报告是记述对损伤车辆进行鉴定评估的文件,根据有关规定"车辆评估机构应当遵循客观、真实、公正和公开原则,依据国家法律法规开展车辆评估业务,出具车辆损伤评估报告;并对损伤评估报告中车辆技术状况,包括是否属事故车辆损伤评估内容负法律责任",车辆损伤评估报告具有极其重要的作用。评估报告书的格式及内容要求如下。

1. 封面

碰撞车辆评估报告书名称、鉴定评估机构出具鉴定评估报告的编号、评估报告提交日期、委托单位、承办人、保管期限、本卷共几件几页。

2. 首部

(1)标题(应简练清晰):含有机构名称,位置居中上方。
(2)报告书序号:××车(年份)第×××号,及车损价格评估结论书,位置为本行居中。

3. 绪言

写明全称,"根据个人(单位)价格评估委托,遵循独立、客观、公正原则,按照规定的标准程序和方法对×××牌号××车型的损失进行了价格评估。现将价格评估情况综述如下"。

4. 价格评估标的

本次价格评估标的为于×××年××月××日发生事故的一辆××(车型),车牌号码为××××。

5. 价格评估目标

为委托方在××××(某个目的)提供参考依据。

6. 价格评估基准日

×××年××月××日(碰撞车辆碰撞时日)。

7. 价格定义

价格评估结论所指价格是指评估基准日,采用公开市场价值标准确定的维修费用。

8. 价格评估依据

①《中华人民共和国价格法》。
②《道路交通事故处理办法》。
③《价格评估管理办法》和《价格评估机构管理办法》。
④××省物价局×××号关于《××省车辆价格评估管理办法》。
⑤《××省汽车维修行业工时定额和收费标准》。

9. 价格评估过程

评估机构接受委托后,立即派专业评估人员对受损车辆进行查勘和了解,确定该车××部位发生碰撞,造成××零部件等严重受损,××零部件等一般受损(受损情况简要描述)。具体评估情况如下:
①确定更换配件的价格:根据《××省车辆价格评估管理办法》和市场标准价格,确定应调换配件的价格为×元。(附必要报表)
②确定修复工时费:根据《××省汽车维修行业工时定额和收费标准》,确定修理费用为×元。(附必要报表)
③确定管理费:根据《××省汽车维修行业工时定额和收费标准》的规定,确定该的材料服务费率为××元,即材料服务费用金额小计为×元。
④确定损失价格:损失价格 = 材料费 + 材料服务费 + 工时费。

10. 价格评估结论

价格评估标的的损失价格为:人民币××元整(大写)(¥……元)。

11. 价格评估限定条件

①委托方提供的资料客观真实。
②所采用参数均依据委托方所在地的市场价格和相关资料。

12. 声明

①价格评估结论受结论书中已说明的限定条件限制。

②委托方提供资料的真实性由委托方负责。

③价格评估结论仅对本次委托有效,不做他用。未经本机构同意,不得向委托方和有关当事人之外的任何单位和个人提供,结论书的全部或部分内容,不得发表于任何公开媒体上。

④评估机构和评估人员与价格评估标的没有利害关系,也与有关当事人没有利害关系。

⑤如对结论有异议,可于结论书送达之日起十五日内向本评估机构提出重新评估、补充评估。

13. 价格评估作业日期

××××年××月××日至××××年××月××日(具体的作业日期)。

14. 价格评估机构

机构名称:

机构资质证书证号:

15. 价格评估人员

①姓名。②执业资格名称。③资格证号。④签章。

16. 附件

①碰撞被评估车辆更换零部件(逐个)价格、修理零部件(逐个)工时定额费用详细清单。

②××省价格评估机构资格证书。

③××评估人员资格证书。

④现场照片。

17. 落款

×××评估机构(盖章)

××××年××月××日(出具报告日期)

注:现场查勘、兼拍照片,另写补充报告附上。

任务实施

依据损伤车辆的信息,损伤情况写一篇评估报告。

步骤	内容
1	受理鉴定评估,明确评估目的、评估对象和其他业务基本事项
2	查验可交易车辆,对不可交易车辆的,除特殊需要外,不进行技术鉴定和价值评估
3	签订委托书,拟订评估计划,安排鉴定评估人员
4	登记基本信息,车辆类别、名称、型号、生产厂家、初次登记日等
5	判别事故车
6	鉴定技术状况,检查车身及重要部件、计算技术状况分值、描述缺陷、评定技术等级
7	评估车辆价值
8	撰写并出具鉴定评估报告,向委托方出具鉴定评估报告
9	存档工作底稿

评价体会

	评价与考核项目	评价与考核标准	配分	得分
知识点	事故车碰撞分类及特征,汽车碰撞损伤机理分析,碰撞区域诊断与测量,主要机械损伤的零部件,汽车维修工时费用的确定等	理论知识的掌握	10	
	正确使用仪器,结果分析	工具正确使用;否则每次扣5分	10	
技能点	利用工具设备正确诊断与测量损伤区域	方法和步骤正确满分;否则每次扣5分	20	
	正确计算维修工时费用	汽车维修工时费用计算正确满分;否则每次扣5分	20	
	撰写事故车评估报告	事故车评估报告正确规范满分;否则每处扣5分	10	
情感点	学习态度	遵守纪律、态度端正、努力学习满分;否则得0~1分	10	
	相互协作情况	相互协作、团结一致满分;否则得0~1分	10	
	参与度和结果	积极参与、结果正确满分;否则得0~1分	10	
	合 计		100	

任务工单

学习任务7:事故车定损评估	班级			
	姓名		学号	
	日期		评分	

一、资讯

某公司车牌照号为××××的一辆桑塔纳普通型轿车于2013年8月10日在市区的某个路段发生了事故,该车前部偏右碰撞,造成部分零部件损坏,如图7.16所示。该车所属公司于该日出具了价格评估委托书,委托该市的评估机构对该车的损失价格进行鉴定评估,作为该车的修理和赔偿依据。评估机构派评估人员对该车进行了现场查勘,初步确定该车的损失部件及一级修理单位的工时费用,填写了评估表,以及所需维修矫正工时。从当地的市场中了解到该车型损失部件的价格(表7.8),要求出具评估报告。

图7.16 右前部碰撞的桑塔纳轿车

表7.8 现场勘估事故车损项目及修理报价

序号	损失项目	数量	损失程度	单价	工时
1	前保险杠	1	更换	430	8
2	前大灯	2	更换	250	4
3	前角灯	2	更换	40	2
4	中网	1	更换	50	1
5	机盖	1	修复	—	20
6	前围	1	修复	—	12
7	右前叶子板灯	1	更换	10	1
8	前保骨架	1	修复	—	6
9	右前叶子板	1	修复	—	15
10	右前叶子板内衬	1	更换	40	1

二、计划与决策

(一)计划

1. 确定本工作任务所使用的资料、工具、设备

项目名称			
工作流程	使用的资料或工具	设备	备注

2. 阐述事故车评估注意的事项。
3. 简述事故车检查与测量的步骤和方法。

(二)决策

1. 分组讨论各自的方案。
2. 老师指导确定最终方案。
3. 各组选派一名代表阐述审核方案。

三、实施

1. 车身受损分区检查与测量。
2. 主要零部件的损伤评估。
3. 记录工作过程。

四、检查

1. 学生填写检查单。
2. 教师填写评价表。
3. 完成车损评估的分析审核技术文档。

事故车损伤评估报告
××××(机构名称)
××车[2013]第×××号

××公司：

根据贵公司价格评估委托书的委托，遵循独立、客观、公正的原则，按照规定的标准程序和方法对××××牌号桑塔纳普通型车的损失进行了价格评估。现将价格评估情况综述如下：

(一)价格评估标

本次价格评估标为于2013年8月10日发生事故的一辆桑塔纳普通型车,车牌号码为××××。

(二)价格评估目的

为委托方在修理和赔偿中提供价格参考依据。

(三)价格评估基准日

2013年8月10日。

(四)价格定义

价格评估结论所指价格是指被评估标的在评估基准日,采用公开市场价值标准确定的维修费用。

(五)价格评估依据

1.《中华人民共和国价格法》。

2.《道路交通事故处理办法》。

3.《价格评估管理办法》和《价格评估机构管理办法》。

4.《××省车辆价格评估管理办法》。

5.《××省汽车维修行业工时定额和收费标准》。

6. 价格评估人员对受损车辆现场查勘收集的资料。

7. 本机构掌握的有关价格资料。

(六)价格评估方法

重置成本法。

(七)价格评估过程

本公司接受委托后,立即派专业评估人员对受损车辆进行查勘和了解,确定该车前部偏右发生碰撞,造成前保险杠、前大灯等零部件严重受损,前保骨架、右前叶子板等零部件一般受损。具体评估情况如下:

 1.确定更换配件的价格:根据《××省车辆价格评估管理办法》和市场中准价格,确定应调换配件的价格为1316元。

 2.确定修复工时费:根据《××省汽车维修行业工时定额和收费标准》,确定修理费用为630元。

 3.确定管理费:根据《××省汽车维修行业工时定额和收费标准》规定,确定该车的材料服务费率为10%,即材料服务费用金额小计为127元。

 4.确定损失价格:

损失价格 = 材料费 + 材料服务费 + 工时费 = (1 316 + 127 + 630)元 = 2 073 元

注:材料费 = 配件费 + 辅料费

(八)价格评估结论

价格评估标的损失价格为:人民币贰仟零柒拾叁元整(大写)。

(九)价格评估限定条件

1.委托方提供的资料客观真实。

2.所采用参数均依据委托方所在地的市场价格和相关资料。

(十)声明

1.价格评估结论受结论书中已说明的限定条件限制。

2.委托方提供资料的真实性由委托方负责。

3.价格评估结论对本次委托有效,不做他用。未经我机构同意,不得向委托方和有关当事人之外的任何单位和个人提供,结论书的全部或部分内容,不得发表于任何公开媒体上。

4.评估机构和评估人员与价格评估标的没有利害关系,也与有关当事人没有利害关系。

5.如对结论有异议,可于结论书送达之日起十五日内向本评估机构提出重新评估、补充评估。

(十一)价格评估作业日期

2013 年 8 月 10 日至 2013 年 8 月 20 日。

(十二)价格评估机构

机构名称：

机构资质证书证号：

(十三)价格评估人员

姓名：　　　执业资格名称：　　　资格证号：　　　签章：

(十四)附件

(1)碰撞被评估车辆更换零部件价格、修理零部件工时定额费用清单见表 7.9。

(2)××省价格评估机构资格证书。

(3)××评估人员资格证书。

(4)现场照片。

表 7.9　碰撞桑塔纳轿车现场勘估清单

××车[2013]第××号

评估人员：×××、×××　　校核：×××　　评估日期：2013 年 8 月 10 日

车主	××公司	车型	桑塔纳普通型	行驶里程	××××
车牌号码	××××××	堪估地点	××停车场	委托人	××公司

损失项目	损失程度	修理方式	材料费			工时费		
			数量	单价	金额	工种	工时	金额
前保险杠	严重	更换	1	430	430		8	56
前大灯	严重	更换	2	250	500		4	28
前角灯	严重	更换	2	40	80		2	14
中网	严重	更换	1	50	50		1	7
右前叶子板灯	严重	更换	1	10	10		1	7
右前叶子板内衬	严重	更换	1	40	40		1	7
机盖	一般	修复	1		0		20	140
前围	一般	修复	1		0		12	84
前保骨架	一般	修复	1		0		6	42
右前叶子板	一般	修复	1		0		15	105
油漆					160		20	140
合计			12.00		1 500.00		90	630.00
材料费合计	1 270.00		工时费合计	630.00		管理员	127.00	
辅料费用	46.00		估损总额(大写)：贰仟零柒拾叁元整				说明	

×××评估机构(盖章)

2013 年 8 月 20 日

五、评估

1. 小组讨论分析实施过程中发生的问题,给出改进方案。
2. 小组准备汇报材料,每组派一人进行汇报。
3. 老师对完成情况评价说明。
4. 整理相关资料,列表说明项目资料及资料来源,注明存档情况。
5. 成品上交备注。

项目名称	
上交资料名称	

项目完成人签字:　　　　　　　　　　　　　　　年　　月　　日

指导教师签字:　　　　　　　　　　　　　　　　年　　月　　日

拓展与提升

一、机械式三维测量系统检测

机械式三维测量系统有专用和通用二大类。专用测量系统只适用于某一款车型,不能满足现代轿车个性化发展的需求,因此,现代维修企业广泛采用通用测量系统。目前,车身维修应用最多的机械式通用测量系统有:龙门式通用测量系统和米桥式通用测量系统,如图7.17所示。

(a)龙门式通用测量系统　　　(b)米桥式通用测量系统

图7.17　机械式三维测量系统

二、超声波测量系统

超声波测量系统是目前应用最广的全自动电子测量系统,如图7.18所示,其测量精度可以达到1 mm以内,具有测量稳定、准确,可以瞬时测量,操作简便、高效等优点。超声波测量系统由超声波发射器、超声波接收器,控制柜(包括主机),各种测量头等组成,如图7.19所示。发射器、测量头及测量头转接器等安装在车身某一构件的测量孔上,接收器安装在测量横梁上,发射器发送超声波,由于声波是以等速传播的,接收器可快速精确地测量声波在车辆不同基准点之间传播时间,计算机根据每个接收器的接收情况自动计算出每个测量点的三维数据。其操作步骤如下：

①进入系统界面，选择语言种类。

②记录用户信息。包括车辆和车主信息，这些信息可以和后面测量的结果一起储存，以方便以后查询。

③选择车型。根据事故车的类型选择汽车生产公司、品牌、生产年代，从数据库内调出符合要求的车型数据图。

④选择测量基准。若汽车前部发生碰撞，则选择后面的基准点作为长度基准；若汽车发生后部碰撞，则选择前面的基准点作为长度基准；如果车身中部发生碰撞，则要对车身中部进行整修，直到车身中部四个基准点有三个点的尺寸被恢复。

图7.18　超声波电子测量系统

⑤测量点传感器的安装。根据车身的损伤情况选择车身测量点，并按照计算机的提示选择合适的安装头，把传感器通过合适的安装头连接到车身上，把传感器的连接线接到选定的接口上。

⑥调出车型数据图计算机根据需要能自动把测量的实际数值、标准数值和两者差值显示出来。

(a)超声波测量的发射器和接收器　　(b)控制柜　　(c)超声波测量头及转换器

图7.19　超声波测量系统的组成

⑦选择测量模式。模式选定后，计算机根据需要能自动把测量的实际数值、标准数值和两者差值显示出来。

⑧拉伸校正中的测量。在校正过程中，一次最多可同时监控12个测量控制点，钣金维修技师可以直接看到车身尺寸的变化情况。系统每隔1~2 s会自动重新测量一次，把环境对它的影响减少到最小。此系统在操作过程中不用调整，计算机会自动找正，而且不会因为发射器、接收器的位置移动而改变数据。可以实现车辆碰撞修理前预检、测量、定损，修理中的测量监控，修复后的数据存储和打印等功能。

参考文献

[1] 黄费智. 汽车评估与鉴定 [M]. 北京:机械工业出版社,2011.
[2] 郭志军. 二手车鉴定与评估 [M]. 北京:北京理工大学出版社,2009.
[3] 李萌,袁野. 二手车评估 [M]. 北京:北京理工大学出版社,2010.
[4] 刘仲国. 二手车交易与评估 [M]. 北京:机械工业出版社,2008.
[5] 庞昌乐. 二手车评估与交易实务 [M]. 北京:北京理工大学出版社,2009.
[6] 姜正根. 二手车鉴定评估实用技术 [M]. 北京:中国劳动社会保障出版社,2012.
[7] 岳国防. 二手车鉴定、评估与交易 [M]. 西安:西北工业大学出版社,2011.
[8] 吴兴敏,陈卫红. 二手车鉴定与评估 [M]. 北京:人民邮电出版社,2012.
[9] 杜秀菊. 二手车鉴定与评估实用教程 [M]. 北京:机械工业出版社,2013.
[10] 许华林. 二手车鉴定与评估 [M]. 北京:北京理工大学出版社,2011.
[11] 乔文山,艾峰,朱桂英. 二手车鉴定与评估 [M]. 北京:清华大学出版社,2013.

全国汽车类情境 体验 拓展 互动 "1+2" 理实一体化规划教材

二手车鉴定与评估教学资源库

ERSHOUCHE JIANDING YU PINGGU JIAOXUE ZIYUANKU

主　编　刘文霞
副主编　李　超　贺　兵　曲佳佳
　　　　范振山
编　者　凤兰　李　宁　李明刚
　　　　王　哲　张　文　李晓红
　　　　李有文

哈尔滨工业大学出版社

目录 CONTENTS

学习任务 1 汽车基础知识 / 1

　　经典案例 / 1
　　实践演练 / 2
　　模拟试卷 / 3
　　任务解析 / 6
　　知识链接 / 7

学习任务 3 二手车评估基础知识 / 9

　　经典案例 / 9
　　实践演练 / 11
　　模拟试卷 / 11
　　任务解析 / 14
　　推荐链接 / 15

学习任务 4 二手车技术状况鉴定 / 16

　　经典案例 / 16
　　实践演练 / 17
　　模拟试卷 / 18
　　任务解析 / 19
　　知识链接 / 20

学习任务 5 二手车评估基本方法 / 22

　　经典案例 / 22
　　实践演练 / 24
　　模拟试卷 / 24
　　任务解析 / 27
　　知识链接 / 31

学习任务 6 二手车交易实务 / 33

　　经典案例 / 33
　　实践演练 / 34
　　模拟试卷 / 34
　　任务解析 / 35
　　知识链接 / 38

学习任务 7 事故车定损评估 / 40

　　经典案例 / 40
　　实践演练 / 43
　　模拟试卷 / 43
　　任务解析 / 45
　　知识链接 / 48

学习任务 1　汽车基础知识

经典案例

案例一：大众朗逸 2014 款 1.4TSI DSG 运动版

车辆基本信息：

厂商：上海大众	气缸容积：1 395 mL
级别：紧凑型车	最大马力：131 ps(1 ps = 0.735 kW)
车体结构：4 门 5 座三厢轿车	最大功率：96 kW
车身长度：4 605 mm	最大功率转速：5 000 r/min
车身宽度：1 765 mm	最大扭矩：225 N·m
车身高度：1 460 mm	最大扭矩转速：1 400~3 500 r/min
轴距：2 610 mm	燃料：93 号汽油
前轮距：1 517 mm	变速箱：7 挡双离合
后轮距：1 493 mm	动力类型：汽油机
整备质量：1 305 km	官方最高车速：200 km/h
油箱容积：55 L	官方百千米加速时间：9.3 s
行李箱容积：478 L	制动距离(100~0 km/h)：42.62 m
发动机：1.4T 131 马力 L4 直列四缸	驱动方式：前置前驱
发动机型号：EA211	高速公路耗油量：4.8 L/100 km
排量：1.4 L	城市耗油量：7.2 L/100 km

性能分析：

该车外观和内饰都很漂亮，其车身尺寸和内部空间与同级别的车相比较，属于较宽敞的，头部和腿部空间，都很富裕；动力性较强，提速快，换挡平顺，无明显顿挫感，操控性很好，车速慢时方向盘较轻，车速快时方向盘较重，转向回正很好，刹车非常灵敏。油耗较低，经济性能好。在新车市场，该款车型的销量较好，在二手车市场，该车型的保值率也较高。

案例二：本田 CR-V 2012 款 2.4 L 四驱豪华版

车辆基本信息：

厂商：东风本田	最小离地间隙：135 mm
级别：紧凑型 SUV	接近角：20°
车体结构：5 门 5 座 SUV	离去角：19°
车身长度：4 550 mm	最小转弯半径：5.54 m
车身宽度：1 820 mm	整备质量：1 625 km
车身高度：1 685 mm	发动机型号：K24Z8
轴距：2 620 mm	排量：2.4 L
前轮距：1 565 mm	最大马力：190 ps
后轮距：1 565 mm	最大功率：140 kW

最大功率转速:7 000 r/min   官方最高车速:190 km/h
最大扭矩:222 N·m   实测百千米加速时间:10.68 s
最大扭矩转速:4 400 r/min   实测制动距离(100~0 km/h):39.54 m
燃料:93 号汽油   驱动方式:前置四驱
变速箱:5 挡自动   城市耗油量:12.3 L/100 km
动力类型:汽油机

性能分析:

该车以其卓越的产品性能、精准的市场定位和合理的定价,赢得了市场的广泛青睐,蝉联中高档 SUV 销量冠军!

在外观设计上,整体轮廓动感时尚。后排座椅最大容量可达 955 L,远胜一般三厢轿车,满足车主对车辆空间的多种需求。

在动力方面,该车配备的发动机具有高动力、低油耗、低排放、低噪声的特色,尤其值得一提的是,这款发动机拥有燃油完全燃烧控制系统及高效的排气净化系统,可以有效提高燃油效率,降低废气排放,达到了欧Ⅳ排放标准。

在安全性能方面,该车车身采用了高强度钢板,使其更加坚固、安全。此外,双 SRS 安全气囊、前座椅带预紧与限力功能的三点式安全带、后排全座三点式安全带加上全车配备的 ABS + BA + EBD 制动系统,使得该车的主动安全与被动安全得以全面提升。

在经济性能方面,该车的综合油耗甚至低于国内某些中高档轿车的油耗,新 5 速自动变速箱动力分配的更均匀,更省油,为您带去真正的实惠。

从操控性能发面,CR – V 整车随处都体现出轻盈,方向盘精准,换挡顺畅,无阻力。低重心车身设计提高了车辆的操控性。

实践演练

一、实践内容

认识汽车。

二、实践目的

通过实践,使每位同学了解汽车的基本组成,汽车的主要技术参数以及汽车的性能指标,并能够通过汽车的 VIN 码识别汽车的生产厂家及年款等信息。

三、实践准备

(1)设备及工量具

实训用车 3 辆(3 种不同车型)、测量工具 3 套、记录本等。

(2)师资

专业课教师 1 名、实践指导教师 1 名。

(3)学生分组

将学生以 6~8 名为单位分成若干组,并明确各组成员职责。

四、实践实施

①实训教师为学生安排分配实训用车,并按照实训计划给学生安排实训任务,引导学生按照任务工单进行实训。

②每组学生分别在各组的实训用车上完成各项实训任务,并做好记录。

③每组学生就实训情况及实训结果进行讨论,将实训用车辆的基本情况、主要技术参数和性能指标等方面所反映出的车辆的基本性能,和车辆 VIN 码所代表的的信息总结汇总,每组选代表发言向同学们汇报。

④将各组汇总结果进行对比,比较出不同车型性能方面的差异,并将任务工单和讨论结果写成实训报告。

模拟试卷

一、判断题

1. 汽车的技术使用寿命是指汽车从投入使用,到由于技术落后而被淘汰所经历的时间。( )

2. 汽车的经济使用寿命是指汽车从投入使用,到因维持继续使用的投入过高而不经济,成本较高而退出使用所经历的时间。( )

3. 汽车的有形损耗是指汽车存放和使用过程中,由于物理和化学原因而导致车辆实体发生的价值损耗。( )

4. 存放闲置的汽车,由于自然力作用,产生的腐蚀、老化,或由于管护不善,丧失工作能力而形成的损耗是汽车的无形损耗。( )

5. "车辆识别代号(VIN)编码"由一组字母和阿拉伯数字组成,共 18 位,它是识别汽车不可缺少的工具。( )

6. 汽车的自身质量,即空载质量,包括所有的机件、备胎、随车工具、备品配件,但不加油和水的质量。( )

7. 一般来讲,汽车的最小离地间隙越小,汽车的通过性越好。( )

8. 一般来讲,汽车的转弯半径越小,则汽车转弯时所需要的场地就越小。( )

9. 载货汽车的等级是按它的最大装载质量划分的,可分为微型、轻型、中型和重型 4 个等级。( )

10. 解放 CA1092 型汽车其载质量为 9 t。( )

11. 所有的轿车均采用前置前驱形式。( )

12. 挂车可分为牵引杆挂车、半挂车、中置轴挂车 3 类。( )

13. 车辆识别代码应尽量置于汽车前半部分,易于观察到,并且能够防止磨损或更换的部位。( )

14. 我国规定,整个 17 位代码的最后 6 位代码为车辆的生产顺序号,与汽车底盘或车架号相同。故行驶证上的车架号签注的也是 17 位代码。( )

15. 利用 VIN 数据规定可以鉴别出拼装车、走私车,因为瓶拼装的进口走私车一般是不按 VIN 规定进行装配的。( )

16. 我国的汽车标牌均固定在发动机舱某个醒目的位置。( )

17. 按国家汽车产品型号编制规则,TJ7130UA 表示天津汽车工业总公司生产排量为1.3 L 三厢式电喷普通级轿车。( )

18. 汽车的前悬越长,则汽车的接近角就越小,通过性就越差。( )

19. 汽车的爬坡能力是指汽车满载时,在良好路面上以最高前进挡所能爬上的最大坡度。( )

20. 汽车转向轮定位参数包括主销内倾、主销后倾、转向轮外倾和转向轮前束。(　　)
21. 按照我国的传统划分,汽车由底盘、车身、发动机和电气设备4部分组成。(　　)
22. 发动机后置前轮驱动的轿车,用RR表示。(　　)

二、选择题
1. 如果按照汽车制造厂家的使用手册规定的技术规范使用,则汽车就属于(　　)。
　　A. 正常使用　　　B. 不正常磨损　　　C. 正常磨损　　　D. 不正常使用
2. 电控燃油喷射系统的使用,提高了汽车的燃油经济性,降低了汽车的排放污染,化油器汽车的(　　)因此缩短,加快退出市场。
　　A. 自然使用寿命　B. 正常使用寿命　C. 合理使用寿命　D. 技术使用寿命
3. 汽车的经济使用寿命的量标——规定使用年限是汽车从投入运行到报废的年数,没有考虑(　　)。
　　A. 使用条件和使用强度　　　　　B. 使用状况
　　C. 运行时间　　　　　　　　　　D. 闲置时间的自然损耗
4. 汽车的经济使用寿命的量标——行驶总里程是指汽车从投入运行到报废期间累计行驶的里程数,没有反映(　　)。
　　A. 使用性质　　　　　　　　　　B. 运行时间
　　C. 使用强度　　　　　　　　　　D. 使用条件和闲置期间的自然损耗
5. 二手车的技术状态受使用强度的直接影响,一般来说,下列哪种使用性质的汽车,使用强度较大(　　)。
　　A. 单位员工班车　B. 私人生活用车　C. 公务用车　　　D. 专业货运车辆
6. 出租车的规定使用年限为8年,但北京市规定,排量小于1 L的出租车、小公共汽车,使用年限为(　　)。
　　A. 9年　　　　　B. 10年　　　　　C. 7年　　　　　D. 6年
7. 根据我国政府有关部门颁布的《汽车报废标准》,载货汽车(不带挂托)使用年限为(　　)。
　　A. 9年　　　　　B. 12年　　　　　C. 7年　　　　　D. 10年
8. 特大型客车累计行驶达到(　　)应当报废。
　　A. 40万km　　　B. 50万km　　　C. 60万km　　　D. 55万km
9. 中型客车累计行驶达到(　　)应当报废。
　　A. 45万km　　　B. 40万km　　　C. 50万km　　　D. 35万km
10. 重型货车累计行驶达到(　　)应当报废。
　　A. 45万km　　　B. 50万km　　　C. 40万km　　　D. 35万km
11. 发动机四冲程中产生动力的冲程是(　　)冲程。
　　A. 做功　　　　　B. 进气　　　　　C. 压缩　　　　　D. 排气
12. 发动机四冲程中消耗动力最大的冲程是(　　)冲程。
　　A. 做功　　　　　B. 进气　　　　　C. 压缩　　　　　D. 排气
13. 一辆轿车的VIN代码是IFALP35H6TF032015,其年款代码表示的年份是(　　)。
　　A. 1996年　　　B. 1998年　　　C. 1995年　　　D. 1997年

14. 一辆轿车的 VIN 代码是 4G4AH53L8VJ007421,其年款代码表示的年份是(　　)。
    A. 1996 年　　　　B. 1998 年　　　　C. 1995 年　　　　D. 1997 年
15. 某轿车发动机排量为 2.0 L,则该轿车属于(　　)。
    A. 中级轿车　　　B. 高级轿车　　　C. 普通轿车　　　D. 中高级轿车
16. 某轿车发动机排量为 1.2 L,则该轿车属于(　　)。
    A. 普通轿车　　　B. 中高级轿车　　C. 微型轿车　　　D. 中级轿车
17. 某货车的核定最大总质量为 10 t,则该货车属于(　　)。
    A. 轻型货车　　　B. 中型货车　　　C. 微型货车　　　D. 重型货车
18. 客车是指可乘坐(　　)人以上(不含驾驶员)的载客汽车。
    A. 9　　　　　　B. 21　　　　　　C. 11　　　　　　D. 17
19. 某客车总长度为 8 米,则该客车属于(　　)。
    A. 小型客车　　　B. 中型客车　　　C. 微型客车　　　D. 大型客车
20. 某自卸车的最大总质量为 10 t,则该自卸车为(　　)。
    A. 重型　　　　　B. 矿山用　　　　C. 轻型　　　　　D. 中型
21. 从车辆 VIN 中我们不可以识别出的信息是(　　)。
    A. 发动机排量　　B. 车型年款　　　C. 生产国家　　　D. 车辆类别
22. 车辆的 17 位 VIN 代号编码经过排列组合,结果使车型生产在(　　)年之内不会发生重号现象。
    A. 40　　　　　　B. 50　　　　　　C. 20　　　　　　D. 30
23. 汽车的驱动形式为 4×2,表示(　　)。
    A. 汽车为 6 轮汽车,其中 2 轮为驱动轮
    B. 汽车为 6 轮汽车,其中 4 轮为驱动轮
    C. 汽车为 4 轮汽车,2 轴驱动
    D. 汽车为 4 轮汽车,其中 2 轮为驱动轮
24. 以下(　　)不属于发动机前置,后轮驱动客车的优点。
    A. 轴距可缩短,车身可缩短　　　　B. 操作机构简单
    C. 发动机散热较好　　　　　　　　D. 驾驶员容易辨别发动机故障
25. 轿车的布置行驶中,目前广泛流行采用的布置形式为(　　)。
    A. RR　　　　　　B. FR　　　　　　C. FF　　　　　　D. RF
26. 下列参数中,影响汽车通过性的尺寸参数主要有(　　)。
    A. 轮距　　　　　B. 汽车自重　　　C. 轴距　　　　　D. 最小距地间隙
27. 下列指标中,不属于汽车制动性的指标为(　　)。
    A. 制动效能　　　　　　　　　　　B. 自动时的方向稳定性
    C. 加速时间　　　　　　　　　　　D. 制动抗热衰退性
28. 国家考虑整个国民经济的发展和能源节约等因素,制定出符合我国实际情况的使用期限是指汽车的(　　)。
    A. 经济使用寿命　　　　　　　　　B. 经济使用寿命加合理使用寿命
    C. 技术使用寿命　　　　　　　　　D. 自然使用寿命

模拟试卷参考答案:

一、判断题

1.√	2.√	3.√	4.×	5.×	6.×	7.×	8.√
9.×	10.×	11.×	12.√	13.√	14.√	15.√	16.×
17.√	18.√	19.×	20.√	21.√	22.×		

二、选择题

1.A	2.D	3.A	4.D	5.D	6.D	7.D	8.B
9.B	10.C	11.A	12.C	13.A	14.D	15.A	16.A
17.B	18.A	19.B	20.D	21.A	22.D	23.D	24.A
25.C	26.D	27.C	28.A				

任务解析

任务工单

一、二、三、略

四、小结

(一)选择题

1.A	2.A	3.A	4.B	5.C	6.C	7.C	8.D
9.B	10.D	11.C	12.A	13.C	14.B	15.B	

(二)简答题

1.轿车的布置形式主要有:

(1)前置后驱动(FR)

优点:前后轴荷分配比较合理,对操纵稳定性、行驶平顺性和延长轮胎寿命比较有利;操纵结构简单;行李箱容积较大;发动机散热条件好。

缺点:传动轴较长并需要通过车身中部,使车厢地板中部有凸起的形状,车厢地板平整性和乘坐舒适性不好,轴距较长,汽车自重较大。

(2)后置后驱动(RR)

优点:轴距较短,排气污染和噪声对驾驶室影响较小,车厢地板可布置得较低且平整,结构紧凑,自重较轻。

缺点:操纵稳定性较差,发动机舱散热不好,操纵结构复杂,行李箱容积较小,变形成轿车型货车较困难。

(3)前置前驱动(FF)

优点:前轴负荷较大,有利于安全行驶,汽车防侧滑性能较好,易于变形为轿车型货车。

缺点:前轮磨损较严重,轮胎寿命短,上坡时前轮的附着载荷较小,影响驱动力,有可能发生滑转,前轮万向节结构较复杂,使制造成本增加。

2.汽车的主要性能指标包括:

①汽车的动力性。

②汽车的燃油经济性。

③汽车的制动性。

④汽车的操纵稳定性。

⑤汽车的行驶平顺性。
⑥汽车的通过性。
⑦汽车的排放与噪声。

3. 内燃机的功用是将热能转化为机械能。

总体结构组成包括：曲柄连杆机构、配气机构、冷却系、润滑系、燃料供给系、启动系、点火系（柴油机无需点火系）。

4. 前轮定位参数主要有：主销后倾、主销内倾、前轮外倾和前轮前束。

主销后倾：提高直驶稳定性和回转省力。

主销内倾：提高直驶稳定性和转向轻便。

前轮外倾：防止满载时前轮内倾，加速轮胎磨损和轮毂外轴承损伤。

前轮前束：消除前轮外倾所产生的滚锥效应，减小前轮在地面上的滑拖，减小轮胎磨损。

知识链接

中国二手车第一品牌——澳康达名车广场

澳康达名车广场成立于1999年，是世界级汽车交易综合体，开创了中国二手车行业走向高端多元化服务的先河，是中国汽车流通协会常务理事单位、广东省汽车流通协会副会长单位、深圳二手车流通协会会长单位。

澳康达创立13年来，始终秉承"不断追求、力臻完美"的企业精神，积极实施"优质、实惠、尊贵"的经营理念，在全国领先推出了八大类360项质量检测、一口价销售、会员尊享一年20 000 km免费保养保修、七天无理由退换、车管所驻场、过户上牌、贷款保险一站式服务，得到消费者的一致认可。

澳康达成功创造了许多个"第一"：第一个车管所驻现场办理过户上牌；第一个一口价销售；第一个推出八大类360项质量检测；第一个提供七天无理由退换；第一个独资自建了全世界单体最大的二手车交易综合体；年销售量在行业内独占鳌头，成就中国二手车行业第一品牌……

2012年5月，澳康达作为行业标志性企业、深圳二手车流通协会会长，协助协会参考了澳康达多年的经营管理经验制定和颁布了全国最严的《深圳市二手车行业经营管理标准》。此标准为深圳乃至全国二手车行业立下了标杆，为行业的健康快速发展注入了强心针。

（资料来源：澳康达名车广场 http://www.akd.com.cn/）

巧用汽车4S店免费服务延长汽车使用寿命

提到4S店，很多人会不由自主地和收费高服务又不是太好相联系。其实也不尽然，4S店是厂家与消费者中间的桥梁，投资相对比较大，人员配备齐全，自然收费也就不算便宜。不过4S店也并非所有服务都要收费。

免费检测：

现在的汽车厂家和4S店越来越重视售后服务，由此为车主带来的好处就是会经常享受免费的检测活动。这些免费检测活动很多看似简单，在车主看来似乎没有实质性内容，其实这些免费检测活动是非常有好处的。车主可以利用这些免费检测活动对爱车进行全面体检，及时发现一些潜在的故障，并将这些故障隐患消除，省去了将来可能产生的高额维修保养费用。

四轮定位：

在轮胎店或修理厂进行定位，都必须花钱，而如果碰上4S店搞活动，那么我们顺便去做一个四轮定位，又何乐而不为呢？像一些大车企品牌，这类活动还是很多的，检查防冻液检查空调压缩机等。也不要说4S店都是赚钱的，这些活动虽然是为了吸引大家去售后保养，但也可以被我们用来检查爱车。

免费洗车：

我们都知道4S店收费要比其他维修厂或汽车快捷修理店贵很多，但是4S店也有些成本。比如免费洗车服务，每次我们去保养时，4S店都会主动提供洗车服务。因此保养后大家也可以省下一次洗车的费用。其实也不仅仅是保养，修理检查什么的，只要车主提出，4S店一般都会提供洗车服务。

免费检查：

还有一点我们常常容易忽视，4S店对于只是检查而不维修通常不收费，除非你检查项目需要大动干戈地拆卸才有可能收费。比如笔者以前的车，皮带轮磨损了，4S店收费真不便宜，3个皮带过桥轮大概需要800多元，而外面修理厂300多元全部搞定。皮带轮有好几个，如果你不修理去外面修理厂让其检查，通常人家是不乐意的，但4S检查就无需收费，明白了故障所在，车主处理起来就容易了。不过千万不要在4S店说出你的真实想法，换位思考，4S店可不会高兴的。如果是保修期内，当然不用这么做，直接检查索赔就可以了。

道路救援等：

4S店通常也会提供一些免费救援服务，比如道路施救（往往在本市内服务），给车主送汽油以及更换轮胎的这些项目。虽然这些项目我们也可以电话联系修理厂或熟人之类，但4S店主动提供这些服务，还是更加让人感觉正规服务的贴心。

爱车课堂等：

不少4S店也常常会举办一些爱车课堂、自驾活动、体验训练等活动。报名的车主可以利用周末或假期，带上全家去郊游或参加一些更高层次的集体试驾活动。这些费用通常是4S店承担的，即便收费也是远远低于日常这类活动需要支出的开销。

（资料来源：中国二手车城 www.cn2che.com）

学习任务3 二手车评估基础知识

经典案例

确定二手车成新率的计算方法：

在二手车交易市场，选择不同类型的二手车，在对二手车进行相关检测的基础上，确定相应二手车成新率计算方法，并确定其成新率。以下为不同类型成新率计算方法的实例。

案例一：用行驶里程法计算二手车成新率

(1) 车辆基本情况

车型：迷你库伯1.6标准版(私家用车)；

登记日期：2009年9月；

表征行驶里程：7.8万km；

发动机：直列4缸1.6 L汽油发动机；

其他：电动转向助力+转向盘调节；

登记证、发票：登记证有效、正规发票；

其他：正常、进口关单、手续齐全。

(2) 车辆检查

①静态检查。车辆整体状况良好，油漆颜色靓丽，车身经过了专业的抛光打蜡，全车的细微划痕被遮盖，前后保险杠有碰撞修复的痕迹；车门开合良好，没有异常响动，车架连接良好，焊点清晰，橡胶密封正常；驾驶舱内的配置简单实用，前排长度座椅相比较好但是宽度略差，做工用料相对精细。发动机舱内线路基本正常，发动机没有明显的渗漏痕迹，前车灯经过更换，车辆常规保养部件有更换痕迹。底盘系统整体良好，悬架系统正常，刹车盘片磨损正常，轮胎磨损正常，备胎没有使用过的痕迹。

②动态检查。车辆启动时噪声正常，抖动正常，怠速稍高，稳定后噪声减小，怠速稳定，变速箱结合动力比较顺畅，车辆的起步速度相对较快，油门感觉轻盈，整体行驶过程中操控灵活，制动感觉比较硬，轮胎噪声正常，抓地力良好，车辆音响效果一般，驾驶视野一般。

(3) 成新率计算

①说明。该车4年行驶7.8万km，符合家庭用车的使用标准，所以可以使用行驶里程法进行评估。

②根据国家汽车报废标准，该车报废里程为45万km，已使用里程为7.8万km。

③由行驶里程法成新率计算公式得

$$\gamma = \left(1 - \frac{S_1}{S}\right) \times 100\% = \left(1 - \frac{7.8}{45}\right) \times 100\% \approx 83\%$$

案例二：用综合分析法计算二手车成新率

(1) 车辆基本情况

车辆型号：中华骏捷1.8舒适型。

车辆配置：1.8 L 136匹马力 I4 三菱发动机、四门电动车窗、前排双气囊、可调转向盘、助力转向、倒车雷达、ABS 防抱死制动、合金轮圈、冷风空调、暖风空调、CD 机、手自动变速箱、电动后视镜、中遥控及防盗系统。

(2) 车况检查

①静态检查。该车车漆属原车漆,光泽度非常好,但前、后保险杠明显有重新喷漆的痕迹,由于和原厂漆的颜色调配得不是特别对号所以很明显,但经仔细检查发现对车辆本身并未造成影响,伤处仅仅伤及保险杠体,并未波及前后缓冲钢架;一些细长划痕也都只是伤及表漆面,相对已经上路行驶 3 年多的车来说,外观保养得已经相当不错了。目测发动机舱内主要部件、散热器组件、转向助力泵、制动泵、ABS 泵、蓄电池、电机、启动机等主件外表均无异常,各机油颜色均正常。

②动态检查。这部车搭配的 5 速变速器,在起步、急加速、急减速、倒车时车辆没有明显的顿挫感,可见发动机和变速箱搭配得不错。该车行驶、转向和制动轨迹正常,无跑偏等现象,制动稍微偏软一些;转向盘助力及转向盘的准确性较好;车辆的隔音设备以及音响都还算保养得不错。总体来说,该车动力、制动、通过、行驶平顺、噪声等方面性能基本良好。动态试验后车辆油温、水温正常,运动机件无过热,无漏水、漏油、漏电等现象。

(3) 成新率计算

①初次登记日为 2007 年 10 月 25 日,评估基准日为 2011 年 3 月 26 日,则已使用年限 $Y = 41$ 个月,规定使用年限为 15 年,$Y_g = 180$ 个月。

②综合调整系数 K 的确定。根据二手车成新率综合调整系数参考表,确定各项调整系数如下:该车技术状况较好,车辆技术状况调整系数 $K_1 = 0.9$;

维护保养一般,维护情况调整系数 $K_2 = 0.9$;

此中华骏捷轿车是国产名牌车,制造质量调整系数 $K_3 = 1.0$;

该车为私人用车,车辆用途调整系数 $K_4 = 1.0$;

该车主要在市内行驶,使用条件一般,使用条件调整系数 $K_5 = 0.9$。

根据公式

$$K = K_1 \times 30\% + K_2 \times 25\% + K_3 \times 20\% + K_4 \times 15\% + K_5 \times 10\%$$

得综合调整系数为

$$K = 0.9 \times 30\% + 0.9 \times 25\% + 1.0 \times 20\% + 1.0 \times 15\% + 0.9 \times 10\% = 0.935$$

③计算成新率 C_F

$$C_F = \left(1 - \frac{Y}{Y_g}\right) K \times 100\% = \left(1 - \frac{41}{180}\right) \times 0.935 \times 100\% = 72.20\%$$

二手车成新率的确定可根据鉴定评估目的和评估对象的实际情况选择相应的模型计算。在这些计算成新率的方法中,由于综合分析法是以使用年限法为基础,以调整系数形式调整二手车成新率,调整系数综合考虑了二手车的实际技术状况、维护保养情况、原车制造质量、二手车用途及使用条件等多种因素对二手车价值的影响,评估值准确度较高,因此是目前二手车鉴定评估业务中最常用的方法之一。综合成新率法也是以技术状况现场查勘为基础,因此,也是二手车鉴定评估业务中常用的方法。

实践演练

对一辆车进行成新率计算:
1. 实践内容
二手车成新率计算。
2. 实践目的
通过实践,使每位同学掌握二手车成新率的计算方法。
3. 实践准备
4. 设备及工量具
实践用车 2 辆以上、记录本等。
5. 师资
专业课教师 1 名。
6. 学生分组
将学生以 4~6 名为单位分成若干组,并明确各组成员职责。
4. 实践实施
(1)车辆基本信息。
(2)车辆基本配置。
(3)车辆检查情况。
(4)选择成新率计算方法。
(5)计算成新率。

模拟试卷

一、判断题
1. 二手车的价值包括车辆实体本身的有形价值及各项手续构成的无形价值。(   )
2. 汽车的损耗有两种形式,既有形损耗和无形损耗。(   )
3. 汽车的有形损耗是指汽车存放和使用过程中,由于物理和化学原因而导致车辆实体发生的价值损耗。(   )
4. 存放闲置的汽车,由于自然力作用,产生的腐蚀、老化,或由于管护不善,丧失工作能力而形成的损耗是汽车的无形损耗。(   )
5. 汽车在使用过程中,由于零、部件摩擦、振动、腐蚀而产生的损耗,是汽车的有形损耗。(   )
6. 汽车的无形损耗是由于科学技术的进步和发展,从而导致车辆的损耗与贬值。(   )
7. 汽车的有形损耗和无形损耗都是由于科技的进步和发展,使原有的车辆发生价值损耗。(   )
8. 汽车的使用寿命是指汽车从投入使用到淘汰、报废的整个时间过程。(   )
9. 汽车的自然使用寿命是指在正常使用条件下,从投入使用到由于物理与化学原因而损耗报废的时间。(   )
10. 汽车的使用寿命是指汽车从生产制造开始到报废的整个时间过程。(   )

11. 汽车的正常使用是指汽车按照汽车制造厂家提供的使用手册所规定的技术规范使用。（　　）
12. 汽车的正常使用就是指汽车使用中没有发生过碰撞、淹水、起火等意外。（　　）
13. 一般来说，汽车的自然使用寿命主要受有形损耗的影响。（　　）
14. 汽车的技术使用寿命是指汽车从投入使用，到由于技术落后而被淘汰所经历的时间。（　　）
15. 一般来说，汽车的技术使用寿命主要受无形损耗影响。（　　）
16. 汽车的经济使用寿命是指汽车从投入使用，到因维持继续使用的投入过高而不经济，成本较高而退出使用所经历的时间。（　　）
17. 报废价值是指机动车报废后，某些零、部件的回收价值。（　　）
18. 残余价值是指机动车报废后，可回收金属的价值。（　　）
19. 二手车的报废价值就是其残余价值。（　　）
20. 二手车评估的依据政策法规主要有：《国有资产评估管理办法》《国有资产评估管理办法施行细则》《汽车报废标准》《二手车流通管理办法》《汽车贸易政策》等。（　　）

二、选择题

1. 二手车鉴定评估价以（　　）为基础。
　　A. 账面原值　　B. 税费附加值　　C. 技术鉴定　　D. 市场价格
2. 二手车评估师遵守（　　），应该提出回避为亲属朋友鉴定评估相关车辆。
　　A. 客观性原则　　B. 可行性原则　　C. 独立性原则　　D. 科学性原则
3. 在用市场价格比较法评估二手车时，参照物的价格应为（　　）。
　　A. 新车的报价　　　　　　　　B. 预测的市价
　　C. 新车的现行市价　　　　　　D. 二手车市场的现行市价
4. 所谓有效市场的条件是（　　）。
　　A. 信息是真实可靠且市场是活跃的　　B. 有市无价的市场
　　C. 信息是真实的　　　　　　　　　　D. 市场是活跃的
5. 拍卖行二手车拍卖数据库中的价格资料，可作为（　　）。
　　A. 新车的销售价　　　　　　　B. 参照物的参考价格
　　B. 评估车辆的价格　　　　　　D. 预售的价格
6. 北京市规定排量在1.0 L以下的出租车，规定使用年限由原来的8年减少至6年从而引起车辆的贬值，这种贬值属于（　　）。
　　A. 功能性贬值　　　　　　　　B. 实体性与经济性贬值
　　C. 实体性贬值　　　　　　　　D. 经济性贬值
7. 市场需求变化而引起的车辆贬值是（　　）。
　　A. 经济性贬值　　　　　　　　B. 功能性和经济性贬值
　　C. 实体性贬值　　　　　　　　D. 功能性贬值
8. 被评估车辆评估值 P 与重置成本 R 与实体性贬值 D_p、功能性贬值 D_f 和经济性贬值 D_e 的关系为（　　）。
　　A. $P = R - D_p - D_e + D_f$　　　　B. $P = R - D_p + D_e + D_f$
　　C. $P = R - D_p + D_f - D_e$　　　　D. $P = R - D_p - D_f - D_e$

9. 用直接观察法来确定车辆的实体性贬值,其准确性取决于( )。
   A. 设计水平　　　　B. 使用经验　　　　C. 实际评估经验　　　D. 制造水平
10. 计算实体性贬值时,采用寿命比率法(使用年限法)的公式是( )。
    A. 实体性贬值 = 重置成本 × 已使用年限/规定使用年限
    B. 实体性贬值 = 重置成本 × 规定使用年限/已使用年限
    C. 实体性贬值 = 重置成本 × 规定使用年限/已使用年限 + 规定使用年限
    D. 实体性贬值 = 重置成本 × 已使用年限/规定使用年限 + 已使用年限
11. 一辆旅游客车,剩余使用寿命还有4年,用寿命比率法计算该车成新率是( )。
    A. 50%　　　　　　B. 60%　　　　　　C. 70%　　　　　　D. 80%
12. 用综合分析法来确定成新率时,综合调整系数取值应考虑如下5项影响因素( )。
    A. 技术状况,维护保养,制造质量,工作性质,安全条件
    B. 技术状况,维护保养,制造质量,实体性贬值,工作条件
    C. 技术状况,维护保养,排放水平,工作性质,工作条件
    D. 技术状况,维护保养,制造质量,工作性质,工作条件
13. 用部件鉴定法来求成新率,一般适用于( )的评估。
    A. 价值中等的车辆　　　　　　　B. 价值低的老旧车辆
    C. 价值高的车辆　　　　　　　　D. 都不太适合
14. 收益现值法一般适用于( )。
    A. 公务用车的评估　　　　　　　B. 投入运营的车辆评估
    C. 私家车的评估　　　　　　　　D. 单位班车的评估
15. 用收益现值法评估二手车价值时,若被评估车辆在剩余寿命期内,各年收益不等,则其价值的计算公式为( )。

    A. $P = \dfrac{1+i}{A_1} + \dfrac{(1+i)^2}{A_2} + \cdots\cdots + \dfrac{(1+i)^n}{A_n}$

    B. $P = \dfrac{A_1}{1+i} + \dfrac{A_2}{(1+i)^2} + \dfrac{A_3}{(1+i)^3} + \cdots\cdots + \dfrac{A_n}{(1+i)^n}$

    C. $P = \dfrac{A_1}{1+i} \times \dfrac{A_2}{(1+i)^2} \times \dfrac{A_3}{(1+i)^3} \times \cdots\cdots \times \dfrac{A_n}{(1+i)^n}$

    D. $P = \dfrac{A_1}{1+i} - \dfrac{A_2}{(1+i)^2} - \dfrac{A_3}{(1+i)^3} - \cdots\cdots - \dfrac{A_n}{(1+i)^n}$

16. 采用收益现值法评估二手车的价值时,需要确定的三个参数为( )。
    A. 剩余寿命期 n、交易额和折现率
    B. 剩余寿命期 n、预期收益额和折现率
    C. 剩余寿命期 n、预期收益额和折旧率
    D. 剩余寿命期 n、成新率和折现率
17. 通常,二手车评估具有( )的特点。
    A. 以技术鉴定为基础,以单台为评估对象,使用强度
    B. 要考虑税、费附加值,以技术鉴定为基础,规格型号
    C. 以技术鉴定为基础,以单台为评估对象,要考虑税、费附加值
    D. 以单台为评估对象,要考虑税、费附加值,使用范围广

18. 二手车鉴定评估的主体是( )。
   A. 二手车　　　B. 评估程序　　　C. 评估师　　　D. 评估方法和标准
19. 二手车鉴定评估的客体是（ ）。
   A. 评估师　　　B. 评估程序　　　C. 二手车　　　D. 评估方法和标准
20. 二手车评估值不是指车辆( )。
   A. 评估基准日的市场价格　　　　B. 市场交易价格
   C. 清算价值　　　　　　　　　　D. 交易价值

模拟试卷参考答案：
一、判断题
1. √　2. √　3. √　4. ×　5. √　6. √　7. ×　8. √
9. √　10. ×　11. √　12. ×　13. √　14. √　15. √　16. √
17. ×　18. ×　19. ×　20. √
二、选择题
1. A　2. C　3. D　4. A　5. B　6. D　7. A　8. D
9. C　10. A　11. B　12. D　13. C　14. B　15. B　16. B
17. C　18. A　19. C　20. C

任务解析

任务工单：
一、二、三、略
四、小结

1. 二手车评估的作用包括以下几个方面：
①二手车进入市场再流通，属固定资产转移和处置范畴，按国家有关规定应缴纳一定的税费。
②二手车的鉴定估价很大程度上就是对国有资产的评估，评估结果直接关系到国有资产是否流失的问题。
③防止非法交易发生的重要手段。
④关系到金融系统有关业务的健康有序开展，司法仲裁公平、公正进行及企业依法破立、重组等诸多经济和社会问题。

2. 二手车鉴定评估的特点如下：
①二手车鉴定评估以技术鉴定为基础。
②二手车鉴定评估都以单台为评估对象。
③二手车鉴定评估要考虑其手续构成的价值。

3. 二手车鉴定评估的原则分为工作原则和经济原则两大类。
①工作原则，包括合法性原则、独立性原则、客观性原则、科学性原则、公平性原则、规范性原则、专业化原则和评估时点原则等。
②经济原则，二手车鉴定评估的经济原则是指在二手车鉴定评估过程中，进行具体技术处理的原则，主要包括预期收益原则、替代原则和最佳效用原则。

4. 二手车鉴定评估的主要目的可分为两大类：一类为变动二手车产权，另一类为不变动二手车产权。

①变动二手车产权是指车辆所有权发生转移经济行为，包括二手车的交易、置换、转让、并购、拍卖、投资、抵债、捐赠等。

②不变动二手车产权是指车辆所有权未发生转移的经济行为，包括二手车的纳税、保险、抵押、典当、事故车损、司法鉴定（海关罚没、盗抢、财产纠纷等）。

推荐链接

http://www.wfqcmy.gov.cn/esc/pinggu/ershouche.asp 二手车价格评估系统

学习任务4　二手车技术状况鉴定

经典案例

杨女士有一辆丰田花冠轿车,手动低配,2007年10月购买,现在想卖掉。2010年12月1日,杨女士请二手车评估师给她的丰田花冠轿车做了鉴定评估。

1. 静态检查

(1)静态检查结果

检查内容		检查结果	维修费用估算/元
车身外观检查	车身漆面	前保险杠漆面修补有色差	300
	车身配合间隙	左前照灯需更换,并调整间隙	200
	车身尺寸	正常	
	车身防腐情况	正常	
发动机室检查	发动机外观	正常	
	润滑系统	正常	
	冷却系统	正常	
	点火系统	正常	
	电源系统	正常	
	供给系统	电动油泵回油,工作性能下降需更换	800
	其他部件	正常	
驾驶室及行李箱检查	驾驶操纵机构	正常	
	座椅情况	正常	
	安全装置	正常	
	内饰情况	较差,需休整	200
	开关及仪表情况	正常	
	行李箱	正常	
底盘外观检查	减振器	左前漏油,需更换	500
	车轮及轮胎	备胎损坏	400

(2)费用估算及结果

评估师通过对这辆丰田花冠轿车的静态检查,发现一些问题,并陈列在上述表格中。若要恢复问题部件的使用性能,需进行更换和调整,所需费用合计2 400元。

2. 动态结果
(1) 动态检查结果

检查内容		检查结果	结果分析
发动机动态检查	发动机启动性能	第三次启动成功	
发动机动态检查	发动机怠速稳定性	轻微发抖	
	发动机曲轴箱窜气量	微量	
	发动机异响	无	
	废气	燃烧异常	空燃比异常
	发动机相关仪表	发动机故障灯亮起	电控系统
路试检查	加速性能	不良	
	制动性能		
	操纵稳定性	良好	
	换挡性能	换挡困难	离合器分离故障
	路试后的检查	无明显发热、漏油现象	

(2) 费用估算及结果

评估师通过对这辆丰田花冠轿车的动态检查,发现一些问题,并列在上述表格中,若要恢复问题部件的使用性能,需进行相应维修,综合车辆使用年限、车辆性能,评定该车成新率为70%。

实践演练

一、实践内容
二手车技术状况的鉴定。

二、实践目的
通过实践,使每位同学掌握汽车技术状况检查的3种方法,并能鉴别走私、拼装和盗抢车辆。

三、实践准备
(1) 设备及工量具
实践用车3辆、检测用工量具3套、记录本等。
(2) 师资
专业课教师2名、实践指导教师2名。
(3) 学生分组
将学生以7~10名为单位分成若干组,并明确各组成员职责,协作共同完成。

四、实践实施
①教师选定被鉴定车辆,引导学生按照二手车技术状况鉴定流程,制定对被鉴定车辆进行鉴定的实施方案。
②各小组按照既定计划对被鉴定车辆的相关资料进行搜集,并做好记录。

③各小组正确运用鉴定方法,并按照相关鉴定步骤完成对被评估车辆的技术状况的鉴定。

④各小组对鉴定结果讨论总结,形成实施报告,派代表发言,展示鉴定结果。

⑤各小组对比不同小组的鉴定情况,讨论反思,客观分析任务实施过程中的方方面面,并把技术状况鉴定步骤、实施过程和鉴定结果进行完整记录。

五、撰写鉴定报告

各小组根据鉴定情况,撰写一份鉴定报告。

模拟试卷

一、判断题

1.二手车上路行驶的手续是指:机动车上路行驶,按照国家有关规定必须办理的相关证件和必须缴纳的税、费。机动车凭这些有效证件及所缴纳税、费的凭证上路行驶。(　　)

2.二手车鉴定检测的基本内容包括两方面:一是安全方面的检测,二是综合性能检测。(　　)

3.外观检测一般是通过目测来进行,目测检查通常只能做定性分析。(　　)

4.二手车鉴定评估师还有一个重要任务就是要鉴定、识别走私车、盗抢车、拼装车、报废车、手续不全的车,严谨这些车辆在二手车市场上交易。(　　)

5.《机动车运行安全条件》规定,车体应周正,左右对称部位高度差不得大于60 mm。(　　)

6.碰撞或撞击后,车辆大梁弯曲变形、断裂后修复的属于事故车。(　　)

7.某前置前驱轿车的后轮定位参数包括主销内倾、主销后倾、转向轮外倾和转向轮前束。(　　)

8.路试后,正常的机油温度为95 ℃,正常的水温为60~80 ℃。(　　)

9.事故车是指发生严重碰撞、泡水、过火后,虽经修复并在使用,但仍存在安全隐患的车辆。(　　)

10.漆面光洁度有差别,反光不一样,甚至出现凹凸不平,或有明显的橘皮状,这说明该处车身有过补灰做漆。(　　)

11.车身检测首要目的是看"伤",及看车主的二手车有没有严重碰撞的痕迹。(　　)

12.汽油机汽车排气颜色为白色,说明混合气过浓或是点火时刻过迟,造成燃烧不完全。(　　)

13.某发动机用气缸压力表测得结果超过原厂规定值,说明其气缸密封性越来越好。(　　)

14.机动车以某一初速度行驶做滑行实验时,滑行距离越长,说明该车传动系的传动功率越高。(　　)

15.利用底盘测功可以获得发动机功率与驱动轮的输出功率进行比较,并求出传动效率。(　　)

二、选择题

1.对汽车做动态检测时,不属于路试检测的项目是(　　)。

A.轮胎磨损程度　　B.滑行情况　　　　C.加速性能　　　　D.制动性能

2. 在测滑实验台上测试汽车前轮侧滑量时,如滑动板向内侧滑动,是因为(　　)。
   A. 前轮外倾　　　　　　　　　B. 前轮外倾与前束之间的作用
   C. 前束值过小　　　　　　　　D. 前束值过大
3. 柴油机在大负荷运转或者突然加速时,最常见的排烟颜色为(　　)。
   A. 白色　　　　B. 黑色或深灰色　　　C. 蓝色　　　　D. 无色
4. 轿车空载时的制动距离要求为:初速度为 50 km/h 时的制动距离(　　)。
   A. 20 m　　　　B. 19 m　　　　C. 22 m　　　　D. 24 m
5. 在检测气缸压力是,如果两次检查结果均表明相邻两缸压力都很低,则最大的可能性为(　　)。
   A. 这两缸的活塞环均磨损严重　　　B. 两缸的进排气门均密封不严
   C. 两缸相邻处气缸封垫烧损　　　　D. 这两缸的压缩比偏小
6. 发动机的动力性能指标主要是指(　　)。
   A. 转速　　　　B. 调速率　　　C. 有效功率与有效转矩　　D. 发动机排量

模拟试卷参考答案:
一、判断题
1. √　2. √　3. √　4. √　5. √　6. √　7. ×　8. ×
9. √　10. √　11. √　12. ×　13. ×　14. √　15. ×
二、选择题
1. A　2. C　3. B　4. B　5. C　6. C

任务解析

任务工单4.1:
一、内容(略)
二、准备
1. 汽车技术状况的鉴定方法包括静态检查、动态检查和仪器检查。
2. 汽车技术状况的静态检查主要包括对汽车的识伪检查和外观检查。
3. 对走私车辆、拼装车辆的鉴别方法是:查找车辆来源信息、检查二手车的汽车产品合格证、维护保养手册、检查二手车外观、查看二手车内饰和打开发动机盖、检查发动机和其他零部件。
4. 简述二手车静态检查的定义及检查的主要内容。
　　汽车在静止的状态下(发动机在运转、汽车在运动或静止),根据检测人员的经验和技能,辅之以简单的量具,对汽车的技术状况进行检查鉴定。静态检查包括对汽车的识伪检查和外观检查两大部分。
　　识伪检查主要鉴别走私车辆、拼装车辆和盗抢车辆等工作;外观检查主要包括鉴别事故车辆、检查发动机舱、检查客舱和检查车底等内容。
三、实施(略)
四、小结
1. 二手车技术鉴定静态检查主要注意哪些方面?
　　通过二手车的静态检测,也能发现车辆的很多问题,如果检测仔细,这个检测结果不亚于动态检测得出的结果,也能对车价有一定的估测。评估师在检测车辆发动机时,静态检测是万万不能忽视的,而且还要仔细检测,每一个步骤都要认真查看。

2. 二手车识伪检查内容包括:鉴别走私车辆、拼装车辆和盗抢车辆。

任务工单4.2:

一、内容(略)

二、准备

1. 动态检查的主要内容有:路试前的准备工作、发动机工作检查、路试检查、自动变速器路试检查和路试后的检查。

2. 动态检查是指通过对车辆在各种工况下(如发动机启动、怠速、起步、加速、匀速、滑行、制动、换挡)的运行情况进行观察,检查汽车的操纵性能、制动性能、滑行性能、加速性能和噪声及废气排放情况,进而对车辆技术状况做出判断的鉴定方法。

3. 发动机工作性能的检查包括发动机启动性能、怠速运转情况、动力性能、气缸密封性能、废气排放性能和发动机异响等。

三、实施(略)

四、小结

1. 发动机工作性能的检查中需要注意哪些方面?

发动机工作性能的检查必须是发动机无负荷时的检查。

2. 二手车静态检查和动态检查的作用各是什么?

通过对二手车的全面的静态检查会发现一些较大的缺陷,如严重碰撞、车身或车架锈蚀或有结构性损坏、发动机或传动系严重磨损、车厢内部设施不良、损坏维修费用较大等,为价值评估提供依据。

动态检查是对评估车辆的各项技术性能及个总成部件进行定量、客观评价,是进行二手车技术等级划分的依据。

知识链接

简单四招　鉴别事故车翻新车

随着二手车行业的发展,越来越多有实力的二手车商出现在消费者的视野中,购买二手车的消费者也是增加了不少,那么在当前的二手车市场中,要如何鉴定事故二手车、翻新二手车呢?

招式一:问4S店

目前,主流车型无论在哪个城市做过维修、保养,厂家的数据库中都会有记录。而这些记录,正规的4S店都能查询到。在买进一辆二手车之前,很有必要跑一趟4S店,查询一下该车的维修、保养记录。记者昨天尝试联系了几家杭州的4S店,只要能报出当下的车牌号与车主姓名,4S店都乐于提供这些信息。

不过,这一招也并非完全管用。首先,目前大部分车都只提供2年/6万km保修。之后一旦这辆车更换到非4S店的修理厂保养、维修,记录就比较难查询了。

招式二:查保险

据了解,国内大大小小的保险公司,都已实现了信息共享。之前出过的事故,哪怕更换了保险公司,记录仍然存在。而且即使更换再多车主,只要车架号不变,车辆的事故记录就一直会延续。现在很多车主在购买二手车时,往往会忽略去保险公司重新备案一项。殊不知,这不仅使变更车主之后,保险无法生效,也让买家失去了一个查询车辆事故记录的好机会。

招式三:看内饰

比起外观,内饰更能反映出一辆车的新旧。例如方向盘在每天的转动中,与手掌摩擦会留下印记;中央扶手、换挡杆表面开始脱落,这绝不是三五万公里能到达的磨损程度。最关键的是车内的旋钮和按钮,会因为长期使用而变得光滑发亮。

另外,把车内的所有配置功能都用一遍,也能帮助你判断这辆是不是翻新车。例如,尝试多次开关天窗,如果并不是很灵便,那这辆车很有可能出过翻车的大事故,因为翻车事故很容易导致天窗轨道损坏。

招式四:看外表

"猫腻车"的表面功夫,肯定是做足的。不过,我们依然可以从一些细微之处入手。例如,虽然整车看起来很新,但如果车门的内侧、门把手的角落等一些地方的油漆,与其他地方有比较明显的色差,那很可能是一辆被隐瞒了真实年龄的车。又例如,打开引擎盖,仔细检查固定发动机的那几颗螺丝。如果发现它们的顶端有伤痕,证明发动机可能拆下来维修过。

(资料来源:51 汽车网 http://www.51AUTO.com/)

学习任务 5　二手车评估基本方法

经典案例

案例一：

车辆基本信息：

品牌型号：广汽本田雅阁

排量：2.4 L

颜色：金色

登记日期：2003 年 10 月

排放标准：欧Ⅲ

行驶里程：96 463 km

原购车价：25.98 万元（净车价）

配置：横置直列 4 缸 i - VTEC（智能可变气门及升程控制系统）发动机、5 速自动变速箱、ABS、双气囊、天窗、真皮电动调节座椅、电动恒温空调、6 碟 CD，加装胎压及温度监测器、倒车雷达、全车遮阳帘、轮眉等。

费用情况：保险至 2010 年 10 月（全保），年票至 2010 年 12 月，车船税至 2010 年 12 月，年审至 2010 年 10 月。

静态检查：

金色金属漆漆面光鲜耀眼，前杠右侧有约 10 cm 刮痕，车身左侧车门护条有不同程度凹陷，右侧车门有不同程度划痕；全车玻璃原厂无更换；各轮胎处于可正常使用状态，相对较新；发动机舱内各线管整齐，前进气格栅换过，助力泵轻微渗油；车厢内饰略脏，但仪表台各处及座椅使用磨损痕迹不大，与行驶里程数相符。

动态检查：

发动机启动良好，怠速稳定；仪表台各功能检测灯自检正常，空调、音响、灯光、电动窗等使用正常；踩住刹车，挂各个挡位切换平顺无打滑，挂入 D 挡起步，猛踩油门踏板，转数至 3 000 r/min，油门与动力线性输出，推背感明显；行驶中转向精准平滑，虽然助力泵有渗油现象，但无明显的不良反应，车辆过减速坎悬挂反应正常，底盘扎实无异响，刹车系统亦是表现良好，整车总体上操控表现良好。

综合评估：

此款雅阁为广汽本田雅阁第七代车型，于 2003 年 1 月上市。上市至今，雅阁创造出连续 19 个月中高级轿车销售冠军的神话。与此同时，雅阁一直领跑着广东二手车市。此次评估的这辆 2.4 L 雅阁，尽管外观上有刮花，内饰上也略为失色，但仪表台磨损很小，而且操控性好，结合现时相对疲弱的二手车市场状况以及雅阁车的流通情况，综合评估参考价为 11 万元。

案例二：
车辆基本信息：
评估车型：广州丰田凯美瑞
登记日期：2007年9月
新车包牌价格：新款相同配置22.5万元
表征行驶里程：3万km
用户情况：车主换车，希望价格20万元
车身：双层防锈镀锌钢板
发动机：直列4缸2.4 L汽油发动机
变速箱：5挡自动变速箱
购置附加费：正常缴纳并有效
养路费：缴纳至2008年12月
车船税：缴纳至2008年
保险：全部保险到2008年9月
登记证、发票：登记证有效、正规发票
其他：正常、进口关单、手续齐全

静态检查：
车辆状况基本良好，全车油漆颜色基本正常，两侧翼子板有碰撞修复痕迹，车身轻微划痕被抛光打蜡遮盖，轮毂有翻新修复痕迹；车门开合良好，车架连接正常，焊点清晰，密封状况良好；驾驶舱内的配置正常，实用性好，做工细致，没有更换过配置的痕迹，前风挡和仪表台正常。发动机舱内线路基本正常，两侧悬挂前方有喷漆修复痕迹，发动机和变速箱没有渗漏痕迹，车灯、转向正常，车辆常规保养部件有更换痕迹。底盘系统中，左侧悬挂有更换痕迹，右侧基本正常，刹车盘片磨损一般，轮胎磨损一般，底盘没有生锈痕迹。

动态检查：
车辆启动噪声较低，抖动不明显，怠速稳定，车内非常安静，仪表显示正常，变速箱结合动力顺畅，车辆的起步平稳，油门轻盈转向灵活，整体行驶过程中操控平顺，刹车制动感觉良好，轮胎噪声正常，抓地力良好，车辆音响效果正常，高速驾驶中车辆由于前悬挂系统存在修复痕迹，有轻微的方向跑偏，制动时略有偏摆，估计是修复后调教没有特别适应，其他操作基本正常。

综合评估：
广州丰田凯美瑞的前身车型是丰田的佳美系列，作为全球的中级车之王，国产之后的这款车表现仍旧不错，相比进口车原来35万元以上的价格，这款车确实占领了国内很多20万~30万元中产阶级的家用车范畴。丰富的配置，相对细腻的做工，良好的品牌效应造成了短时间热销，但是用料的节省、安全性的质疑始终伴随着这款车，因此不少用户坚决抵制中级别"日本车"，造成了用户的流失。根据市场近期行情，这款车的成交价格在18.7万~19万元比较合理。

实践演练

一、实践内容

二手车价值评估。

二、实践目的

通过实践,使每位同学掌握二手车评估方法的基本原理、适用原则、计算方法及特点,并熟练掌握撰写二手车评估报告书的格式及内容要求。

三、实践准备

1. 设备及工量具

实践用车4辆、检测用工量具4套、记录本等。

2. 师资

专业课教师1名、实践指导教师1~2名。

3. 学生分组

将学生以4~6名为单位分成若干组,并明确各组成员职责。

四、实践实施

①教师选定被评估车辆,以二手车交易市场真实工作情境为引领,引导学生按照二手车业务活动流程制定对被评估车辆进行评估的实施方案。

②各小组按照既定计划对被评估车辆的相关资料进行搜集,并做好记录。

③各小组选用恰当的评估方法,并按照相关评估步骤完成对被评估车辆的价值评估。

④各小组就评估开展情况及评估结果讨论总结,形成实施报告,代表发言,向同学们汇报。

⑤各小组对比不同小组的评估情况,讨论反思,客观分析实施过程中的得与失,并把评估工作步骤、实施过程和评估结果完整记录。

五、撰写评估报告书

各小组根据评估情况,撰写一份完整的评估报告书。

模拟试卷

一、判断题

1. 重置成本是在现时条件下,重新购置与被评估车辆相同或相近的全新车辆所需的成本。( )

2. 应用市场价格比较法来评估二手车价格时,该市场必须是公平和有效的市场。( )

3. 所谓有效的市场就是市场提供的所有信息都是真实可靠的,与交易是否活跃无关。( )

4. 重置成本是评估基准日,重新购置与被评估车辆完全相同的全新车辆所需成本。( )

5. 市场价格比较法在将参照物与被评估对象进行比较调整时,调整是针对参照物的价格进行的。( )

6. 在实际评估中,一般均适用更新重置成本作为重置成本全价,即被认为已考虑了其一次性功能性贬值和经济性贬值。( )

7. 收益现值法的计算,实际上就是对被评估车辆未来预期收益进行折现的过程。(   )

8. 用收益现值法评估二手车的价值时,被评估车辆的评估值等于其剩余寿命期内收益的现值之和。(   )

9. 在二手车交易中,因子、母公司之间的关联而产生的交易价格,可以作为参照物的价格。(   )

10. 评估基准日是评估师在评估鉴定车辆和选取市场价格标准所依据的基准时间。(   )

11. 评估报告是评估师向委托方传达评估调查,分析工作及评估结论的重要文件。(   )

12. 评估报告的内容必须正确无误,评估师必须对报告的正确性负责。(   )

13. 所谓折现,就是将未来的收益,按一定的折现率折算到评估基准日的现值。(   )

14. 预期收益是指车辆使用中带来的当前收益的期望值。(   )

15. 折现率或收益率越高,那么二手车评估值就越高。(   )

16. 一般来说待评估车辆的重置成本是其评估价格的最大可能值。(   )

17. 凡是经过大修的车辆,无疑是增加了车辆的使用寿命,对成新率的估算值应当增加。(   )

18. 二手车继续使用价值是指二手车作为整车能继续使用而存在的价值。(   )

19. 残余价值是指、机动车报废后,可回收金属的价值。(   )

20. 在实际评估中,一般均适用更新重置成本作为重置成本全价,即被认为已考虑了其一次性功能性贬值和经济性贬值。(   )

二、选择题

1. 采用收益现值法评估二手车价值时,其主要缺点是(   ),受较强的主观判断的影响大。

   A. 计算公式不准确　　　　　　B. 计算复杂
   C. 机动车剩余使用年限不确定　　D. 预期收益预测难度大

2. 采用收益现值法评估二手车的主要优点是(   )。

   A. 有利于二手车的评估
   B. 与投资决策相结合,容易被交易双方接受
   C. 能客观反映二手车目前市场情况
   D. 其评估参数直接从市场获得,能反映市场现实价格

3. 采用收益现值法评估二手车时,难以确定的两个参数是(   )。

   A. 折现率 i 和剩余寿命期 n　　　B. 三个参数都很容易
   C. 预测的预期收益额 A 和折现率 i　D. 预期的收益额 A 和剩余寿命期 n

4. 二手车评估报告的有效期为(   )。

   A. 8个月　　　B. 90天　　　C. 1年　　　D. 200天

5. 评估报告的有效期自(   )算起。

   A. 评估基准日　B. 付款之日　C. 提交报告之日　D. 报告批准之日

6. 在评估报告的有效期内,评估结果可作为二手车价格的参考依据,超过有效期,原评估结果(   )。

   A. 继续有效　　B. 无需再评论　　C. 无效　　　D. 仍可作为价格依据

7. 评估报告评定依据中的技术鉴定资料主要有(   )。

   A. 物价指数、股票利率　　　　B. 参数表、技术书册

C. 市场价格、银行利率　　　　　　D. 检测报告、状态报告书
8. 车辆现行市价是指(　　)。
　　A. 车辆在公平市场上售卖的价格　　B. 车辆的收购价格
　　C. 现在市场上新车价格　　　　　　D. 车辆拍卖价格
9. 重置成本法中被评估车辆的贬值不包括(　　)。
　　A. 功能性贬值　　　　　　　　　　B. 经济性贬值
　　C. 实体性贬值　　　　　　　　　　D. 实用性贬值
10. 以下说法不正确的是(　　)。
　　A. 折现率应体现投资回报率　　　　B. 折现率应与收益口径相匹配
　　C. 折现率应高于无风险利率　　　　D. 折现率不能体现资产收益风险
11. 一辆桑塔纳轿车已使用了 3.5 年, 用使用年限法计算其成新率为(　　)。
　　A. 0.766 7　　B. 0.233 3　　C. 0.565 2　　D. 0.065 0
12. 按现行市场购置价格作为被评估车辆的重置全价的经济行为是(　　)。
　　A. 企业产权变动　　　　　　　　　B. 拍卖贪污受贿车辆
　　C. 所有权转让　　　　　　　　　　D. 企业破产
13. 在用市场价格比较法评估二手车时, 参照物的价格应为(　　)。
　　A. 新车的报价　　　　　　　　　　B. 预测的市价
　　C. 新车的现行市价　　　　　　　　D. 二手车市场的现行市价
14. 市场需求变化而引起的车辆贬值是(　　)。
　　A. 经济性贬值　　　　　　　　　　B. 功能性和经济性贬值
　　C. 实体性贬值　　　　　　　　　　D. 功能性贬值
15. 用(　　)来确定重置成本, 对于已淘汰的产品, 或是进口车辆查询不到现时市场价格时, 是一种很好的办法。
　　A. 现行市价法　　B. 清算价格法　　C. 重置成本法　　D. 物价指数法
16. 因为二手车的技术状况和市场价格都随时间变化而变动, 所以(　　)是非常重要的参数。
　　A. 评估基准日　　B. 检验日期　　C. 车辆的出厂日期　　D. 初次注册登记日
17. 某鉴定估价师接受法院的委托对一辆公务用车进行鉴定估价, 当发现该车辆是他原工作单位的车辆时, 他回避了这次鉴定估价工作。这位鉴定估价师遵守的工作原则是(　　)。
　　A. 科学性原则　　B. 可行性原则　　C. 客观性原则　　D. 独立性原则

模拟试卷参考答案:
一、判断题
1. √　　2. √　　3. ×　　4. √　　5. √　　6. ×　　7. √　　8. √
9. ×　　10. √　　11. √　　12. √　　13. √　　14. ×　　15. ×　　16. √
17. ×　　18. √　　19. ×　　20. ×

二、选择题
1. D　　2. B　　3. C　　4. B　　5. A　　6. C　　7. D　　8. A
9. D　　10. D　　11. A　　12. C　　13. D　　14. A　　15. D　　16. A
17. D

任务解析

任务工单5.1：
一、内容

1. 现行市价法指通过比较被评估车辆与最近售出类似车辆的异同，并将类似车辆的市场价格进行调整，从而确定被评估车辆价值的一种评估方法。现行市价法是最直接、最简单、最有效的一种评估方法，也是二手车评估中运用最为广泛的一种方法。

2. 现行市价法的基本原理是通过市场调查，选择一个或几个与评估车辆相同或类似的车辆作为参照车辆，分析参照车辆的结构、配置、功能、性能、新旧程度、地区差别、交易条件及成交价格等，并与待评估车辆一一对照比较，找出两者的差别及差别所反映的价格上的差额，经过调整，计算出被评估汽车的评估价格。

3. 运用现行市价法对二手车进行价格评估必须满足以下前提条件。

（1）需要有一个充分发育、活跃的二手车交易市场，有充分的参照车辆可取，即要有二手车交易的公开市场，在这个市场上有众多的卖者和买者，能公平交易等，这样可以排除交易的偶然性和特殊性。市场成交的二手车价格可以准确反映市场行情，使评估结果更公平、公正，双方都易接受。

（2）参照车辆及其与被评估车辆有可比较的指标、技术参数等资料是可收集到的，并且价值影响因素明确，可以量化。

4. 现行市价法评估的基本步骤是：考察鉴定被评估车辆→选取参照车辆→对被评估车辆和参照车辆之间的差异进行比较、量化和调整→汇总各因素差异量化值，求出被评估车辆的评估值。

5. 现行市价法评估的特点：

（1）优点

能够客观反映旧机动车辆目前的市场情况，其评估的参数、指标，直接从市场获得，评估值能反映市场现实价格；评估结果易于被各方面理解和接受。

（2）缺点

需要公开及活跃的市场作为基础。然而我国二手车市场还处于起步阶段，发育不完全、不完善，寻找参照车辆有一定的困难；可比因素多而复杂，即使是同一个生产厂家生产的同一型号的产品，同一天登记，由不同的车主使用，其使用强度、使用条件、维护水平等多种因素不同，其实体损耗、新旧程度都各不相同。

二、准备～四、小结（略）

任务工单5.2：
一、内容

1. 收益现值法是将被评估的车辆在剩余寿命期内的预期收益用适当的折现率折现为评估基准日的现值，并以此确定评估价格的一种方法。汽车的价格评估一般很少采用收益现值法，但对一些特定目的、有特许经营权的汽车，人们购买的目的往往不是在于车辆本身，而是车辆获利的能力。因此对于营运车辆的评估采用收益现值法比较合适。

2. 收益现值法的基本原理是基于这样的事实，即人们之所以占有某车辆，主要是考虑这辆车能为自己带来一定的收益。如果某车辆的预期收益小，车辆的价格就不可能高；反之车辆的价格肯定就高。投资者投资购买车辆时,一般要进行可行性分析,其预计的内部回报率只有在超过评估时的折现率时才肯支付货币额来购买车辆。应该注意的是,运用收益现值法进行评估时,是以车辆投入使用后连续获利为基础的。在机动车的交易中,人们购买的目的往往不是在于车辆本身,而是车辆获利的能力。因此该方法较适用于投资营运的车辆。

3. 应用收益现值法对二手车进行价格评估必须同时满足以下前提条件。
（1）被评估的二手车必须是经营性车,具有继续经营能力,并不断获得收益。
（2）继续经营的预期收益可以预测而且必须能够用货币金额来表示。
（3）影响被评估未来经营风险的各种因素能够转化为数据加以计算,体现在折现率中。

4. 运用收益现值法评估应按下列步骤进行：
（1）调查了解营运车辆的经营行情,营运车辆的消费结构,收集有关营运车辆的收入和费用资料。
（2）充分调查了解被评估车辆的情况和技术状况。
（3）根据调查、了解的结果,预测车辆的预期收益。
（4）估算运营费用。
（5）估算预期净收益。
（6）选用适当的折现率。
（7）确定二手车评估值。

5. 收益现值法的特点：
（1）优点
运用收益现值法与投资决策相结合,容易被交易双方接受；能真实和较准确地反映车辆本金化的价格。
（2）缺点
预期收益额和折现率以及风险报酬率的预测难度大；受较强的主观判断和未来不可预见因素的影响较大。

二、准备～四、小结（略）

任务工单5.3：
一、内容
1. 重置成本法是指在现时条件下重新购置一辆全新状态的被评估车辆所需的全部成本（即完全重置成本,简称重置全价）,减去该被评估车辆的各种陈旧贬值后的差额作为被评估车辆现时价格的一种评估方法。

2. 重置成本法的理论依据是任何一个消费者在购买某项资产时,他所愿意支付的价钱,绝对不会超过具有同等效用的全新资产的最低成本。如果该项资产的价格比重新建造或购置全新状态的同等效用的资产的最低成本高,投资者肯定不会购买这项资产,而会去新建或购置全新的资产。这也就是说,待评估资产的重置成本是其价格的最大可能值。

3. 重置成本法对二手车进行价格评估必须满足的前提条件：
（1）购买者对拟行交易的评估车辆,不改变原来用途。
（2）评估车辆的实体特征、内部结构及其功能效用必须与假设重置的全新车辆具有可比性。
（3）评估车辆必须是可以再生的,可以复制的,不能再生、复制的评估车辆不能采用重置成本法。

(4)评估车辆随着时间的推移,因各种因素而产生的贬值可以量化,否则就不能运用重置成本法进行评估。

4.运用重置成本法评估二手车应按下列步骤进行:
(1)调查、了解、搜集资料。调查了解被评估车辆实体特征等基本资料,以及被评估车辆新车售价。
(2)求取重置成本。根据被评估车辆实体特征等基本情况,用现时(评估基准日)市价估算其重置成本。
(3)确定实体性贬值。
(4)确定功能性贬值。
(5)确定经济性贬值。
(6)求评估值。

5.重置成本法的特点:
(1)优点

比较充分地考虑了车辆的损耗,反映了车辆市场价格的变化,评估结果更趋于公平合理,在不易估算车辆未来收益或难以取得市场(二手车交易市场)参照物条件下可广泛应用;可以采用综合分析法确定成新率,将车况和配置以及车辆使用情况用适当的调整系数表示出来,比较清晰地解析了车辆残值的构成,可以广泛应用于价值较高的中高档车辆评估;它是一种容易被买卖双方接受的评估方法。

(2)缺点

评估工作量大,确定成新率时主观因素影响较大;经济性贬值不易准确计算;对极少数的进口车辆,不易查询到现时市场报价;一些已经停产或者自然淘汰车型,难于准确地确定重置成本。

二、准备~四、小结(略)

任务工单5.4:
一、内容
1.清算价格法是指以清算价格为标准,对二手车辆进行的价格评估。所谓清算价格,指企业由于破产或其他原因,要求在一定的期限内将车辆变现,在企业清算之日预期出卖车辆可收回的快速变现价格。

2.清算价格法在原理上基本与现行市价法相同,所不同的是迫于停业或破产,清算价格往往大大低于现行市场价格。这是由于企业被迫停业或破产,债权人或所有权人急于收回资金,将车辆拍卖或出售。从严格意义上讲,清算价格法不能算为一种基本的评估方法,它是以评估学三大基本方法为基础,以清算价格为标准的一种评估方法。由于汽车这种被评估对象的特殊性,清算价格法在二手车评估中被经常采用。

3.以清算价格法评估车辆价格的前提条件有:
(1)具有法律效力的破产处理文件或抵押合同及其他有效文件为依据。
(2)车辆在市场上可以快速出售变现。
(3)所卖收入足以补偿因出售车辆导致的附加支出总额。

4.运用清算价格法评估二手车应按下列步骤进行:
(1)调查、了解、搜集资料。进行市场调查,搜集与被评估车辆或类似车辆清算拍卖的价格资料。

(2)分析、验证价格资料的科学性和可靠性。

(3)逐项对比分析评估车辆与参照车辆的差异及其程度,包括实物差异、市场条件、时间差异和区域差异等。

(4)根据差异程度及其他影响因素,一般采用市场比较法、重置成本法和收益现值法或综合运用几种方法的组合确定被评估车辆的评估底价。

(5)根据相关因素确定快速变现系数。

(6)确定被评估车辆的清算价格。

5.决定清算价格的主要因素包括:破产形式、债权人处置车辆的方式、清理费用、拍卖时限、公平市价和参照物价格等。

6.清算价格法的特点:

(1)优点

如果存在活跃的二手车市场,清算价格法较好,如果不存在,无法得到变卖价值,同时是在假定企业作为一个整体已经丧失增值能力的情况下的资产评估方法,忽略了组织资本。

(2)缺点

仅限于在某些特定条件下使用,即在企业破产车辆、抵押车辆、无主车辆、走私车辆、被盗车辆、抵税车辆、罚没车辆等需要快速变现、拍卖的车辆评估时使用。

二、准备～四、小结(略)

任务工单5.5:

一、内容

1.二手车鉴定评估报告是指二手车鉴定评估机构按照评估工作制度有关规定,在完成鉴定评估工作后向委托方和有关方面提交的说明二手车鉴定评估过程和结果的书面报告。它是按照一定格式和内容来反映评估目的、程序、依据、方法和结果等基本情况的报告书。

2.对二手车鉴定评估报告的基本要求:

(1)鉴定估价报告必须依照客观、公正、实事求是的原则,由二手车鉴定评估机构独立撰写,如实反映鉴定估价的工作情况。

(2)鉴定估价报告应有委托单位(或个人)的名称、二手车鉴定评估机构的名称和印章,二手车鉴定评估机构法人代表或其委托人和二手车鉴定估价师的签字,以及提供报告的日期。

(3)鉴定估价报告要写明评估基准日,并且不得随意更改。所有在估价中采用的税率、费率、利率和其他价格标准,均应采用基准日的标准。

(4)鉴定估价报告中应写明估价的目的、范围、二手车的状态和产权归属。

(5)鉴定估价报告应说明估价工作遵循的原则和依据的法律法规,简述鉴定估价过程,写明评估的方法。

(6)鉴定估价报告应有明确的鉴定估算价值的结果,鉴定结果应有二手车的成新率,应有二手车原值、重置价值、评估价值等。

(7)鉴定估价报告还应有齐全的附件。

3.二手车鉴定评估的基本内容包括封面、首部、绪言、委托方与车辆所有方简介、鉴定评估目的、鉴定评估对象、鉴定评估基准日、评估原则、评估依据、评估方法及计算过程、评估过程、评估结论、特别事项说明、评估报告法律效力、鉴定评估报告提出日期、附件、尾部等。

4.编制二手车评估报告书应注意:

(1)实事求是,切忌出具虚假报告。

(2)坚持一致性做法,切忌出现表里不一。

(3)提交报告书要及时、齐全和保密。

二、准备~四、小结(略)

知识链接

二手车猫腻陷阱多,教你如何来防范

如何防范二手车交易中的陷阱呢?如何发觉二手车交易中的猫腻呢?如何才能放心地购买二手车呢?购买二手车签订合同时,需要注意什么呢?这些问题是广大二手车消费群体所担心的问题。以下是二手车购买中常见的6个骗局,希望能对您购买二手车有所帮助。

骗局1:车辆手续不全

二手车完整的手续应包括:车辆登记证(或购车原始发票)、行驶证、车辆购置税完税证明、养路费手续及交强险等。如果车辆登记证、行驶证缺失且未及时补办,那么该车可能是"黑车"。如果交强险、车辆养路费存在费用拖欠问题,买主就会增加一大笔支出。二手车交易时,若卖方以各种借口不能出具全部手续,买方应提高警惕。

骗局2:里程表上动手脚

许多消费者在挑选二手车时,通常会凭里程表判断车况。卖方往往会利用购买者的这种心理,在里程表上动手脚。

骗局3:新漆掩盖"伤痕"

消费者选购二手车时,假如旧车重新喷漆,且前脸、尾部和A、B、C柱周围有修补的痕迹,该车极有可能发生过交通事故。

骗局4:"调理心脏"抬价钱

许多消费者买车时往往过于关注汽车的"心脏",而忽视了车身的健康。二手车销售者正是抓住了消费者的这种心理,通过更换发动机零部件,使车辆"心脏"显得年轻,以抬高价格。

骗局5:"营转非"蒙混过关

在二手车市场,富康、捷达、桑塔纳最受消费者青睐,但需谨防"营转非"车辆混入。所谓"营转非"车辆,是指曾用于出租营运的汽车,经不法渠道流入二手车市场,冒充非营运车辆。这类汽车通常成色较新,使用年限较短,价格极具诱惑力。

骗局6:违法记录未处理

市场上有许多待售二手车有交通违法记录未处理,一旦购买此类车,消费者就要为前任车主的交通违法行为"负责"。

(资料来源:中国二手车 http://www.zg2sc.cn)

"八招"攻略教您买到称心如意的二手车

二手车市场陷阱重重,要想全身而退,唯有与骗子斗智斗勇。现在,就教你几招,让你轻松买到理想的二手车。

1.做足准备

人们之所以会上当受骗,归根到底是对二手车交易不熟悉。因此,在决定买车之前,一

定要广泛学习,彻底了解二手车的行情、价格和二手车交易的运作规律,了解一些评价汽车质量的技术参数和关键性能指标等,做到有备无患。

2. 寻求外援

如果你迫切想买二手车,而自己恰恰对二手车一知半解,那一定要在买车之前邀请一位懂车的专家随行,请他随时为你出谋划策,避免上当受骗。

3. 不以貌取车

"改头换面"是车贩子常用的手段,所以,要杜绝以貌取车。因为车子的外观很容易改变。正确的做法是,对那些反映车子性能、行驶状况的关键因素进行重点关注,坚决不被花哨、漂亮的外观所欺骗。

4. 弄清车辆来源

购买二手车上当受骗,往往是因为买到那些车辆来源非法或伪造车辆手续的车,为了避免出现这种情况,买车时一定要谨记先到交管部门检验车辆来源是否合法。

5. 认真审核证件

认真核实车辆证件的真实性,以及车辆证件与卖车人是否相符、卖车人是否有卖车的资质,避免给自己带来较大的经济纠纷或承担其他民事责任。另外,还要到各税费征收部门检验车辆,认真核对手续的真实性,避免因虚假手续而带来的巨大麻烦。

6. 谨防参数改动

衡量二手车值多少钱的一个重要依据是看车辆的里程数。不过也不能完全相信里程表上的数字,因为不少车贩子总爱在车的里程表上做手脚,让车子"恢复年轻",消费者需要对此加以小心。

7. 谨慎缴纳定金

现在车市上经常出现一些骗取购车人订金的案例,所以在对卖车人还不甚熟悉,对车辆状况还不甚了解的情况下,千万不要轻易缴纳订金。即使对卖方较为熟悉,在缴纳订金时,也要索要正规收费单据。

8. 签订正规合同

购车时一定要签订正式合同,对车辆的型号、交易的价格、过户的时间、保修及维修等进行明确约定,一旦发生争执,也好有维权依据。

(资料来源:二手车之家 http://www.che168.com/)

学习任务6　二手车交易实务

经典案例

案例一：二手车保险过户案例

车主李先生去年7月在购置二手车时，原车主告诉他，车辆的保费还有3个月才过期，他觉得更改投保人姓名比较麻烦，打算过段时间再重新投保。但是买车一个月后他驾车撞到一个行人，致电保险公司之后才知道原保单已经过期，因此这笔3 000元的医疗费无法通过交强险来赔付。

案例分析：

这种案例在二手车交易中并不少见。购买二手车后，要注意办齐各种过户手续，尤其是保险过户，以免出了事故遭拒赔。很多车主习惯在车险即将到期的时候才去卖车，认为这样比较划算，而不是所有的车辆在保险投保周期内都能及时卖出，因此假如新车主提到车时，保单已经过期，一旦发生意外就会陷入被动局面。所以车主在进行二手车交易时需要保持冷静的头脑，仔细查阅原车主提供的保单，了解具体的保险险种以及保额。特别需要指出的是，车险分商业险与交强险两种，后者属于国家强制要求投保的险种，如果车辆不按时购买这个险种，在车辆年审或者交警查车时车主会遇到很多麻烦，所以车主在二手车交易时需要重点检查交强险保单。

案例二：仔细检查各项费用

李先生相中了一辆二手桑塔纳，车主自称"着急出国，便宜一点出手"，还称车况良好，只售3万元。李先生多了个心眼，交易之前，他跑到养路费征稽部门查了一下，发现该车一年多未交养路费，想要过户的话，光补齐养路费加上滞纳金就得5 000多元。

案例分析：

李先生的做法非常值得借鉴，买车前一定要注意各项费用是否都已交齐。

案例三：买卖合同不能草率签订

两年前，崔先生从某二手车经纪公司处买了一辆二手捷达，使用期间并未发生重大事故。最近，他准备把车卖掉，买车人经过检测发现该车曾出过翻车事故。朋友建议崔先生拿买车合同找经纪公司理论。但崔先生发现合同上"是否为事故车"一栏是空白的，签合同时他竟然没注意到这一点。

案例分析：

买卖合同是买卖双方维护自身权益的重要手段，一定不能草率签订，而且合同中各项内容都必须清楚地填写完整。

实践演练

一、实践内容

二手车交易实务

二、实践目的

通过实践,使每位同学了解二手车交易环境、二手车交易流程、二手车销售定价方法、二手车收购的流程;熟悉二手车交易过程中的各项手续的办理。

三、实践地点

当地二手车交易市场。

四、实践准备

1. 联系实践单位二手车交易市场

组织学生到达二手车交易市场。

2. 师资

专业课教师1名、实践指导教师1~2名。

3. 学生分组

将学生以4~6名为单位分成若干组,并明确各组成员职责。

五、实践实施

①实践要求讲解及实践动员,组织到达实践地点。

②找到二手车交易市场主管,了解当地二手车交易行情、当地二手车交易环境并做好记录。

③各小组分组,与二手车交易业务员交流,了解二手车交易流程,二手车销售定价方法,二手车收购的流程;熟悉二手车交易过程中的各项手续的办理;并做好详细记录。

④各小组分组,参与一个二手车交易过程,辅助交易进行。

⑤各小组就实践内容讨论总结,交流实践心得,形成实践报告,代表发言,向同学们汇报。

⑥各小组对比不同小组的实践心得,讨论反思,交流感悟;提出实践中的疑惑,讨论并由教师解答疑问;记录讨论结果。

六、撰写实践总结报告

各小组进行学习心得总结,撰写一份实践总结报告。报告内容包括:实践过程、实践获得的知识、实践了解到的信息、实践心得感悟、实践讨论结果、实践疑问及其解答。

模拟试卷

1. "二手车买卖合同"是保护二手车交易双方合法权益的重要文件。(   )

2. 车辆状况说明书,即车辆信息表在二手车评估报告中可以不用填写。(   )

3. 根据我国相关法规,所有在道路上行驶的车辆都必须缴纳机动车交通事故责任强制保险。(   )

4. 二手车交换价值是二手车在公平市场条件下能够实现的交易价值。(   )

5. 按照相关法规,机动车交通事故责任强制保险实行全国统一保险保单条款、全国统一

基础保险费率、全国统一责任限额。（　　）

6. 按照相关法规,机动车交通事故责任强制保险属机动车车主自行选择投保的险种。（　　）

7. 按照相关法规,没有办理机动车交通事故责任强制险的二手车也可以交易。（　　）

8. 汽车只要未达到报废时限,就可以进入二手车交易市场。（　　）

9. 处在延期报废时间的车辆,如通过安全排放检测合格,可以进入二手车市场交易。（　　）

10. 二手车评估的业务类型分为两类,即交易类和咨询类。（　　）

11. 根据不同的评估目的,二手车的价值类型可分为：继续使用价值、交换价值、清算价值、重置成本价值、报废价值和残余价值等多种类型。（　　）

12. 经济性贬值是由于外部经济环境发生变化,使车辆本身的使用性能落后,从而造成车辆的贬值。（　　）

13. 无论是国产车还是进口车,一律采用国内现行的二手车市场内二手车的市场价作为被评估车辆的重置成本全价。（　　）

14. 一般来说,凡是属于所有权转让的交易类评估业务,可只按被评估车辆新车的现行市场成交价作为被评估车辆的重置成本全价,其他间接成本就略去不计。（　　）

15. 属于企业产权变动的咨询类评估业务,其重置成本全价也应把间接成本忽略不计。（　　）

16. 人民法院出具的发生法律效力的判决书、裁定书、调解书可以作为二手车来历凭证。（　　）

模拟试卷参考答案：

一、判断题

1. √　2. ×　3. √　4. √　5. √　6. ×　7. ×　8. ×
9. ×　10. √　11. √　12. ×　13. ×　14. √　15. ×　16. √

任务解析

一、内容

1. 2010年7月,某二手车经纪公司欲收购一辆本田飞度1.5CVT轿车。车的初次登记日期为2005年8月,转让日期为2008年1月,已使用了2年6个月。该型号的现行市场购置价为11.2万元,规定使用年限为15年,残值忽略不计。试用快速折旧法计算收购价格。

2. 这辆本田飞度轿车于2010年7月收购后,于2010年12月出售,请确定其销售价格。

3. 销售成功后,新车主请你帮忙办理过户手续。

二、准备

1. 熟悉二手车交易规范和二手车流通管理办法。
2. 熟悉二手车交易所涉及的整套手续。
3. 准备二手车交易所需填的表格。
4. 学会二手车收购定价方法及二手车销售定价方法。
5. 注意交谈中的礼仪及话术。

三、实施

1、2(略)

3.办理交易手续

①签订交易合同。

②开具发票。

③办理行驶中、登记证变更。

④其他税、证变更。

二手车交易业务知识测试

一、判断题

1.√ 2.√ 3.√ 4.√ 5.× 6.√ 7.√ 8.× 9.×
10.√ 11.× 12.× 13.× 14.× 15.×

二、单项选择题

1.C 2.B 3.B 4.B 5.D 6.A 7.D 8.A 9.C 10.C

三、简答题

1.二手车直接交易的一般程序：

①买卖双方达成交易意向。

②车辆评估。

③办理过户业务。

④办理机动车行驶证、机动车登记证书变更。

⑤办理其他税、证变更。

2.二手车交易的形式：

二手车交易是一种产权交易，实现二手车所有权从卖方到买方的转移过程。二手车必须完成所有权转移登记(即过户)才算是合法的、完整的交易。根据《二手车交易流通管理办法》的相关规定，二手车交易有以下几种类型：

(1)直接交易

二手车直接交易是指二手车所有人不通过经销企业、拍卖企业和经纪机构将车辆直接出售给买方的交易行为，也就是说不通过中介，买卖双方直接交易。

(2)中介经营

中介经营是指二手车买卖双方通过中介方的帮助而实现交易，中介方收取约定佣金的一种交易行为。

①二手车经纪。二手车经纪是指二手车经纪机构以收取佣金为目的，为促成他人交易二手车而从事居间、行纪或者代理等经营活动。

②二手车拍卖。二手车拍卖是指二手车拍卖企业以公开竞价的形式将二手车转让给最高应价者的经营活动。

③二手车销售。二手车销售是指二手车销售企业收购、销售二手车的经营活动。

3.二手车过户的基本流程：

二手车过户过程要求要点多，但是实际上就分为两个步骤，即车辆交易过户和转移登记过户，而这两个步骤缺一不可。二手车交易过户业务在二手车交易市场办理，获取二手车销售统一发票；而车辆转移登记过户业务在车管所办理，主要完成机动车登记证书的变更登记、核发机动车行驶证及机动车号牌。

①验车。
②验手续。
③查违法。
④签订交易合同。
⑤交纳手续费。
⑥开具二手车销售统一发票。
⑦二手车交易完成后卖方应向买方交付的手续。

4. 二手车拍卖的基本过程：
①接受委托。
②签订机动车委托拍卖合同。
③发布机动车拍卖公告。
④车辆展示。
⑤拍卖实施。在拍卖实施当天，竞买人经工作人员审查确认后，方可提前半小时进入会场。
⑥收费：

a. 拍卖成交后，收取委托方和买受方一定的佣金（收费标准按成交价的百分比确定）并开具拍卖发票。

b. 拍卖车辆在整个拍卖活动中发生的相关费用由委托人和买受人双方分别承担（以成交确认作为界定，成交前由委托人承担、成交后由买受人承担）。

⑦车辆移交：

a. 机动车拍卖成交后，买受人和拍卖人应签署二手车拍卖成交确认书，在买受人付清全部货款后，方可办理车辆移交手续。

b. 车辆移交时，应填写机动车拍卖车辆移交清单。

c. 车辆移交方式（含办理过户、转出、转入等相关手续）由委托人、买受人和拍卖人商议具体移交方式。

5. 二手车收购定价的影响因素：
①二手车收购要充分考虑车辆的完全价值，即车辆实体的产品价值和车辆牌证、税费等各项手续的价值。
②二手车收购要密切注视市场的微观环境，也要关注宏观环境，即注意国家宏观政策、国家和地方法规的因素变化和影响导致的车辆经济性贬值。
③二手车收购后应支出的费用。从收购到售出时限内，还要支出的费用有：保险费、保养费、停车费、其他管理费等。
④二手车的收购要防止收购偷盗车、伪劣拼装车，要预防收购那些伪造手续凭证、伪造车辆档案的车辆。

6. 二手车销售定价的方法：

(1) 成本加成定价法

成本加成定价法是成本导向定价法大类中的一种方法，它是按照单位成本加上一定百分比的加成来制定产品的销售价格，其公式为

$$旧机动车销售价格 = 单位完全成本 \times (1 + 成本加成率)$$

（2）需求导向定价法

这种定价方法又称"顾客导向定价法"和"市场导向定价法"。其特点是，产品的销售价格随需求的变动而变化。

（3）竞争导向定价法

这种定价方法是企业根据自身的竞争力、参考成本和供求情况，将价格定得高于、等于或低于竞争者价格，以实现企业定价目标和总体经营战略目标。

知识链接

别让细节影响心情　购买二手车小常识

每年年底都是二手车的成交高峰期，很多人购买二手车，总是认为二手车没新车那么娇贵，有的时候就忽略了一些细节问题，而正是这些小细节，往往影响着我们的用车安全，下面介绍一些购买二手车之后的常见问题，希望对您的用车有所帮助。

汽车保险一直都是让大家较为头疼的，由于不经常接触，很多人对保险险种的种种条款都不是很清楚。购买新车的时候，4S店往往帮车主一条龙代办，而且会到期提醒，不需要车主操心。但如果您购买的是二手车，那么很多保险也许就要从头开始了。

二手车常见问题之一：车辆交易之后保险没有及时过户

在说保险过户问题前，我们可以先看一个例子，王先生办理完车辆交易手续后，由于身边事情很多，并没有及时办理二手车保险过户，没想到车子开了没几天就发生了一起交通事故。由于当时情况比较复杂，保险公司办理理赔时要求原车主协助提供相关资料。但原车主以工作繁忙为由，拒绝及时帮王先生办理保险理赔，王先生的保险理赔一直在拖着，本来可以在很短的时间内解决的事情，却拖了很多天，造成不必要的麻烦。

如果王先生当初直接保险过户，那么后期就不会出现这么多的问题了。虽然根据新保险法规定，二手车交易之后，保险没有过户依旧可以理赔，但往往需要原车主配合，因此，为了避免类似情况，车辆交易后，最好在第一时间进行保险过户。

小贴士：保险过户很简单

办理保险过户所需资料：原车主、新车主身份证，新车主行驶证，车辆登记证书，交强、商业保单，带着这些材料，可以根据保险单上的地址直接前去办理，并不会浪费时间，所以，二手车交易之后，最好在第一时间过户，避免造成不必要的麻烦。

二手车常见问题之二：保险是否到期

很多人在购买完二手车之后，都迫不及待地驾驶，因此忽略了很多问题。保险过户是我们容易忽略的问题，另外，需要注意的是，车辆过户后一定要查看汽车保险是否到期，如果到期之后发生事故，保险公司是不赔的，与保险未过户相比，车主的损失更严重。

二手车常见问题之三：尽量选择网点多的大保险公司

现在很多汽车保险公司都是以各种各样的优惠进行宣传，而一些小的车险公司更是以低价直接吸引消费者。虽然我们都同样选择了相同的险种，但万一有意外事故发生，那么办理理赔手续的时间并不相同。尤其是在外地出险，一些小的保险公司由于网点少，无论是理赔过程还是手续都没有大的保险公司完善。另外，值得一提的是，一些大的保险公司提供的救援同样要优于一些小的保险公司，比如：救援服务、网点覆盖面、到达现场时间等。

二手车常见问题之四：三者险最好多上一些

第三者商业责任险的含义是指保险人或其允许的驾驶人员在使用保险车辆过程中发生的意外事故，致使第三者遭受人身伤亡或财产直接损毁。交强险本质上都是为交通事故的受害人提供及时的保障，但在保障范围、保障限额等方面有很大不同。在发生交通事故后，应先由交强险负责赔偿，超出赔付范围的，再由第三者责任险进行赔偿。所以对于如今的各种高价值而言，第三者商业责任险可以多上一些，以防超额支出。

对于一些其他的险种，比如：玻璃险，倒车镜、车灯单独损坏险，涉水险，盗抢险等等，您可以根据自身情况，酌情取舍。

二手车常见问题之五：购买后直接更换机油机滤

对于一些没有保养记录的车型，我们就要通过汽车的行驶里程来进行相关保养了。一般情况下，很多人都习惯行驶段时间后再进行保养，不过从实际情况来看，我们在二手车购买后，最好直接更换机油机滤，因为机油直接影响发动机状态，而且费用成本很低。如果因为不换机油造成发动机损害，就有些得不偿失。更换完机油机滤后，我们可以记录一下里程，这样下次保养的时间我们就心里有数了。

二手车常见问题之六：变速器油、刹车油、冷却液可以根据说明书进行检查与更换

说完了二手车的机油，我们再来看看其他油液的保养情况，如果车子行驶了几万公里，那么可能变速器油也需要更换了，而这也是很多消费者容易忽略的，一般而言，变速器油的使用寿命为4万~8万公里，您需要注意的是自动变速器油不能错用，也不能混用，否则会造成零部件磨损。

二手车常见问题之七：刹车油的更换周期为每两年更换一次

刹车油的更换周期一般为每两年更换一次，刹车油在汽车刹车系统中起的是传动作用，刹车油本身有较强的吸水特性，它会吸收周围空气中的水分，例如洗车、潮湿的环境等等，刹车油使用时间长了，表面上虽然没多大影响，但当车辆在紧急制动或者长期在下坡路行驶的时候，制动系统在长期或者紧急刹车的过程中，会使刹车油温度迅速上升，直接引起刹车油沸点下降，令制动力随之下降，从而影响刹车的性能。

二手车常见问题之八：别忘了查看轮胎磨损程度

轮胎属于汽车上的消耗品，磨损自然是难免的事情，与油液保养周期不同，汽车的轮胎寿命主要还是通过花纹的磨损情况来判断，而很多人在爱车出售时，只要轮胎磨损不是太严重往往会将就着用，而一些车商可能会用一些旧轮胎来替换较新的轮胎，所以，在购买二手车后，我们一定要仔细观察轮胎的磨损程度，如果磨损超过警戒点，那么就应该及时更换新胎。

（资料来源：二手车之家 http://www.che168.com/）

学习任务 7 事故车定损评估

经典案例

案例一:某品牌汽车自燃事故鉴定案例分析

1. 事故车辆基本情况

委托单位:××××事故车鉴定评估有限公司。

委托鉴定事项:对牌号为京U×××××某品牌小型轿车起火原因进行鉴定。

受理日期:2013年2月20日。

鉴定材料:京U×××××某品牌小型轿车及行驶证复印件、鉴定委托书、起火经过说明、起火现场照片。

鉴定地点:某汽车修配厂。

一辆某品牌汽车行驶在开往县城路段时,因路面坑洼,车速过快(时速100 km/h),导致车底盘与路面发生摩擦,在行驶了大约3 km后,突发大火,致使车辆严重烧损,如图7.1所示。车主及时逃离,索性没有发生伤亡。该车车主现委托当地律师事务所对该车进行事故车辆技术鉴定,具体自燃事故技术鉴定如下。

图7.1 某品牌汽车自燃事故

2. 汽车技术检验评估过程

经现场勘查,被检车辆:京U×××××某品牌小型轿车,发动机号码A010009336,车辆识别代码LSJW16N3X7J018733,车身颜色为蓝色。

该车于2013年2月19日20时许发生自燃,现停放于××汽车修配厂3号举升机车位。经查勘,该车辆无交通事故外力碰撞痕迹,前后保险杠完全烧毁,四车门过火烧蚀,车窗玻璃遗留部分过火熔成熘状。车顶中部天窗玻璃烧蚀,支架及其车顶部分变形中心部位塌陷为3~8 cm,前后挡风玻璃烧蚀破裂,其烧损破裂玻璃块状呈不规则的多边形遗留于前后台和车内。四轮胎烧成灰烬仅剩钢丝残留在轮辋表面,前左右轮辋损坏未缺失破裂,后左右轮辋烧蚀、损坏,部分缺失、破裂成灰白色。驾驶室内座椅、内饰、非金属织物、橡胶物全部烧毁,无任何遗留物。发动机舱内均呈不同程度的过火及烧损状况,过火层阶呈现上重下轻,前重后轻,气门室盖、汽缸盖、空气滤清器总成、散热器、方向机、发动机皮带、大灯总成、电瓶等附件烧毁,碳化呈粉白状,线束烧损,铜芯退火完全裸露,汽缸盖,因温度过高完全溶蚀。

底盘部分均有大范围过火、烟熏、刮擦痕迹,油箱及附件烧毁,只剩加油口和油箱箍带,后桥过火熏烤呈黑色,底盘刮擦部分显示出痕迹由前向后,发动机底部碰擦宽度约 140 cm 左右,其中机油格、油底壳处刮擦痕迹明显,机油格检测时完全松脱、位移约有 0.3 cm 左右,车身底盘中部(排气管消音部分)刮擦宽度约 75 cm 左右,车身底盘尾端部碰擦宽度约 95cm 左右。

3. 自燃事故鉴定分析

根据当事人对事发时的基本情况描述和勘查情况及过火层阶与现场照片分析,该车于 2013 年 2 月 19 日 20 时 20 分许,开往县城,途经一座桥路段时,因天黑无路灯视线有限,车速较快(时速约 100 km/h),在桥尾遇到两处一字排列的坑洼路面,一处长约 90 cm、宽约 60 cm、深约 7~8 cm,另一处长约 110 cm、宽约 90 cm、深约 6~8 cm,紧随其外侧面有一处凸起长约 160 cm、宽约 80 cm、高约 7~8 cm,其内侧面(路基处)有一处凸起长约 160 cm、宽约 90 cm、高约 10~13 cm,且与坑洼路面发生刮擦并发出很大的声响,驾驶员随即停车检查,然后继续行驶约 3 km 后便闻到焦煳味、烟味,立即停车自救,因火势迅猛不起作用,事后发现该车经过的路径一路上油迹不断,其中有一段路面上有约 40~50 m 明显的连续性漏油印迹。通过勘查了解,观察刮擦痕迹走向并进行事故重现分析,其状况与该自燃车辆底盘部位的刮擦印痕形成痕迹对特征。

(1)油底壳与机油格结合处有明显的刮擦痕迹。

(2)机油格表面有一处从上往下机油被烧蚀后的粉末状痕迹,机油格检测时完全松脱、位移约有 0.3 cm 左右。

(3)路面上有近 3 km 的间断性油迹痕迹,其中有 40~50 m 明显的连续性漏油印迹。

(4)汽缸盖因温度过高完全溶蚀,因汽缸盖内有液力挺柱,进、排气门等运动部件,进、排气门是燃烧室的组成部分,温度高靠机油润滑、散热。

4. 综合评估

结合发动机内过火层阶分析,京U×××××某品牌小型轿车自燃系该车在经过坑洼路面时出现较为严重的刮擦现象,刮擦的主要部位为油底壳、机油格所处位置,机油格检测时完全松脱且位移 0.3 cm 左右,因此机油泄漏的部位为机油格。该车发动机汽缸盖因温度过高完全溶蚀,燃烧现象呈上重下轻状。根据该车的现场勘查与理论分析,此次车辆自燃系发动机机油泄漏,造成发动机汽缸盖内的液压挺柱、进、排气门因机油压力、数量不够而出现干摩擦,零部件温度急剧升高,最终造成车辆自燃发生。

5. 事故车辆技术鉴定评估结果

京U×××××某品牌小型轿车自燃系该车在经过坑洼路面时出现较为严重的刮擦现象,刮擦的主要部位为油底壳、机油格所处位置,且机油格检测时完全松脱且位移约 0.3 cm,此机油泄漏的部位为机油格。本车发动机汽缸盖因温度过高完全溶蚀,燃烧现象呈上重下轻状。根据本车的现场勘查与理论分析,此次车辆自燃系发动机机油泄漏,造成发动机汽缸盖内的液压挺柱,进、排气门因机油压力、数量不够而出现干摩擦,零部件温度急剧升高,最终造成车辆自燃。

案例二：车辆侧面撞击事故的判断评估实例

一同事上个月刚买了一辆大众捷达二手车，如图7.2所示，该车的初登记日期为2007年，买了以后开了2个星期就发现车辆不好开，特别是汽车的转向性能容易发生跑偏，有时候路上发动机有熄火的现象，在朋友的建议下去找了一位二手车鉴定评估师对该车进行全面的鉴定评估，并且出具一份二手车鉴定评估报告。

图7.2　大众捷达二手车

1. 外观检测

在检测汽车外观的时候一般用肉眼看漆面外观问题不明显，如果我们用专业的检测工具，比如用漆面检测仪测试发现，车辆左侧漆厚、多处钣金修复；左侧A柱及车顶左边漆面较厚，钣金修复痕迹明显。前机盖及车辆右侧多处漆厚，车身平整度较差，多处有色差，汽车接缝之间缝隙大小不一，显然是出过撞击的事故车。

2. 尾气排放检测

尾气排放有很浓的黑烟，而且尾气刺鼻，双怠速检测不合格。

3. 动态安全检测

侧滑检测不合格；制动检测：前轴平衡差大，转向性能不合格。

4. 悬架检测

前轮吸收率差大，不合格。

5. 底盘检测

前部左侧翼子板内衬切焊修复；左前平衡杆球头胶套开裂，底盘有明显事故修复痕迹。后桥及变速器侧面金属件锈蚀明显。

6. 发动机性能

故障码检测：发动机工作不正常，频繁熄火。

7. 故障码检测

(1) 燃油泵次级电路电压不稳定。

(2) 风扇控制低速电路故障。

(3) 风扇控制高速初级电路故障。

(4) 安全气囊无法正常读取相应数据。

8. 综合评定

该车经全面检测，鉴定结果是事故车。车左侧A柱及车顶、车左前侧底盘有明显的事故修复痕迹，是事故修复车辆且修复不到位，修复后安全气囊数据无法读取。燃油泵次级电路电压不稳定,而且保险盒总成为更换的旧车件,多处接头松动,造成发动机熄火频繁,应立即查修。

实践演练

1. 实践内容

事故车损伤评估。

2. 实践目的

通过实践,使每位同学掌握事故车损伤评估的方法、机理,了解汽车维修工时费用的确定,并熟练掌握撰写二手车评估报告书的格式及内容要求。

3. 实践准备

(1)设备及工量具

实践用车2辆、检测用工量具2套、记录本等。

(2)师资

专业课教师1名、实践指导教师1~2名。

(3)学生分组

将学生以4~6名为单位分成若干组,并明确各组成员职责。

4. 实践实施

①教师选定被评估车辆,以事故车损伤评估的工作情境为引领,引导学生按照事故车损伤评估流程制定对被评估车辆进行评估的实施方案。

②各小组按照既定计划对被评估车辆的相关资料进行搜集,并做好记录。

③各小组选用恰当的评估方法,并按照相关评估步骤完成对被评估车辆的维修工时费用评估。

④各小组就评估开展情况及评估结果讨论总结,形成实施报告,代表发言,向同学们汇报。

⑤各小组对比不同小组的评估情况,讨论反思,客观分析实施过程中的得与失,并把评估工作步骤、实施过程和评估结果完整记录。

5. 撰写事故车评估报告书

各小组根据评估情况,撰写一份完整的事故车评估报告书。

模拟试卷

一、判断题

1. 碰撞或撞击后,车架大梁弯曲变形、断裂后修复的属于事故车。(　　)
2. 水箱及水箱支架被撞伤后修复或更换后不属于事故车。(　　)
3. 车身后翼子板碰撞后被切割或更换后不属于事故车。(　　)
4. 车辆涉水深度超过车轮半径行驶过后就属于泡水车。(　　)
5. 泡水车也叫灭顶车,是指整个车辆全部没入水中。(　　)
6. 只要在发动机舱或乘员舱发生过火烧现象的,不管着火大小统称为过火车辆。(　　)

7. 泡水车一般是指全泡车,也叫灭顶车,全泡车是指泡水时,水线超过发动机盖,水线达到挡风玻璃下沿。( )

8. 无论是自燃还是外燃,只要发动机舱或乘员舱发生严重火烧,燃烧面积较大,机件损坏严重,就应列为事故车。( )

9. 评估报告是评估师在完成鉴定评估工作以后,向委托方提供鉴定评估工作的总结。( )

10. 评估报告是评估师向委托方传达评估调查、分析工作及评估结论的重要文件。( )

11. 评估报告中不必对为什么要评估加以说明。( )

12. 评估基准日是评估报告中一个不重要的参数。( )

13. 评估基准日是评估师在评估鉴定车辆和选取市场价格标准所依据的基准时间。( )

14. 评估报告也无需写明评估工作过程中应遵循的各项原则。( )

15. 事故车是指发生严重碰撞、泡水、过火后,虽经修复并在使用,但仍存在安全隐患的车辆。( )

二、简答题

1. 解释 CA1091 的含义。
2. 简述全轮驱动(nWD)汽车零部件及总成布置概况。
3. 正面碰撞,车架会产生什么样的变形？有哪些零件损坏？
4. 后端正面碰撞会有哪些零件损坏？车架有什么变形？
5. 汽车前部碰撞后有哪些损坏？哪些零部件变形？
6. 汽车后部被碰撞后会有哪些损坏？如何测量？
7. 发动机受到碰撞后有哪些零件受到损伤？
8. 底盘常有哪些零部件容易受损伤？
9. 修理与更换有哪些原则？
10. 修复工时包括哪些项目？
11. 写一份《汽车损失评估报告》。

模拟试卷参考答案:

一、判断题

1. √　2. ×　3. ×　4. ×　5. ×　6. ×　7. √　8. √
9. √　10. √　11. ×　12. ×　13. √　14. ×　15. √

二、简答题

1. CA1091 的含义:

CA—企业代号、一汽公司 1—车辆类别代号、载货车 09—主参数代号、自重加载质量、不足十位数时,在参数前以"0"占位,该车型自重为 4 310 kg,载质量为 5 t,总质量为 9 310 kg,因总质量不足 10 t,故以"0"占位,故称为 09(按数字修约规则) 1—产品序号,第一代为 0,1 为第二代。故 CA1091 含义为:第一汽车集团公司生产的第二代载货汽车,总质量为9 310 kg。

2. 所谓全轮驱动,是指与路面接触的所有车轮都是驱动轮,前后桥都是驱动桥,发动机前置,在变速器后面设置分动器,发动机的动力经分动器分配到前后驱动桥驱动前后驱动轮,使汽车通过性相当好,既可在公路上行驶又可在非公路上行驶。

3. 有车架的一般是指非承载式车身结构汽车,正面碰撞,如果碰撞冲击力度大,会导致车架上下弯曲,长度缩短,损坏的零件一般是前保险杠、前装饰罩、左右大小灯、水箱面罩、水箱、风扇、发动机室盖、左右两侧翼子板向后变形等零件。

4. 后端正面碰撞多半是追尾碰撞,一般碰撞力度比较大,损坏比较严重,如是承载式车身,损坏零件一般是行李箱及盖,后保险杠,后窗玻璃,行李箱底板折曲或皱折甚至断裂,车壳体变形,后门立柱变形,如是非承载式车身,损坏零件是后保险杠,弯折甚至断裂,左右尾灯烂,备胎架变形,车厢严重损坏及变形,车架上下左右变形、扭曲。

5. 当汽车前部碰撞后,碰撞冲击力作用在前部,前部的零件肯定会受到损坏,损坏的零件根据车型结构不同而不同,如是承载式车身轿车,损坏的零件通常是前装饰面罩、水箱格栅、水箱、风扇、前保险杠、引起变形的是发动机室盖、左右两侧翼子板、发动机支承架。

6. 对于承载式汽车来说后部被碰撞后损坏的零件有后保险杠、后尾灯,行李箱及盖、行李箱底板皱折、严重时后窗玻璃破碎,窗框变形,左右两侧后翼子板严重变形,车壳体被压缩变形,甚至后门D柱变形,对于非承载式汽车损坏的零件是后保险杠、后灯、后车厢、车架变形,承载式车后部测量主要测量两个部位,一是测量后窗玻璃框架,二是测量行李箱,均采用对角线测量法和中心线,对角线要相等,中心线两端距离要相等,如两者不相等则为变形或扭曲。

7. 发动机受碰撞的概率多数是正面碰撞,损伤的零件通常是与发动机连接的外附件装置,有风扇、风扇皮带盘、水泵、水泵皮带盘、正时齿轮盖、发电机、空气压缩机,如是轿车,除以上零部件外还有方向助力泵、贮油缸等零件。

8. 汽车被碰撞后,由于碰撞冲击力的作用下,车身壳体或车架发生变形,导致底盘零件损伤或损坏,常见的有:转向机构零件损坏如横直拉杆(非承载式)上下支承板或悬架装置(承载式),车身地板皱折、弯曲、刹车管断等。

9. 修复不换件原则:①通过修复可以重复使用,可降低成本;②技术参数,质量指标仍在质量允许范围内;③可换可不换,出自节约;④仍在使用之中。
换件原则:①修理后不能恢复原有性能;②修复后不能达到技术标准;③修复后不能恢复原外观;④骨架、立柱、轮槽严重变形,修复后会漏水、漏气;⑤覆盖件损坏面积超过50%以上,恢复难度较大;⑥恢复件费用达到换件的50%以上;⑦能修复但无厂家修复的;⑧无法修复的;⑨影响安全的部件;⑩商品车,3个月内的新车;⑪工艺上不可修复使用的;⑫无修复价值。

10. 修复工时包括钣金件修复工时和车架修复工时,钣金件修复工时包括如下项目:①检查钣金件;②制订修理工序;③估计损坏情况;④刮掉油漆;⑤修复、校正;⑥车身填料作业;⑦打磨车身填料。

11. 略。

任务解析

任务工单:
二、(一)计划
1. 确定本工作任务所使用的资料、工具、设备
①具备汽车举升设备。
②车辆故障信息读取设备、车辆结构尺寸检测工具或设备。

③具备车辆外观缺陷测量工具、漆面厚度检测设备。
④具备照明工具、照相机、螺丝刀、扳手等常用操作工具。

2. 阐述事故车评估注意的事项。

(1) 车漆

观察车漆有无脱落后重喷的痕迹。

(2) 车身锈蚀程度

主要检查防护板、车窗、水槽、底板、各接缝处有无锈蚀。

(3) 车身损坏程度

观察车身各接缝,接缝不直、缝隙大小不一、各装饰条有脱落。

(4) 转向情况

把车辆停放在平地上,车轮回正,转动方向盘,检查转向自由行程是否过大,看转向拉杆及球头是否松旷等。

(5) 前轮定位情况

用千斤顶把前车轮顶起,用手左右、上下摆动前轮,如出现间隙,表示轴承、球头有磨损。观察前轮磨损是否不均和两边是否有裂纹,如果偏磨严重,证明前轮定位不准。

(6) 减震器和悬挂系统的情况

用力压下小轿车一角,放松后车辆应能弹回,并自由跳动两三次。否则证明减震器或悬挂系统弹簧工作不良。

3. 简述事故车检查与测量的步骤和方法。

① 如图7.3所示车体部位,按照表7.1要求检查车辆外观,判别车辆是否发生过碰撞、火烧,确定车体结构是完好无损或者有事故痕迹。

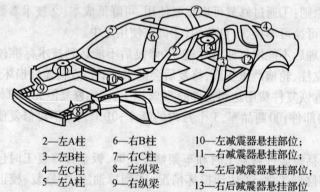

2—左A柱　　6—右B柱　　10—左减震器悬挂部位;
3—左B柱　　7—右C柱　　11—右减震器悬挂部位;
4—左C柱　　8—左纵梁　　12—左后减震器悬挂部位;
5—左A柱　　9—右纵梁　　13—右后减震器悬挂部位

图7.3　车身结构示意图

② 使用漆面厚度检测设备配合对车体结构部件进行检测;使用车辆结构尺寸检测工具或设备检测车体左右对称性。

③ 根据表7.1、表7.2对车体状态进行缺陷描述。即:车身部位+状态。例:4SH,即:左C柱有烧焊痕迹。

④ 当表7.1中任何一个检查项目存在表7.2中对应的缺陷时,则该车为事故车。

⑤ 事故车的车辆技术鉴定和价值评估不在本规范的范围之内。

表7.1 车体部位代码表

序号	检查项目	序号	检查项目
1	车体左右对称性	8	左前纵梁
2	左A柱	9	右前纵梁
3	左B柱	10	左前减震器悬挂部位
4	左C柱	11	右前减震器悬挂部位
5	右A柱	12	左后减震器悬挂部位
6	右B柱	13	右后减震器悬挂部位
7	右C柱		

表7.2 车辆缺陷状态描述对应表

代表字母	BX	NQ	GH	SH	ZZ
缺陷描述	变形	扭曲	更换	烧焊	褶皱

三、实施

1.车身受损分区检查与测量。

通常将汽车分为5个区域,分别是:

区域1:直接碰撞损伤区,又称为一次损伤区。该区域系统性检验的第一步是检视,然后列出汽车碰撞直接接触点的车身一次损坏。检查损坏区域时,注意检查裂痕、边缘损坏、点焊崩开、金属交形等各项。应特别注意结构件。

区域2:间接碰撞损伤区,又称为二次损伤区。二次损伤是指发生在区域1之外,并离碰撞点有一段距离的损坏。二次损伤是在碰撞力向汽车移动的过程中形成的,也就是碰撞力从冲击区域延伸到车身毗连区,并且碰撞能在向毗邻钣金件移动的过程中被吸收。二次损伤常见标志有钣金件皱曲、漆面裙皱和伸展、钣金件缝隙错位、接口撕裂和开焊等。二次损伤的测量可使用钢卷尺和滑规式测尺进行。

区域3:机械损伤区,即汽车机械零件、动力传动系统零件、附件等损伤区。完成车身一次损坏和二次损坏的检查后,应把注意力集中到区域3车辆机械零部件损伤区。检查发动机和变速器,空调并确定是否工作正常。检查仪表灯、充电指示表、机油压力指示灯等。然后依次检查转向系统零部件和悬挂系统零部件是否弯曲,制动软管是否弯折,制动管、燃料管以及接头是否泄漏。

区域4:乘员舱区,即车厢的各种损坏,包括内饰件、灯、附件、控制装置、操纵装置和饰层等。乘员舱损坏可能是碰撞造成的直接结果,如侧面碰撞。内饰和配件的损坏也可能是由车厢内的乘员或物体造成的。

区域5:外饰和漆面区,即车身外饰件及外部各种零部件的损伤。接通车灯并检查前照灯、尾灯、转向信号指示灯和闪光灯。仔细地检视漆面情况。

当使用检验区概念时,应遵从下列原则:

①检查应从车前到车后(在追尾碰撞的情况下,从车后到车前)。

②检查应从车外到车里。

③首先列出主要总成,然后列出比较小的部件以及未包含在总成里的附件。

2. 主要零部件的损伤评估。

(1) 车身板件损伤评估

① 保险杠。

② 发动机罩。

③ 翼子板。

④ 风窗玻璃。

⑤ 车门等车身板件损伤评估。

(2) 机械零部件损伤评估

① 动力转动系统。

② 冷却系统。

③ 空调系统。

④ 前悬架。

⑤ 转向系等机械零部件损伤评估。

四、检查（略）

知识链接

二手事故车如何鉴定与评估

二手事故车如何鉴定与评估呢？如果缺乏经验没有一双火眼金睛的话，相信大部分人很难识别出二手事故车。不管是经过碰撞还是水泡等"厄运"，只要经过专业人士的一番美化，二手事故车摇生一变立马就能变成一辆金光灿灿的新车。

二手事故车防不胜防，对于我们普通大众来说，缺乏如何识别二手事故车的经验，更没有二手车评估师等专业人士练就的"火眼金睛"，所以在二手车交易中很容易吃亏。那么二手事故车到底应该如何识别呢？对于二手事故车我们又该怎么准确地来估价呢？

并不是每一个人都能鉴别出车辆是不是二手事故车，所以通常最简单的方法就是采用最基础的"望""闻""问""切"四步走，一步一步排查车辆是不是二手事故车。

二手车事故车"望"而初判断：

所谓"望"就是指查看车辆的外观是否有异常。主要看车漆以及边缝是否完好，如果车辆的车漆色差变化较大，该车肯定被做过手脚，不是重新刷过漆就是该车曾经被撞过而进行了修复。而边缘接缝也能体现出车辆是否曾经碰撞过，因为车辆一般都是由13块板拼接而成的，每辆车下线的时候各个板块之间的缝隙是均匀一致的，看起来很美观。而一旦车辆受过撞击，边缝会出现褶皱断裂等情况。所以第一步，只要绕车一周仔细看下车漆以及边缝是否正常就能初判断车辆是否为二手事故车。

二手事故车"闻"过方知异常：

通过"闻"其味是最快速的方法，如果车辆进行过翻新，那么打开车门，直接坐进去，然后闻下车内是否有车漆的味道或其他异味。如果能够闻到车漆味，那就说明该车肯定做过一遍漆。如果车内的内饰破损的不是很严重的话，为什么要翻新内饰呢？说明内饰肯定磨损严重，且内饰使用很多，进而说明该车肯定跑过很多公里数了。

二手车事故车"问"其细节：

如果车辆本身较新，跑程在300公里以内，普通市民可能很难一眼辨别。建议购车前，最好找专业人士,通过专用电脑设备,查看车辆内置里程实际数字。另外可以看他的车辆保险单,看他的交强险多少钱,是第几年买的,如果出过事故的交强险较贵。有条件的话可去4S店或车管所或保险公司查看有无维修、出险记录等。

二手事故车"切"身体:

所谓"切"是指自己动手检查车辆的各个部分,拉开车门,拉下车门原厂密封条,门框及门柱应平直,特别注意 A、B、C 柱与车体结合处的原厂焊点应略呈真圆及略微凹陷,由车顶延伸至门槛的线条平直且呈自然弧线。如果发现车门开合异常、密封条松动、焊点粗糙等情况时,即可判定二手车肯定有问题。还应该打开二手车引擎盖,以手指触摸引擎盖边缘是否自然平直,滑顺不粗糙,一体成型。观察车辆底盘,前纵梁(大梁)不应有褶皱,变形痕迹,整个底盘脏污程度大致相同,一般不应有特别干净或者特别脏的部分。

二手事故车的评估:

二手车的价格不是光看车况,也受到外部因素的影响。尤其是新车对于二手车的影响颇为强烈。一款热卖的新车,必然也会带动相关二手车热卖,而且,价格上面也是受到新车影响非常大,二手车的评估一般都需要以新车的价格为参考,再综合车况,最后才能评估出初步的价格。

二手车评估时最简单的方法就是以"基本型"新车最低价为参考来衡量的市场价,所谓基本型也就是最便宜的那一款车的时下新车价为参考。二手车在没有发生大改款前提下,第一年折旧率约为 15%~20%,第二至五年,每年递减 7%~9%。所以车主可以根据自己爱车所属车系,以基本型现价为准,再扣除折旧后,即可大致确定二手车的行情价格。还有一点就是根据配置可以适当加价。

影响二手车价格的因素很多,包括年份、车况、手续等直接因素,另外品牌知名度、新车价格变动、维修、配件、油耗也都是影响二手车价格评估时的重要因素。所以不同地区的二手车价格会略有差别。

(资料来源:第一车网 http://www.iautos.cn/)

如何鉴别泡水二手车

泡水车(图7.4)由于电路部分进水,特别是各个控制电脑版浸水后,容易短路、烧坏、腐烂,在今后的使用中常常会有故障出现,严重的发动机需要大修。因此,车辆浸水后价值大打折扣,购买二手车要慎防买到水泡车。下面向大家介绍一些鉴别水泡车的技巧:

图7.4 泡水车

①检查后备箱,手套箱,仪表板,以及座椅下是否有污水毁坏的印迹,像死角里是否存有淤泥,泥浆印迹或生锈。

②仔细检查内饰和地板,如果有不匹配或松动,很可能是被更换掉的。变色、染色或褪色材料的通常有水损坏的痕迹。泡水车的地毯晒干后可以看到那些毛粒耸起,而且用手摸

上去会显得较为粗糙,没有泡水的地毯摸上去感觉会更为柔软。

③仔细检查空调出风口,这是难以清洗干净的地方,仔细检查边边角角的缝隙有没有泥垢残留,而且由于内部管线容易发霉,闻闻有无霉味吹出。如果车内可以闻到剧烈的香水味可得小心了,因为具有强烈气味的香水经常被用来掩盖发霉的气味。

④查看仪表盘下边的电线是否有龟裂,如果经水泡过数日的电线干了后,表层的塑料皮会比较脆,同时有稍许变色。

⑤安全带的插孔与关节处必须检查,因为此处一旦被水浸过,都会留有痕迹。

⑥水浸泡过后,音响液晶面板字体会出现断字情形。如果车内音响是全新或改装品,尤其是新装产品比出厂所标配的等级还低,有可能是水泡车,因为音响通常只会升级很少会降级。

⑦转动点火钥匙,确保各相关配件,警告灯和仪表工作正常,并确保安全气囊和 ABS 指示灯工作正常。

⑧反复试验几次电源和电子设备,例如内室和外部的灯、窗户、车门锁、收音机、点烟器、加热器和空调等是否正常工作。

⑨打开发动机盖,泡水车发动机舱的电线很多都已经占满了污泥,而且这些是没有办法清洗的。这是鉴别是否泡水车最为明显的方法之一。检查发动机盖的隔音棉,毛粒是否耸起,如果耸起则很可能为水泡过的痕迹。

⑩发动机的金属质地和其他金属部件是否存在着一些霉点,如果全车金属都是这样的话这辆车很可能是泡水车,但是如果只是部分金属出现这样的问题,也有可能只是车辆长期放置在潮湿的地方才导致这样的问题。另外,泡水车由于有一些砂石是没有办法清理的,留在一些齿轮或者皮带处,所以会造成某些部件容易损坏,而且开始时也会有一些异响。

特别提醒的是,如果车辆价格明显低于市场同类车型的价格水平,则要注意是否水泡车,以免"拣了芝麻丢了西瓜"。

(资料来源:易车网 http://www.bitauto.com/)